大宋名相

A Famous Prime Minister in the Song Dynasty

祁新龙 著

华龄出版社
HUALING PRESS

有 态 度 的 阅 读

小马过河（天津）文化传播有限公司

目录

第三章 命运转折（990—999）

吾闻之申包胥曰："人定者胜天，天定亦能胜人。"世之论天者，皆不待其定而求之，故以天为茫茫。

插叙 美好家风传千年

王旦之所以能够成为古代帝王赞誉的良相和士大夫们心中的楷模，除了在官场当中一心为公之外，他在治家问题上，也树立了新风，引起了古之贤者的尊崇和效仿。

第四章 拜相当国（1000—1006）

楚庄王莅政三年，无令发，无政为也。右司马御座而与王隐曰：“有鸟止南方之阜，三年不翅，不飞不鸣，嘿然无声，此为何名？”王曰：“三年不翅，将以长羽翼；不飞不鸣，将以观民则。虽无飞，飞必冲天；虽无鸣，鸣必惊人。子释之，不榖知之矣。”处半年，乃自听政。所废者十，所起者九，诛大臣五，举处士六，而邦大治。举兵诛齐，败之徐州，胜晋于河雍，合诸侯于宋，遂霸天下。庄王不为小害善，故有大名；不蚤见示，故有大功。故曰：“大器晚成，大音希声。”

第五章 天书封禅（1007—1008）

真宗亦号贤君，初相李沆，日闻灾异，其心犹存警惕，厥后澶渊郎盟，大臣首启天书以侈其心，群臣曲意迎合，苟图媚悦，致使言祥瑞者相继于途，献芝草者三万余本。

第六章　治世能臣（1009—1014）

公在相位，终日如默。问其夷狄，包裹兵革。问其卿士，百工以职。问其庶民，耕织衣食。相有赏罚，功当罪明，相有黜升，惟否惟能。执其权衡，万物之平。孰不事君，胡能必信？孰不为相，其谁有终？

第七章　鞠躬尽瘁（1014—1017）

王旦当国最久，事至不胶，有谤不校，荐贤而不市恩，救罪辄宥而不费辞。澶渊之役，请于真宗曰："十日不捷，何以处之？"真宗答之曰："立太子。"契丹逾岁给而借币，西夏告民饥而假粮，皆一语定之，伟哉宰相才也。

尾　声

附　录

后　记

楔　　子

陌生的宰相

在源远流长的中国历史上，王旦算不上多么有名气，甚至很多人都不清楚他是宋朝人，也不清楚他曾是宋朝响当当的宰相，并为宋朝前期社会稳定、国家发展奠定了基础，尤其为宋仁宗顺利继任和发展国家奠定了基础。

在这里需要告诉读者的是，在北宋前期五十多年的官僚群体中，王旦绝对算得上是一位大放光彩的宰相。其功勋不亚于策划陈桥驿兵变的赵普，也不逊于主导澶渊之盟的寇准，更不输于主导庆历新政的范仲淹。

王旦曾以高超的邦交手段处置外交事宜，让契丹、党项、高丽、交趾等国一直与宋朝保持良好关系；他慧眼识才，在鱼龙混杂的官场中，为国家选拔了一大批优秀人才；他举荐人才唯才是论，不论出身，大公无私，以至很多被他举荐的人都不知自己是王旦推荐的；他情商指数超高，巧妙处理宰执与皇帝之间的关系，让宋真宗对他信赖有加，群僚对他由衷赞叹；他反感官场相互结交的风气，从不接受私人宴请，更不会面见向他求官的臣僚；他一心为国，在个人事宜上从不麻烦朝廷，几个子侄都在他去世后，才真正进入宋朝官场……《宋会要辑稿》中形容他："太尉、赠太师、尚书令王旦，践历台枢，将二十载，赞弭兵之论，兴旷世之仪。纪律用张，方夏咸乂。蔼然令德，洽于民瞻。”[1]

北宋有一不成文的规矩，就是较频繁地更换宰相，皇帝可以根据国家的需要，适时调整宰相人选。放眼整个北宋，执政五年以上的宰相并不多见。有些人数次为相，时间也不长。赵普作为宋朝开国宰相，在相位十年；寇准名噪一时，却也只有短短数年的宰相生涯；范仲淹、王安石等名臣红极一时，却也无法与王旦相比较。王旦位居宰执十八年，其中有六年是他一个人主政中书。王旦任职宰相的十八年，是宋朝制度成熟、定型的十八年。王旦参与了国家各类政策的制定、推广，并让其成为“祖宗之法”。

王旦对北宋的制度起到传承、续接、发扬、革兴的作用。在他去世后，官方给予高度评价，后世统治者和士大夫更是对他追捧有加。同时，他还是诗人、作家，在那个年代，他以才闻名于世，朝廷最早给他的官职也与此挂钩。但他又具有高超的行政能力，处置政务井井有条，即便遇到善于弄权的王钦若，也不得不对他退避三舍。

另外，他又是好丈夫、好儿子、好榜样，在治家上给孩子们树立了典型。大哥去世后，他主动承担起了供养嫂嫂和子侄们的重任；他在王氏后代心中地位极高；祖先也因为他而备受荣耀，曾祖父母、祖父母都受到了朝廷的追赠。[2]

若说以上内容还不能说明王旦的不同凡响，那么再说两则故事，且看王旦在宋仁宗和苏轼眼中的分量。

1.《宋会要辑稿》。

2.《文忠集·太尉文正王公神道碑铭》卷二十二：皇曾祖讳言，滑州黎阳令，追封许国公。皇祖讳彻，左拾遗，追封鲁国公。皇考讳祐，尚书兵部侍郎，追封晋国公。

1055 年 7 月的一天，时任枢密直学士、右谏议大夫的王素（王旦的第三子）请求面见皇帝，表示自己有重要事情汇报。一向勤政爱民的宋仁宗召见了王素。见了宋仁宗，行了参拜礼之后，王素哭着对宋仁宗说："我的父亲王旦在先朝时为相十八年，如今我也受官家恩宠，担任侍从之臣。但先人的遗训，以及遗留下来的功绩和事业是我个人永远难以企及的，这些功绩和事业在先人去世后也没办法显现，家父墓碑上至今都没有官方颁布的碑文刻于上面。请求陛下垂怜，不要忘记先帝时的功臣，给予家父凭借威望的地位，勉励王氏一族后世子孙。"[1]

仁宗听罢王素的奏表后，当下惊呼："哎呀，你的父亲王旦服侍先帝真宗多年，一直兢兢业业，为国为民做出了巨大贡献，可称之为全德元老。朕立刻让人撰写碑文，由你负责刻于你父墓碑之上。"王素听完宋仁宗的许可后，再次拜谢了宋仁宗，走出了大殿。[2]随即，宋仁宗命欧阳修为王旦写碑文，记述王旦一生的功绩。欧阳修在仁宗朝大名鼎鼎，除了处置政务有特色外，他还主导了文化运动和科考改革，是宋朝当之无愧的文坛领袖，由欧阳修亲做碑文自然非同凡响："明日，有诏史馆修撰欧阳修曰：'王旦墓碑未立，汝可以铭。'"这就是欧阳修根据王旦的生平写的《太尉文正王公神道碑铭》。欧阳修碑文写好之后，临到镌刻时候，仁宗还专门为此碑题名

1.《文忠集·太尉文正王公神道碑铭》卷二十二：至和二年七月乙未，枢密直学士、右谏议大夫王素奏事殿中，已而泣且言曰："臣之先臣旦，相真宗皇帝十有八年，今臣素又得待罪侍从之臣。惟是先臣之训，其遗业余烈，臣实无似，不能显大，而墓碑至今无辞以刻。惟陛下哀怜，不忘先帝之臣，以假宠于王氏，而勖其子孙。"

2.《文忠集·太尉文正王公神道碑铭》卷二十二：天子曰："呜呼！惟汝父旦，事我文考真宗，协德一心，克终厥位，有始有卒，其可谓全德元老矣。汝素以是刻于碑。"素拜稽首而出。

为“全德元老碑”。[1]所谓全德元老是指一个人道德上臻于完美。皇帝的这种定论，自然说明王旦一生之中在品德上毫无瑕疵。

另一则故事说的是1079年，三十四岁的苏轼在徐州担任两年知州后，被调往湖州（今浙江湖州）担任知州。当时，有个叫王巩的人听说苏轼被重新调往湖州，就赶到了湖州与苏轼相会。这位王巩就是王旦的孙子。王巩与苏轼是挚友，有作文的共同爱好。而论才情，苏轼又远在王巩之上，所以一直以来，王巩都将苏轼视为自己的老师，但关系又是知己好友。

王巩到了湖州以后，受到了苏轼的热情接待。那份他乡遇故知的兴奋，让两个人都激动不已。在湖州期间，两人经常游山玩水。有一次，王巩见苏轼兴致很高，遂邀请苏轼给家里的三槐堂写一篇纪念性的文章，勉励王氏子孙后代。

当时苏轼已名满天下，苏轼的诗文只要写出来，便会到处流传。也正因为此，经常会有人请苏轼给家里写一些赞颂文字。但苏轼往往会拒绝这些要求。在苏东坡一生中，写过的墓志铭也是屈指可数，只有十三篇。

然而，这次王巩相求，苏轼无法拒绝，两人关系非泛泛之交。更重要的是，关于三槐堂的那些故事，苏轼早有耳闻，三槐王氏的精神不仅鼓励着他们家族的后人，也让苏轼对这个家族产生了钦佩之情。于公于私，苏轼都觉得应该写篇文章来鼓励一下王氏后代儿孙。于是，在充分酝酿之后，苏轼挥笔写下了一篇洋洋洒洒的美文——《三槐堂铭并序》。其文如下：

1.《宋史·列传第四十一》卷二百八十二。

天可必乎？贤者不必贵，仁者不必寿。天不可必乎？仁者必有后。二者将安取衷哉？吾闻之申包胥曰："人定者胜天，天定亦能胜人。"世之论天者，皆不待其定而求之，故以天为茫茫。善者以怠，恶者以肆。盗跖之寿，孔、颜之厄，此皆天之未定者也。松柏生于山林，其始也，困于蓬蒿，厄于牛羊；而其终也，贯四时、阅千岁而不改者，其天定也。善恶之报，至于子孙，则其定也久矣。吾以所见所闻考之，而其可必也审矣。

国之将兴，必有世德之臣厚施而不食其报，然后其子孙能与守文太平之主、共天下之福。故兵部侍郎晋国王公，显于汉、周之际，历事太祖、太宗，文武忠孝，天下望以为相，而公卒以直道不容于时。盖尝手植三槐于庭，曰："吾子孙必有为三公者。"已而其子魏国文正公，相真宗皇帝于景德、祥符之间，朝廷清明，天下无事之时，享其福禄荣名者十有八年。今夫寓物于人，明日而取之，有得有否；而晋公修德于身，责报于天，取必于数十年之后，如持左契，交手相付。吾是以知天之果可必也。

吾不及见魏公，而见其子懿敏公，以直谏事仁宗皇帝，出入侍从将帅三十余年，位不满其德。天将复兴王氏也欤！何其子孙之多贤也？世有以晋公比李栖筠者，其雄才直气，真不相上下。而栖筠之子吉甫、其孙德裕，功名富贵，略与王氏等；而忠恕仁厚，不及魏公父子。由此观之，王氏之福盖未艾也。

懿敏公之子巩与吾游，好德而文，以世其家，吾以是铭之。铭曰：

呜呼休哉！魏公之业，与槐俱萌；封植之勤，必世乃成。既相真宗，四方砥平。归视其家，槐阴满庭。吾侪小人，朝不及夕，相时射利，皇恤厥德？庶几侥幸，不种而获。不有君子，其何能国？王城之东，晋公所庐；郁郁三槐，惟德之符。呜呼休哉！[1]

苏轼与王巩这次在湖州相会，为后世留下了这篇《三槐堂铭并序》，也让三槐王氏的名气更大了。苏轼在《三槐堂铭并序》中肯定了王旦对国家、对家族做出的巨大贡献，激励了一代代莘县（今属山东聊城）王氏子孙，在以后的生活中修身、齐家、治国、平天下。

以上两则故事是王旦在宋仁宗眼中的样子，以及在大文豪苏轼心中的地位。事实上，王旦的事迹不仅仅得到了宋仁宗和苏轼的高度赞誉，在历代统治者和文臣的心目中，也有着极高的地位。后世的帝王和大臣们，对王旦都极度推崇。

先看宋朝皇帝和臣子们对王旦的评价。王旦所处时代的皇帝宋真宗对王旦的评价是："以后为朕开创太平天下的人一定是王旦。"[2]当时一直不服宋朝，打算与宋朝分庭对抗的党项首领李德明，在王旦妥善处置党项与宋朝的关系举措后，也不得不承认王旦处事周全，称王旦是宋朝难得的人才。[3]而与王旦有过交集的人，比如李昉、张咏、钱若水、李沆等人，均对王旦给予高度评价。张咏曾说："我们这一榜进士中人才很多，为人慎重，清高，有名望者，当属李沆；为人深刻周密有美好品德者，当属王旦；在朝廷上直言

1.《苏轼文集》。

2.《宋名臣言行录·前集》卷一。

3.《宋史·列传第四十一》卷二百八十二。

进谏，据理力争者，当属寇准。”[1]可见在张咏眼中，王旦是可以与李沆、寇准相互比较之人。

后学范仲淹这样评价王旦：“王文正公旦为相二十年，人莫见其爱恶之迹，天下谓之大雅。”欧阳修、鲁宗道、李焘、王十鹏、叶适、朱熹等后世士大夫都对王旦给予高度评价。编撰《东都事略》的王称说：“以旦之贤，谏行言听，而于此有愧于沆焉，此春秋之法所以责备于贤者也。”[2]一个人能获得这么多称赞，这在宋朝非常少见。细数宋代以来的宰相们，有的甚至厥功至伟，但在他们罢相后，或者去世后，人们对他们也都褒贬不一，比如王安石、司马光、范仲淹、赵普、寇准等。

但宋代官方和民间对王旦的评价可谓一致向好。一个什么样的人才能得到统治者和同僚们这样的赞誉呢？答案不言自明。

宋以后朝代的统治者和士大夫，对王旦也给予了高度评价。如明代或明清之际大文学家归有光、李贽、王夫之等人，也高度赞扬了王旦。这些人都是人中的龙凤，在历史上有着举足轻重的地位。王夫之在他的《宋论》中说：“王旦受美珠之赐，而俯仰以从真宗之伪妄，以为荧于货而丧其守，非知旦者，不足以服旦也。人主欲有所为，而厚贿其臣以求遂，则事必无中止之势，不得，则必不能安于其位。及身之退，而小人益肆，国益危。旦居元辅之位，系国之安危，而王钦若、丁谓、陈彭年之徒，侧目其去，以执宋之魁

1.《五朝名臣言行录·前集》卷二：吾榜中得人最多，慎重有雅望，无如李文靖。深沉有德，镇服天下，无如王公。面折廷争，素有风采，无如寇公。

2.《东都事略》卷四十。

柄。则其迟回隐忍而导谀者，固有不得已于斯者矣。”[1]

明代名臣叶盛将王旦与寇准放在一起比较，称他们为一代豪杰，“王子明、寇平仲（寇准）皆伟然一代人豪，然天书之谬，一以不能正其始，一以不能正其终。”[2]而王夫之则全方位地评价了王旦对宋朝的贡献。[3]清代名臣朱轼在他的《史传三编》中直接说：“真宗之朝多贤相，最为世所称者，沆及王旦、寇准是也。”[4]清代著名历史学家毕沅在他的著作《续资治通鉴》中也对王旦给予了高度评价。

除了历朝历代的高度评价，王旦也是在宋代宰相职位上全身而退，又赢得生前身后名的人。宋朝历任宰相中能够善始善终的极少，很多当时有名的宰相，都会因为各种原因而罢相，不得善终，比如强势的赵普，让宋太祖赵匡胤有时候都不得不对他让步，但他专权，遭到赵匡胤的厌烦，最终被罢相。另外，遭过罢相的还有吕夷简、王安石、范仲淹、蔡京、秦桧，等等。

王旦之所以不受排挤，在于其公。在王旦担任宰相的十八年间，一心为公，让朝中官员们非常敬佩；宋真宗也对王旦十分信任，将重要事情交给王旦去处理。有人觉得王旦是专权，越俎代庖，根本就是僭越；也有些人私底下议论王旦的“恶行”，还将王旦这种“僭越”之举上告宋真宗，结果宋真宗告诉他们，“王旦的这种做法是朕授意的”。现场一度陷入很尴尬的境地。王旦与宋真宗之间这种君臣的相互信任，超过了宋仁宗与范仲淹，超过了宋神

1.《宋论·真宗》卷三。

2.《水东日记》卷三。

3.《宋论·真宗》卷三：王旦受美珠之赐，而俯仰以从真宗之伪妄，以为荧于货而丧其守，非知旦者，不足以服旦也……旦于此一失，而欲挽之于终，难矣！

4.《史传三编·名臣传二十》卷二十八。

宗与王安石。然而宋真宗越是这样，王旦越是如履薄冰，兢兢业业地做好每一件事。即便是一直不被王旦看好的封禅祭祀活动，为了宋真宗，他也只能周旋其中，为维护国家脸面做出应有贡献。

王旦后来得了病，多次请辞，希望卸下宰相职位，没有得到宋真宗的应允。直到王旦病危，实在难以继任宰相之位，不得不反复递交辞呈，宋真宗才应允了。即便是在王旦去世的前一刻，他依然在为国家思考，位卑未敢忘忧国，继续发着最后的余热。

王旦去世后，其谥号为“文正”，也称之为“文贞”，是古代对已故大臣最高的评价。《逸周书·谥法解》中对于“文正”做过详尽解释。[1]历朝历代，“文正”两字都极有分量，一般的臣子是不能授予这一谥号的。唐朝时，被追赠为“文正”谥号的大臣只有魏徵、陆象先、宋璟等人。据说，当时还有个叫张说的名臣去世后，官方也打算给予其“文正”谥号，但统治者的厚爱引起了群臣的激烈争论，群臣都觉得张说不能用“文正”谥号。最后，不得不由皇帝直接下旨，张说才被授予“文贞”谥号。[2]元朝得到“文正”谥号的大臣有吴澄、耶律楚材、刘秉忠、许衡、廉希宪、贾居贞等人；明朝得到“文正”谥号的大臣有方孝孺、李东阳、谢迁、倪元璐、刘理顺等人；清朝得到“文正”谥号的大臣有汤斌、刘统勋、朱珪、曹振镛、杜受田、曾国藩、李鸿藻、孙家鼐等人。

北宋一朝特别重视“文正”这个谥号，得到“文正”谥号的大

1.《逸周书·谥法解》卷六：经纬天地曰文，道德博闻曰文，学勤好问曰文，慈惠爱民曰文，愍民惠礼曰文。锡民爵位曰文……清白守节曰贞，大虑克就曰贞，不隐无屈曰贞。

2.《新唐书·张说传》卷一二五：十八年卒，年六十四，为停正会，赠太师，谥曰文贞，群臣驳异未决，帝为制碑，谥如太常，繇是定。

臣只有李昉、王旦、范仲淹、司马光、王曾、黄中庸、蔡卞、郑居中等八人。其中，蔡卞是蔡京的弟弟，蔡京在宋徽宗时为宰相，他的“文正”谥号有水分。司马光的“文正”谥号也在后世中有争议，原因是他毁掉了宋神宗与王安石推行的变法。但北宋前期李昉、王旦、范仲淹等人，不论在个人品德，还是在为官造福于民上，给他们冠以“文正”谥号绝不会有任何争议。值得一提的是，宋朝还有一个叫夏竦的人，是宋仁宗的老师。他去世后，宋仁宗打算给夏竦授以“文正”谥号，却招致群臣的强烈反对，最终宋仁宗不得不妥协，给夏竦“文庄”的谥号。[1]

以上种种迹象都表明了王旦这个人的地位和威望。可以毫不含糊地说，王旦绝对算得上是宋代有名的宰相，正如宋仁宗评价他为“全德”。

然而，在流传后世的过程中，这位大名鼎鼎的宰相的事迹逐渐淡出人们的视野。现而今的人，提起10世纪末到11世纪初的那一段历史，会想到杨家将的故事，也会想到寇准、包拯、范仲淹等人，但若要问起王旦，相信有很多人都不清楚。毫无疑问的一个事实是，王旦在后世流传中，成了一个可有可无的存在。

即便是上面提及的那篇碑文，也仅仅收录于苏轼的文集里，比起欧阳修在文学艺术领域的创作显得多少有些黯然失色了。若那篇

1.《宋史・列传第四十二》卷二百八十三：请析河北为四路。亲事官夜入禁中，欲为乱，领皇城司者皆坐逐，独杨怀敏降官，领入内都知如故。言者以为竦结怀敏而曲庇之。会京师同日无云而震者五，帝方坐便殿，趣召翰林学士张方平至，谓曰：“夏竦奸邪，以致天变如此，宜出之。”罢知河南府，未几，赴本镇，加兼侍中。飨明堂，徙武宁军节度使，进郑国公，锡赉与辅臣等。将相居外，遇大礼有赐，自竦始。寻以病归，卒。赠太师、中书令。赐谥文正，刘敞言：“世谓竦奸邪，而谥为正，不可。”改谥文庄。

碑文如《醉翁亭记》[1]一样脍炙人口，相信后世一定会有很多人知晓王旦。

在后世流传的各种关于宋代的演绎故事中，寇准、包拯、秦桧、韩侂胄等人都以各种版本的故事存在，但这些流传的故事基本上都忽略了王旦这个人。那些野史、杂文当中，更没有王旦的影子。

但王旦这个人的的确确存在着，并影响了一代又一代人。那么，这样一位在历代统治者和文人士大夫眼中的能臣，为何会淡出大众的视野呢？

想来也不奇怪，若要深入挖掘王旦的故事，还真没有多少惊天动地的事迹可供后人慢慢咀嚼发酵，衍生出很多传奇来。或许对于和平时代的宰相，他更多的是处置各种政务，调解各种关系，以至于他的事迹没有很多出彩的部分。他没有像寇准一样力主皇帝亲征的丰功，也没有和策动陈桥驿兵变的赵普那样的伟绩。他的政务，更多的是人们认为的“理所当然”。

追溯历史，我们会发现，王旦虽在1001年被提拔为参知政事，但那时候朝廷的主要政务由宰相李沆来主持，王旦的作用也没被凸显出来。

到了景德元年（1004），李沆去世，宋真宗也没有让王旦担任宰相，而是提拔毕士安和寇准为宰相。彼时契丹举国南侵，宋真宗打算逃跑。然而宰相寇准建议亲征，皇帝开始摇摆不定。最后，宋

---

1. 宋仁宗庆历五年，参知政事范仲淹等人遭谗离职。欧阳修上书替他们分辩，受牵连，被贬到滁州做了两年知州。到任以后，欧阳修内心抑郁，《醉翁亭记》便写在这个时期。文章描写了滁州一带朝暮四季自然景物不同的幽深秀美，滁州百姓和平宁静的生活，特别是欧阳修在山林中与民一齐游赏宴饮的乐趣。

真宗在寇准力排众议下亲征澶州。这时王旦仍然被寇准的光环所笼罩，发不出自己应有的光芒。此时，唯一让王旦凸显出来的事件，是宋真宗选定的汴京留守赵元份病重，无法担任留守汴京的重任，宋真宗才将跟随他亲征的王旦调回去担任汴京留守。总之，这时的王旦总是作为宰执群体中的绿叶，衬托着李沆、寇准、毕士安等人。

再后来，毕士安去世，寇准被罢相，王旦才真正登上了历史舞台。也是从那时起，王旦与宋真宗之间建立起了一种相互扶持、共同治理国家的信任，是任何力量都无法突破的信任。

以后，王旦一边跟着宋真宗封禅祭祀，一边主持政务。但正是因为封禅祭祀活动，成了宋真宗一生的污点，当然也成了王旦的污点，一直被后世诟病。也因为封禅祭祀活动，让后世的帝王再也不敢做出各种封禅祭祀的举动。王旦是为宋真宗各种封禅祭祀活动做服务的人，致使他的故事被湮没在历史长河当中。事实上，在宋真宗改元大中祥符这些年里，王旦除了负责各种祭祀封禅活动事宜之外，将大量的时间和精力都用在治理国家上。宋真宗已非“咸平之治”时的宋真宗，很多政务也不再过问。在这样的情况下，王旦作为首相要尽一切可能地保住宋朝国家正规化运转，不至于让皇帝的各种封禅祭祀活动阻碍国家发展。若不是王旦在位期间的力挽狂澜，宋真宗会在丁谓、王钦若、陈尧叟等人的怂恿下，将逐渐强盛起来的大宋王朝再次带入灾难之中。

可以这样说，王旦是宋朝承前启后、继往开来的一位宰相。王旦为相十八年，没有如范仲淹和王安石主持的新政和变法的突出功绩，但王旦的存在，给大宋王朝的官场树立了一股新风，为官场士大夫阶层主人翁意识的觉醒创造了条件，让以后的宋仁宗时代涌现出了一大批优秀人才。

这是王旦不平凡的为官经历。在南宋理宗时，王旦还被选入了昭勋阁二十四功臣当中。[1]这是在宋朝三百多年王朝生涯中选出来的最具代表作性的二十四位官员。尽管后世对这次选拔当中遗漏了岳飞而愤愤不平，但这份名单一定是皇帝充分考量后慎重选出的人，绝非任何人随随便便可以入选的。

由此，也催生了我给王旦立传的想法。我想，这样一位道德上几乎没有任何污点的人，甚至对现代人来说也是值得学习的榜样，他的事迹可以影响每一个人。

需要说明的是，写这本书并不单纯地记叙王旦不平凡的一生，更多时，我会将王旦的成长置身于宋代各个大历史环境当中，让王旦的个人际遇与国家兴盛紧密结合在一起。我甚至相信，透过王旦的一生，可以窥探大宋王朝前六十年的变革。

当然，写这本书也是为了弥补王旦这一人物在现代史学界的空白，也是为三槐王氏重新找回标杆人物。

1.《夜航船·人物部》卷三：宋理宗宝庆二年，将宋朝功臣遗像画在昭勋阁上，有赵普、曹彬、薛居正、石熙载、潘美、李沆、王旦、李继隆、王曾、吕夷简、曹玮、韩琦、曾公亮、富弼、司马光、韩忠彦、吕颐浩、赵鼎、韩世忠、张浚、陈康伯、史浩、葛邲（bì）、赵汝愚，共二十四人。

第一章

童年少年

957—976

古之所谓豪杰之士，必有过人之节，人情有所不能忍者。匹夫见辱，拔剑而起，挺身而斗，此不足为勇也。天下有大勇者，卒然临之而不惊，无故加之而不怒。此其所挟持者甚大，而其志甚远也。

——苏轼《留侯论》

1

家 世

研究一个人，首先得研究他的家族变迁、成长环境，因为这些是影响一个人性格形成的重要因素。本书的主人公王旦，字子明，大名府莘县（今属山东省聊城市莘县）人。因王旦出生时天即将亮，其父王祐为其取名旦，字子明。[1]与历史上其他名臣不同的是，王旦这一族人发展壮大，成了三槐王氏，也叫琅琊王氏，至今都是全世界王氏一族中人数占比较大的一支。对这一族人追根溯源，也能从历史的角度审视三槐王氏一族后人发展的历程。

王旦的先祖可以追溯到先秦时代。

根据王氏族谱考证，北宋王旦这一族系琅琊王氏，最早的始祖是周武灵王太子子晋。《楚辞·远游》《逸周书》《列仙传》等书中都将太子晋捧为神仙，其实是不准确的。王子晋是实实在在的人。相传太子晋还未成年就被周灵王封为太子，参与国事。王子晋早熟聪慧，熟读经典，有王者风范。后太子晋因为直谏，触怒了周灵王，被贬为庶人。此后，太子晋郁郁不乐，最终病死了。然后，太

1.《宋史·列传第四十一》卷二百八十二：王旦，字子明，大名莘人。

子晋的故事也被淹没在历史长河中。直到五代十国时，前蜀的皇帝王宗衍大张旗鼓地将王子晋尊为王氏始祖，并对其加封庙号圣祖，谥号至道玉宸皇帝。这才让太子晋的身份、地位得到了确认。[1]

事实上，王子晋这一族人并未因他的去世而消亡，而是一代代繁衍了下来。到了秦始皇时代，他们后世子孙（王子晋十八世孙）王翦，以及王翦的儿子王贲、孙子王离都成了秦朝统一中国的重要将才，为秦始皇统一中国立下赫赫战功。但随着秦始皇去世，秦二世即位，李斯、赵高等人乱政，激起了陈胜、吴广起义，秦朝岌岌可危。后来，又有项羽、刘邦起兵抗秦，王离也在巨鹿与项羽决战中战败而死。彼时，刘邦和项羽又开始角逐。王离长子王元担心乱世可能祸及子孙，加上他们又是王翦的后人，与项羽和刘邦是天然的仇敌。因此，王元不想在大争之世继续谋求发展。最终，王元选择举家迁往琅琊（今属山东）隐居。至此，王氏一族开始在山东定居。[2]

王离的二儿子，也是王元的弟弟王威，跟着哥哥到了琅琊居住。由于生活所迫，王威最终出仕为官，曾担任扬州刺史。随着王威离开琅琊，他的子孙后代，散布到全国各地。

王威的九世孙叫王霸，生于东汉，具体时间无可考证。王霸在东汉时，厌烦那种尔虞我诈的日子，一直不想为官。但正是因为这

1.《新唐书·表第十二·宰相世系二》卷七十二：王氏出自姬姓。周灵王太子晋以直谏废为庶人，其子宗敬为司徒，时人号曰“王家”，因以为氏。

2.《新唐书·表第十二·宰相世系二》卷七十二：八世孙错，为魏将军。生贲，为中大夫。贲生渝，为上将军。渝生息，为司寇。息生恢，封伊阳君。生元，元生颐，皆以中大夫召，不就。生翦，秦大将军。生贲，字典，武陵侯。生离，字明，武城侯。二子：元、威。元避秦乱，迁于琅琊，后徙临沂。

种不仕反而为他赢得了巨大的声誉，官方多次派人拿着任命书邀请王霸出任官职，王霸都予以拒绝。这样，王霸一直隐居读书，颇有成效。王霸自己不愿出仕，却并未阻止自己的儿子们出仕。由此，王霸的大儿子王殷成年以后，出任中山太守，在山西祁县生活，王殷的这一族也在祁县繁衍，成了琅琊王氏祁县的一支。王霸的小儿子叫王咸，和王霸一起在晋阳居住。以后，王咸这一支也成了晋阳王氏的分支。[1]需要说明的是，在王殷的后世子孙当中，有一个叫王允的人，曾经官拜司徒，与吕布联手除掉了篡汉的乱臣贼子董卓。

本书说的琅琊王氏其实指的是王元这一族人。王元成了琅琊王氏这一族人当中的始祖。

王元的四世孙叫王吉，字子阳，曾担任汉代谏大夫。当时，王吉全家居住在皋虞，后来又迁到了临沂都乡南仁里。

不过王氏一族虽不断延续着，但一直未出现过影响中国历史进程的大人物。以汉代秦后，王氏一族人在汉代继续延续。在汉代王氏子孙里出现过一个叫王遵的人，跟着光武帝刘秀一起平定天下，为刘秀建立东汉政权立下了战功。刘秀念及王遵忠义，授予王遵太中大夫，后来又加封王尊为向义侯。王遵有个儿子叫王音，王音有个儿子叫王融，王融有个儿子叫王览，王览有个儿子叫王裁。

从王遵到王裁这几代，虽子孙不断繁衍生息，王氏一族也不断扩大，但真正处在历史潮头的人不多。一直到了王裁时，他生下了

1.《后汉书·逸民传·王霸传》卷八十三：霸少有清节，及王莽篡位，弃冠带，绝交宦。建武中（一说汉平帝时应召入京，仕司徒侯，有盛名）征到尚书，拜称名，不称臣。有司问其故，霸曰："天子有所不臣，诸侯有所不友。"（《礼记·儒行》曰：儒有上不臣天子，下不事诸侯）司徒侯霸让位于霸，故梁令阎阳毁之曰："太原俗党，儒仲颇有其风。"遂止，以病归，隐居守志，茅屋蓬户，连征，不至，以寿终。生二子：殷、咸。

一个儿子叫王导，王氏一族的后辈才真正再次走在历史潮头之上。王导所处的时代已是晋朝，当时由于八王之乱和十六国的战乱，已让西晋王朝分崩离析，王导便和琅琊王司马睿一起南迁，并在今天的南京建立了东晋王朝。

建国之初，东晋王朝极不稳定，南方的世家大族不接纳北方政权司马氏，因为司马氏曾灭东吴，与南方世家大族有着血海深仇。王导放下成见和尊严，主动与江南世家大族联姻，为东晋王朝的稳定奠定了基础。由于东晋是门阀政治，世家大族共同参与政治。王氏集团的王导权力也达到了巅峰。后来，司马睿觉得琅琊王氏权倾朝野功高盖主，打算削弱王氏政权。于是，司马睿重用刘隗、刁协、戴渊等人为心腹，妄图解兵权，排斥异己，打压王氏兄弟。结果，引起王导的堂兄王敦强烈反击，王敦希望借用王导之手推翻司马氏，但王导还是主动维护了司马氏政权，帮着司马氏平定了王敦之乱。以后，王导继续参与为国家稳定发展的各项大事策划中，为东晋发展鞠躬尽瘁。王导去世后，皇家给他的谥号为“文献”，葬礼规格也是按照霍光、司马孚等人的规格举办的。

王导有五个儿子，其中第四子叫王洽。王洽有两个儿子：一个叫王珣，一个叫王珉。单说王珣这一支。王珣，字符琳，后来出仕，官至尚书令、前将军，去世后谥号为献穆。王珣又有五个儿子，其中小儿子叫昙首。昙首又生了两个儿子，名为僧绰和僧虔。

此时，历史的车轮继续向前滚动着，朝代也继续更替着。僧绰又生了两个儿子：一个叫王俭，一个叫王逊。王俭也生了两个儿子：一个叫王骞，一个叫王暕。像《愚公移山》里的愚公一样，王氏一族也子又生孙孙又有子，繁衍壮大。王骞独子王规是典型的孝子，也是大学问家，有著作二十卷。王规的儿子叫王褒。王褒所处的时代，正是南北朝风云变幻的时代，当时西魏灭梁后，王褒随着西魏进入长安，成了咸阳王氏的始祖。[1]

此后，王褒的后代经历四世，生下一个叫王綝的人。他就是后来唐代武周时的宰相王方庆[2]。他平生有两大让后世津津乐道的逸事：一个是书法精湛，一个是藏书很多。王方庆有十个儿子，他们的子孙也都分散开来。第三子王曒后来还做了潞州刺史。王曒的子孙传到了第八世时，生下了一个孩子叫王言。

至此，王氏与本书的主人公王旦正式建立了联系。因为这位王言便是王旦的曾祖父。

王言所处的时代，已到唐朝末年。王言曾经担任滑州黎阳（今河南省鹤壁市浚县附近）县令。不过唐末是地方节度使独大的时代，县令似乎成了毫无作用的官员，一切都由手握重兵的节度使说了算。节度使们不仅仅手握兵权，还可以随时调拨地方物资。尤其是朱温集团和李克用集团已形成，天下格局似乎要重组。这一时期，这位黎阳县令的日子也不好过。后来，朱温灭唐，建立后梁，王言自然也成了后唐黎阳的县令，全家人也在黎阳生活。根据王氏

1.《新唐书·表第十二·宰相世系二》卷七十二：三子：导、颖、敞。导字茂弘，丞相始兴文献公。六子：悦、恬、劭、洽、协、荟。洽字敬和，散骑侍郎。二子：珣、珉。珣字符琳，尚书令、前将军，谥曰献穆。五子：弘、虞、柳、孺、昙首。昙首，宋侍中、太子詹事、豫宁文侯。二子：僧绰、僧虔。僧绰，中书侍郎，袭豫宁愍侯。生俭，字仲宝，齐侍中、尚书令、南昌文宪公。生骞，字思寂，梁给事中、南昌安侯。生规，字威明，左户尚书、南昌章侯。

2.《新唐书·表第十二·宰相世系二》卷七十二：生褒，褒字子渊，后周光禄大夫、石泉康侯。生鼒，字玉铉，隋安都通守、石泉明威侯。子弘让、弘直。王氏定着三房：一曰琅琊王氏，二曰太原王氏，三曰京兆王氏。宰相十三人。琅琊有方庆、玙、抟、璇；太原有溥、缙、珪、涯、晙、播、铎；京兆有徽、德真。

族谱相关记载，王言最终卒于后唐时代。此时的王言即便有一身抱负，也难以施展。所以，历史记载王言的生平是“滑州黎阳令”。或许王言一辈子只当了一个黎阳县令，政绩平平，导致历史中很难找到他人生的精彩。直到王旦成了宋朝的名相，王言也跟着沾了光，被追封为许国公。[1]而王言也成了三槐始祖。

王旦的曾祖母姚氏，史籍中没有过多记载，只因王旦后来当了宰相，才被追封为鲁国夫人。[2]

王言和姚氏的儿子叫王彻，他是王旦的祖父。王彻长大后，继续努力学习，顺利地考中进士，进入了后唐官场。不过王彻并未做过什么大官，他在后唐也仅仅是做到了左拾遗（一种言官，杜甫曾经担任此职）的位置。这个官员品级不高，所以王彻家里的情况基本上也没有改变多少。后因王旦的原因，王彻被追封为鲁国公。[3]

王彻在后唐担任左拾遗期间，与妻子田氏[4]生下两个儿子王祐、王祉。[5]王祐是王旦的生父，王祉是王旦的叔叔。

再后来，随着儿子王祐逐渐长大，王彻也慢慢淡出了人们的视野。接着到了后晋时代，当时王祐少年初长成，风流倜傥，文采飞扬，在当地有了一定的名气。[6]这样有名气的人，总会得到统治者的格外厚爱。恰巧此时的王祐年轻有理想，在乱世当中有一番作为。

发现王祐的人叫桑维翰，他是石敬瑭早期的幕僚，深得石敬瑭

1.《文忠集·太尉文正王公神道碑铭》卷二十二。
2.《文忠集·太尉文正王公神道碑铭》卷二十二。
3.《文忠集·太尉文正王公神道碑铭》卷二十二。
4.《文忠集·太尉文正王公神道碑铭》卷二十二：妣田氏，秦国夫人。
5. 世界王氏网：《大会论文三槐王氏开派始祖王祐名讳考》。
6.《文忠集·太尉文正王公神道碑铭》卷二十二。

的器重。后来石敬瑭联合契丹灭后唐，建立后晋，石敬瑭也成了历史上的“儿皇帝”，桑维翰作为石敬瑭身边的谋士，顺势成了后晋的宰相。王祐给桑维翰写了一封信，这封信的内容是一篇文章，其文辞藻优美，论述新颖，得到了桑维翰的肯定，而这封信也开始在京城流传。后来，王祐被推荐给大将杜重威。[1]

杜重威也听说过王祐的名声，自然也对王祐非常器重。王祐在杜重威身边做幕僚，做一些出谋划策的事情。

再后来，石敬瑭死了，后晋皇位由其侄子石重贵继承。石重贵当了后晋皇帝后，表示自己向契丹称孙不称臣。也就是说，石重贵依然遵从养父石敬瑭尊契丹皇帝耶律德光为父亲的约定，但后晋此时是中原王朝，不会再向契丹称臣。当石重贵的使者到契丹宣布这个消息之后，耶律德光大怒，率领大军来剿灭后晋石重贵。石重贵尽管有心理准备，但面对契丹铁骑的冲击，依然难以阻挡。石重贵派出手握兵权的杜重威去阻拦契丹大军，岂料杜重威却带着自己的十万之众投靠了契丹。最终，石重贵被杀，后晋灭亡。王祐此时也正好在杜重威手下。

在耶律德光消灭后汉以后，后晋大将刘知远不想任由耶律德光摆布。耶律德光也清楚刘知远的势力，暂时不打算与刘知远交恶，极力拉拢刘知远。刘知远虽表面上表示归顺契丹，却私底下在谋划着在太原建立自己的王朝。不久之后，耶律德光在汴梁称帝，改国号为辽，准备定都汴京，逐渐向四周发展，将契丹人带到农耕地区。但耶律德光在汴梁驻扎期间，命令士兵在汴梁周围“打草

1.《宋史·列传第二十八》卷二百六十九：祐少笃志词学，性倜傥有俊气。晋天福中，以书见桑维翰，称其藻丽，由是名京师。邺帅杜重威辟为观察支使。

谷”，激起了众怒，百姓揭竿而起，耶律德光只能灰溜溜地返回草原深处。

这样一来，整个中原地区暂时无人统治。驻扎在太原的刘知远看到自己的机会来了，正式在太原称帝，建立汉朝，史称后汉。由于耶律德光北撤，杜重威再次被晾在了一边，成为辽国弃子。杜重威为了保全实力主动向刘知远示好。为了暂时整合力量，刘知远也因帝国初建，不想大动干戈，遂接纳了杜重威。这样，杜重威带领着自己的人归入北汉。

不过刘知远清楚杜重威的为人，他奸诈圆滑，反复无常。这样的人留在身边迟早是个祸端。

为了解决杜重威的问题，刘知远想到了调任。可能当时刘知远认为，也只有将杜重威调离原来的盘踞之地，让其到一个完全陌生的地方任职，才能解决这一尾大不掉的问题，以彻底架空杜重威。不久，刘知远下诏，令杜重威到归德（今河南省商丘市南）任职，命原来归德节度使高行周接任杜重威所部。实际上就是将杜重威与高行周进行岗位互换。

杜重威清楚这是刘知远在削弱自己的兵权，心有不甘。当时王祐作为杜重威的幕僚，给杜重威分析了眼前的局势，认为杜重威应该听话，乖乖到归德军任职，到时会落一个好下场，[1]但杜重威并不听劝谏，举兵反叛，最终被刘知远镇压；杜重威战死，王祐因为是杜重威的幕僚，也受到了牵连，被贬黜到沁州（今山西省长治市沁源县）任司户参军。王祐似乎早料到了这种命运，他不颓废、不抱

1.《宋史·列传第二十八》卷二百六十九。

怨，继续在沁州主持政务。后来，王祐写过一篇文章给同乡，文中志向高远，言辞恳切，沁州当地人都称赞王祐的志向。[1]王祐的这种不以物喜、不以己悲的品德，得到了官场的认可。

不久以后，刘知远去世。皇位传给了刘承祐。刘承祐继承皇位后，王祐因为是杜重威的幕僚，继续被刘承祐集团排斥，一直在官场之外游荡。所幸的是，此时的王祐因为政务轻松，继续研读典籍，已颇有成，诗文也多出佳作。这在五代乱世中，也算是独特的存在。王祐此时有了两个夫人：一个是任氏，一个是边氏。[2]

王祐意气风发挥斥方遒，文章写得也传神，一时间声名大噪。由此，王祐引起了后汉朝廷权贵的注意。但是，王祐的名气虽大，朝廷还是没有重用他。此时，后汉刘承祐忌惮大臣郭威，与郭威的关系也日渐紧张。后来，刘承祐害怕郭威反叛，将郭威家人全部都杀了，此举直接导致郭威的反叛。之后郭威代汉自立，建立了五代最后一个王朝——后周。此时，由于王祐名气较大，后周将王祐任命为魏县县令。魏县是今天河北邯郸魏县，此处历来都是交界处，为重要之地。

此后，后周逐渐稳定下来。郭威去世后，皇位传给了其养子柴荣。柴荣素有大志，他曾经立誓要用三十年[3]的时间来完成统一。王祐在这样的帝王恩泽下，虽也增强了信心，但对自己的前途仍是一脸迷茫。王祐看清楚了当下的事实：这是个大动乱的年代，各种

1.《宋史·列传第二十八》卷二百六十九。

2.《文忠集·太尉文正王公神道碑铭》卷二十二。

3.《旧五代史·世宗纪六》卷一百一十九：臣固陋，辄以所学推之，三十年后非所知也。世宗喜曰：“若如卿言，寡人当以十年开拓天下，十年养百姓，十年致太平足矣。”

势力不再按照儒家治国理政思想推行政治，统一全国成了这些帝王的终生梦想，他们最看重的是开疆拓土、创立霸业，在此种情形下，士大夫的作用也显得不那么重要了。正如安重荣所说："天子宁有种耶？兵强马壮者为之尔。"且王祐是杜重威旧部，天下虽已换了朝代，但有些标签一旦贴上，一辈子都难以摆脱。

王祐深知这一点，他只能带着一家人寻找自己的出路。所幸的是，尽管后周皇帝没有重用他，但也没有放弃他，而是给了他一个魏县县令的职位。这也好，而今的首要任务，依然是活着。只有活着，保住性命才是最重要的事情。这些年来，因为战乱，多少人死于非命，多少人妻离子散家破人亡，多少土地陷于荒芜……

后来，还真的迎来了转机，王祐被调任到南乐（今河南省濮阳市南乐县）担任县令。[1]

能挪动地方，说明上面有人关注着他，这又给了王祐信心。因为处在最底层的官员，往往会成为政治的牺牲品，一辈子都有可能无人问津，相传有人为了一个职位等候很多年。

1.《宋史·列传第二十八》卷二百六十九。

2

出 生

时间一晃到了957年。这是极其不平静的一年。年初时，周世宗发动了第二次征讨南唐战争。周世宗一统天下的雄心，感染着后周的每一个臣民。[1]但战争之事，瞬息万变。此前，寿州之战，后周与南唐均有死伤。扬州、常州之战，战况异常惨烈。以至于让周世宗不得不撤军，准备休养生息后，再一次率军亲征，一举消灭掉在南方各国中幅员辽阔的南唐。

后周对南唐的征讨，牵动着整个南方各国的国运，若这一次周世宗能消灭南唐，那么，天下归一也将是迟早的事儿。三十几岁的周世宗柴荣，更是意气风发，立誓要统一全国，实现李唐之后中国的再一次大统一。

1.《新五代史·周本纪第十二》卷十二：四年春正月己丑朔，赦非死罪囚。二月甲戌，王朴留守东京。乙亥，南征。三月丁未，克寿州。夏四月己巳，至自寿州。己卯，放降卒八百归于蜀。癸未，追册彭城郡夫人刘氏为皇后。五月丙申，杀密州防御使侯希进。秋八月乙亥，李谷罢，王朴为枢密使。癸未，蜀人来归我濮州刺史胡立。冬十月己巳，王朴留守东京，三司使张美为大内都点检。壬申，南征。十二月乙卯，泗州守将范再遇叛于唐，以其州来降。庚申，濠州团练使郭廷谓以其州来降。丁丑，取泰州。

这一年，王祐牵挂着前方战事。事实上，作为忧国忧民的士大夫，这种事总能触动他们的神经，不由自主地关注着前方战事。此时，他已成为后周的臣子，不希望再发生巨大的震动。中国自安史之乱以来，已经历两个世纪的动乱，老百姓已受不起到处战乱的状况。他自己饱受流离之苦，芸芸众生要比他的经历更为艰难。对此时的任何人来说，平安稳定是最大的渴求。王祐希望大家能和谐相处。所以，对后周与南唐的战争，他更多地关注后周是胜还是败。他希望周世宗柴荣能迅速统一，让人民过上安定的生活。

在王祐关注前方战事时，一个让王祐振奋的消息传进了他的耳朵：夫人任氏[1]怀孕了。这件事对屡次遭受命运玩弄的王祐而言，无疑是一件扬眉吐气的喜事。自从遭受杜重威牵连被贬官后，王祐眉头舒展的日子不多。现在他已过而立之年，应验了那句“三十不发，四十不富”。此时的王祐，已对一些政务有了懒散心理。也许这辈子，在这个南乐县县令位置上到头了。人一旦看清了自己生活的处境，对人生也就逐渐失去了信心。

此时，唯有夫人隆起的肚子才让他看到了一丝希望，也有了一丝欣慰。若说，非得总结这一生的成就，那就是家里人健健康康，孩子们茁壮成长。这是他家里第二个孩子，长子王懿已三岁了。[2]王祐对这个未出世的孩子特别看重。每天都要在任氏身边转一圈，甚至附耳贴在任氏肚子上听这个孩子的动静。从此之后，他将有两个儿子了。他将不再是一个孤独的灵魂，他的生命会在儿子身上得

1.《文忠集·太尉文正王公神道碑铭》卷二十二：妣任氏，徐国夫人。

2.《宋史·列传第二十八》卷二百六十九：祐子三人：曰懿，曰旦，曰旭。

到延续。

掐指算来，从大夫诊断出任氏有喜，到如今已超八个月。按时间推算，孩子已在任氏腹中怀胎十个月。孩子的降生，怕也在这几日了。任氏已提前着手准备了孩子的衣服、鞋子、帽子、肚兜……

每天看着任氏挺着大肚子，王祐会不由得发笑。看来任氏更期望这个孩子的出生。有时候，边氏[1]也会过来说一阵子话，畅想一下这个孩子出生后的情形。王祐看得出来，边氏虽对这个孩子也充满了期待，但脸上总有一丝淡淡的忧伤，毕竟她没有怀孕。这对于一个女人而言，也颇难为情。王祐却很喜欢这个小妾，她知书达礼，而且总有些自己的不同见解，政务上也能帮他出不少主意。

时间不紧不慢地推移着，不久便到了十一月初。

这一天，和往常一样，寒冷笼罩着大地。王祐收拾了一天处理的卷宗，走进了自家后堂院子。院子在县衙后面，走过几个拐角处，能看见自家门口了。院子里那些果树上，叶子已全部掉光，枝条看起来显得单薄。任氏临盆在这几天了，王祐每天回来，第一件事便是问任氏状况。

这段时间以来，王祐总是提前回家，即便是在家里闲坐，也是享受。他推掉了那些可有可无的应酬，放弃了那些毫无用处的社交，一心等待着孩子的出生。边氏说："老爷放心，一切安好。"王祐觉得边氏既然说无事，那定然是没事了。边氏虽没有为王祐生得一儿半女，却最体贴王祐。王祐许多政务烦心事，都是边氏替他分担。

当下无话，边氏已差人做晚饭了。王祐闲坐无事，随手拾起桌

1.《文忠集·太尉文正王公神道碑铭》卷二十二：边氏，秦国夫人。

上的一册书来翻阅。书籍是《酉阳杂俎》[1]，这还是从一个朋友那里讨来的。这种前朝的书籍，现在已很少找到了。他偶尔也翻翻。书中多为鬼怪妖魔荒诞之事，不过用此来打发无聊生活，倒也挺符合他此时此刻的心情。

在王祐翻看《酉阳杂俎》时，边氏已快步走了出来。边氏说："姐姐肚子有了动静。"王祐还想问点儿更为详细的消息，边氏已钻进了里间。于是，烧热水，请稳婆，向祖宗祷告……之前总觉得一切事宜都已准备妥当，可到了此刻，依然发现，竟然缺这少那。仆人们进进出出，王祐只能原地打转。

任氏的肚子从傍晚时分开始隐隐疼痛，家里新添人丁的事情即将到来。

然而，任氏脸色憋得通红，却没能将孩子生下来。任氏肚子疼痛已持续了几个时辰，此刻，那种彻骨的疼更猛烈了。任氏大声喊叫，听得见她正在饱受煎熬。一屋子人，都在焦急地等待着。

那一声声痛彻心扉地叫唤，使得王祐坐立不安。王祐焦急地在堂前来回走动着。时间已过了子时，任氏肚子里的孩子，依然难以生产，这个迟迟不想出来的孩子似乎有意折腾他的亲娘老子一样。随着疼痛逐渐缓去，疲惫至极的任氏陷入昏昏欲睡的迷糊状态中。

到了鸡叫二遍时，任氏忽然又开始大喊大叫了，继而又变成了一种更为惨烈的叫喊声。王祐心中焦急万分，难道遇上了难产？王

1.《酉阳杂俎》是唐代段成式创作的笔记小说集。小说集有前集二十卷，续集十卷。其性质据作者自序可知，"固役不耻者，抑志怪小说之书也"。所记有仙佛鬼怪、人事以至动物、植物、酒食、寺庙等，分类编录，一部分内容属志怪传奇类，另一部分记载各地与异域珍异之物，与晋张华《博物志》相类。

祐在原地打转，嘴里不停地叹息着。

天方有一丝亮光，一弯残月还挂在天上。王祐走出房子，站在院子里仰天怅惘。没有比等孩子出生更让人揪心的事情了。不久，一声响亮的啼哭，划破了似明似暗的长夜。边氏钻进里屋，片刻时间，便抱着一个襁褓径直走向了王祐。边氏说："恭喜老爷，是个大胖小子。"王祐颤颤巍巍地接过孩子看了一眼，一个肉嘟嘟的小人儿映入他的眼帘。这个孩子长得一点儿都不漂亮，鼻子不像鼻子，嘴巴不像嘴巴。王祐看着这个孩子，孩子也睁着眼睛在看着他，那双灵动的眼睛，在灵活地转动着，王祐眼睛里有了一丝湿润……

边氏对王祐说："老爷，给孩子取个好名字吧！"王祐看着孩子，稍做沉思后说："此时天方拂晓，叫'旦'吧！"

以后连着几天，王祐都围着孩子转。

忽有一日，一个自称是华山道人的前来府上化缘。仆人本不打算开门，那道人扬言有喜事报与王县令，而且此事耽搁不得。门人看了看道人，实在不像消遣他的人，便让道人在门口等着，他先去通报。

王祐得子，春风得意，没有什么事能影响他的情绪，便让门人将道人请进了后院。一直以来，王祐对方术之说也很感兴趣。当道人进了院子之后，王祐便问道人有何事与他商议。只见道人不缓不急地说："贵府近来新添人丁，难道不是喜事吗？"王祐觉得，他堂堂一个县令，得子之事，外边肯定传出了消息。只怕是这道人道听途说罢了。王祐道："我确实得子，是大喜事。"但道人接下来的话，震惊了王祐。道人说："此子相貌特异，将来必是大富大贵之人。"

王祐听到此处，便清楚此道人非泛泛之辈，欲再讨教一番，那道人却不愿多说，只说了一句"天机不可泄露"。王祐也只能作罢，他差人送来了银两，以答谢道人先知之情。道人却拒不收，只言仅需一碗面。王祐差人赶紧做饭。道人吃完，拜谢过，便飘然而去，自此音信全无。王祐百思不得其解，在一段时间内，他都处于苦思冥想之中。

不过，那道人的话时常在王祐耳边飘过。此子相貌不像任氏，也不像他。但那双耳朵，却与他的十分相似。孩子生下之时，他觉得事有蹊跷。王家几代人，鲜有能在世上有一番作为之人，难道这个孩子是王家将来光耀门楣之人？

当然，这一切只是猜测，尚不敢下结论。但这一切似乎是冥冥之中自有天意。在华山道人离开后，市井中流传着王旦相貌异于常人，“日后必大贵”的传言。老道人的预言，飘荡在整个南乐县的每一丝空气里，大家在奔走相告着，都在对这个孩子的将来表示出了好奇之心。

此后，王旦在一家人的照顾下，日渐显示出脱。模样也变了，除了鼻子还有些歪着外，倒是越发惹人喜爱了。过了半月，王旦能对着人笑。任氏越发喜爱这孩子，百般呵护，心肝儿肉地叫着。王祐对孩子也是疼爱至极，常常抱着这孩子，在他稚嫩的脸上亲吻。

王旦出生后，全家人都围着他转，幸福笼罩在这个幸福的小院当中。这是王祐这么多年来，最为幸福的一段时间。王祐对仕途的忧虑也逐渐远去。只要周世宗能够统一全国，他们能有个安定生活的地方，也未尝不是一件好事。

王旦的成长环境，显得尤为平静。他一出生，便在官宦世家，自幼便衣食无忧。应该说，他是那个时代里的幸运儿，因为不久的将来，赵匡胤建立宋朝，他将真正迎来人生的顶峰。更令人羡慕的是，王旦家里还有很多藏书，这为他后来功成名铺垫了基础。

然而，关于王旦成长之事，并没有多少可值得记载的。《宋史·王旦传》里面只有八个字：“旦幼沉默，好学有文。”[1]《涑水记闻》中记载王旦幼时“旦幼聪悟，宽裕清粹”[2]。欧阳修在他为王旦写的碑文上，也只有短短六个字：“公少好学，有文。”

但这些简略的背后，忽略了一个人成长的全部经历。不管是童年还是少年时代，王旦都一定有故事。遗憾的是，在王旦专门的传记里面，找不到相关记载。所以，只能从王旦父亲王祐的生平中去窥探王旦的成长环境。因为宋朝建立这一段时间的社会巨变，王旦自然感受不到，但王旦的父亲作为经历者，一定对当时的社会大变局有着刻骨的记忆。

959年，王旦一岁多，他们一家人还在南乐生活着。此时，经过周世宗柴荣轮番进攻，南唐中主李璟向后周称臣。此时，柴荣将目标放在了幽云十六州上。这一大片地方自从石敬瑭送给契丹之后，让整个北方中原地区门户大开，契丹铁骑可以随时进入中原腹地，而后周的国都在汴京，距离关南之地不过数百里，契丹铁骑长途奔袭，用不了多长时间就能过黄河，威胁汴京。所以，柴荣要收复幽云地区，为后周创立永久霸业。于是，柴荣亲征，赵匡胤、张永德、李重进等人都跟着周世宗亲征。后周军北上，沿路被契丹占据的地区纷纷投降。[3]没过多久，柴荣收复了益津关、瓦桥关等地，并将瓦桥关改名为雄州。

1.《宋史·列传第四十一》卷二百八十二。

2.《涑水记闻》卷七。

3.《旧五代史·世宗纪六》卷一百一十九：夏四月辛卯，车驾次沧州……癸卯，今上先至瓦桥关，伪守将姚内斌以城降。甲辰，鄚州刺史刘楚信以州来降。五月乙巳朔，帝驻跸于瓦桥关。侍卫亲军都指挥使李重进及诸将相继至行在，瀛州刺史高彦晖以本城归顺。

不过柴荣在一路开拔时，忽然患上了重病，不得不撤兵。[1]柴荣回来之后，不久驾崩，皇位传给了七岁的儿子柴宗训。[2]半年后，也就是960年的正月初一，从北方传来契丹联合北汉进攻后周边境的消息，几个宰相商量了一下，觉得应该派人去抵御契丹与北汉，于是殿前都点检赵匡胤成了带兵出征之人。但三天之后的正月初四早上，赵匡胤却在陈桥驿发动了兵变，建立了宋朝。[3]

由此，北方政权开启了一个新的时代。

赵匡胤建立宋朝以后，对后周官员继续沿用，王祐作为南乐县县令，未受影响，继续履职。王祐一生的际遇，也正是从宋朝开始。也许是因为王祐在后汉、后周时的名气，让赵匡胤对王祐这个人有了印象。在宋朝建立之后，王祐被提拔，授予监察御史，并兼任光州（今河南省潢川县）知州。由此，王祐的任职地也由魏县变成了光州。[4]只是这里有一个疑惑不能自圆其说，按照《王祐传》的记载，王祐在后周时先后历任魏县、南乐县令，是说王祐先在魏县当官，后来被调到南乐。但在宋朝建立之后，王祐又从魏县调任光州，难道在南乐当了一段时间的县令后，王祐重新被调回了魏县当县令？

无论如何，此时的王祐的确有了改变。王祐在干监察御史时，光州政令畅通，官场风气明显好转，各项政务都在向着好的方向发

1.《旧五代史・世宗纪六》卷一百一十九：是夜，圣体不豫，翌日病亟，有诏回戈，未到关而晏驾。

2.《旧五代史・恭帝纪》卷一百二十：癸巳，世宗崩。甲午，内出遗制，命帝柩前即皇帝位。

3.《宋史・太祖本纪》卷一：七年春，北汉结契丹入寇，命出师御之……宣徽使引太祖就庭，北面拜受已，乃掖太祖升崇元殿，服衮冕，即皇帝位。

4.《宋史・列传第二十八》卷二百六十九。

展。上面下来的考核组，对他也很满意。总之，此时的王祐迎来了人生第二个起伏的阶段。

随着王祐身份的变化，也影响了家里人。此时，大家都希望王祐能够在官场上更进一步，不纯粹是为了当个大官光宗耀祖，也是为了实现王祐的治世抱负。

朝廷果然是记着王祐的，王祐在监察御史这个职位上没待多长时间，又接到了朝廷的调令，让王祐担任殿中侍御史职位。[1]其实殿中侍御史和监察御史的职责相差无几，是一个系统，但要比监察御史品级高一级。御史台行政长官为御史大夫，下设官员里有御史中丞，御史中丞底下又有三个主管领导，分别是领侍御史、殿中侍御史、监察御史。

宋朝的官阶制度，以元丰改制为界限，分前后两个不同时期。因为改制前后官阶的品级并不一致。王祐所在的时代正好是宋初，此时的官阶制度，基本上沿袭了唐朝的官阶制度。这种官阶和行政等级也是挂钩的。王祐在魏县、南乐县两县任职县令时，职位是从八品，行政级别为十六级。变成监察御史后，职位是从正八品上，行政级别为十五级，比原来的县令高了一个级别。等到晋升成殿中侍御史时，变成了七品下，比原来的县令高了两级，品级介于州一级官员和县一级官员之间。这次朝廷让王祐到光州任职，大有重用王祐的意思。

那么，殿中侍御史的职责是什么呢？殿中侍御史主要掌纠弹百官朝会失仪之事，也就是管着朝廷的礼仪之事。

1.《宋史·列传第二十八》卷二百六十九。

不管职务怎么变，只要朝廷调任，都得去完成这份政务，可谓食君之禄、忠君之事。王祐便又开始了自己新的任职生涯，而正是因为王祐这种职位的不断变化，让家里人也跟着变化。古代等级制度严明，官高一级享受的待遇和福利自然也不同。王旦的成长，也随着父亲王祐的岗位变化而变化着。

到了965年，已在官场中混得风生水起的王祐，再一次得到了朝廷的赏识。也许是王祐的运气，也许是宋朝以文人治国的国家大策起了作用，此时命运格外地眷顾王祐。王祐被提拔为知制诰。[1]

知制诰岗位重要，是专门拟圣旨的。在宋朝早期，知制诰可以由其他地方官兼任，中央不再另行安排。此时王祐的知制诰，大概是直接从殿中侍御史职位上借调过去的。但不管身份是直接上调，还是借调，总之此时的王祐已进入宋朝皇权机构的核心层了。

当然，在这里政务，也可能还会见到皇帝，因为每一道诏令的内容都是皇帝需要实现的某种改革意图。这是多少人梦寐以求的职位。不过知制诰在宋朝，存在着内制和外制之分。所谓内制就是翰林院里正式官员，而其他地方的官员以借调身份来任职知制诰的叫外制。王祐是以借调的身份任职知制诰。

在王祐调任知制诰时，王旦已七岁，长成了一个少年。他用好奇的眼光，审视着这个世界。当然，王旦自幼养成沉默寡言的品性，在此时更加凸显，唯一让家里人感到振奋的是，王旦对家里的各种书籍充满了好奇，在父亲的教导下，他开始涉猎一些能够读懂的书。

1.《宋史·列传第二十八》卷二百六十九。

此时，还发生过一件奇怪的事情，据说王旦小时候与弟弟王旭一起玩耍，忽然看见天门开了，里面有王旦两字，王旭问缘由。王旦对弟弟说："我也不清楚为什么天门里面会有我的名字，这件事要等到我死了之后，写在墓志铭上，其他的原因我也不清楚。"[1]一个小孩子，能说出此言，着实震惊了家人。

1.《宋人轶事汇编·王文正遗事有言》卷五：公幼时，见天门开，有公姓名二字，弟旭乘间问之，公曰："要待死后，墓志上写，吾不知。"此言虽拒之，亦可见实尝有此事矣。

3

符彦卿之事

随着王祐不断升迁，家庭条件也随之发生改变。不久之后，王祐一家人搬到了汴京。因为拟圣旨这件事，肯定要在机密的地方进行（一般是在中书的制敕院内设舍人院），不可能让王祐在光州拟诏令，然后再送到京城汴京。

王祐带着一家人，在汴京定居了下来。汴京是国都，但凡有点儿理想的官员，都想住进汴京城。那些有钱的生意人和那些在朝为官的人，哪一个不是在汴京有大片自己的住宅？当然，为官之人，只有到了一定级别，才能进京。从另一个方面说，进了汴京为官的人，也绝非泛泛之辈。朝廷为王祐分了一片府邸，让他落脚。从此，王祐一家人在汴京扎下了根。

王祐每天都要去舍人院上职。按照上面的意思，拟定诏书。不过，现在的政务看起来比较单一，但实际比以前的工作难度更大。皇帝要起草某一道诏令，会把意图给草拟的部门，让草拟的部门根据皇帝的意图，用最精准的语言表达出来。这是个费时、费力、费脑子的政务，每一个字都要斟酌，不能多，也不能少，既要准确地反映上面的意图，又要让下面能准确地领会上面的意图。所以，如何组织文字，成了知制诰最烧脑的政务。

有时候，某一件诏令会很急，需要加班加点完成，但更多的时候，大家都是按时上下班。有时，王祐也会拟一些政务汇报的文书，呈报给上级部门的领导批阅。当然，这些政务虽会费时、费力，但难不住人。王祐在知制诰上很快就适应了。

王祐在知制诰岗位上有过三年的从业生涯。这三年也是赵匡胤先南后北统一全国的关键时间段。这段时间内，五代十国时那些残存的荆南、南汉、后蜀等南方政权，纷纷被赵匡胤征服，除南唐、吴越、北汉外，宋朝大体实现了国家的统一大业。

三年后，朝廷将王祐调至集贤院，让其成为集贤院修撰。当然，集贤院修撰主要政务是修国史，也是负责相关史书编著的部门。[1]王祐兢兢业业，不敢有丝毫懈怠。不久以后，朝廷又增补王祐为户部员外郎。户部员外郎只是一个寄禄官，没有实权。王祐依然在集贤院干着他的具体政务。[2]

需要说明的是，这些政务虽都在京城，却不是最重要的政务，只是推进国家文化软实力，短时间内很难看到成效。此时的王祐急需一个体现自己价值的岗位。

不久，一个重要的机会降临到王祐头上。

968年，赵匡胤开始把目光投向北汉政权。南方政权中，南平、后蜀灭亡，南唐、吴越臣服，南汉也即将灭亡。在这一关键时刻，赵匡胤向北而行，把目标锁定在北汉上。赵普说过，北汉一直

1.《新唐书·百官志二》：集贤殿院。学士、直学士、侍读学士、修撰官，掌刊辑经籍。凡图书遗逸、贤才隐滞，则承旨以求之。谋虑可施于时，著述可行于世者，考其学术以闻。

2.《宋史·列传第二十八》卷二百六十九。

都是大宋的仇人。征讨北汉势在必行。

同年秋，赵匡胤率军亲征太原。太原历来都是重要的战略要地，除了是北汉的国都之外，太原也在宋朝和契丹边境上，是宋朝和契丹的缓冲地带。宋朝要想收复幽云十六州，得先拿下太原。这一点不管是在柴荣时，还是在赵匡胤时都是明确的。于是，赵匡胤带领宋朝大军浩浩荡荡北上，不日便到达了济河（属今河南省济源市，流经河南、山东入渤海）。[1]

然而，就在大军轮番进攻时，由于粮草未及时送达，战况也陷入焦灼之中。按照之前部署，在大军开拔之前，朝廷已命令宋朝境内北边州郡官要将粮草送往前线。当时各州的军粮聚集于上党城中，运输粮草的车辆因转运使未及时协调，导致车辆堵塞道路，根本没办法及时将粮草运到前线。这里面有客观条件，当然也有地方行政长官的不作为问题。赵匡胤听到这件事儿后，大为恼火，岂不闻兵马未动粮草先行，现在军队都到了，粮草却跟不上，“诸州馈集上党城中，车乘塞路，上闻之，将以稽留罪转运使。”

赵匡胤对赵普等人说了这件事，并决定对押送粮草的转运使予以降罪。赵普却认为宋军刚刚到达前线，贸然给转运使治罪的消息一旦传到北汉，对方肯定会觉得宋军准备不充分，就不会惧怕宋军。另外，战争还未打起来，尚有时间继续开展粮草补给运输，只需找一个可以委以重任的人，便能解决粮草不足问题。[2]

赵匡胤思谋良久，认为赵普说得有道理，大战在即，不宜处

1.《宋史·列传第二十八》卷二百六十九。

2.《宋史·列传第二十八》卷二百六十九：赵普曰：“六师方至，而转运使以获罪闻，敌必谓储峙不充，有以窥我矣，非威远之道也。俾能治剧者，往莅其州足矣。”

置官员。赵普给赵匡胤推荐的人就是王祐。赵匡胤下诏，调王祐抓紧时间前往一线处理粮草之事，并命王祐为潞州知州[1]，这让王祐成了潞州的最高行政长官，负责本次粮草输送事宜。潞州地理位置重要，当时李筠在这里担任潞州节度使，反叛宋朝，最终身死。[2]王祐当然清楚赵匡胤将他调至潞州到原因，他这是受命于危难之间。朝廷把这么重要的担子压在他身上，可见朝廷对他的重视。王祐不敢有丝毫马虎，接到圣旨后安顿好家人，马上到潞州任职。朝廷让他担任潞州刺史，是要他当好潞州一把手，协调各种力量，赶紧把粮草运往前线。王祐到达潞州后，开始征集军粮，并将前线队伍中的路障全部清除。赵匡胤很高兴，让王祐留守潞州，继续做好粮草配运政务，而他们则带大军前去征讨北汉。

此时，北汉虽依附辽国，但国力衰微。国主刘钧听说赵匡胤率领着大军开始侵犯边境，肝胆俱裂，竟然一病不起。北汉的皇位便由其子刘继恩继承。同年九月，北汉又发生了政变，刘继恩被北汉权臣侯霸荣杀死，侯霸荣立刘继恩的弟弟刘继元为北汉皇帝，侯霸荣成了权倾朝野的人物，刘继元也要听从他的指挥。

因此，刘继元清楚自己不是赵匡胤的对手，只能派出使臣向契丹求救。

契丹听闻宋军攻打北汉，派出了一部分契丹铁骑，准备与北上的宋军开战。赵匡胤命人进攻太原，用水攻城，差一点儿攻破了城池。此时，契丹铁骑支援太原的大部队到了。赵匡胤一看暂时难以

1.《宋史·列传第二十八》卷二百六十九。

2.《宋史·列传第二百四十三》卷四百八十四：太祖亲督战，拔其城，筠赴水死，获钧相卫融，钧惧而遁归。

消灭北汉，便命人撤军，这场北伐也就不了了之了。

宋军撤退后，人们都以为朝廷会让王祐继续担任潞州地方官，王祐也可以从此摆脱没有任职实职的尴尬，成为一方地方诸侯。但朝廷并未让王祐留任潞州。可能高层认为之前紧急调动王祐到潞州任职，也是形势所迫，现在宋朝与北方的战争既然已停止，王祐得重新调回。于是，朝廷又传来了一纸调令，要求王祐返回京师。[1]

王祐潞州刺史这一职位的任职时间不长，朝廷便将他招了回来，让他继续担任户部员外郎。当然，王祐并不清楚他在潞州时的表现已让宋朝的统治者对他有了新的认识。他现在是“山重水复疑无路”了，等待他的“又一村”也快到了。

这段时间，王祐继续在京城为官，照顾家人。此时的王祐已有三个儿子：大儿子王懿已十四岁，二儿子王旦十一岁，三儿子王旭也已七八岁了。王祐对三个儿子读书这件事尤其重视。十年寒窗苦读，为的是将来能有一番作为。否则，三天打鱼，两天晒网，他们终究只能活在底层，永远改变不了自己的身份。等到有一天，他们实在生活不下去了，不是还得依靠他来接济？这样的局面，王祐不想看到。他要让孩子读书，在宋朝这样的大国中，变成弄潮儿。

当然，他能为孩子们做的事情，也仅仅只有鼓励他们多读书。他们自己的人生，需要自己走。即便是圣人的人生轨迹，也是充满了坎坷不平。现在正是读书的时刻，敦促他们读书写字，锻炼意志力，避免产生少壮不努力、老大徒伤悲的结局。

1.《宋史·列传第二十八》卷二百六十九。

三个儿子中，二儿子王旦性格表现尤为突出。他不循规蹈矩，做事情常常出人意料。虽只有十多岁，却能表现出比同龄孩子更成熟的一面。他不争、不抢、不喜形于色，和大儿子、小儿子一起玩耍时，其综合协调能力，绝非他们二人所能比拟。

王祐有时候会把朝廷的一些事情说给孩子们听，希望他们说出自己的见解。每次王旦的见解或者处理办法，常常让大家目瞪口呆。这样，王祐越发觉得这个儿子与众不同了。王祐想起王旦出生时那个道人的预言。

当然，王祐对三个孩子的教导从未松懈过，不管他们将来的人生轨迹如何，但现在正是学习并树立理想之时，须让他们明白这些道理。王祐也不会偏向谁，不能因为二儿子王旦与哥哥、弟弟不同，就偏爱王旦。此时，给孩子树立公正之心也非常重要。

王祐身体力行，潜移默化地影响着孩子们，也为孩子们树立了一个做人、做官的标杆。以后三个孩子在仕途、生活上，都将以此为基础。尤其是二儿子王旦，身居宰辅之位十八年，是北宋有史以来公认最没有争议的宰相，他在宰相职位时，大批起用了德才兼备的人才。应该说这些性格的形成，与这一时期王旦的经历分不开。

然而，当王祐一家人在汴京过着让人羡慕的生活时，一个消息却从大名传来：大名地方首脑符彦卿在镇守大名府期间，整日无所事事，不管当地的社会治理，以致让当地的社会风气持续下转。社会上有关符彦卿的说法很多，流言如同长了脚，到处奔走相告。[1]

这位符彦卿是谁呢？他是后周旧臣，柴荣的老丈人，将两个

1.《宋史·列传第二十八》卷二百六十九。

女儿嫁给了柴荣。后来赵匡胤为了与符彦卿建立某种关系，让弟弟娶了符彦卿的小女儿符氏。赵匡胤与符彦卿建立了亲家关系。再后来，赵匡胤在陈桥驿兵变后，符彦卿也顺势表明拥戴赵匡胤，符彦卿自然也成了皇亲国戚。

此时，忽然传来了符彦卿渎职行为，着实震惊了官场。是不是符彦卿仗着自己是皇亲国戚，故意疏于政务，让大名府出现各种问题？若真是这样，符彦卿还真触犯了国家的律法。

朝中的一些大臣对符彦卿也是褒贬不一。有人说他仗着做了几朝元老，现在想着自己老了，仕途已到了头，在大名到处敛财，搜刮民脂民膏，让大名地区的百姓生活在水深火热之中；也有些别有用心的人说，符彦卿不仅仅代表着他个人，也代表着宋朝，他到大名任职期间，不但不为宋王朝树立一个样板，还到处敛财，这件事看起来是人民群众对符彦卿的不认可，实际上是老百姓对宋王朝的不认可。若任由这样的事情发展下去，那么国将不国……

当然，也有人为符彦卿辩护，觉得符彦卿没有懒政。但赵匡胤还是不放心，五代以来藩镇割据的乱局告诉他，对待那些久经沙场的节度使，起用和查办一定要慎之又慎，稍有不慎，都会造成无法预测的后果。

当然，有这样的信息传播，得派出个人去勘察一番。可是到底派谁去呢？这可难住了赵匡胤。符彦卿可不是一般人，朝廷的任何举动，他都能洞察，若勘察之事没做好，势必会引起符彦卿的警惕，会隐藏起他的犯罪事实。所以，选派去勘察之人，一定要有一颗公心，能够一心为朝廷着想，处理事情也要顾着朝廷的利益。

赵匡胤思来想去，把人选锁定在王祐身上。[1]王祐是个很有公心的人，他重视公平、公正，仅凭这一点，就能击败百分之九十以上的官员。赵匡胤思谋了一番后，决定让王祐去调查符彦卿，给符彦卿造成一种高压态势和危机感。此时的王祐根本没有想到，这个任务最后落在了自己身上。这件事，直接影响了王氏家族。不仅仅是王祐个人命运因此改变，他的家人也都将受到影响。

赵匡胤把王祐召进宫，和王祐做了一次深入谈话。赵匡胤说："这次派你去大名调查符彦卿渎职之事，原因是那里是你的故乡，你对那里的情况比较熟悉，调查工作开展起来也会顺手得多。需要给你交代的是，这次你以一个返乡者的身份去调查符彦卿之事，并不是朝廷派出的钦差大臣。"[2]王祐谢了恩，便出了皇宫。

然而，此事却让王祐犯难了。王祐很清楚，这次赵匡胤让他去大名，其实是去收集符彦卿不作为的证据，而且看皇帝的架势，铁定得处理符彦卿。若符彦卿真如大家说的那样，王祐也不惧。可万一符彦卿没有那样做，他该怎么办？王祐忽然意识到这种微服私访的背后，有一个严重的问题：皇帝难道故意要打击符彦卿，才想出这样的办法？若真是这样，那么他作为这个明察暗访的人，该怎么调查呢？或许皇帝让他去调查符彦卿，是要他在大名府收集符彦卿不守规矩的"证据"，哪怕这些证据不一定是真实的，也都要收集上来。

想到这些，王祐忧心忡忡，不清楚如何处置这件事。思来想去，王祐还是觉得天子交代之事当然不敢马虎，随即交接了政务，准备

1.《宋史·列传第二十八》卷二百六十九：太祖以祐代之，俾察彦卿动静。

2.《宋史·列传第二十八》卷二百六十九：谓曰："此卿故乡，所谓画锦者也。"

到大名去勘察一番。不管有没有赵匡胤说的那些事，他都要去大名。

安顿好一切之后，王祐踏上了返乡之路。

王祐在大名期间，也听说了符彦卿的家人到处搜刮敛财。于是，王祐便开始了秘密侦察。不过经过调查，王祐发现符彦卿在大名府期间，并没有渎职行为，对大名府的治理也井井有条，那些流传到皇帝耳朵里的流言，不过是有人故意给符彦卿泼脏水罢了。

事情调查清楚后，如何上报却难住了王祐。王祐很清楚，若用他现在的侦查结果去回禀，赵匡胤一定会大失所望。此时的王祐，已意识到皇帝可能要的是符彦卿不作为的证据，但这种证据王祐并未找到。既然没有找到，他不能随便捏造假证据。

思来想去，王祐决定据实上报。或许若这次找到很多符彦卿不作为的"证据"之后，他就可以飞黄腾达，但做人不能暗室欺心，昧着良心做事，更不能为了自己而故意践踏别人。于是，王祐回到京城后，打算将这次调查结果如实报告给赵匡胤。面见了赵匡胤后，王祐直截了当地说："臣这段时间在大名进行细致的调查，并未发现符彦卿有懒政行为，那些传他大肆敛财的传言，都不真实……"

王祐看到赵匡胤的脸色有些阴沉，但事已至此，他也只能和盘托出了。赵匡胤问："符彦卿真的如你所说那么干净吗？"王祐说："臣愿意以全家性命为符彦卿担保……"赵匡胤脸色又阴沉了几分。王祐继续说："五代以来的那些帝王很多都因为不放心大臣，以至于随便滥杀无辜，导致朝代更迭不断，皇上您要想宋朝长治久安，得引以为戒，不要步五代那些帝王之后。"[1]

1.《宋史·列传第二十八》卷二百六十九：祐以百口明彦卿无罪，且曰："五代之君，多因猜忌杀无辜，故享国不永，愿陛下以为戒。"

赵匡胤哪里想得到，王祐会来这么一手。原本派他去是为了收集证据，现在王祐不但没有找到符彦卿懒政的证据，还替符彦卿辩护。可既然王祐这么说，对符彦卿的调查也只能终止。王祐此举得到了朝廷内外的高度赞扬。[1]

只是此时，赵匡胤心中对王祐产生了厌烦情绪；但赵匡胤的不满并未表现出来。

王祐以全家性命为符彦卿做担保，为王祐赢得了巨大声誉。王祐的三个儿子也对父亲这次秉公处理符彦卿之事印象深刻，这给他们以后为官树立一个很好的标杆，尽管此时他们还不懂其中的奥秘：每一次经历，势必会影响其他家庭成员。

1.《宋史·列传第二十八》卷二百六十九。

4

手植三槐

至此，符彦卿之事算是告一段落了。

不久之后，宋朝决定出兵岭南，“继以用兵岭表”，这里的岭表其实是指广东、广西、海南三省区及越南北部地区。在宋朝时，这部分地区正好属于南汉。南汉也是五代十国时期的一个重要割据政权。此时南汉的皇帝叫刘𬬮。相传此人昏庸无能，不问政务。据说其宠幸一个叫“媚猪”的西域女子，而将国家大事全部交给宫女和内侍处理。[1]赵匡胤消灭后蜀之后，南唐和吴越等地相继臣服。但刘𬬮觉得南汉距离中原较远，故意不向宋朝臣服。此举激怒了赵匡胤，随即赵匡胤派大将潘美带领宋军南下消灭南汉。

为了更好地打这一仗，赵匡胤此时又想起了之前在太原出征时

1.《新五代史·南汉世家第五》卷六十五：至𬬮尤愚，以谓群臣皆自有家室，顾子孙，不能尽忠，惟宦者亲近可任，遂委其政于宦者龚澄枢、陈延寿等，至其群臣有欲用者，皆阉然后用。澄枢等既专政，𬬮乃与宫婢波斯女等淫戏后宫，不复出省事。延寿又引女巫樊胡子，自言玉皇降胡子身。𬬮于内殿设帐幄，陈宝贝，胡子冠远游冠，衣紫霞裾，坐帐中宣祸福，呼𬬮为太子皇帝，国事皆决于胡子，卢琼仙、龚澄枢等争附之。胡子乃为𬬮言：“澄枢等皆上天使来辅太子，有罪不可问。”尚书左丞钟允章参政务，深嫉之，数请诛宦官，宦官皆仄目。

保障后勤的王祐。尽管此时，赵匡胤对王祐已有成见，但又不得不承认王祐是个不可多得的人才，在统筹协调方面，王祐显得比其他人要技高一筹。

赵匡胤命人拟了一道圣旨，将在户部任职的王祐调到襄州（今湖北襄阳）任知州一职。[1] 王祐不得不开始举家南下，到襄州任职。面对突如其来的调动，王祐有些慌乱，可既然调令已下，他也只能服从。临走之前，王祐为了鼓励儿子们，在家里手植三棵槐树，并对众人说："以后我的三个儿子当中，一定会有人位及三公，这也是我平生的志向。"[2] 此时的王祐似乎感觉到他的仕途已到了尽头，所以手植三槐，把希望寄托在儿子们身上。

事实上，三槐之事，早有传闻。相传周朝宫廷外种有三棵槐树，三公朝见天子时，向三槐而立，所以后世以三槐比喻三公。所谓三公是中国古代最尊显的三个官职的合称，主要指太傅、太师、太保，后来经过演变，也加入了宰相和太尉。

司马光的《涑水记闻》中记载："旦少时，祜（祐）常明以语人，谓旦必至公辅，手植三槐于庭以识之。"意思是说王旦年少时，王祐经常对身边的人说："我儿子王旦一定会当上宰相。"为了证明自己的话，王祐还手植三槐。欧阳修的《太尉文正王公神道碑铭》中也记载：尝谕杜重威使无反汉，拒卢多逊害赵普之谋，以百口明符彦卿无罪，故世多称王氏有阴德。公之皇考亦自植三槐于庭，

1.《宋史·列传第二十八》卷二百六十九。

2.《宋史·列传第四十一》卷二百八十二：祐手植三槐于庭，曰："吾之后世，必有为三公者，此其所以志也。"

曰："吾之后世，必有为三公者，此其所以志也。"[1]《涑水记闻》中未写明手植三槐的前后时间，但《宋史·王旦传》和欧阳修的《太尉文正王公神道碑铭》中都记载了王祐是在符彦卿事件之后手植三槐的，由此也可以推断出，手植三槐便发生在这段时间。只是具体是在王祐去了襄州之后手植三槐的，还是王祐在京城的家里手植三槐的，已无可考证。但可以肯定的是，手植三槐之事发生在这一年。笔者采取了《三槐王氏》里面的记载，将手植三槐的时间确定在王祐到襄州任职之前。

以上是手植三槐及王氏三槐的起源。

当然，手植三槐还有另外一个版本，出自《宋人轶事汇编》转载的《邵氏见闻录》。这个汇编里记载王祐这次调查符彦卿之事时，还多出来一个赵匡胤为王祐许诺宰相的事情。

这个版本记载内容如下：

当年王祐为太祖皇帝服务，得到太祖的器重，被擢升为知制诰。当时社会上流传着一些魏州节度使符彦卿的不良传言。这些传言后来传入赵匡胤耳朵中。赵匡胤遣王祐到魏州去调查这件事，并让王祐便宜处置。临走时，赵匡胤还对王祐说："等卿回来了，朕给你王溥的职位。"当时王溥为宋朝的宰相。等王祐到了魏州，发现符彦卿搜刮钱财的事情的确存在，不过敛财的行为是符彦卿手底下两个小官所做，符彦卿并未参与这些事情，符彦卿本人也不清楚这件事。于是，按照赵匡胤"便宜处置"的要求，王祐便将符彦卿手底下这两个小官全部做了处理，发配他们到边防地方去做苦役。等到王祐

1.《文忠集·太尉文正王公神道碑铭》卷二十二。

回到朝中，将自己调查之事说与赵匡胤，赵匡胤反问王祐："你敢为符彦卿担保吗？"王祐说："我愿意用全家性命为符彦卿百口担保。"然后，王祐又对太祖皇帝说，"五代以来，君主多以猜忌而滥杀无辜，导致国家不能长久，希望陛下吸取教训，信任大臣。"赵匡胤听了王祐的话大怒，将王祐贬到华州。而此前赵匡胤答应给王祐的宰相职位也自此落空。王祐对身边的人说："我虽未官拜宰相，但我的二儿子一定会位列三公。"王祐的二儿子是王旦。[1]

这个版本流传久远。以后王氏各种记载当中，以此为基准，出现各种类似的记载。

按照这个版本的记载，随着王祐为符彦卿辩白，赵匡胤答应让王祐当宰相的事情也泡汤了。毕竟王祐所做之事未达到赵匡胤想要的效果。当然，这件事也让王祐非常郁闷。他自己觉得做得严丝合缝，毫无破绽，却没有得到赵匡胤的赏识。王祐说到五代君王猜疑大臣那句话，让赵匡胤心中很不爽。让赵匡胤心中不爽，带给王祐仕途的将是灭顶之灾。更让赵匡胤生气的是，王祐此举赢得了大家一致的赞誉，反而显得赵匡胤有些小肚鸡肠。赵匡胤心中不舒畅，自古以来，天下美誉都归皇帝，现在情况正好反了过来。赵匡胤除了对王祐恨得咬牙切齿，却又拿符彦卿没办法。

这件事后，赵匡胤暗暗不安起来，他觉得王祐混迹于官场几十年，竟然还有士大夫的执拗。人在官场，这可是个要命的缺点，幸

1.《宋人轶事汇编》卷五：王晋公祐事太祖为知制诰，魏州节度使符彦卿有蜚语，闻于上。太祖遣使魏州，以便宜付之曰："使还与卿王溥官职。"时溥为相也。祐至魏，得彦卿家僮二人，以便宜决配而已。还朝，太祖问曰："汝敢保符彦卿乎？"祐曰："臣与符彦卿家各百口，愿以臣之家保之。"又曰："五代之君多因猜忌杀无辜，故享国不永。愿陛下戒之。"帝怒其语直，贬华州。祐尝曰："我不做，儿子二郎必做。"二郎，文正也。

亏没有把宰相一职给王祐，否则等王祐当了宰相之后，万一和自己的意见不一样，犯起士大夫的倔强，到时连他也没有办法。这种士大夫的脾气，不适合当大官，起码不适宜在当前的环境下出任要职。当然，宰相一职免了，也不能直接给王祐一个连降几级的处分。现在王祐到大名调查符彦卿懒政一事，赢得了官场人士的一致认可，士大夫间也流传着王祐不为名利所动，坚持公平、公正的大丈夫所为，现在若处理王祐，很显然时机不对。

赵匡胤让王祐暂时又回到了原来的职位上。赵匡胤许诺的宰相一职，就这样成了梦幻泡影，王祐心中自是不甘。此时，有官场好事者用戏谑的口吻暗讽王祐丢了宰相一职。王祐心中气不过，又不好直接反驳。于是，他在自家院子里手植三槐，并对到此观望的人说，我虽未得到宰相一职，但我的儿子们必然会有人登上三公职位。

这是《邵氏见闻录》里面记载的全过程。但这个记载有几点是不符合史实的。比如，历史记载王祐手植三槐时王溥早已罢相[1]，何谈将王溥的宰相之位许诺给王祐？当然也有说是赵匡胤将赵普的宰相之位许诺给王祐，但这种说法没有依据，各种史籍资料当中暂时找不到记载。况且此时的赵普正是赵匡胤眼前的红人，赵匡胤怎么会轻易将赵普罢相呢？

综上所述，《邵氏见闻录》里面的记载与史实不符，《宋史·王祐传》和《宋史·王旦传》里面都没有记载赵匡胤给王祐许诺宰相职位的记载，可见后世传播赵匡胤给王祐许诺宰相职位之事，都出自《邵氏见闻录》。

1.《宋史·列传第八》卷二百四十九：宋初，进位司空，罢参知枢密院。乾德二年，罢为太子太保。

不管怎样，此时的王祐的确被派往襄州任职。然后，是潘美消灭南汉的过程。等到南汉消灭之后，宋廷还命王祐主持了一次科举考试，却因考试中途未锁贡院大门，导致王祐被贬黜至潭州。[1]只是此时，王祐还挂着知制诰的职位。

这次调任，王祐是以地方领导的身份前往的。之前，宋朝在与北汉打仗时，王祐曾任职潞州知州，只是那次任职时间较短。但这次不一样，这次王祐是打算在地方上做出一番事业的。京城虽好，但是非多，有许多他不想参与的事情，比如人与人之间的钩心斗角，官与官之间的尔虞我诈，都让王祐颇为头疼，这些人整天都在思谋着怎样谋私利，怎样加官晋爵。这次到地方任职倒是可以远离汴京那个是非之地。

于是，王祐一家人便在潭州定居下来。

对于混迹于官场多年的王祐来说，这次到潭州任职也是一段不平凡的经历。他勤于政务，整饬吏治，让潭州的一切得到健康有序的发展。当然，这也是他们一家生活在一起的美好时光。从孩子们逐渐长大的个头上，王祐也感受到了岁月催人老。

时间一晃到了 972 年。这一年王旦十五岁，已长成了一个大小伙子，个头儿与王祐相差无几。王旦的相貌也发生了一些变化，鼻子看起来没有那么歪了，有了浅浅的胡须，有了突出的喉结，说话声音也开始变得雄浑了。

王旦已在王祐的指导下系统地学习了儒家经典，对“经史子集”也有所了解和认识，有些内容甚至都能够倒背如流。王旦对那

1.《宋史·列传第二十八》卷二百六十九。

些治国理政的儒家经典很感兴趣，并能去浩瀚的“经史子集”中摘取出一些旁人不知晓的典故来。

到此时，王祐才觉察出这三个儿子各有长处。大儿子敦实厚道，有谦谦君子之风，三儿子一些品性尚未形成，但也初见笃实品行端倪，而二儿子王旦尤其显得不一样。王旦对许多事情都有自己的见解，甚至常常与父亲见解相左。王旦“沉默好学”，时而会做一些文章让王祐看。王祐从这些稚嫩的文字中看到一个孩子逐渐显现才能的雏形。[1]

王旦的早熟，远远超出同龄人的水平，比如一帮孩子玩耍，王旦总能照顾到所有人的情绪。除此之外，王旦的乐于吃亏精神，是大儿子和三儿子所不具备的。与邻家孩子相互分礼物，王旦从不计较比别人少一些好处。王旦这种吃亏精神，王祐的两位夫人认为不好，觉得这是老好人的表现，性格过于木讷。但王祐却不这么看，他觉得这是大智若愚的表现，在王旦将来的仕途上一定会有帮助的。他虽未当过大领导，但也见识过不少的官员。这些官员大概可分为三类：第一类是善于察言观色的人。这类人只看领导的眼色行事，毫无主见。在王祐看来，这类人属于三流官员，因为他们往往喜欢走捷径，但等到遇到事情让他们自己独立面对时，就会手忙脚乱。第二类是大智若愚的人。他们不计较个人得失，最终却能收获很多，人在官场，越往上走，越需要这样的人。第三类是领导者，对这类人而言，一般世间的任何现成模型都没办法用在他们身上，他们往往是出其不意成功的人，任何成功的秘诀对他们而言都不适用，因为他们是个例。当然，

1.《文忠集·太尉文正王公神道碑铭》卷二十二：公少好学，有文。

现在儿子表现出的吃亏精神，是他重要的特征，由此可以预测王旦将来在仕途上将会平步青云……

王祐对这个二儿子给予了厚望。当然，王祐让王旦继续学习典籍，为将来的政治生涯铺好路，毕竟科举考试的竞争者是全国的考生，不仅仅是官僚世家的学子，一些穷乡僻壤里最容易藏着金凤凰。为了确保在科举考试中有个好成绩，只能刻苦学习，不断汲取知识。此前，大儿子王懿和二儿子王旦都已通过了解试，不久的将来，他们要参加省试，只要过了省试，他们也将真正进入官员序列。

史籍中关于王懿和王旭的记载，都只有只言片语，关于他们的生平，只能任由后人去猜想。即便是那些专门记载宋朝民间故事、人物命运的书籍，也只有寥寥数语。在相关宗室族谱里也能找到一些内容。当然，在这个族谱里还记载王祐有过一儿一女，儿子叫王勉，女儿名字不详。[1]

王祐在潭州任职了一段时间，各项政务也都处理得井井有条。这种政务对他来说，早已轻车熟路。所不同的是，十几年前他是县令，从八品的官员，而今成了潭州知州，品级是五品。也算是连着升了好几级，一般的官员，干到这种地步，也到头了。向上的路会越来越艰难。王祐清楚符彦卿之事成了他和赵匡胤之间一道无法逾越的鸿沟，而此前赵匡胤对他的赏识，也因此事一扫而光。

不过王祐并未觉得自己做错了，他只是没有按照皇帝的意思去办而已。然而正是这种执拗，使他与皇帝之间有了一层隔膜。既然存在这种说不清道不明的感觉，皇帝显然不会再重用他。王祐对这

1. 见《莘县三槐王氏宗谱三世》。

一点看得很透彻，他无怨无悔。再说，这辈子最好的光景却是在后汉的那段时间，只是那段时间未受到重用，现在已过了不惑之年，再追求功名意义不大。

如此这般，到潭州任职不失为一种躲避，京城也不愿意再回去了。再说现在大儿子王懿快考试了，得为孩子提供一个好的学习环境。只要将来孩子们有所成，那就是他最大的成功。

不久，王懿便参加了省试。他顺利通过了口试、帖经、墨义、策论、诗赋等环节。若顺利，可以等着参加殿试。王祐心中有了些许安慰，敦促三个孩子抓紧学习，自己则做好了长居潭州的准备。

然而，许多事情，冥冥之中早有命运之手操控着。王祐在潭州刚刚有了短暂的安定，朝廷又来了一纸调令，把他从潭州调回京城，王祐不得不又举家返回汴京。这次王祐在襄州、潭州任实职后，原来户部员外郎的职务也被人替补上了。

如何安排王祐，成了吏部的头疼之事。毕竟王祐一直在重要部门任职，到地方后，也是知州。现在安排王祐，至少要与他潭州知州级别一样。否则，成了贬官使用，这在官场上可是大忌。吏部的负责人规划了一番，找出一个暂时空缺的职位，和王祐如今的品级相差无几，那便是判吏部铨。

于是，吏部下发了文件，让王祐暂时代理判吏部铨。[1]所谓判吏部铨其实是吏部选拔官员的职务，类似于组织部部长级别。也就是说，手中紧握着人事权。这是个重要的职位，新选拔的官员到底怎么样，这个部门很关键，任职判吏部铨的人很关键。从古至今，

1.《宋史·列传第二十八》卷二百六十九。

管人事的岗位总是最受人重视，同时也受人非议。

总之，选拔官员是个最头疼的事情。没有统筹协调能力的人，不适宜任职这个判吏部铨。这个职位要求官员们尽量照顾每个有用之人。王祐在这个职位上，却本着公平公正的原则，为朝廷考察、选拔官员。当然，此时的王祐家里门庭若市，而王祐还是像以前一样不收礼。但对于那些有真才实学或者算无遗策的人，王祐都会详细考察，并能恰如其分地给朝廷建议，将他们放到适合的岗位上。王祐的这些举动，给王旦留下了深刻的印象，许多年后，王旦成了宋真宗赵恒的宰相，几乎管理着所有官员的升迁，他能协调各种关系，并选拔出有用之才。

5

家庭再遭变故

诚如前文所述，京城是个是非之地，做京官更不容易。王祐担任的这种选拔人才的官员，也自然成了大家关注的对象。

没过多久，果然出事了。

当时，时任左司员外郎的侯陟从扬州调回，吏部让侯陟任判铨，而把王祐调到了门下省，审核侯陟推荐的拟任用官员政务。如此一来，王祐与侯陟之间经常因选拔人才起冲突。原因是每次侯陟提供给王祐的拟任用人员，王祐都觉得不太合适。于是，王祐经常驳回选拔人才名单，让重新选人，此举得罪了侯陟。[1]侯陟在想办法整治王祐。

侯陟其人，王祐早知晓。毕竟朝廷的官场就那么大，官员那么多，哪个人在哪个职位上，王祐心中还是有数的。侯陟属于那种钻营的人，王祐与侯涉之间也仅仅是见了面认识，相互打个照面。

王祐天然地躲避着侯陟，但有时候，命运之手似乎故意要将这两人牵在一起。开宝六年（973），王祐还是知制诰，当时朝廷要主持科

1.《宋史·列传第二十八》卷二百六十九。

举考试，选定的主考官是王祐和侯陟，谓之“同知贡举”。

随即，朝廷按照考试时间，在贡院召开了考试。按照考试相关制度，正式开始考试时，要将考生和考官都锁在贡院里，直到考试结束。[1]这样做的目的是防止泄露考题，但侯陟在考试时却未锁贡院。

这件事引起轩然大波。十二月朝廷同时处置了侯陟和王祐。当然，未锁门的原因主要在侯陟，但王祐也是主考官之一，他为什么没有提醒侯陟？或者王祐为什么不命人锁门？不管怎样，王祐都有不可推卸的责任。侯陟被贬黜到扬州，王祐则到潭州任职。[2]

王祐对朝廷的这种安排，没有任何异议。不管是主观上还是客观上，他与侯陟都失职了，才导致贡院没锁门就开始考试，违反了考试制度，得为此付出代价。

王祐上任的潭州相对安稳一些，而侯陟所处的扬州位于宋朝边境，与南唐接壤。此时，江南与宋朝的关系日渐紧张。后来，宋朝向南唐全面发动战争，侯陟也参与其中，并在宣化城击败了南唐军。[3]

之后不久，王祐被朝廷从潭州召回，暂时担任选拔人才的官员。

按道理，此时侯陟应与王祐一起被调回朝廷任职，毕竟他们因为同一件事被朝廷贬黜。另外侯陟还有战功，更应当重用。但此时侯陟正卷入一场纠纷之中，无暇顾及朝廷擢升。侯陟被下属

1.《宋史·选举志三》：“初立四门学，自八品至庶人子弟充学生，岁一试补。差一学官锁宿，弥封校其艺，疏名上闻而后给牒。”

2.《宋史·列传第二十九》卷二百七十。

3.《宋史·列传第二十九》卷二百七十。

举报，他非常害怕，找到官员卢多逊，请求帮忙。卢多逊给侯陟出主意，让侯陟给赵匡胤诉说宋军应坚持拿下南唐。侯陟进宫面见赵匡胤，分析了局势，赵匡胤果然对他另眼相看。不久，朝廷让侯陟“复判铨”。[1]

如此，侯陟与王祐两个人又在一起政务了。王祐除了苦笑命运的捉弄之外，别无他法。此前，他与侯陟因为科考之事已产生了不愉快，而后两个人相互敬而远之。

工作岗位又将两个人死死绑在了一起。选拔官员这个政务，大家评定标准不一样，难免会出现意见分歧。但仅仅是分歧也不足以引起两个人关系恶化。外人不清楚的是，选人这一政务里存在很多猫腻，总有那么一些人会通过各种关系来为自己的仕途牵线搭桥，侯陟也喜欢利用各种资源为自己谋利。这样，很多人都去找侯陟，而王祐性格执拗，也不贪污，很多官员自然不敢靠近。如此一来，侯陟举荐的官员有水分，而王祐就盯着侯陟，不同意侯陟毫无原则地选人。

于是，两人的关系再度恶化。王祐自己当然也很烦恼。选拔官员这件事涉及国家根本利益，一旦放松制度，选拔上来的都是些歪瓜裂枣，势必会影响国家的行政效率。

于是，王祐坚持人尽其才，对于侯陟提交的名单仍旧逐一核实，没有真才实学的人，坚决予以驳回。

1.《宋史·列传第二十九》卷二百七十：俄为部下所讼，追赴阙，陟度理穷，乃求哀卢多逊，多逊素与陟善，为其画计。时江表未拔，太祖厌兵，南土暑炽，军卒疫死，方议休兵，以为后图。陟适从扬州来，知金陵危甚，多逊令上急变求见。陟时被病，令掖入，即大言曰：“南唐平在朝夕，陛下奈何欲班师，愿急取之。臣若误陛下，愿夷三族。”上屏左右，召升殿问状，遂寝前议，并赦陟罪，复知吏部选事。

王祐这么做，必然得罪侯陟。毕竟侯陟选中的那些人与他有着重要利害关系，因此他对王祐的不通情理非常愤怒，联合朝中那些不喜欢王祐的人，想着法儿地去找麻烦。

于是，王祐在政务中出现了很多的“对手”。这些人在暗处，不时向王祐发动进攻。但即便这样，王祐也不惧任何人。

侯陟清楚自己若继续与王祐搭班子搞政务，还会发生他推荐的人才被王祐驳回的情况。思来想去，侯陟觉得只有将王祐赶出朝廷才行。可是单单凭借侯陟的能力做不到，毕竟两个人的职位相差不大。

须引入外力。此时，侯陟找到了他的好友卢多逊，诉说自己政务中被王祐“欺负”的经过。卢多逊也是个贪财恋权的主儿，善于钻营，对政治圈里的一切了如指掌，这两个人有点儿臭味相投，平时关系自然也很好。卢多逊听了此事，觉得是时候收拾王祐了。此前，卢多逊为高官时，就已对王祐有成见，当时别的贡举都很尊重他，经常到他府上“汇报”政务，唯独王祐是个另类，只干公事，私底下从来都不依附自己，这让卢多逊觉得很没面子。卢多逊对王祐心生不满，早想找个理由将他踢出朝廷。另外一件事也让卢多逊对王祐不满。原来，王祐刚刚担任知制诰时，卢多逊让王祐做“自己的人”，对宰相赵普实施诋毁，王祐果断拒绝了卢多逊。王祐还用宇文融与张说争斗之事[1]劝导卢多逊要与赵普相互包容，才能让

1.《新唐书·列传第五十九》卷一百三十四：中书令张说素恶融，融每建白，说辄引大体廷争。融揣说不善，欲先事中伤之。张九龄谓说曰：“融新用事，辩给多诈，公不可以忽。”说曰：“狗鼠何能为！”会帝封太山还，融以选限薄冬，请分吏部为十铨。有诏融与礼部尚书苏颋、刑部尚书韦抗、工部尚书卢从愿、右散骑常侍徐坚、蒲州刺史崔琳、魏州刺史崔沔、荆州长史韦虚心、郑州刺史贾曾、怀州刺史王丘分总，而不得参事，一决于上。融奏选事，说屡却之，融怒，乃与御史大夫崔隐甫等廷劾说引术士解祷及受赇，说由是罢宰相。

国家利益不受损害。卢多逊不仅不听，还认为王祐不识时务，便记恨在心。[1]但那时候，卢多逊职位相对较低，又有对手赵普时常盯着他，便没有对王祐之事做过多理会。

现在赵普已罢相，卢多逊也晋升为吏部侍郎，同时还是吏部的副长官。现在经侯陟一说，卢多逊又想起了王祐之前的种种作为，成见便成了一座大山，没办法改变了。于是，卢多逊给侯陟出主意，两个人开始密谋如何将王祐支走，不再干扰他们选拔官员之事。

但是，此时的王祐对此毫无察觉。

没过多久，侯陟给朝廷上了一份札子，控告王祐任人唯亲。侯陟还在札子中说王祐对那些吏部新选拔的官员有成见，王祐将喜欢的人推荐并放到重要岗位上，将不喜欢的人雪藏。

对于这件事王祐百口莫辩。诬告是提前预谋好的，王祐自然没法解释，也解释不清楚。解释不清楚的事情最容易招致是非。这种混淆视听和恶意中伤，王祐没有反击的证据，他只有一颗报效朝廷的忠心，但并未得到朝廷的认可。经调查发现，还真有侯陟给朝廷推荐的人被王祐多次驳回的事情。此时还能说什么呢？

如此，王祐遭受了人生的第二次低谷，他被贬谪为镇国军行军司马。宋初时在华州（今陕西省渭南市华州区境内及周边地区）设立镇国军，所以镇国军司马其实也是华州司马。[2]镇国军驻守之地前据华山，后临泾渭，左控潼关，右阻蓝田关，地理位置尤为重要。

华州司马这个职位的作用和今天的行军参谋相差无几。宋初

1.《宋史·列传第二十八》卷二百六十九。

2.《宋史·列传第二十八》卷二百六十九。

时，行军司马是地方节度使府中的重要幕佐，没有品级官位却能够给地方守将出主意，地位介于节度使与节度副使之间，也算得上是地方重要岗位，只是宋朝的节度使多是虚职，一般由朝廷外放或者临退休人员挂职。因宋初许多制度基本沿袭了唐朝旧制，所以，此时的行军司马也和唐朝相似。唐朝时，司马一般无品级，多由文士出任，唐宋八大家之首的韩愈就出身行军司马。当然，这个行军司马一般也挂御史台御史和尚书省官员的官衔，由节帅辟用，事后报朝廷批准，或由朝廷直接授任。这次在卢多逊等人的操纵下，王祐成了华州司马。

将王祐从京城外调，看似没有降职，实际上已经降了。不管是户部员外郎、知制诰还是贡举，王祐都是任实职，而且有品级。这次把他调离中书，实际上成了只能出主意的镇国军里面的一个幕僚。这和王祐往日的官场生活有着极大的区别。

随着调离，家人只能跟着王祐到华州任职。大儿子准备的考试只好暂缓，等落脚后再做打算。这次调离，或者说是贬谪，给儿子们的成长上了重要的一堂课——连父亲这样久居官场的人，最终也难逃被调离的命运。

王祐用自己的切实经历，教会了儿子们如何面对名利。以后在他们为官时，很少再有王祐此时的遭遇，王旦更是从中看出了朝廷的诸多问题，在心中留下了难以磨灭的记忆。

此后，王祐一家人开始在华州生活。好在家人都习惯了这种不安稳。每一次搬家，都令人头疼。任氏经常戏谑说："都不敢置办家业，因为你无法预料明天还在不在这里生活。"

在华州的这段时间，边防无战事，王祐也没有多少活儿可干。现在北汉和辽正处于一种稳定状态。王祐正常上下班，过着一种悠闲又痛苦的日子。行军司马的幕僚政务，远不能与王祐在京城时的政务相比。即便他之前在魏县做县令，也要比在华州时舒坦。

当生活的不如意袭上心头时，人往往是喜欢往回看的。那时候他好歹是一把手，手底下除了管着一帮子吃皇粮的人，还管辖着一个县方方面面的政务，大到财政、经济、税收，小到处理邻里纠纷、举办活动。总之，县令对于一个县的所有事务，可以完全按照自己的想法来部署。可这个幕僚的身份，成了一种专门给别人出主意的人。自古以来，幕僚政务是背后的政务，而且那些做幕僚的人，身份没有明确的界定，也没有一个稳定的职位。历史上鼎鼎大名的孟尝君，有食客三千余人，却也对食客们各有侧重。

现在的王祐到底是什么身份？人在官场，身份很重要。身份能代表一个人的地位、能力、能量，一切与个人有关的标志都以此划分。如果没有界定的身份，没有界定的职位，那么这个社会上的一切，也都没办法界定了。

王祐在等着朝廷再次想起自己，毕竟之前已做到了知制诰的高位。但事与愿违，上层建筑里，那些决定命运的人，都不看好王祐这个书生意气太重的人。不久，朝廷又给镇国军派来了一位长官，这让王祐的身份陷入一种尴尬的境地。原来的领导李崇矩还把他当自家人看，新换了节度使后，一切都变了。新节度使紧握大权，怕别人分化他手中的权力，不让身边的人沾边，事必躬亲。即便是那些既定的事项，都要求底下人一项一项地汇报。他对待王祐也是如此，尽管王祐多少还有些名声，但现在王祐在华州任职行军司马，得听从节度使、华州刺史等人的派遣，毫无疑问，再也没有人像李崇矩那样尊重王祐了。

王祐不清楚这种日子何时是个头，只能小心翼翼地做好行军司马的政务。政治上的种种失落感和错位感，一度让王祐有种患得患失的感情。但他又不能将这种感情表现出来，只能将一切的不顺意压在内心深处。他已感觉到家人跟随他颠簸的痛苦，许多事情能忍就忍吧。即便在官场上遇到再糟心的事情，王祐都能在回家之前整理好情绪。任氏和边氏清楚，王祐并不开心。细心的王旦也清楚父亲不开心，但他没有办法分忧解难，只能更加刻苦读书，也许将来等他当了大官，家里的条件才能彻底改变。

此时，宋朝正在集中主力与南唐周旋，宋军的十万大军已在曹彬的带领下扑向南唐都城金陵。听说曹彬攻破了金陵，李煜开城门投降。最终，宋朝实现了南北战争以来的统一。[1]

之后，王祐又听说赵匡胤带人去西京洛阳郊祀，并打算迁都洛阳。只是赵匡胤的迁都之举招致群臣反对，只能将此事作罢。[2]但不久之后，王祐又听到了震惊的消息：太祖赵匡胤在开宝九年（976）十月二十日夜里驾崩。让他更震惊的消息是，继承皇位的新皇帝不是太祖的儿子，而是太祖的弟弟赵光义。[3]

眼前发生的一切让王祐感到有些茫然，对赵匡胤的突然离世有着太多疑惑，同时对赵光义继承皇位也有很多不解。王祐对这位新即位的皇帝做不出更多的预测。当年在京城为官时，王祐也曾与赵

1.《新五代史·南唐世家第二》卷六十二：七年，太祖皇帝遣使诏煜赴阙，煜称疾不行，王师南征，煜遣徐铉、周惟简等奉表朝廷求缓师，不答。八年十二月，王师克金陵。九年，煜俘至京师，太祖赦之，封煜违命侯，拜左千牛卫将军。其后事具国史。

2.《宋史·本纪第三》卷三：丙子，幸西京。己卯，次巩县，拜安陵，号恸陨绝者久之。庚辰，赐河南府民今年田租之半，奉陵户复一年。辛巳，至洛阳。庚寅，大雨，分命近臣诣诸祠庙祈晴。辛卯，幸广化寺，开无畏三藏塔。

3.《宋史·本纪第三》卷三：癸丑夕，帝崩于万岁殿，年五十。殡于殿西阶，谥曰英武圣文神德皇帝，庙号太祖。

光义有过交集，当时只是觉得赵光义这个人素有涵养，将开封府治理得井井有条。赵光义身上也有一股威严之气，很难让人靠近。令王祐感到恐惧的是，国家正在以不可预知的速度发生着变化。此时，王祐能做的也仅仅是维护好家人，让他们安然无恙。

王祐在华州任职期间，有人便对王旦的命运做了预测，这个人是宋初大名鼎鼎的道士陈抟老祖。据说有一日，王祐将王懿和王旭叫来，让他们参拜陈抟老祖，向其求教。但陈抟老祖并不接待王懿、王旭二人，现场一度陷入尴尬之中。过了一会儿，陈抟老祖问王祐："你还有其他儿子吗？"王祐便说："我家老二在屋子里没出门。"陈抟老祖说："请将次子也叫来。"等王旦到了门口时，陈抟老祖忽然从里间走了出来，对着王旦说："此子将来前途远大，要做二十年宰相。"王祐听了陈抟老祖这么说，自然很高兴，随口问陈抟老祖："但我家老二这个鼻子长得不是很周正怎么办？"陈抟老祖说："等到次子当上宰相，鼻子自然就变好了。"随即，陈抟老祖又对王旦说，"等你日后当了宰相时，一定记得减免此地的赋税。"后来，王旦果真当了宰相，在西祀汾阴时，回想起陈抟老祖的话，便向赵恒建议赦免了这一带的赋税。[1]

这种记载当然太过戏剧化，不过这也是古人一种预示某人日后前程的常规做法。

1.《宋人轶事汇编》卷五：先晋公之谪华州也，一日召伯祖、叔祖同诣陈希夷。希夷不出户接之，坐久不语，忽问曰："更有子乎？"晋公曰："仲子在舍。"希夷曰："召之。"及至门，希夷出问，迎顾先文正曰："二十年太平宰相。"或问希夷，此君鼻偏如何？希夷曰："今日拜相，明日鼻正。"又恳文正曰："他日至此，幸放此地租税。"其后卒如所言。及真宗西祀汾阴，文正以前语启上，即诏释云台观租税。

第　二　章

初入仕途

977 — 989

公在至和中……故能出入将相，勤劳王家，而夷险一节。至于临大事，决大议，垂绅正笏，不动声色，而措天下于泰山之安：可谓社稷之臣矣！其丰功盛烈所以铭彝鼎而被弦歌者，乃邦家之光，非闾里之荣也。

——欧阳修《相州昼锦堂记》

1

少年初长成

此时，王祐隐隐觉得国家将会发生巨大变化。眼下，最操心的是大儿子王懿参加殿试之事。小儿子王旭还小，二儿子王旦虽也快到了参加省试的年纪，但这孩子自小最让人省心，学业之事，王祐很少过问王旦。

老大王懿虽性行淑均，性格上很像他自己，这种执拗，在官场上做事，绝不是好预兆。若不入仕还好，但宋朝重用读书人，不让孩子们进入官场也不妥。人生天地间，该走的路还是要走一走。王懿的行为方式在官场上是要栽跟头的，须矫正，不能再走自己走过的老路。可王祐忽略了，正是自己公正、怜悯百姓等性格，才深深影响了三个儿子，他们在以后的政务中必然将王祐视为榜样。

当然，影响孩子考试的还有制度方面的问题。以前省试后，授予官职。但问题出在 972 年科举考试时，当年王祐还在地方任职。

那时候，朝廷主持省试。主考官是翰林学士李昉，这也是常规动作，由翰林学士主持考试。前期准备没有出现任何问题，考试时也没出岔子。科考后，预选人员名单已产生。此时，按照惯例，赵匡胤要招待这些考中的士子，顺便试探一下招上来的人是否有真才实学。宴会开始后，赵匡胤问到一个叫武济川的士子，武济川却完全是一个外行的表现，对皇帝的问话答非所问。这让赵匡胤脑海中闪现出一个疑惑：是不是考试中有作弊行为，有人故意录用了武济川这样没有真才实学的人？恰巧此时，有个叫徐士廉的落榜士子举报李昉“用情取舍”，不按考生实际水平取士。[1]赵匡胤便派人去调查此事。调查的人了解情况以后，发现了一个问题：武济川与主考官李昉是同乡。已无须再说明了，肯定是李昉“用情取舍”，开了后门，录用了武济川。对于这样的事情，李昉自然百口莫辩。赵匡胤得知这一情况后震怒，一直以来赵匡胤对李昉这个人都非常看重。不久前，赵匡胤刚刚任命李昉为翰林学士，让李昉的班次排在卢多逊前面，一时成为美谈。[2]没想到朝廷刚刚重用，他就徇私舞弊。随即朝廷将李昉被贬为太常少卿，之后改判国子监。[3]之后，朝廷对这些士子进行重新考试，由赵匡胤亲自主持殿试。其中，有个叫宋准的士子被李昉录取为一甲头名，即状元郎，赵匡胤提问这个宋准，但宋准思维敏捷，回答得当，最终被确定为状元。[4]但其他人就没有这么幸运了，这次殿试，在已录取的三十六人中发现了十人不合条件，最终落榜，而在原落榜士子当中又录取了一部分新

1.《宋史·列传第一百九十九·文苑二》卷四百四十：会贡士徐士廉击登闻鼓，诉昉用情取舍非当。

2.《宋史·列传第二十四》卷二百六十五：五年，复知贡举。秋，预宴大明殿，上见昉坐卢多逊下，因问宰相，对曰：“多逊学士，昉直殿尔。”即令真拜学士，令居多逊上。

3.《宋史·列传第二十四》卷二百六十五：昉之知贡举也，其乡人武济川预选，既而奏对失次，昉坐左迁太常少卿，俄判国子监。

4.《宋史·列传第一百九十九·文苑二》卷四百四十：召准覆试于便殿，见准形神伟茂，程试敏速，甚嘉之，以为宜首冠俊造，由是复擢准甲科，即授秘书省秘书郎，直史馆。

士子。

这件事后，赵匡胤对科举考试非常关注了，殿试也自此形成。当然，此时的殿试实际上是刷人的考试，省试考过并不意味着殿试能考过。比如有个叫王禹称的士子，省试第一，但在殿试时被刷掉了。还有一些士子屡试不中，最终投奔了赵德明，成了党项首领的军师，一直鼓动党项人进攻宋朝。其中有两个人最为知名：一个叫张元，一个叫吴昊。[1]

宋朝设置的殿试，不过是为了核实过了省试士子的一道关卡，但这道关卡让很多人无法逾越。

王祐自然清楚殿试意味着什么。

王祐经常以此给儿子们灌耳音，希望引起他们的重视。当然，随着考试新制度的建立，原来准备复习考试的科目和范围也发生了较大变化，考试内容着重诗、赋、论等形式。其间，产生了一些全国上下才高八斗的状元。从前期考中的人来看，宋代科举制度比较合理，且宋廷对科举制度这一块也非常重视，不允许有腐败案件发生，宋朝是要通过科举考试选拔出一大批新人到重要岗位上任职。

此举为那些寒门学子打开了进入仕途的大门，许多锥藏在穷乡僻壤的学子“十年寒窗无人问，一举成名天下知”。当然，相较于

1.《西夏书事》卷十四：华州生张元、吴昊来投，官之。华州生曰张、曰吴者，负气倜傥，有纵横才，累举不第，薄游塞上，觇览山川风俗，慨然有志经略，耻于自售，放意诗酒，出语惊人，而边帅皆莫之知，怅无所适。闻元昊屡窥中国，遂西走。过项羽庙，沽饮极酣，酬酒像前，悲歌“秦皇草昧，刘、项起吞并”之词，大恸而行。既入国，二人自念不出奇无以动听，各更其名，相与诣酒肆，剧饮终日，引笔书壁曰“张元、吴昊饮此”。逻者执之，元昊责以入国问讳之义，二人大言曰：“姓尚未理会，乃理会名耶？”时元昊尚未更名曩霄，所上表奏，仍用中国赐姓也。闻言竦然，异而释之，日尊宠用事，后入寇方略多二人导之云。

唐代的科举，宋代在录取人数上新增了不少，除了殿试三甲之外，对通过殿试的人设置了一个录取标准，只要过了录取标准线，就被赐予进士及第。

此时的考试既是机遇，也是挑战。然而，即使一个人的脑袋再好用，记忆力再强大，经史子集也不可能全部记下来。可王懿似乎成竹在胸。王祐嘱咐王懿，不要太过自信，毕竟这是全国性的考试，不说朝廷里面考官评卷时的个人喜好，就说面对中原地区所有的读书人，谁也不敢说自己能够独占鳌头，“天外有天，山外有山”永远都是一句不过时的话。人只有对自己有一个清醒的认识，才能够不断成长。听了这些王懿不好意思地点着头。

王祐当然不会打击孩子的积极性，每次谈话都是善意的提醒。王懿也是聪明人，一点便通。

976年十二月，新皇帝赵光义改元太平兴国。第二年开春，忽然从朝廷中传来一个消息，新皇帝要开科取士。[1]

但王祐清楚，在朝廷中，贡举队伍里有些人与他不对付，侯陟、卢多逊等人早对他怀恨在心。尽管朝廷重视殿试，重视选拔人才。但至于怎么选，选拔人才的标准以及决定谁去谁留的权力，却在那些同知贡举手里，他们掌握着参加考试的学子们的命运，他们

1.《续资治通鉴长编》卷十八：上初即位，以疆宇至远，吏员益众，思广振淹滞，以资其阙，顾谓侍臣曰：“朕欲博求俊乂于科场中，非敢望拔十得五，止得一二，亦可为致治之具矣。”先是，诸道所发贡士凡五千三百余人，命太子中允直舍人院张洎、右补阙石熙载试进士，左赞善大夫侯陶等试诸科，户部郎中侯陟监之。于是礼部上所试合格人名，戊辰，上御讲武殿，内出诗赋题覆试进士，赋韵平侧相间依次用，命翰林学士李昉、扈蒙定其优劣为三等，得河南吕蒙正以下一百九人，庚午，覆试诸科，得二百七人，并赐及第。又诏礼部阅贡籍，得十五举以上进士及诸科一百八十四人，并赐出身。九经七人不中格，上怜其老，特赐同三传出身。凡五百人，皆先赐绿袍靴笏，锡宴开宝寺，上自为诗二章赐之。

可以随便找出一些理由让你落榜，反正全国的士子多的是，选拔成绩相差无几的人，可操作性太强了。王祐自己当年也干过这种事，深知其中的深浅。尤其让王祐担心的是，侯陟这次也是主考官之一。若这次儿子考试之事被那些别有用心之人知道了，那么王懿还能顺利进入宋朝官员序列吗？可这又能怎么办呢？除了让儿子加把劲儿继续好好复习外，别无他法。

当然，眼前还有条路，是王祐亲自找侯陟、卢多逊等人，拿出厚礼，放下身价，给这些人道歉。事情可能会有另外一番结果。但王祐不可能这么做，也不会这么做。那个叫骨气的东西，总在他心中作怪。

当然，这种考试士子比较多，甚至有人一两年前就到汴京住下来复习。显然，大家对考试抱有很大期望，这是鲤鱼跳龙门的捷径。只要通过考试，直接就可以封官，十年寒窗都值得了。不管是寒门士子，还是豪门士子，目的都是如此。

一切备考事宜都在紧锣密鼓地进行着。王祐比参加考试的儿子还要紧张，两位夫人则按时按点地准备好吃喝。所有人都想给王懿创造一个良好的复习环境。

王懿到汴京考试，考完后并未急着回家，而是等着发榜。王祐已写家书来，询问情况。王懿据实做了回复，但王祐还是隐隐担忧，万一有人从中作梗，这次考试可能会泡汤。

事实证明王祐多虑了，因为王懿考上了。[1] 王懿成了一名进士，但并不是三甲，而是这次取士数百人中普通的进士。王懿清楚结果

1.《宋史·列传第二十八》卷二百六十九：懿字文德，励志为学，举进士。

后，为自己考试之前的不可一世感到羞愧，并给王祐寄去了书信，诉说实情。接到儿子的信后，王祐长长地舒了一口气，心中悬着的一颗石头终于落了地。王祐倒觉得，这个不是三甲的进士身份好。只要成了进士，王懿就进入官场，预示着儿子的身份问题得到了解决。若这次考试儿子进了三甲，可能真会有人借题发挥。到时，这个进士的身份怕也很难保住。既然是进士了，至于他将来在官场能否官运亨通，那则是自己的修为了。如此，王懿成了众多幸运儿当中的一个。

随着王懿被录为进士，吏部便开始为这批进士拟定岗位。不久，王懿被调任到一个县任职县令。王懿回华州看过一次父母，然后去上任了。此时的王祐，还是一如既往地在华州行军司马的职位上干着。

这段时间是王祐从政以来最艰难的时刻。当然，主要是内心深处的煎熬。王祐对仕途也逐渐失去了信心，不惑之年，早看透了人生的起起伏伏，要不是为了儿子们和家人，他倒愿意做个闲云野鹤，到处游荡，四海为家。

虽看透官场的蝇营狗苟，但为今之计，要想让儿子们有出息，也只有参加科举考试这一条路可走。而这一条路对个人的名利诱惑太多，他心中又有些担心。儿子们面对钱、权、色的诱惑时，能否做到公平、正义？原想着大儿子王懿离家后会少一分牵挂，想不到随着时间的推移，许多让他们担心的事情又泛上心头。

于是，王祐会隔一段时间给王懿写一封信，询问儿子到地方任职后的情况，王懿也会把自己处理的一些公事说给王祐听。王祐要求王懿要经常反思自己，并针对王懿政务中遇到的许多问题，结合自己多年的为官经验，提供一些建议。

当然，王祐也仅仅是交流，绝不干涉王懿。毕竟王懿已长成大人了，凡事他有自己的见解和具体做法。王祐自然不会直接去掺和这些事。王祐支持王懿按照自己的想法大胆地去尝试。人在年轻时多走些弯路是必要的，只有走了弯路才能让人生丰富多彩。

王祐开始把大量的时间放在了二儿子王旦身上。过不了多久，王旦也要参加省试了。毕竟省试也非常重要，只有过了省试，将来才会有参加殿试的资格。王祐对王旦有一种由衷的寄托之感，这个孩子内敛、不露声色的品性让王祐自愧不如。他这一生都没有位及三公，只能把希望寄托于三个儿子，如果他们能够官拜宰相，也算是光宗耀祖了。当然，这倒不是说非得要不择手段地爬到那个位置上，而是宰相作为最高行政机构的负责人，是一种人生追求高度。人总要为自己树立一个目标才好，这样才有前进的动力。

可是如何才能保证王旦实现这一愿望呢？王祐没有更好的办法，只能先让儿子们好好学习。老大王懿未取得三甲头名，这后两个儿子，考试成绩应该比老大好一些。两个儿子中，总得有一个要登上三甲之榜。这不仅是为他们自己谋得出路，也是影响整个王氏家族发展的方向，更是实现他当年手植三槐的初衷。

王祐不断地教育着王旦和王旭，用古人的成功经验勉励他们，要求他们不骄不躁。两个孩子越发表现出更为成熟的一面。王旦旧书常读，新书多读，还挑一些不是考试科目的书籍，尤其是对佛学产生了浓厚的兴趣。此时的王旦涉猎广泛，如饥似渴。这种书香氛围一旦形成，家人也沉浸其中。小儿子王旭看到二哥夜以继日地博览群书，便也十分刻苦。即便是王祐本人，看到孩子们如此认真，也会随手翻阅经史子集。

在做人处事方面，王旦的成熟明显超出同龄人。他总能影响周围人。比如，王旦能够均衡自己的玩具，自己留几个，其他的也分给别人。与人共享的品格，可不是一般人能具备的。王旦的这些优秀品质一点一点地被发现。若不出意外，王旦应该也能进入仕途，并能很好地游走于官场。其成绩应该要比王懿高一些。在这三个孩子的成长过程中，王祐越来越觉得王懿的性格和自己很像，认真追求学问，执拗又不失公平，疾恶如仇又不失热情奔放，见不得贪污腐败。三儿子王旭，还看不出来有多少过人之处。

王旦已对宋朝的考试程序烂熟于心。此时的王旦和王祐一样，喜好诗文，无事闲暇之余，和王祐进行探讨。他们有时候像朋友一样，畅谈着所思所想。王祐会把在政务中遇到的一些事告诉王旦，让他分析处理办法。王旦能根据自己的理解提出一些建设性的意见。在国家政治领域建设方面，王旦已逐步形成了一套自己的认知理论。王旦也写一些政论文，分析当前国家大事。这些常常令王祐感到震惊，看来这个孩子已在为国家的将来考虑了，《宋史》里记载，王旦少年时代“好学有文”，应该是指王旦这时写过一些文章。[1]

1.《宋史·列传第四十一》卷二百八十二。

2

龙虎榜

此时，王旦也开始在华州游学。俗话说得好，不仅要读万卷书，还要行万里路。读书修心，而行路则是修身的过程。当然，此时的王旦也不走远，仅在陕西境内的许多山川游荡。陕西自古以来都是中原王朝的核心，那些大大小小帝王的坟冢便足以说明。

不久，王旦顺利通过省试。这场地方性考试，只要平时准备充分，难度并不大。但通过这次省试，给了王旦一种感觉，那就是朝廷也在想着法儿地更新考题。尽管考试范围大体一致，可考题的意图和方式却完全变了。这些考题释放出一个强烈的信号：宋朝正在思变。王旦清楚，为了这一次考试，朝廷里有一部分人绞尽脑汁地想着改变考题，选拔出真正有用的人才。[1]

在王旦参加省试后不久，朝廷忽然下了一道调令，将王祐从华州调往河中府（今山西省永济市蒲州镇）任职知州：“太平兴国初，

1. 王旦参加科考的时候，已有殿试这一关，而根据三槐王氏记载，王懿是977年参加殿试，考中进士。故推测王旦应该是王懿考取进士之后参加的省试。

移知河中府。”[1]王祐此前虽已是知制诰之类的官员，但被卢多逊排斥到华州，也是皇帝许可的。然而，新皇帝刚刚上任，就想起了这位大学问家王祐。

王祐不敢耽搁，马上交接政务，奔赴新岗位。王祐在出任河中府前，对河中诸多事宜做了简单了解，以便更好地在地方上任职。

这一次全家人都异常兴奋。在华州这些年，王祐总有种被抛弃的感觉，他体会到了权力的重要性，好在朝廷没有忘记他。王祐开始带着全家到河中府任职。

王祐这一生到过很多地方任职，本来对这种人事变动习以为常，但这次去河中府却让他多了一丝期待。河中府将是他大显身手的地方。多年来，王祐一直坚持一切为民的原则，这也是他这么多年政务不出差错的重要原因。

到了河中府后，王祐延续之前在潭州、襄州的做法，进行大刀阔斧的改革，革除弊病，提拔新人，大力发展经济，又兴办教育开启民智。因此，河中府在王祐的治理下呈现蓬勃的发展趋势，各行各业都有了喜人的成绩。但王祐并未因此扬扬自得，他继续实施许多惠民政策。每一次实施的各项政策，王祐都充分听取不同人的意见，然后再按照自己理想中的治理方式去实施。

另外，王祐把河中府外延的市镇也逐渐发展起来。最为明显的一个现象是，河中府社会风气明显好转。鸡鸣狗盗之事禁绝，聚众斗殴之事很少再有。狱案少了，邻里纠纷也比以往少了很多，许多人都忙着去做小生意了。一个注重内在改变的城市，可以让身处其

1.《宋史·列传第二十八》卷二百六十九。

间的任何人都有用武之地。王祐在河中府待过的几年时间里，上上下下对他的治理都非常认可。

到了980年，王祐还在河中府干着知州，但名声却已远播。

这一年对王祐一家人而言非常重要。因为二十三岁的王旦要参加殿试。这是改变命运的关键时刻。979年因太宗皇帝亲征北汉停科，他已为此等了整整两年，为的是在这一年参加国家的殿试。王旦和那些士子一样，对考试早就望眼欲穿了。此时的王旦，已成了同龄人中的佼佼者。他风流倜傥，羽扇纶巾，谈吐间气质非凡。王旦的歪鼻子不再像小时候那样明显了，已长成一个风度翩翩的少年。

不久，朝廷发布了考试的公告。这一次，王旦只身前往京城参加考试。他十几岁时到处游览，对一个人在外的生活早习以为常了。要是父母跟着，他反而不自在。王祐理解儿子的这种心理，也不勉强。

经过多日跋涉，王旦到了汴京。此时的汴京城客栈人满为患，全国各地的学子，纷纷提前赶到。王旦转着走了好几家客栈，才找到了落脚之处。此时，距离考试还有一段时间，王旦又进入了复习阶段，准备做最后的冲刺。

等到开考的那一天，人很多。考试前，朝廷先做了简单的祭祀仪式，向天地禀明这次考试的意义和预期达到的目的，所有参加考试的学子们都参与了这场仪式。随即科举考试开始了。赵光义临场观看，王旦第一次近距离看到了“霸道”皇帝。有意思的是，在这次考试中，一个叫苏易简的士子，每次都能提前交卷，对考试内容成竹在胸。据说赵光义看到苏易简的考卷之后非常高兴。[1]

尽管考试的过程王旦已烂熟于心，可苏易简的举动，无疑给他施加了压力。好在王旦做事沉稳，整个考试的过程几乎是一气呵成。

接下来的时间，是等待放榜。

在所有士子的期待中，朝廷开始放皇榜。因为皇榜是倒着放，第一天放的皇榜，上面赫然写着王旦的名字，还有寇准等人的名字，王旦长长地舒了一口气。到了第二天，李沆、向敏中、宋湜等人的名字也出现在了皇榜上。到了第三天放皇榜时，头名状元果然是苏易简，榜眼是张秉，探花是陈若拙。这件事让王旦有些郁闷，毕竟自己这些年来从未放弃过学习，竟然不是三甲头名状元。[2]

事后，经统计发现，980年这一科考试朝廷共取士子一百二十八人。这一批士子当中，有李沆、寇准、向敏中、苏易简、宋湜等人。此时，王旦才体会到父亲让他不断学习的苦衷。王旦寄了一封家书，给家里人汇报了考试情况。王旦中了进士，让身在河中的王祐高兴了好一阵子。二儿子从此也进入仕途了，这对于王氏家族来说是光耀门楣的事情。

需要指出的是，这一榜进士仕途一路顺风。其中，李沆、寇准、王旦、向敏中等人都官拜宰相，成为影响宋朝的一代良臣；这

1.《宋史·列传第二十五》卷二百六十六：太宗留心儒术，责考生皆临轩复试，易简洋洋三千余言，一挥而就。太宗览毕，甚为赞赏，曰："君臣千载遇"，擢为甲科第一，遂以文章名扬天下。

2.《续资治通鉴长编》卷二十一：闰三月甲寅，上御讲武殿，覆试权知贡举程羽等奏合格进士，得铜山苏易简以下百一十九人，又得诸科五百三十三人，并分第甲乙，赐宴，始有直史馆陪座之制……唐有敕赐及第以表特恩，开宝以来，御试中第一者皆称之，其文臣有不由科第者，或因献文别试，以敕赐进士及第，或赐御前进士及第，又有同进士及进士出身之目。其后，复赐乐史进士及第，仍附是年第一等进士之下。

一榜也被后世习惯称之为“龙虎榜”。[1]有人将赵光义如此大面积取士的原因归结于其故意要换掉赵匡胤时代的文臣，才出此下策。因为赵光义在继承皇位之后，“弑兄篡位”的阴影一直笼罩其身。979年，赵光义北伐，率军攻灭北汉，而后扑向幽州，意图攻下幽州，用丰功伟业来掩盖“弑兄篡位”的疑案。但这次进攻幽州却以失败告终。赵光义大腿中两箭，坐着驴车逃亡，历经九死一生，才逃出辽军伏击圈。三军找不到皇帝，打算拥立赵匡胤长子赵德昭为新皇帝。赵光义得知消息后，忍着剧痛火速赶到前线，镇压了一场兵变。[2]此后，赵德昭因为赵光义的“等你当了皇帝再赏赐也不迟”这句话而自杀。赵光义的头上的疑云更大。北伐失败后，赵光义为了扭转不利的舆论局面，大量取士，将朝廷中的职位全部都换成他录用的士子。

也是从这时候起，朝廷取士人数开始直线上升。以后每位宋朝的帝王，都在取士方面不设固定人数，但每次都要取数百人不等。

单说王旦这一批士子，他们的待遇与之前就不同。先看状元苏易简，先是监丞，然后是升州通判。短短几年便到了左拾遗知制诰的位置，这是王祐混迹官场很多年才换来的岗位。[3]榜眼张秉，虽未官至宰相，但刚开始时，朝廷对他也是格外照顾，让他和苏易简一

1. 文娟：《宋太宗太平兴国五年（980年）“龙虎榜”进士研究》，暨南大学博士学位论文，2008年。

2.《宋史·列传第三》卷二百四十四：四年，从征幽州。军中尝夜惊，不知上所在，有谋立德昭者，上闻不悦。及归，以北征不利，久不行太原之赏。德昭以为言，上大怒曰：“待汝自为之，赏未晚也！”德昭退而自刎。上闻惊悔，往抱其尸，大哭曰：“痴儿何至此邪！”赠中书令，追封魏王，赐谥，后改吴王，又改越王。

3.《宋史·列传第二十五》卷二百六十六。

样，一开始就担任通判这样的高官。[1]还有探花陈若拙，朝廷一开始就给他高官。[2]李沆亦是如此，先是监丞、潭州通判，后又升右赞善大夫。[3]向敏中也是监丞、通判。[4]

再看王旦的仕途。朝廷让王旦先担任大理评事兼任平江（今湖南省岳阳市平江县）知县。这个大理评事，其实是断案子的官员，主要负责的是狱案，与大理正、丞分掌断狱，与今天公检法机关有些相似。不过此时宋朝的大理评事是个寄禄官（有官名有俸禄，但没有具体职务的官员）。[5]此时，大家以为王旦在上会有一个适应期，起码官场的风气要沾染一些。然而，王旦一上任就熟门熟路，许多政务不需要他人指点。在待人接物上，更超出了这个年龄段的成熟。

当然，对苏易简、张秉、陈若拙、李沆等人直接给监丞、通判职位的原因，还是因为这些士子在录取时名次排在王旦前面，所以在给他们加封官职时，朝廷自然有所选择。这也很容易理解朝廷为什么只给王旦一个平江县令了。[6]

1.《宋史·列传第六十》卷三百一：授将作监丞，通判宣州，迁监察御史。以荐得知郑州，召还，直昭文馆，迁右司谏。后擢知制诰。

2.《宋史·列传第二十》卷二百六十一：太平兴国五年，进士甲科，解褐将作监丞、通判鄂州，改太子右赞善大夫、知单州。以能政，改太常丞，迁监察御史，充盐铁判官。

3.《宋史·列传第四十一》卷二百八十二：沆少好学，器度宏远，炳尝语人曰："此儿异日必至公辅。"太平兴国五年，举进士甲科，为将作监丞、通判潭州，迁右赞善大夫。

4.《宋史·列传第四十一》卷二百八十二：太平兴国五年进士，解褐将作监丞、通判吉州，改右赞善大夫。

5.《宋史·列传第四十一》卷二百八十二：太平兴国五年，进士及第，为大理评事，知平江县。

6.《续资治通鉴长编》卷二十一：进士第一等授将作监丞，通判藩郡；次授大评事，知令、录事；诸科授初等职事及判、司、簿、尉。时刘昌言、颜明远（明远，邑里未见）、毗陵张观、宜黄乐史等四人皆以见任官举进士，上惜科第不与，特授近藩掌书记。

王旦从这个大理评事上正式进入官场。

此时的王祐自然也很高兴，两个儿子都进入官场，他们以后的造化也靠自己了。

在王旦去平江任职之前，还发生过一件有趣的事。

据说当时平江县县衙的房子里常在半夜传出怪声，当地人都以为是鬼神作祟。这件事经常干扰着平江政府官员们的休息，而且叫声每天晚上持续的时间都不一样。平江的那些官员无法在官舍安宁，许多人开始在其他地方居住，官房却空着。后来请人做了法事，依然不能奏效。这件事就一直困扰着生活在官舍里的人。[1]

大家以为是县令不作为，到处贪污受贿所致。当平江的县令被调走后，怪声依然频繁出现。如此看来，并不是县令的问题。县衙里的那些人无能为力，也只能听之任之了。

当朝廷调任王旦去平江任职的文书下来后，情况还真出现了转机，官房里忽然就安静了，夜里不再有阴森可怖的叫声。县衙里的人一时半刻还不太适应。据说在王旦到任前夕，看守的官员听见群鬼在议论说："宰相公到了，我们应该避开离去了。"从此，官舍之地再也没有了怪叫声。[2]

鬼神之说，甚为荒诞。但这里却透露出一个信号，平江这个地方在王旦上任之前应该不安定，至少社会上有不安定因素。作传之人把这种不安定因素想象成鬼神也可理解。

王旦回了一趟河中府，与父母有了短暂相聚后便去平江赴任了。

自此，王旦开始了一个人的离家生活。

1.《宋史·列传第四十一》卷二百八十二。

2.《宋史·列传第四十一》卷二百八十二。

3

初入仕途

到平江后，王旦开始了解县情。他清楚一个县其实是一个小朝廷，政务繁杂，举凡行政、财政、司法、治安、民政、教育及民俗教化等，各行各业都需要县级领导亲力亲为，现在朝廷把如此重要的担子压在了他的肩头，他不能退却，不能尸位素餐，只能前进。

需要说明的是，宋代的县令需要通过中央来任命或派遣。宋代之所以重视县级领导的任命，绝非偶然。五代时，地方大权都集中在手握重兵的节度使手里，县官几乎没有任何职权。赵匡胤建立宋朝以后，充分认识到这一症结所在，所以他对县级治理非常重视。他采取的办法是将新科进士派到地方任职。由此，许多选拔的进士都会让他们到县级去任职，对于新考取的进士来说，是一种锻炼，也是用新人管理县衙的一种有效方式。赵光义继承皇位后，继续沿着赵匡胤的设计路线管理地方。于是，王旦在这种背景下成了平江县令。

王旦很清楚自己的职责所在。若连个简单的县都治理不好，或者继续降级使用，或者被朝廷遗忘，可能一生都守在平江这个地方。可若治理平江有方，树立一种执政为民的理念，让平江改善以往的混乱，朝廷肯定会看得见，到时在仕途上定有发展。

王旦在平江任职，是第一次自己主政，但他对县域治理的认识要比一般士子高，因为父亲王祐当年的为官之道经常在脑海中浮现，许多棘手的问题也会得到有效解决。不久朝廷传来了好消息，将王旦升级为监丞，继续在平江任职。[1]

这样一来，王旦更加认真政务了，毕竟此时他才二十多岁，正是治国理政的好时候。王旦很清楚，一个县要想治理好，第一件要做的事情便是把县域内的大大小小的胥吏、爪牙管理好。只有管理好这些人，政令才能畅通，平江官场才会一改往日的积习。人员管理是问题的关键。王旦只能一个问题一个问题地解决。

王旦把处置县衙一般事项的政务交给了副手，而他自己则带着人开始沿着平江的边界走，足迹遍及平江所有有人烟的地方。他也会乔装混迹于社会各个行业里，了解整个平江社会的发展。

在走访的过程中，王旦发现平江官场有一个奇怪的现象：官场机构基本上被几大家族的人共同把控，几大家族相互支撑，造成了一荣俱荣、一损俱损的复杂格局。

王旦于是便开始深入调查平江那些盘根错节的关系。随着调查越深入，王旦越发紧张。这几大家族的人看似占据着最基层的一些职位，但却支撑着整个平江的官场。这些家族的人渗透于社会的各个行业，在平江编织了密集的关系网。王旦在调查中对这些家族的人进行一一标注。他明白，平江要想发展，必须得破除这种关系网，让那些真正有本事的人到基层岗位上政务。所以，激活平江县

1.《宋史·列传第四十一》卷二百八十二。

官员队伍的热情是当下重要任务。但要对如此大的官员队伍进行整顿，还是要有切实可行的办法才行，不然这帮人合起伙来对付他一个空降县令，到时帮自己一把的人都没有，朝廷也会因没有治理好一个县域的本事而看轻他。

这时候，王旦陷入进退两难的境地。整顿平江县官员队伍，可能会冒很大的风险，甚至会被人架空。但要是整顿好了，平江的发展也能步入正轨。不整顿必然是没有风险的，但若那样，自己的职业生涯也将到头了。上面把他派到平江，绝不是偶然的，一定是有所指向。此时的王旦必须得冒这个险。

于是，王旦先选了几个在县衙里为人正派的人做自己的副手，并与这些人交换了意见，提出整顿地方官员的方案。这一切在悄然中完成后，王旦便对县衙里那列班子成员逐一进行考核。这让那些到处干违法乱纪事情的官员慌了神。许多人被王旦制定的官员纪律管理办法约束住了。更多的人则收起了平日里飞扬跋扈的样子，猫在暗处静观事态发展。当然，也有人挑战王旦的权威。王旦必须处理几个典型分子，才能把官场的这种观望态度打压下去，否则他的官员整顿计划就会泡汤。于是，几个继续踩红线的官员被清理了出去。这一次，那些家族势力收敛多了，许多人开始按照王旦制定的官员管理办法执行政务。

不久，王旦又实施了官员整顿的第二个计划。他对身边的这些人予以划分，挑出一些可用之才，尤其是那些出身贫苦有真本事且多年未被重用的人。王旦把这些可用之才放在了重要的岗位上，让他们尽情发挥长处，为平江县的政务开一个好头。其实这一招也不高明，无非是从平江的官员队伍中选一些听话并能干好活的人。现在他初来乍到，对这里的一切尚不是很熟悉，只能先选一批听话的人到重要岗位上。那些混迹于官场，不干实事整天想着钻营的人，王旦并不喜欢。这样的官员能用，但肯定不能放在重要的政务岗位上。这种人太过于表现自己，太过于为自己捞好处，对于别人的利益根本不会考虑。

老黄牛式的官员，还是要多用，这种人不动声色，却能干好交代的任何事。做官的人，第一看的就是人品，品行端正才能为大家谋幸福。三观不正的人不能要，有些人自负胸中有韬略，不把任何人放在眼里。选一个官员到政务岗位上，首先要使其明白，选他来是让他在听话的前提下把政务干好。当然，有时候知县的话也不一定准确，可以反驳，前提是公私一定要分明。王旦的官员整顿计划，肃清了一些官员队伍里的害群之马。有些城府较深的“阴阳”人，也留在了官员队伍里。王旦觉得没必要步步紧逼，只要让这些人清楚自己是来政务的，而不是来平江混日子、搜刮民脂民膏的。其实只要大家都遵守纪律，不要违法乱纪，政务就能干好。

然而，有一次上级领导到平江巡视，在宴会间半开玩笑地说到王旦这次官员整顿有些过头了，领导还提示过火的事情尽量不要做，因为无法预防火会不会烧到自己头上……王旦对此没有回应，事后他才听新提拔上来的人说，这位上级其实是平江几大家族中的人。这次巡视政务百般刁难，恐怕是对王旦此前官员整顿计划的一种报复吧。王旦从此便心中有数了，但针对不遵守纪律的官员，依然不会手软。

随着王旦不断起用新人，那些家族势力的人开始被边缘化了，平江官场有了一种清明风气。从官员整顿计划开始以来，王旦成了平江官场的话题中心。整个平江到处都流传着王旦知县的话，许多官员的家属都在议论着王旦的官员整顿计划。对于这个计划，绝大多数人都不看好，甚至有人用恶毒的话诅咒，也有人将这些事传到了王旦的耳朵里。王旦没有对任何人实施打击报复，毕竟每一项政策的制定，必然会影响一部分人的既得利益，但王旦想得更多的是让老百姓受益。

随着官场风气的持续好转，许多老百姓开始夸赞他。尽管还有些人对他的一些做法不认可，但绝大多数人都接受了他。王旦只想在其位谋其政，不谋其政是尸位素餐。况且官员们生活再困难，总比那些在贫困线上挣扎的百姓强很多。所以，王旦觉得自己对官员的整顿计划没有错。当然不仅要整顿官员队伍，还要将平江治理成一个各行各业井井有条的县。

在官员队伍整顿有了一定眉目之后，王旦把注意力放在了最贫困的地方。这段时间以来，除了办理必要的公务外，王旦开始下乡访贫，并把这种访贫政务当成一项重要的事情来做，想以此达到了解平江百姓的生活水平，寻觅破解问题的办法。平江县有许多偏远贫困的地方，王旦决定都走一走。于是他带着副手，开始逐村逐地访民情，风雨无阻。没有路了，逢山开路；遇到河流，遇水搭桥。总之，已经确定要走的地方决不能退却。在许多偏远的地方，王旦看到百姓衣不蔽体、食不果腹的生活，心里难受极了。老百姓生活得不好，只能说明自己政务没有做到位。当然，那些被问候的老百姓既震惊又感恩，他们在那些地方生活了祖祖辈辈，哪里见过县官亲自来慰问！王旦的这种访贫政务，为他树立了很好的口碑。老百姓听说王旦到了，都会夹道相迎，拿出家里能拿出手的最好的食品招待。王旦在访贫时也经常发生一些有趣的事。据说有一次，在青黄不接时，王旦到某一处乡下了解百姓们的吃饭问题。一行人在烈日下走了半天，已汗流浃背，疲惫至极。王旦派几个人寻找水源打水，其他人便在一棵大树底下休息。这大树底下有一个巨大的蚂蚁窝，经常袭击到此纳凉的人，因此平时人们都不敢在这棵树下休息。然而这一次，当王旦坐到这棵树下后，地上的蚂蚁离他席坐的地方数尺进进出出蚁穴，却并不靠近王旦坐着纳凉的地方，也不发动侵袭。仿佛受人指派一般，秩序并未乱。然而坐在树下的其他人身边却围满了蚂蚁，根本没法纳凉，只能远远地站着观看王旦被蚁群围着转动的奇异景象。大家都觉得不可思议，说这是贵人之福。[1]

王旦时刻为老百姓着想，即便是死刑犯，也想给他们一条活路，让他们重新做人。据说有一次王旦发现狱中有个罪犯被判处死刑。刑罚虽已判，可犯罪事实似乎还有隐情，王旦想重新审理该案，为其翻案，但需要找到更多的证据。为了这件事，王旦一夜没有睡觉，为罪犯找出解脱死刑的办法。到了第二天五更，王旦将身边的人招呼起来，重新审理案件。[2]

正因为这样的亲力亲为，让平江很多人对王旦产生了好感，到处流传着这个二十多岁的县太爷为老百姓做好事的佳治。

经过一段时间的吏治，当再次钻进普通百姓当中时，王旦听到了许多人对平江治理的看法，也听到了人们对当下县令的认可。一些偏远地方的基层官员，也只是听说了县令的名字，并未见过本人，却都对他的一些改革措施非常认可，这让王旦充满了自信。二十几岁能管着那么大一片地方，而且从目前平江发展的势头来看，三五年之内，这个县就能富裕起来。没有什么比老百姓的认可更有说服力了。加上王旦在平江推行了一系列的惠民政策，革除原

1.《平江县志·清同治卷》卷三十五。

2.《宋人轶事汇编·湘山野录》卷上。

来不适合平江发展的政策，平江社会治理出现了一种前所未有的繁荣局面。整个平江县城的大街小巷里，开始有了各种政务坊。

除了政策革新，王旦还推行道德教化，把教化育人放在了重要位置。王旦推行地方教育政务，让那些到了上学年纪的孩子都能进入学堂。这一系列的举措无疑刺激了平江的发展。

在平江知县上干了一段时间，各项政务都上了正轨。王旦凭借学识和威望，让全县处于某种安定和平的氛围中。王旦在平江任职四年里，民服其教，百姓安居乐业。

4

赵昌言嫁女

在平江任职时，王旦还迎来了人生第二大喜事——娶亲。

此时，王旦二十四岁，正是美好青春时，对结婚这件事多少有些好奇和害羞。可缘分这东西，没到时想尽办法也枉然；等缘分到了，挡也挡不住。王旦的婚姻之缘，便是挡也挡不住这种。

王旦的婚姻源自他的顶头上司赵昌言。当时，赵昌言正好是湖南一带的转运副使。因为职业缘故，转运使要到处流动。在王旦担任平江县令时，赵昌言作为上级长官，正好路过平江，发现了王旦治理地方的创举。

赵昌言生于944年，直到978年才考中进士，此前可能只顾着一门心思做学问了。据说赵昌言当年考进士时，因为才思敏捷，在考场中声望很高，受到贡院的格外青睐。后来在廷试时，贡院先将赵昌言推荐成待考人员。当赵光义从赵昌言的简介中看到他父亲赵叡的名字后，对身边的人说："这人曾经任东畿宰，朕过生日时，他必定献上百韵诗歌祝寿。他也善于训导儿子，真是可喜可贺的事情啊。"考完试后，赵昌言果然文采飞扬，纵论天下，文章有理有据，最终被提拔录在甲科。不久，朝廷对赵昌言授予监丞，转而又调任鄂州通判。再后来，被授任右拾遗、直史馆，皇帝还御赐他绯鱼袋。[1]

这一连串的提拔重用背后，是皇帝的赏识。而此时，赵昌言已做到了荆湖转运副使。[2]这是宋代专门设立的巡视人员，他们除掌握一路或数路财赋外，还兼领考察地方官吏、维持治安、清点刑狱、举贤荐能等职责。

赵昌言转运到了平江以后，照例对平江政务进行了一系列明察暗访。这样一来，他不得不在平江逗留数日。赵昌言在平江期间，一是履行岗位职责，查看地方官们的履职情况，以便随时发现问题，纠正地方官的言谈举止；二是体验平江的风土人情。因为赵昌言去过很多地方，如何考察官员他自有办法。在平江逗留数日后，赵昌言发现平江的治理颇有成效。与他近期走过的其他县域有些不一样。赵昌言来了兴致，继续在平江多逗留了几日。

通过几天深入调查，赵昌言对平江社会治理大为赞赏。需要说明的是，赵昌言因考试时有好名声，自己也学富五车，使得赵昌言有了某种恃宠骄横的心理，他为人很自负，那些士大夫没有几个人能入得了赵昌言的法眼。他在做转运使期间，觉得地方官能力大同小异，各项政务也做得不尽如人意，这一路南下，还没有一个让他眼前一亮的官员出现。但这次在平江转运期间，王旦治理的平江引

1.《宋史·列传第二十六》卷二百六十七：昌言少有大志，赵逢、高锡、寇准皆称许之。太平兴国三年，举进士，文思甚敏，有声于场屋，为贡部首荐。廷试日，太宗见其辞气俊辩又睹其父名，谓左右曰："是尝为东畿宰，朕之生辰，必献诗百韵为寿，善训其子，亦为可嘉也。"擢置甲科，为将作监丞，通判鄂州。拜右拾遗、直史馆，赐绯鱼。选为荆湖转运副使，迁右补阙，会省副职，改知青州。

2. 根据《元丰九域志》记载，荆湖北路：岳州，巴陵郡，军事。治巴陵县。下辖五县，平江县为上县。即今岳阳市平江县。

起了赵昌言的兴趣。

正是带着这样的疑问，让赵昌言对平江县县令多了几分好奇。按说王旦在考进士时，也没考出个好成绩，在个人素养方面，应该也是平平无奇。可平江的治理明显与其他地方不一样，这也成了赵昌言在平江多逗留几日的缘由。他要看看这个平江到底是真治理得好，还是王旦专门为了迎接他制造的面子工程。因此，赵昌言又深入一些偏远的山村了解王旦的治理方式，那些偏远的老百姓都清楚这位经常访贫的县太爷，看来王旦并没有做面子工程，上上下下对他都很满意。

做官做到这份儿上，还真不容易。赵昌言对王旦越发好奇了。然后，赵昌言侧面了解了一下王旦的背景，才发现王旦是王祐的次子。王祐当年力保符彦卿之事，赵昌言也听说过。那时候，他对王祐这个人充满了钦佩之情。现在想来既然是王祐的儿子，家教应该不会错。赵昌言觉得王旦虽然只有二十几岁，但治理一个县毫不含糊，将来肯定前途无量。

经过充分考察之后，赵昌言认为应该见一见这位平江的县令了。于是，赵昌言便约王旦见面。初次见面，赵昌言便觉得王旦不简单。面对上级，王旦不卑不亢，完全没有官场中那种阿谀奉承的举动，但一切行为举止又很得体。赵昌言与王旦对坐，品茗话天下事。当然，赵昌言看得出来，王旦面对自己有几分敬畏和设防，但绝对没有卑躬屈膝的意思。赵昌言觉得事情越来越有意思了。

两人谈及县域治理的一些方式，以及平江的风土人情。刚刚开始交流时，王旦多少还有些拘谨，而赵昌言也有些居高临下。两人说着说着，王旦便觉得自己和眼前这位转运使大人在许多治理的想法上不谋而合。赵昌言从王旦身上看到了年轻时的自己。俗话说，肝胆相照，斯为腹心之友；意气不孚，谓之口头之交。这场交谈逐渐变成了一种地位平等的谈话，没有了之前给人的别扭感。王旦也可以敞开心扉地说一说他短暂的为官经历了。

在与王旦的交流中，赵昌言觉得眼前这人年纪不大，却思维开阔，胸中有韬略，前途不可限量。在他这些年见识过的人当中，像王旦这样的人很少。那些初入官场的年轻人，要么年纪轻轻学成了一种官油子，没干几天政务，浑身都是毛病，把官场的一套坏习惯都学到了；要么太过理想化，把现实生活中的一切事情都当成书本上写的来落实，往往又碰得头破血流。而王旦不一样，他身上没有官场那种毛病，又不是那种讲理论一套一套、办实事却束手无策的人。在县域治理方面，王旦不仅能够看清问题，而且能找到解决问题的办法。他总是能够将自己所学的知识巧妙地运用到具体政务中去。

一个人看另一个人顺眼时，怎么看都顺眼。此时的赵昌言对王旦正是这样。两个人这次相遇，让赵昌言对这个二十四岁的青年刮目相看，至少王旦二十四岁时要比自己强。当然，这对于王旦而言也是一件非常高兴的事情，毕竟自己的政务得到了上级的肯定，也是对自己的鼓舞。

王旦尽了地主之谊，带着赵昌言在平江境内转了一圈，王旦给赵昌言介绍平江的风土人情、名胜古迹，又带着赵昌言品尝平江的特色小吃。说起平江，王旦滔滔不绝。一路下来，赵昌言对王旦非常认可。[1]短短几年时间，王旦竟然对平江的一切了如指掌，可见这

1.《文正王公遗事》。

真是个干事的人。

看来王旦在平江这几年，确实跑遍了县内各个地方。赵昌言对王旦的所作所为满意极了！由政务的满意，进而又上升到了对人品的满意。赵昌言开始为王旦的婚姻大事考虑了。这种考虑的主要原因是赵昌言还有个待嫁的女儿，一直养在深闺无人识。按照赵昌言的择婿标准，只有让他认可的女婿才行，否则一切免谈，而赵昌言又是个心高气傲之人，在遇到王旦前还没碰到过能入法眼的人。在与王旦相识后，赵昌言当然希望王旦做自己的女婿，也许王旦就是冥冥之中的那个人。[1]虽然王旦不是潘安、司马相如式的美男子，却也不丑。唯独那个鼻子看起来有些不顺眼，其他方面倒还说得过去。王旦的优点也非常突出，这些优点遮盖住了他本人相貌平平的缺点。

于是，赵昌言试探性地问王旦成家了没有。王旦据实回答："初入仕途，总想着先干出点儿成绩来，还没有成家。"赵昌言听后心中不免一阵窃喜。这些年来，女儿的婚事也成了困扰他的头疼事。从汴京临行前，夫人还给他念叨过这件事，他自己也非常为难，只能用顺其自然的理由来安慰自己。

不过现在好了，王旦是赵昌言眼中女婿的最佳人选。赵昌言又试探性地问王旦，说他有一女，愿意嫁与王旦为妻，不清楚王旦是否愿意。对这种事，王旦表现出了成熟的一面。王旦表示婚姻之事，须得禀明父母。有了父母之命媒妁之言，方可嫁娶，他自己不敢妄下结论。赵昌言觉得这事情有戏，王旦的回答也让他很满意，

1.《文正王公遗事》。

这说明王旦是个孝顺的人。[1]

赵昌言便对王旦说："你可以给父母修书一封，听一听他们的意见。"王旦看赵昌言一副公事公办又有些急不可待的样子，也不敢马虎，随即给父亲王祐写了一封信，征求他们的意见。

接到信后的王祐，对此事也非常重视，专门让任氏和边氏到平江商议此事。不久，王旦与赵昌言的女儿赵氏的亲事便议定了。只待良辰吉日迎娶进门了。赵昌言则表示，选日不日撞日，此日成亲也未尝不可。任氏则表示，这种事不能草率，该走的仪式还是要走一走，免得人家笑话，"时先晋公在京师，方与范鲁公质家议亲事，见其书曰：'既来禀我，意必欲之。'遂可"。[2]

于是，赵昌言在平江坐定，等着女儿出嫁。王旦家里可忙坏了，任氏、边氏两位夫人进进出出，指派着手底下的人为王旦准备结婚之事。王祐表示，等到了结婚的那天，他一定从河中府赶来参加儿子的亲事。王懿的夫人也来帮忙了。整个平江县衙沉浸在一片和谐美好的气氛中。不久，王祐从河中府赶到了平江。赵昌言与王祐两个人一见如故，马上以儿女亲家相称。此前两人虽同在朝为官，但交集不多，儿女的亲事将他们牵到了一起。家里的事情由两位夫人操心。王祐和赵昌言整天一杯清茶，看着仆人们进进出出忙碌着，"赵昌言为转运使，以威望自任，属吏屏畏，入旦境，称其善政，以女妻之"。[3]

不久，赵昌言的女儿赵氏，也随母亲到了平江，暂时被安置在

1.《文正王公遗事》。

2.《文正王公遗事》。

3.《宋史·列传第四十一》卷二百八十二。

客栈里。

到了结婚之日，整个平江县城都沸腾了。这可是县太爷结婚，老百姓都上路观看迎亲仪式。王旦骑着高头大马，从家里出发，到赵昌言临时居住的地方迎娶新娘子赵氏。全城百姓跟着看了一路热闹。直到王旦领着新娘子进了家门，大家伙才散去，只留下那些孩子在门口捡炮仗。

拜过堂后，王旦和赵氏被送进了新房。红烛映衬着屋子，洞房温馨，充满了爱意。新铺的床单被套上，撒下了瓜子、花生、核桃等象征子孙满堂的东西。

院子外面，却是一片喧哗之声，那些前来恭贺的人都抱拳祝贺。王祐和赵昌言接受着众人的恭贺。

忙碌一天之后，家里人在晚饭时分坐到了一起。赵昌言对王旦说："我把女儿托付给你了，你以后要好生待她。"王旦说："请岳父大人放心。"次日，赵昌言提前走了，他作为转运使，已在平江逗留多日，也是时候该上路了。一家人送别赵昌言，赵氏流着泪与父亲作别。王祐给儿子交代了一些政务中生活中的事情后，也准备回河中府任上。王旦希望留父母多住几日，可王祐觉得现在王旦成家了，有自己的生活，他们得离开儿子。雏鹰只有自己学会飞翔，才能搏击蓝天。况且王祐也在一方主政，不能长时间离开政务岗位，否则宋朝御史台的那些谏官会抓住机会参一本，到时即便是有一千张嘴也难辩此事。于是王祐带着随从于次月离开了平江，仅留任氏和边氏暂住一段时间。

接着，细水长流的生活开始了。赵氏因为生长在官宦之家，精通琴棋书画，他们二人的婚后生活过得和谐安稳。

王旦一心扑在政务上，继续着自己之前未竟的事业。

在王旦的治理下，平江各方面政务都开始稳步推进。王旦自己选上来的那些人，心怀感恩之情，政务上都兢兢业业，无须王旦操心。

5

中央任职

没过多久，王旦的两位母亲也都去了河中。此时，王旦的岳父赵昌言回朝复命，向朝廷举荐了女婿王旦，详细列举了王旦在平江任职县令期间做的一些政务，希望朝廷能重用王旦。赵昌言举荐虽有唯亲之嫌，但朝廷还是提拔了王旦。没过多久，王旦的新任命文件下来了。朝廷让他到潭州银场担任监管人员。[1]

于是，王旦带着妻子赵氏前往潭州。潭州对王旦而言不算陌生，此前王祐曾在此处做过官。

此时潭州主政的人是何承矩，这是个心胸开阔之人。在王旦担任潭州银场监理期间，与王旦建立了深厚的感情。王旦在潭州期间，将银场之事也治理得井井有条。在为人处世方面，王旦与官场那些人相处较好，大家对王旦的印象都不错。这样一来，作为潭州最高领导人的何承矩对王旦也很赏识。王旦还写得一手好文章，让何承矩心生敬佩。这些条件都让王旦在仕途上有上升的可能。一个人的成功，不仅要归功于识才者的慧眼，还在于自己的不懈努力。

1.《宋史·列传第四十一》卷二百八十二：代还，命监潭州银场。

不久，何承矩给朝廷上书，列举了王旦的过人之处，认为把他放在一个银矿监理的位置上有些屈才。这样的人应该得到更大的重用，为朝廷出力，力荐王旦到朝中重要岗位任职。朝廷对于地方官的举荐非常重视，又派专人对王旦考察了一番，甚至深入平江县去看王旦政务过的地方，听取人们的反馈。考察组转了一圈后，发现王旦的确深得民心。不久，朝廷便下了一道调令，让王旦回京任职。当时，朝廷正提倡文教，修好了三馆，王旦作为图书校对人员被安排在馆阁当中。[1]王旦具体的政务是担任《文苑英华》诗类的主编。[2]

这样，王旦被调入京城。此后不久，王旦的父亲王祐也回到了京城，担任左司员外郎，享受中书舍人的头衔和待遇，在史馆编纂一些史料。[3]

985年，王旦主编《文苑英华》诗类政务一年后，朝廷又提拔他为殿中丞，出任郑州通判。[4]通判的主要职责是辅佐知州或知府处理政务，分管地方上但凡兵民、钱谷、户口、赋役、狱讼等的州府公事，涉及用钱的事宜，得让通判签字方能生效。通判还有监察官吏之权，号称“监州”。宋代为避免武人乱政，故意将地方军分成了若干路。而出任州县的人，一般为文臣，他们到地方统领州郡的人事权和军队权，能有效预防武人乱政的情况。但赵匡胤又担心这些地方知州尾大不掉，所以又同时设立通判。这样，

1.《涑水记闻》卷七。
2.《宋史·列传第四十一》卷二百八十二。
3.《宋史·列传第二十八》卷二百六十九。
4.《宋史·列传第四十一》卷二百八十二。

知州有对军队的绝对管理权，但后勤保障等方面由通判管理，如此一来，将军队管理权和其他权力剥离开来，各级官员之间形成相互牵制的局面。

王旦出任郑州通判，将家人留在了京城。一方面是因为郑州距离汴京不远，家人可以照顾上，况且此时父亲已在京城为官；另一方面父亲王祐提示过王旦，不能在任职时总把家眷带在身边，这些都会成为别有用心之人的口舌。其他官员在任职时，都是只身前往，很少有人携带家眷。那些为大宋朝镇守边关的将士，哪一个是拖家带口去的？这次担任郑州通判，也能反映出朝廷对王旦政务能力的认可，毕竟宋朝那么多文官，出任郑州通判的人也只有王旦一个，而且王旦此时才二十八岁。

王旦在郑州期间，表现更为优秀，反倒是这一届领导班子里的知州却作为不大。因为史籍并无记载和王旦搭班子的知州，现在亦无可考证，倒是王旦出任通判之事有记载。王旦根据郑州的具体状况，也做出了一系列符合地方发展的举措，尤其是在他自己分管的水利、钱谷、户口、赋役等方面，做出了一系列巨大贡献。他组织人力兴修水利，又根据当地百姓的收入轻徭薄赋。他还大力发展郑州地方的经济，把在平江那一整套的治理方式运用到了郑州治理上。

当然，王旦还兴学重教，大力大展教育事业。同时他又在自己的职权范围内选拔一大批地方官员，选贤任能，为郑州的社会、经济稳步发展打下了坚实基础。

王旦在郑州期间，最大的功绩是修建了常平仓，王旦上表请求在全国建常平仓，以堵塞兼并的途径。[1]当时，王旦到任后，分析了郑州的实际情况，觉得郑州在大平原上，此处自古以来都是产粮区。王旦对郑州的各种条件和优势做了评估后，认为郑州地处东西南北枢纽之中，将来一定会发展成大市镇。从距离上说，郑州又与汴京相距不远，若在这里设立粮仓，以备不时之需，能有效解决朝廷从南方调集粮食的问题。粮食富足时，可以适当调整市场上粮食的价格，避免造成价格被人为压低，也能维护佃户的利益。若遇上饥荒，这里的粮食能及时救灾。王旦对这件事调查了一段时间，整理了一些数据，并通过分析得出了在郑州建立粮仓很有必要的结论。但这样的大工程，王旦个人是没办法做到的。于是，王旦便给朝廷上了一道札子，希望朝廷在郑州建立天下常平仓，以堵塞兼并的路径。王旦在札子中阐明了在郑州建立常平仓的意义、利害，以及对社会的影响。赵光义看到王旦的札子后，深以为然。于是，朝廷采纳了王旦的建议，决定在郑州建立常平仓。朝廷让王旦全权负责此事，于是，王旦在郑州及时组织人员进行常平仓的修建政务。

不到一年时间，常平仓建成了。

时间到了986年。这一年已被调任为开封知府的王祐出事了：王祐身体出现了极度不适感。起初，王祐觉得身体出现了小毛病，也没有让任氏将自己生病之事告诉儿子们，而此时只有小儿子王旭在身边陪伴。

然而，一段时间过去后，王祐的病情却没有好转，反而越来越重。此时，王祐才意识到情况不妙。他让任氏将自己的病情告诉了

1.《宋史·列传第四十一》卷二百八十二。

孩子们。一封家书召回了两个儿子。王祐对孩子们的到来很高兴，毕竟他们都大了，而且都成了家。王氏一族血脉昌盛。孩子们为不能尽孝痛哭不已。

王祐很欣慰地表示，生死有命，富贵在天，谁也不能决定自己的生死。王祐将两个儿子叫到身边，对他们说："你们都是一方领导，手底下管着数以万计的人，你们来看望我，我已很知足了，但你们不能长期离职，国家的事情耽误不得。我现在身体依然健朗，你们各自回到岗位上，为国家尽忠。自古忠孝难以两全，既然你们都在领导职位上，就得把国家的事情办好。若我能躲过此劫，说不定还会活个十年八年，若老天要收回我的性命，我也无能为力。我也不要你们天天陪在身边，你们还是都回到自己的政务岗位上去吧。"

这一次，王祐交代了很多事情。两个儿子在王祐毋庸置疑的话语里不得不重新回到自己的岗位上去。临走时王祐笑着说："若我命运不济，丧事一切从简，不要给国家添任何麻烦。"两个儿子哭着拜别父母，父亲病重都挂念着朝廷大事，他们作为子女，当然也要做到这些。不久，王旦接到家书，说父亲身体好了一些，能正常吃饭和出行了。王旦心中一阵高兴。此时，朝廷又让王祐担任了兵部侍郎。据说这次让王祐担任兵部侍郎还是赵光义钦点。[1]

然而没过多久，大家又收到了父亲病危的家书。兄弟三个便都携带妻儿往回赶。几个月不见，王祐已瘦成了一把骨头，颧骨突出，脸色蜡黄。王旦问郎中，郎中摇着头表示已无能为力，只能尽

1.《宋史·列传第二十八》卷二百六十九。

人事，听天命了。王旦到处打听那些民间的高手大夫，请到府上为王祐诊断病症，大家都苦着脸，一副无计可施的神情。

直到此时，大家才明白，死亡正在召唤王祐。终于在一个天朗气清的日子里，王祐永远地闭上了双眼。王祐的三个儿子按照他生前的嘱咐，丧事简办。据赵氏宗谱记载，赵光义带着赵普前来吊唁，亲致悼词。据《莘县三槐王氏宗谱》记载："惟尔祐，高标绝俗，正直言身。两都赋就，八斗才雄。腹化文昌，身藏武库。大吕九鼎之器，明堂一柱之才。六合资润于笔端，九品定称乎舌表。胸中堪镜，明秽吏之百奸；时后其云，起疲于九殒。对芳躅之当前，宁可自弃；念孤忠于往昔，岂昧愚忱。竟赴仙游，追踪莫及。时颁葬祭，爰贲始终。"当然，这段资料正史里没有记载，无史集可考证。最有可能的应该是赵普代替赵光义前来吊唁，并送上了慰问，王懿代表家人对太宗等人表示感谢。王祐去世后，葬在江南潜山县（今属安徽）王家茔。当年南唐出使宋朝的徐铉为王祐写了墓志铭："月余卒，年六十四。"[1]

王祐去世后，王旦主动接过了抚养两位母亲的责任。毕竟此时他已官居高位。相比较而言，大哥王懿的仕途有些坎坷，虽比他到地方任职的时间早，却一直没有被提拔起来。所以此时两位母亲的抚养，须由王旦承担。不过此时，两位母亲却特别识大体，她们不愿意给儿子当累赘，依然想留在汴京生活。王旦让赵氏一直陪着两位母亲，照顾她们的衣食起居。

王旦内心有愧，觉得自己没有在父亲最后的日子里予以陪伴，

1.《宋史·列传第二十八》卷二百六十九。

于是请辞，为父亲守孝三年。一同来为父亲守孝的还有大哥王懿。若不出意外，以后这三年应该是王旦、王懿兄弟二人沉下心学习的三年，他们研读典籍，为自己储能。

其间，母亲任氏把王旦叫到自己的房子里，意味深长地说："你已结婚好几年了，依然没有孩子。若你们不能为老王家新添人丁，那对王家才是最大的不孝。"

王旦说自己还年轻，先干好政务再说其他。任氏却有不同意见，任氏认为，搞好政务和生孩子根本没有任何冲突。

时间一晃到了 987 年，还在家里守孝的王旦，接到了朝廷的调令，让王旦改任濠州（今安徽凤阳）通判。[1]此时，王旦虽还在守孝，但朝廷的调令来了，就得到政务岗位上去。于是，王旦打算到濠州任职。此时赵氏已怀孕，这一下子打乱了王旦的计划，此前，王旦打算去濠州时带上赵氏，顺便可以照顾他，但又想到母亲无人照顾，想将妻子留在京城，可此时妻子的身体也需要人照顾。王旦打算将全家人都带到濠州去，这样相互有个照应。可两位母亲依然不愿意跟着儿子去，她们还打算将儿媳妇赵氏留在身边照顾，加之此时王旦的岳父赵昌言在汴京任职，可以照顾他们家。王旦没办法说服母亲，便打算只身前往濠州。

去濠州前，王旦带着赵氏回了一趟汴京，和母亲小住几日，又去拜了父亲。夫妻二人不好在汴京长时间逗留，随即王旦夫妇辞别母亲，向濠州而去。

王旦到了濠州后，收到了一封信。信是老友王禹偁寄来的。关

1.《宋史・列传第二十八》卷二百六十九。

于王旦与王禹偁如何认识，史料中并无详细记载，但王禹偁与王旦之间有着深厚的友谊。王禹偁曾经写过一篇送王旦的文章，谓之《送王旦序》[1]，其文如下：

圣人籍千亩之岁，元老膺三入之命，王泽大赉，庙谟惟新，有善必举，有恶必去。乃放郑侯以肃京辅，有以见善人为邦，而不善者远矣。言念圃田，择贤而治，用御暴横，是资循良。

先诏侍御史范阳卢公牧而抚之，次命殿中丞琅琊王公通而理之，皆能哲也。王公，即故夏官贰卿之子也，以雄文直气，扬其父风；以儒学吏才，张为国器。是行也，所任虽小，而所委重大。西门秋风，北阙行色，四牡夙驾，五马迎郊，朝僚知其得贤，郡人歌其来暮。右省谏官王某，迹郑民之旨，为诗以送焉。辞曰：

昔我郑邦，厥守不良，厥佐吐刚，吾相疾之，吾君窜之，我民用康。今我郑封，其守惟公，其佐惟通，吾相佥之，吾君命之，我民其丰。荥泽之兽，溱水之鱼，泳尔清流，毓尔丰刍，不弋不纲，与民同苏。匪我圣君，匪我相臣，暴曷去兮，贤曷举兮，革我苦兮，为乐土兮。

这种送某人序的文字适合送友人离开时的场合使用，而王旦下一次回来之后，将不会再离开，一直在京城为官，所以这篇文字极有可能是此时王禹偁写给王旦的。当然，以后王旦被朝廷重用后，

1.《四库全书·集部·别集类·小畜集》卷十九，影印版。

王禹偁还会写诗祝贺。

王禹偁在信中告知王旦，自己进士及第。当然，王禹偁也提到了吕蒙正。两个人关系还不错。这个吕蒙正是977年的状元，不久以后还会成为宋朝宰相。吕蒙正的后代吕夷简在以后的岁月中，将与王氏的后代有亲家之谊。

看到王禹偁的信件之后，王旦有些激动。在考试这条路上，王禹偁要比王旦走得曲折许多，而王禹偁的仕途之路，比王旦整整迟了三年。

此时的王旦，已是濠州通判，而王禹偁也被朝廷调任为右拾遗。这个右拾遗掌供奉讽谏、荐举人才。[1]不久，又提拔他当了史官。之后，王禹偁上了一道折子，写了一篇《端拱箴》，批评皇宫的奢侈生活。此时的赵光义已更名赵炅，他看到王禹偁的札子后，好好地整顿了一下朝廷骄奢淫逸的生活。后来，王禹偁便被提拔为左司谏、知制诰，也成了知州级别的人物。相较于王旦而言，王禹偁虽中进士晚，但仕途顺利，三年多的时间，成了知制诰，此前王祐也担任过此职位。

988年，在王旦到濠州任职一年后，妻子赵氏生下了长子。王旦给孩子取名为雍。家里新添人丁，这是人生一大要事。任氏让王旦给王祐灵位上了香，告诉王祐他们老王家又添了一个大胖小子。

这里还需要交代一下王雍。因为王雍的很多故事有多重版本。

1.《宋史·列传第五十二》卷二百九十三：世为农家，九岁能文，毕士安见而器之。太平兴国八年擢进士，授成武主簿。徙知长洲县，改大事评事。同年生罗处约时宰吴县，日相与赋咏，人多传诵。端拱初，太宗闻其名，召试，擢右拾遗、直史馆，赐绯。故事，赐绯者给涂金银带，上特命以文犀带宠之。即日献《端拱箴》以寓规讽。

据《王氏宗谱三槐王氏》中记载，王雍出生于984年，因为这一年是宋太宗雍和元年，故而，王雍的名字也是为了怀念这个年号所取的。而根据苏舜钦《两浙路转运使司封郎中王公墓表》中记载，王雍生于988年。笔者认为，苏舜钦的记载更真实一些。一方面，苏舜钦是王雍的外甥，王雍与苏舜钦也经常有来往，这样，苏舜钦的记载更有说服力。另一方面，984年，王旦到平江任职，结识了岳父赵昌言，赵昌言将女儿赵氏嫁给了王旦。但这些事情绝不是草率完成的，在封建制度国家里，尤其注重礼仪。况且一个孩子从怀孕到出生，需要一年光景。所以，这一年，王雍出世的可能性不大。于是，有学者提出，王雍是王旦妻妾所生，但王旦一生只有妻子赵氏，不存在王雍是庶出这一说法。[1]

家里新添人丁，大家都是一片喜悦之情。连老大王懿都让老婆到濠州来恭贺。一家人又有了一起短暂生活的日子，当然，这种日子总是匆匆而过。

一年后，也就是989年，赵氏又生了一个儿子，王旦为孩子取名为冲。[2]

这是一段幸福的时光，孩子虎头虎脑，家里人也都身体健朗，而王旦的官运也一直亨通。

1.《文忠集·太尉文正王公神道碑铭》卷二十二：公娶赵氏，封荣国夫人，后公五年卒。子男三人：长曰司封郎中雍。

2.《文忠集·太尉文正王公神道碑铭》卷二十二：次曰赞善大夫冲。

第　三　章

命运转折

990 — 999

吾闻之申包胥曰："人定者胜天，天定亦能胜人。"世之论天者，皆不待其定而求之，故以天为茫茫。

——苏轼《三槐堂铭》

1

王禹偁举荐

王旦在濠州通判位置上一干就是三年。三年来，他为濠州做了一系列实事，自忖问心无愧。除此之外，王旦还得了两个儿子。而今，那两个孩子如破土而出的幼苗，茁壮成长。王旦也已到了而立之年。这段时间是人生最美好的阶段。应该说，王旦的人生比起那些同龄的士子要顺利得多。在官场已有八九个年头了，可谓顺风顺水。即便是他的祖父辈、父辈都没有他这样顺心如意。当然接下来的时间里，王旦才会真正迎来人生的辉煌时刻。

过了不久，到了领导班子换届时。那些有望在换届中脱颖而出的人，都格外关心这件事。赵匡胤在位时，曾对宋朝领导班子任职政务进行过深度改革。他在充分吸收后周官制改革的基础上，对宋朝的官制体系进行了进一步的完善和发展，尤其是对地方官的任职年限做了明确规定。宋朝明文规定，地方主要领导班子在一个地方任职的时间一般都不超过三年，当然也有例外，比如有个叫侯仁宝的官员，在岗位上干了很多年，原因是侯仁宝是赵普的妹夫，当时卢多逊与赵普不睦，侯仁宝跟着遭殃。[1]但绝大多数地方官的任职都基本遵循这一政策。之所以这样改革，是为了国家政策的顺利下达。

赵匡胤改变地方官官制的问题，可以追溯到五代时。五代以来，各国灭亡皆因为政令不通、地方腐败成风，中央失去对地方的管控。虽也有钦差大臣经常游走巡视，但收效甚微。甚至有的钦差大臣与地方官沆瀣一气，共同贪污腐败。在赵匡胤还是普通人时，曾经走了很多地方，见识了基层社会中的种种弊端。一些地方官员因为长期不变动政务岗位，与本地的豪强劣绅形成了各种利益集团，欺上瞒下。即便是朝廷之上，卖官鬻爵成风，导致地方上民怨四起。这种情况在偏远地方尤为突出。越是偏远的地方当地的官员越是剥削老百姓。这也是许多起义从最偏远的地方先爆发的原因。

赵匡胤清晰地看到了五代以来郡县制度形同虚设的问题，很多地方官在某一职位上一干就是一辈子，很容易被其他的势力所拉拢。在平定天下之后，赵匡胤对宋朝的官职进行了大刀阔斧的改革。这种改革里有很重要的一条是对县级以上官员的任职年限和任职地点有了明确规定。

赵光义即位后，一直背负着“弑兄篡位”的恶名，尽管有赵普拿出的《金匮之盟》佐证，但依然无法去掉人们心中的猜疑。这种情况下，赵光义大量取士，不断将这些新科士子安排到国家重要岗

1.《续资治通鉴》卷十：凡九年不得代。仁宝恐因循死岭外，乃上疏言：“交州主帅被害，国乱可取，愿乘传诣阙面奏。”帝大喜，命驰驿召之。多逊言先召仁宝，必泄其谋，不如授仁宝以飞輓之任，令经度其事。帝以为然。

位上，以代替原来太祖皇帝时的旧官僚。

这样一来，王旦、毕士安、寇准、向敏中、张齐贤，以及此前的赵昌言，还有王旦的好友王禹偁等人，都在短短数年之间得到多次提升。当然，这些人在地方上任职时也都政绩突出，又有转运使之类的人推荐，所以，他们才能升迁如此快速。

应该说，他们生活在一个重文抑武政策最突出的时代，注定了会大放异彩。

990年是换届年，王旦也清楚，此时，他不能继续待在濠州了。他们这一批人，基本上都会进行岗位调整。

每逢此时，到京城去跑官的人会很多，京官都成了"香饽饽"。那些大大小小的官员家里的门槛都要被踏破了。跑官的人探听朝廷的意向，打探最近需要调整的岗位，也打听那些在中央挂上号的备用官员的信息，他们会把自己收藏的各种有价值的东西拿到京城去找门路。这些跑官的人，绝大多数都是政绩平平又不甘于现状的人。

这段时间以来，那些即将变换岗位的官员也都会神经敏感。吏部传出的每一个真真假假的消息，都会让他们格外紧张。这里面也有例外，比如像王旦这样的人。他们这类人不跑官，一切听从朝廷的调遣。如此这般的品格会被朝廷认可，甚至关键时刻会得到贵人相助。此时一个贵人的手已伸向了王旦。但眼下，王旦还不清楚此事。他继续在濠州干着政务，不管外界如何变化，用一颗平常心对待。

向朝廷推荐王旦的这个贵人，是他的老朋友王禹偁。

这些年来，王禹偁与王旦建立了深厚的友情，这种友情一直都没有断。尽管在王旦考取进士后，他与王禹偁少了联系，但彼此心中都牵挂着。后来王禹偁考中进士，他们都成了宋朝的官员，这种友情随着岁月的流逝，不但没有变淡，反而越来越深厚。当然，这也得益于两人都是正人君子，不会因为蝇头小利而怠慢了这份友情。

这一年，王禹偁任知制诰[1]，也是当年王旦父亲王祐曾做过的职务，这已是高官。即便是王旦也没有做到这个职务，可见有时候考中进士的时间与为官的经历并没有直接关系。当然，王禹偁之所以能快速升迁，无外乎两点原因：一是王禹偁刚正不阿、一心为公，这是任何统治者都非常欣赏的品质；二是王禹偁倡导宋初古文运动，倡导文人士大夫摒弃五代以来辞藻华丽但毫无内涵的文风，使用通俗易懂的文字来写诗文。他与柳开[2]、田锡[3]等人，都是宋初古文运动的中坚力量，他们不仅提出了宋初文辞革新的理念，而且自己也写这方面的诗文，这让王禹偁的名气非常大了。

这种情况下，作为知制诰的王禹偁有很多时间见到赵光义，聆听赵光义对国家的改革意图。中央对各地官吏的任职，都要通过诏书的形式颁布。王旦在濠州任职期满后，自然也会进入中央考察地方领导官员的名单。王禹偁作为草拟诏书的人，在那些备用官员的

1.《宋史·列传第五十二》卷二百九十三：故事，赐绯者给涂金银带，上特命以文犀带宠之。即日献《端拱箴》以寓规讽。

2.《宋史·列传第一百九十九》卷四百四十：既学，喜讨论经义。五代文格浅弱，慕韩愈、柳宗元为文，因名肩愈，字绍先。既而改名字，以为能开圣道之涂也。著书自号东郊野夫，又号补亡先生，作二传以见意。尚气自任，不顾小节，所交皆一时豪隽。范杲好古学，尤重开文，世称为“柳、范”。王祐知大名，开以文贽大蒙赏激。

3.《宋史·列传第一百九十九》卷四百四十：田锡，字表圣，嘉州洪雅人。幼聪悟，好读书属文。杨徽之宰峨眉，宋白宰玉津，皆厚遇之，为之延誉，由是声称翕然。太平兴国三年，进士高等，释褐将作监丞、通判宣州。迁著作郎、京西北路转运判官。改左拾遗、直史馆，赐绯鱼。

名单里自然也看到了王旦的名字。

于是，在一个合适的时机，王禹偁对赵光义说了一通王旦的事情，比如王旦小时候被人们传为有宰相的外表，王旦在平江县任职后，县衙里再也不闹鬼叫声，还有王旦的父亲王祐……

赵光义兴致很高，对王旦多了一些兴趣。王禹偁清楚，仅仅这些还不足以让朝廷重用王旦，毕竟还要说出些政绩。王禹偁又说起了王旦在平江、郑州、濠州等地任职时，对地方上的一些有力措施。

时隔不久，朝廷便对这一批官员进行了岗位调整。朝廷这次直接将王旦的岗位调整到了转运使。[1]这是他岳父赵昌言之前干过的岗位。当时赵昌言也只是转运副使，而王旦则直接担任转运使。这个转运使岗位比较复杂，它既有巡视的职责，又有调集粮草的职责；既有监督官员的职权，又有举荐官员的职权。手中握着考察转运地区官员的大权，这也是很多官员追求的一个岗位。朝廷现在让王旦担任此职，应该是觉得王旦为人正直。

朝廷发了任职文件后，命各地的驿站迅速通知这些岗位调整的人员，让他们准备即刻赴任。朝廷的任职消息传到了濠州，王旦便带着家人到汴京上任。好在之前在汴京的房子还在，打扫一下也能住人。安顿好一家老小之后，王旦便到朝中任职。

干了没几天，王旦觉得转运使一职大有学问，尽管不过是个临时“使职”，但这个考核人的岗位需要久经官场的经验才能做到有的放矢，很显然王旦没有这样的经验。王旦的岳父赵昌言也在京城

1.《宋史·列传第四十一》卷二百八十二：淳化初，王禹偁荐其才，任转运使。

为官，可以给王旦传授经验。王旦深受王祐的影响，不做违背良心的事情。这样一来，王旦觉得自己不适合干转运使，至少目前他还无法胜任这项政务。于是，王旦请求朝廷重新调整他的岗位，言辞恳切地表明了他不能任职转运使的缘由。

王旦的请求最终批给了吏部，这下还真难住了吏部那些官员。关于王旦等人的任命，是皇帝亲自审阅宰相签署的，现在重新变动，恐怕会有难度。况且王旦觉得自己不适合转运使，给他调整岗位，此风一开，那些和王旦同一批调整岗位的人会不会效仿？但是王旦的札子写得也非常有道理，朝廷不得不重新考量王旦的岗位任职。吏部的几个头头脑脑商量了一番，觉得这件事情他们做不了主，还是上报给赵光义做决定为好。

赵光义清楚这件事后，觉得王旦这个人很有意思。便按照王旦的特长，给他重新安排了政务。吏部的官员们一合计，觉得王旦素有才名，将他安置在三馆最合适了。况且此前王旦已参与过《文苑英华》诗类等书籍的编纂政务，进入三馆，算是最好的安排了。

由此，王旦先参加馆阁人员考试，通过考试后，被安排在了弘文馆。[1]

王旦的这种传奇经历，放在任何朝代，都是不可能实现的，毕竟朝廷给每个人的职务都是经过深思熟虑的，尤其是不断提拔的官员，朝廷让你到哪里，你就得到哪里。哪有个人挑剔职位的道理？当然，也只有宋朝可以对士大夫这样宽宥。

朝廷重视三馆人员选拔政务，与赵光义非常看重史料编纂政务

1.《宋史·列传第四十一》卷二百八十二。

有关。今天看到的很多宋史资料其实都是已被多次修改，直到赵光义满意了才定的稿。以至于今天看到史料中关于赵光义的记载，基本被改得面目全非，不是真实的赵光义生平。那时候的赵光义一心想美化自己的形象，让后人对他充满敬畏。如此，进弘文馆的人，赵光义自然要进行详细审核。

考察了王旦之后，赵光义觉得王旦适合在弘文馆任职。于是，调令也下来了，王旦正式进入弘文馆任职。

王旦满心欢喜地到馆阁任职去了。事实上，在干了很多年地方领导后，王旦决定干这个史官也是有道理的。一方面，史馆这种政务，相较于地方性的政务而言有其特殊性，可以不用考虑那些鸡毛蒜皮的事情，一心在史籍中查缺补漏、修订遗失。这是一种相对较为规律的政务；另一方面，家里人也都需要他照顾。史馆的政务朝九晚五，便于照顾家里。

王旦受到了朝廷的青睐，政务上也不敢有丝毫马虎。自从岗位调整后，王旦便一心扑在了政务上。史籍编纂政务看似整天和文字打交道，但也容不得半点儿含糊。每一个不能确定的疑问，都要找到各种典籍来详细参对，相互印证。宋朝以文人治国是要提倡文治，而文治很重要的一个方面是要完善各类史籍资料，用这些史籍资料来维护统治者的利益。弘文馆的政务看似整天和文史资料打交道，其实涉及国家根基。朝廷给王旦临时调整政务岗位，也是基于他是个不可多得的人才，既然干编纂史籍这个政务，就得对得起朝廷的器重，特别是要报答皇帝的知遇之恩。当然，也要为后世负责，毕竟史籍资料要留给后世，司马迁忍辱负重才有《史记》流传于后世，他虽不能与司马迁相比，却也应该学习司马迁那种一丝不苟的精神，把真正的史籍资料编纂好。

当然，王旦干的不仅仅是编纂史籍，还有其他政务。这个弘文馆主要负责校正图书、教授生徒、参议朝廷制度及礼仪。所以，他除了编纂史籍资料，还要修订朝廷礼仪制度。这项政务也非常艰难，一切制度的制定，都要广泛调研，符合实际，不能闭门造车。当然，这项政务不仅仅只有王旦一个人在做，他一个人也完不成这么大的政务。但正是因为王旦参与其中，为他后来在宰相职位上实行一系列政策和制度制定打下了基础。

王旦在弘文馆任职时，虽没有在中央权力的最中心，却也认识了很多中央高层的官员，这些人大权在握，处处都透露着大贤能者的风范。他们对大局的把握，对政局的认识，明显比一般人要高。王旦尽管不是权力巅峰的人，却能在这些人身边做事，尤其是能与李沆、苏易简等人结识，进一步扩大了社交圈子。

王旦和这些人在一起时，从他们身上学到了一些优良品质。最让人惬意的是，在政务不忙时，他还能与王禹偁、杨亿等人小酌一杯，说一说官场的琐事，每每此时，王禹偁都会拿出自己新的诗作来让众人评价。杨亿是西昆体的支持和倡导者，他和王禹偁等人倡导宋初的古文运动。王旦对王禹偁和杨亿非常佩服，这两个人政务扎实认真，各方面能力都很强，还能写一手好文章，自己虽也擅长作文，但与王禹偁和杨亿比起来，似乎还有距离。尤其是他们主张的文化改革策略，王旦觉得非常有意义。当然，王禹偁也有致命的缺点，就是为人太过耿直，眼睛里揉不得沙子。相较而言，杨亿的性情比王禹偁要和善一些，也温和一些。王旦不断地通过别人的缺点来审视自己，查找自身的不足。整天在中央机构里，和这些人相处，许多官场的利弊，他都看在眼里了。他也对那些中央高层领导之间的关系有了初步了解。

此时的王旦，一心扑在政务上，勤勤恳恳、兢兢业业，生怕出现任何闪失。虽然宋朝的国家制度不断健全，但很多方面还是有漏洞。尤其官场，是个是非之地。在这种权力中心很容易风生水起，也很容易遭受贬谪。与其说王旦在弘文馆任职是对他的重用，毋宁说王旦在弘文馆任职开阔了视野，提升了处理和协调各种关系的本领。

这段时间以来，王旦尽心尽力地把自己手头的政务做好，然后通过自己的努力，使一些棘手的问题得以解决。此时的王旦，也是积极进取的，从进入官场到现在十年间，他已成长为高官。这虽与个人能力、国家政策机遇、皇帝用人喜好及贵人鼎力相助等有关系，但十年间，从一个平江县令到中央馆阁一路升迁，也不是所有士子都能做到。人在官场，如同在大海中航行的船只，永远都不清楚下一站该到何处靠岸。

2

知制诰

王旦在弘文馆努力干着政务，逐渐成熟起来。一晃一年过去了，王旦和弘文馆的其他人关系处得非常好，很多人对王旦的评价也较高。此时，王旦发现其实在中央政务，处理好人际关系远比干好政务要强得多，这一点与在地方任职还不一样。地方上注重办实事，但中央权力机构是由一个个代表着权力的人组成的，只有与这些人的关系处理好了，许多政务才能得心应手，官场上升之路也才能顺风顺水。

991 年是不平静的一年。至少对王旦和王禹偁来说，的确如此。这一年，王旦和王禹偁两人的命运发生了截然相反的走向。

先说王禹偁。这一年，王禹偁被贬为商州（今陕西省商洛市商州区）团练副使。[1] 被贬谪原因是为他人辩护。

为之辩护的人叫徐铉。徐铉是南唐旧臣，赵匡胤消灭南唐之后，将南唐国主李煜和文武大臣都迁到了汴京。当时宋攻打南唐，

1.《宋史·列传第五十二》卷二百九十三：未几，判大理寺，庐州妖尼道安诬讼徐铉，道安当反坐，有诏勿治。禹偁抗疏雪铉，请论道安罪，坐贬商州团练副使，岁余移解州。

南唐李煜为了向宋乞降，多次派徐铉出使宋朝，“卧榻之侧，岂容他人久睡”的千古名言，是赵匡胤说给徐铉的。南唐灭亡后，宋朝宽宥了南唐的文武大臣，徐铉自然也成了宋朝的大臣。徐铉在南唐时以博学多闻、能言善辩著称，赵匡胤灭南唐后，也给予了南唐旧臣不同的岗位，让他们继续为宋朝效力。后来，赵光义继承皇位，毒死了李煜，之后徐铉官拜散骑常侍。

徐铉虽在宋朝为官，却因他来自南唐，所以在赵匡胤时代，徐铉没有得到重用。在赵光义时代，徐铉完全被排斥在宋朝官场之外。不管是赵匡胤还是赵光义，都不会重视南方士子。到宋真宗赵恒时，寇准与王钦若之争，其中似乎也有南方士子和北方士子地位争论的因素。由此可见，宋朝初期对南方士子一直都不放心，也不大重用南方士子。

即便这样，徐铉已成为降臣，自然还得尽自己的一分力，做好本职政务。只是李煜死后，徐铉逐渐在官场之中消失了。其实被人忘记也挺好，这样一来，身边的是非少了，很少再有人会想起这个善辩之才。但到了991年，徐铉平静的生活再次被打破，一件大事落在了徐铉身上，让他再次落入宋朝君臣的眼里。

当时，庐州有个女道士叫道安，状告徐铉强奸了她。[1]这道安身处清修世外，本来与官场无交集，但这一年，道安却敲响了登闻鼓。登闻鼓是中国封建时代朝堂外的悬鼓，以使有冤抑或急案者击鼓上闻，从而成立诉讼。登闻鼓源于魏晋南北朝时。宋朝以前，普通百姓遇到冤屈之事，或向朝廷提建议，或对政策提出异议等，都

1.《宋史·列传第五十二》卷二百九十三：未几，判大理寺，庐州妖尼道安诬讼徐铉，道安当反坐，有诏勿治。

可以敲登闻鼓。宋朝以后，对登闻鼓的要求有了明确规定，击登闻鼓的条件日趋苛刻。也就是说，登闻鼓不是一般人能敲的，敲响登闻鼓处理的一定是重大诉讼案件。此时，女道士敲登闻鼓，肯定是遇到了震动朝纲的大事。受理诉讼案的官员一问，才弄清楚是状告徐铉强奸，而且道安说得头头是道，且与官家杠上了，扬言要是官家不管这件事，她会一直告下去。审理此事的官员一看这女道士不依不饶的样子，也不敢私自下决断，只能将这件事禀告赵光义，毕竟涉案双方是如今已七十六岁的南唐降臣和女道士。这件事在宋朝官员里掀起了轩然大波。这可是有损官职形象、有伤风化的行为。徐铉作为一个饱读诗书的老臣，一辈子游走于官场都没有出事，虽然在宋朝给他的官职不是那么重要，但总算有个归属，没想到临老竟然做出这等伤风败俗之事。

赵光义听到这件事后也大为震惊，史籍记载里面只说“太宗惊愕”。于是，赵光义让大理寺清查，而王禹偁作为大理评事，自然也参与到调查徐铉的案件中。几个纪检监察刑讼部门的人对此事进行了深入了解。

当查案人员走访取证一番后，发现道安原是徐铉妻子的外甥女，与徐家有亲。审案人员觉得这件事背后一定另有隐情，但他们没办法调查出更多的内容，也无法查出徐铉强奸道安的证据。况且此时的徐铉已七十六岁，垂垂老矣，即便是他有心强奸，也是心有余而力不足。很明显，所有的调查都显示是道安故意诬陷徐铉。

大理寺的调查人员将整个调查结果上报给了赵光义。但赵光义依然持怀疑态度。此时，作为大理评事的王禹偁开始为徐铉辩护，意图为徐铉洗脱罪名。此时赵光义似乎执意要处置徐铉，不想听王禹偁的辩解。可王禹偁也是以直谏出名，他看到赵光义不听，便愈加要将此事弄清楚。由此，王禹偁与赵光义两个人为此事杠上了。

赵光义作为皇帝，对王禹偁“胡搅蛮缠”很气愤。一言九鼎的皇帝说一不二，臣子应顺从，可王禹偁觉得，作为大理评事，他有责任为徐铉辩护，在其位得尊其职业操守，不能尸位素餐。

赵光义大怒，将王禹偁从大理评事贬为商州团练副使。[1]团练副使是个什么职务呢？这个职务始设于唐代，后周时是从六品的官员。但到了宋朝性质变了，成了朝廷专门安置遭受贬谪官员的职务，没有具体职位，没有具体事情可做，朝廷照样发放工资，天天闲着无事，虚度光阴。这实际上是一种变相体罚，也只有得罪皇帝或者高官的人，才会被安置在这样的岗位上。但凡有点儿理想的士大夫，都不会喜欢这样的安排。王禹偁只能前往商州任职。之后，在乌台诗案中遭受贬谪的苏轼，也是被降级成了黄州团练副使，若是苏东坡式的人物，倒也豁达，到哪里都可以安然定居，而且能写出名篇佳作。但王禹偁没有那种大情怀，这件事严重挫伤了他的积极性。

王禹偁的这种遭遇，让王旦感觉到了巨大的压力。作为王禹偁的挚友，王旦本可以上书劝解皇帝不要这么做，但这件事背后似乎还有其他因素，连王禹偁本人都不愿意王旦为他辩护。若王旦出面只会被连累，也遭受贬谪，这可是王禹偁不想看到的。王旦在地方上任职十年，才干到了中央机构，若王旦因为自己被贬，那他就成了千古罪人。

对于这次贬谪，王禹偁觉得自己并没有错，他尽了一个臣子的

1.《宋史·列传第五十二》卷二百九十三：禹偁抗疏雪铉，请论道安罪，坐贬商州团练副使，岁余移解州。

本分，无怨无悔。但朝廷已贬谪了他，只能去赴任。这件事对王旦而言非常痛心。不过以王旦当时的能力，还不能扭转局面。况且这件事王禹偁得罪了皇帝，皇帝做出的决定也不是轻易能够更改的，所谓君无戏言。

既然没办法帮王禹偁一把，那送送他也好。王旦要送王禹偁，却被王禹偁拒绝了。还是那个理由，王旦去送他这件事若被赵光义知晓了，赵光义肯定会觉得王旦与自己在私底下交往过甚，在这个节骨眼上，赵光义肯定不会乐意，这样也会连累王旦。王禹偁觉得，王旦的这份情他心领了，但送行之举还是免了。

不久，王禹偁便出京赴任了。当然，连同王禹偁被贬的还有徐铉。此事本因徐铉而起，现在连王禹偁都被贬谪了，徐铉自然也好不到哪里去。朝廷贬谪徐铉为静难行军司马，这地方在邠州。[1]邠州在渭北高原西北部，是苦寒之地，这地方终年风沙大，植被较少。可见，徐铉的处境比王禹偁更惨。徐铉在去邠州的路上还得了风寒，还没到上任的地方便死在了路上。[2]

王禹偁之事，也给王旦一个深刻的启示：在中央集权下，皇权的任性。况且赵光义本身多疑、强势、霸道，在诸多事情的处理上，也欠缺方法。虽宋朝重文政策是国策，但皇帝的权威不容任何人质疑。王禹偁这次是没有想明白这一层，盲目地凸显了自己士大夫的

1.《宋史·列传第二百》卷四百四十一：淳化二年，庐州女僧道安诬铉奸私事，道安坐实抵罪，铉亦贬静难行军司马。

2.《宋史·列传第二百》卷四百四十一：初，铉至京师，见被毛褐者辄哂之，邠州苦寒，终不御毛褐，致冷疾。一日晨起方冠带，遽索笔手疏，约束后事，又别署曰："道者，天地之母。"书讫而卒，年七十六。铉无子，门人郑文宝护其丧至汴，胡仲容归其葬于南昌之西山。

使命，所以才遭受贬谪。王旦警示自己在以后的为官中一定要注意这一点，否则自己有可能重蹈王禹偁的覆辙。当然，王旦自始至终很欣赏王禹偁的为人，如刚正不阿、疾恶如仇、忧心国家等。

王禹偁被贬了，王旦的仕途却一帆风顺。他和王禹偁似乎成了某种参照：一个飞黄腾达，一个饱受曲折。在王禹被贬谪不久，朝廷对王旦的岗位进行了调整。

这一次，朝廷将王旦从弘文馆调出来，让他担任右正言、知制诰。[1]王旦被提拔为知制诰这件事，在官场中成了大家茶余饭后的谈资。许多官场的人都觉得王旦用了十年干到了知制诰这个职位，的确是很少有的事情。当年王旦的父亲王祐，也是干很多年地方官，才凭借着个人的名气被任职为知制诰，专门主掌制书诏命。当时的钱若水以识别各类人见长。当得知王旦被朝廷提拔为知制诰后，对身边人说王旦有宰辅之才，对王旦本人也这样说。钱若水甚至有些巴结王旦，经常对王旦说，你是国家的栋梁之材，前途不可限量，不是我们这类人所可比拟的。[2]

每次王旦都一笑了之。当然，还有那位李沆，对王旦也非常钦佩，逢人便说王旦有宰辅之才，是国家难得的人才，将来必将成非凡大器。[3]此时的李沆已成了太子赵恒的幕僚，他对王旦能有这样的评价，也能看出王旦这些年的成长。

此时的王旦，在宋朝高层官员里面有一个好名声，这是非常少见的现象。尤其是在宋朝，大批的士子考中进士后都会被委以重

1.《宋史·列传第二百》卷二百八十二。

2.《宋史·列传第四十一》卷二百八十二。

3.《宋史·列传第四十一》卷二百八十二。

任，但人多了往往是非多，还有文人相轻的恶习。很多官员莫名其妙地被人参了，而自己还蒙在鼓里。可王旦的这次提拔，大家都说是实至名归。王旦用自己的智慧，在官场树立了威仪形象。

王旦任职知制诰，进入了中央权力的核心层。中央诏令的起草他大多都会参与其中。因为父亲王祐曾当过这个官，王旦对知制诰也不陌生。他迅速地进入角色，并很快适应了这里的政务。这是指导性很强的政务，容不得半点马虎。每一道诏书，其实都是一个新的任务，都是对草拟诏书人的考验。要把中央的意图体现在诏书中，而且针对不同的人不同的事情，诏书中的语气、用词都有着很大的区别。任职知制诰自然也是有好处的，那就是在国家权力最集中的地方政务，可以认识许多翰林院的知名人士。

3

避嫌岳父

在弘文馆镀过金，又有知制诰的工作经验，王旦的人生履历开始变得丰富多彩起来。一些该有的资历，他基本上都有了。

如此，朝廷在调整高层人员时，王旦才会进入赵光义的视野。果然，王旦在知制诰的职位上干了一年后，朝廷又临时给他调整了政务岗位。这一次，朝廷让王旦与苏易简同知贡举。[1]即由王旦和苏易简主持科举考试。

知贡举是个担风险的临时性政务。王旦的父亲王祐曾经多次担任科考主持者，王旦对这项政务自然不陌生，但不陌生并不代表能做好。毕竟为国家选拔人才是件大事，好在还有苏易简分担。

然后，发布公告，组织考试。整个考试的过程并没有发生任何影响科考公平公正之事。这一年朝廷共取士三百五十三人，状元叫

1.《宋史·列传第四十一》卷二百八十二。

孙何，榜眼为朱台符，探花是路振[1]。值得一提的是，小神童杨亿也在这一年被赐为进士出身。[2]

科考完毕之后，王旦和苏易简两人都得到了重用。苏易简同知京朝官考课，迁中书舍人，充承旨。[3]而王旦也加官虞部员外郎、同判吏部流内铨、知考课院。[4]后来苏易简去世，没有官至宰执。苏易简有个孙子叫苏舜钦，是宋仁宗时的大文豪，在中国古代文学史上有一定的地位。

王旦此时的岗位也非常重要。首先是这个虞部员外郎，并不是寄禄官，它有具体的政务，虞部是唐朝成立的机构，宋朝延续，主要掌管山泽、苑囿、畋猎，取伐木石、薪炭、药物，及金、银、铜、铁、铅、锡坑治废置收采等事。同判吏部流内铨是宋朝初期设置的官职，负责选拔和管理中下层文职官员。即便是考核、管理下层官员的机构，也是官员考核机构，手中有实权，能够决定一个官员的仕途。[5]而知考课院也是流内铨里的内设机构，负责对东西头供奉官等武臣的考课和拟定差遣等事。只是流内铨负责寻常人员的调任政务，而知考课院则负责科考人员和历年考评政务。[6]可以说，

1.《续资治通鉴长编》卷三十三：三月戊戌，上御崇政殿，覆试合格进士……得汝阳孙何以下凡三百二人，并赐及第，五十一人同出身。上谕之曰："尔等各负志业，中我廷选，效官之外，更励精文翰，勿坠前功也。"何等旅拜称谢。辛丑，又覆试诸科，擢七百八十四人，并赐及第，百八十人出身。宴，赐御制诗三首，箴一首。进士孙何而下四人，皆授将作监丞、大理评事通判诸州，余及诸科授职事州县官。入谢于长春殿。

2.《宋会要辑稿·选举九》。

3.《宋史·列传第二十五》卷二百六十六。

4.《宋史·列传第四十一》卷二百八十二：明年，与苏易简同知贡举，加虞部员外郎、同判吏部流内铨、知考课院。

5. 范建民：《北宋前期流内铨制度研究》，河南大学硕士学位论文，2008 年，

6.《续资治通鉴长编》卷三十四。

这是给了王旦选人的大权。

但此时，王旦又做出了一个震惊所有人的举动，他向朝廷提出辞职。所有人对此都表示好奇，同时也引发了皇帝赵光义极大的兴趣。事实上，王旦辞职的原因很简单，他的岳父赵昌言身居要职，他要避嫌，不能担任选拔人才这么重要的岗位。王旦还引用唐代独孤郁和权德舆的典故，为自己这次辞职找了依据。[1]

王旦的这个典故使用得非常恰当，让赵光义另眼相看。赵光义称赞王旦识大体，懂得替国家着想，非常难得。若人人都如王旦这样，那么官场风气就好了。王旦这种胸襟和气度，确实让人佩服，这样的人不能让他辞职，应该把他放到更重要的职位上去。思谋再三，赵光义觉得还是不能放王旦走，要将这样时刻为朝廷着想的人放在身边，一旦朝廷有空位，便要将他放在空位上。但目前还没更合适的职位给王旦，也不能一下子直接将王旦提拔成高官。官场还是需要稳定的。思来想去之后，赵光义觉得应该给王旦一个他最擅长的职务。当然，王旦最适合的应该是史籍编纂修订。于是，朝廷又下了一道命令，改任王旦为礼部郎中、集贤殿修撰。[2]

这次经历，王旦给赵光义留下了深刻印象，联想到王旦是王祐的儿子，赵光义心中一直记着他。赵光义多次在群臣面前提起此事，一方面是夸赞王旦，另一方面也是为了给那些培养亲属的大臣以警示。

王旦在礼部郎中、集贤殿修撰职位上干了一年，到了993年，四川地区发生了大规模的农民起义。有个叫王小波的当地农民由于

1.《宋史·列传第四十一》卷二百八十二。

2.《宋史·列传第四十一》卷二百八十二。

受不了地方豪绅和政府的盘剥，举起了反抗大旗。随即四川地区的农民纷纷响应，王小波带领人攻打四川的一些市镇，但王小波在领着起义军进攻时不幸战死，起义军随即推选王小波的小舅子李顺为起义军首领。李顺继续带领起义军进攻四川地区，起义军从刚开始的数千人一下子发展成了数万人。李顺在四川建立大蜀政权，与宋廷分庭对抗。此时，王旦的岳父赵昌言力主镇压起义军，赵昌言还自告奋勇，打算到四川去平定起义军，赵光义刚开始也同意赵昌言的提议，但有人给赵光义打了小报告，说赵昌言无子，鼻梁不直，看起来是个有反相的人，一旦让他手握重兵到了四川，他一定会做出不轨之事。赵光义似乎也觉得派赵昌言去四川镇压农民起义不妥，便撤销了原计划，赵昌言改任凤翔（今陕西省宝鸡市凤翔区）知州。[1]

随着赵昌言被调任地方为官，王旦之前避嫌的困扰不存在了。赵昌言调出中央后，当天，赵光义任命王旦为知制诰，并让他继续兼任修撰、判院事。[2]这次王旦着实不好推辞了，毕竟这是朝廷第二次让他任职知制诰，现在他也没有理由推辞了，王旦感恩赵光义的知遇之恩，并表示将做好政务，为朝廷分忧解难。

随即，赵光义又对王旦赐予金紫，挑选犀带以示对他的荣

1.《宋史·列传第二十六》卷二百六十七：王小波、李顺构乱于蜀，议遣大臣抚慰。昌言独请发兵，无使滋蔓，廷论未决。会嘉、眉连陷，始命王继恩等分路进讨……既行，有奏昌言无嗣，鼻折山根，颇有反相，不宜遣握兵入蜀。从旬日，召宰相于北苑门曰："昨令昌言入蜀，朕思之有所未便。且蜀贼小丑，昌言大臣，未易前进。且令驻凤翔，止遣内侍卫绍钦赍手书指挥军事，亦可济也。"诏书追及，昌言已至凤州，留候馆百余日。贼平，改户部侍郎，罢政务，知凤翔府。徙澶、泾、延三州。

2.《宋史·列传第四十一》卷二百八十二。

宠。当然，做完这些，赵光义觉得还不够，于是又让王旦位居西阁第一。[1]

朝中大臣能得到赵光义赏识的，着实不多。此时，王旦也三十六七岁了，年纪刚刚好。家里的一切，都有赵氏打理，他自己也不用操心，便一心扑在政务上。此时的王旦，不仅仅只有知制诰职位，还担任着其他职务。这也就是说，王旦不仅仅要做好知制诰的政务，另外赵光义让他兼任的两项政务也不敢马虎。

王旦在知制诰、修撰、判院事职务上又干了两年。这两年对王旦来说，也是非常关键的两年。这两年的时间，让他从一个地方"选人"制度提拔上来的官员，正式转变成了一名宋朝中央系统的官员。这两年也是宋朝相对平稳的两年，国家安定了，身处其中的人自然也会安定很多。宋朝的国家制度不断完善，经济、文化、宗教等各方面都得到了长足的发展。尤其是文化方面，可谓是爆发期，柳开、田锡、穆修、杨亿、王禹偁等人，先后作为革新文风的人不断对南唐以来那些奢靡的文风进行改制，这在一定程度上影响了宋朝的文风，对宋词的成熟起到了很大的作用。

当然，这两年的时间里，王旦参与宋朝相关制度的创建和完善，对大宋制度建设的思考，也成了王旦重要的政务内容。两年后，朝廷对王旦的岗位重新调整了。这也是每一届知制诰的政务属性，毕竟这是个涉及机密的部门，要经常更换人员，才能保证各项政令畅通无阻。

995年，朝廷让王旦任职知理检院。[2]这一年，赵光义终于确定

1.《宋史·列传第四十一》卷二百八十二。

2.《宋史·列传第四十一》卷二百八十二。

了太子人选为三皇子赵恒。[1]而此前跟着赵恒的李沆等人，都将在未来大放光彩。值得一提的是，赵光义最终打算确定赵恒为皇太子的事情，还是寇准帮着赵光义做的决定。[2]

一年后，王旦三十九岁，朝廷又让他兼任兵部郎中。[3]自隋唐三省六部制度形成后，以后各朝都沿袭了这一制度。宋朝时，赵匡胤为了分化宰相职权，设立了东西二府和三司。三省制度名存实亡，基本上成了中书省一省制度。但六部却俨然保存下来，并有了不同于隋唐时的职能。六部的主要长官是尚书，仅次于尚书的是侍郎。

这次任职，弥补了王旦对军事这一领域的短板。

王旦在兵部任职过很长一段时间。这段时间，宋朝高层正在发生着一些不为人知的变动。皇帝赵光义当年亲征幽州时的箭伤不断地折磨着他，赵恒作为皇太子，在赵光义身边侍候着。

997 年三月二十九日，赵光义被病魔折磨了数年之后，终于在这一天闭上了双眼。[4]

继位程序应该是有序的，赵光义在去世前立赵恒为皇太子，可

1.《宋史·本纪第六·真宗一》卷六：至道元年八月立为皇太子，改今讳，仍判府事。

2.《宋史·列传第四十》卷二百八十一：准初自青州召还，入见，帝足创甚，自褰衣以示准，且曰："卿来何缓耶？"准对曰："臣非召不得至京师。"帝曰："朕诸子孰可以付神器者？"准曰："陛下为天下择君，谋及妇人、中官，不可也；谋及近臣，不可也；唯陛下择所以副天下望者。"帝俯首久之，屏左右曰："襄王可乎？"准曰："知子莫若父，圣虑既以为可，愿即决定。"帝遂以襄王为开封尹，改封寿王，于是立为皇太子。

3.《宋史·列传第四十一》卷二百八十二。

4.《宋史·本纪第五·太宗纪二》卷五：三月丁卯，占城国来贡。壬辰，不视朝。癸巳，追班于万岁殿，宣诏令皇太子柩前即位。是日崩，年五十九。在位二十二年，殡于殿之西阶。群臣上尊谥曰神功圣德文武皇帝，庙号太宗。十月己酉，葬永熙陵。

以说赵恒应该是未来的皇帝。可是却发生了变故。后宫大太监王继恩联合一些臣子和皇后李氏准备拥立赵元佐为皇帝。赵元佐是赵光义的长子，赵光义曾经打算培养赵元佐为皇帝，但赵元佐因为赵廷美之事点燃皇宫，被赵光义贬为庶民，一直在后宫中被人监视生活。到赵光义死都没有给赵元佐恢复皇子身份。幸好宰相吕端发现了王继恩等人的谋反举动，采取了巧妙措施，及时制止了这场拥立赵元佐为皇帝的政变。最终，赵恒顺利登上皇位，是为宋真宗。[1]

随着赵恒即位，历史也翻开了新的一页。

赵恒从小长在深宫大院，素养很高，完全没有他父亲身上的强势，也没有他伯父赵匡胤身上的英勇。不过正是这位皇帝，与王旦结下了一段不解之缘。赵恒当皇帝的二十多年里，非常信任王旦，将所有政务都交由王旦去处理。王旦也根据国家的需要，不断调整着措施，挽回因赵恒各种失误给国家造成的损失。

1.《续资治通鉴长编》卷四十一：及太宗崩，继恩白后至中书召端议所立。端前知其谋，即给继恩，使入书合检太宗先赐墨诏，遂锁之，亟入宫。后谓曰："宫车宴驾，立嗣以长，顺也，今将奈何？"端曰："先帝立太子政为今日，岂容更有异议！"后默然。上既即位，端平立殿下不拜，请卷帘，升殿审视，然后降阶，率群臣拜呼万岁。

4

伯乐宋真宗

赵恒原名赵德昌，是赵氏子孙里的“德”字辈，比如赵匡胤的儿子叫赵德昭、赵德芳。但976年之后，赵光义继承皇位，为了摆脱赵匡胤的影响，赵光义把儿子们的名字逐一做了变更，将他们从“德”字辈变成“元”字辈，赵德昌也变成了赵元休，后来又变成了赵元侃。[1]

后来，大哥赵元佐因为叔叔赵廷美之事疯了，点燃了皇宫，赵光义一怒之下将赵元佐由太子贬为庶民。此后，赵光义将培养皇子的任务放在二皇子赵元祐身上，先后让赵元祐任开封府尹、同平章事。这是培养储君的前兆，赵元祐此时已改名为赵元僖。为了让赵元僖尽快进入角色，赵光义还派了一些能臣去辅佐他，赵元僖在政治上越来越成熟。可人有旦夕祸福，992年一天早朝时，赵元僖忽感身体不适，赵光义命人将赵元僖送回家静养，还派了御医去查看病情。等到赵元僖回家之后，病情并没有好转，没过多久便去世

1.《续资治通鉴长编》卷二十七：（雍熙三年七月）甲午，陈王元佑改名元僖，韩王元休改名元侃，冀王元俊改名元份。

了。[1]这件事严重打击了赵光义，赵光义还做了《思亡子诗》来纪念赵元僖。[2]自此之后，赵光义不敢再提立皇太子的事情，很多大臣建议赵光义册立皇太子都被赵光义贬黜。直到几年后，赵光义屁股上的箭伤复发，才听从了寇准的建议，册立三皇子赵元侃为太子。赵元侃改名赵恒。[3]

两年之后，赵光义驾崩，赵恒继位。

赵恒即位之后，基本上保留了赵光义留给他的两府长官，以及重要岗位的一些官员，并努力做好每一件政务。后来，拥立他登基的宰相吕端身体欠佳，多次请辞，赵恒准许了吕端的辞职。[4]此时，赵恒在延续赵光义政治路线的同时，也开始着手打造自己的帝王之路。即位第二年，赵恒改元"咸平"。[5]从此之后，赵恒开始了自己雄心勃勃的统治时期。

这段时间以来，朝廷各位大臣官位不断晋升，尤其是和王旦同科的李沆、寇准等人。李沆是赵恒当太子时的幕僚，而寇准则是建议赵光义立赵恒为太子的人，他们有政治资源。王旦不如李沆、寇准与赵恒亲密。对王旦个人来说，这段时间是他真正成长

1.《宋史·列传第四》卷二百四十五：三年十一月己亥，元僖早入朝，方坐殿庐中，觉体中不佳，径归府。车驾遽临视，疾已亟，上呼之犹能应，少顷遂薨。上哭之恸，废朝五日，赠皇太子，谥恭孝。

2.《宋史·列传第四》卷二百四十五：及薨，上追念不已，悲泣达旦不寐，作《思亡子诗》示近臣。

3.《宋史·本纪第六·真宗一》卷六：至道元年八月立为皇太子，改今讳，仍判府事。

4.《宋史·列传第四十》卷二百八十一：明年夏，被疾，诏免常参，中书视事。上疏求解，不许。十月，以太子太保罢。在告三百日，有司言当罢奉，诏赐如故。车驾临问，端不能兴，抚慰甚至。

5.《宋史·本纪第六·真宗一》卷六：咸平元年春正月辛酉，诏改元。丙寅，上皇太后李氏谥曰元德。

的时期。他已谙熟了官场的各种规则，并能很好地在这些规则中处置好自己的分内之事。这几年的历练无疑让王旦更加成熟。

赵恒继位后，自然要实施一系列的政策改革，许多惠民、惠官政策都得马上实施，比如，大赦天下、减免赋税、提拔官员等，以此来让人们接受他。神器更易之时，也是社会不大安定之时，历朝历代的统治者，在这种关键时刻，都会想尽一切办法，体现自己广施仁政为天下百姓谋福利的仁心，以及与文武大臣共治天下的决心和信心，尽管在他们上位后，能践行当初的决心者寥寥无几。[1]

刚继位的赵恒，还真有几分治理天下的勇气。人年轻时，都有大展宏图的意志，即便是后来的宋徽宗赵佶，在刚刚继位时也标榜自己的年号为建中靖国。所以，此时赵恒有做大事的想法，也就不足为奇了。虽他自小长在深宫大院，熟读儒家经典，但不想此生碌碌无为。加上这些年来，在赵光义身边，他看到了一个王者的霸气，一些皇帝的行为举止，也潜移默化地钻进了他的骨子里。能否做到父亲那种皇帝尚且不说，最起码要向父亲看齐，也只有这样，他才能让赵氏江山永固，才能对得起大宋的列祖列宗。

可如何实现自己的政治抱负呢？赵恒首先把目光放到了吏治方面，这是国家兴盛的重要因素，只有管理好了官员，国家的一切才能做到政令畅通令行禁止，否则政令不通，卖官鬻爵成风，官与官结党营私，导致皇权受到分割，最终也会引起公愤甚至民变，不久前的蜀中农民起义，是很典型案例。

1.《宋史·本纪第六·真宗一》卷六：夏四月乙未，尊皇后为皇太后，赦天下，常赦所不愿者咸除之。丙申，群臣请听政，表三上，从之。

要实现吏治的前提，是选拔一大批能够为国为民着想的官员，让他们去治理国家，唯有如此，国家的各个方面才能有良好的发展。但良臣难遇，如何能够找到这些人呢？赵恒并未有更好的办法，他只能自己慢慢去发现。赵恒开始在全国的官吏中，寻觅他心中的治世良臣。加上此时孙何上奏，建议赵恒改革人事制度，裁汰冗余官员，把那些有用之人都提拔起来，将那些尸位素餐的人，清理出官员队伍。孙何还在奏疏中称，现在宋朝国家蒸蒸日上，官僚机构已不适应当下的国家运转，皇帝应该重新调整职能部门，实行机构改革，把三司所辖的部门和机构归还给户部，恢复六部。这些建议与赵恒要笼络人才、整肃吏治、开创盛世的想法不谋而合。[1]不知诸君是否对孙何这个人还有印象？此人是几年前王旦主持那场考试的状元。

于是，孙何的这些建议被赵恒采纳。

赵恒首先想到了他还是太子时的那些幕僚，这些人跟着他很多年，兢兢业业，忠心耿耿。于是，毕士安、李沆、王继忠等人被赵恒快速起用。同时，他还起用了父亲留给他的那些治世良臣，比如寇准、王钦若、王旦、向敏中、丁谓、吕蒙正等人，这些人都是宋朝官场里的出类拔萃者，他们在短短十几年做到了部级官员，能反映出其高超的行政能力。

相较于这些人，王旦的仕途就没那么顺风顺水了。赵光义去世前，把王旦的岗位调整到兵部侍郎，也正是在这个职位上，王旦有了暂时的停顿期。虽鞠躬尽瘁，朝廷却也没有再次提拔他。后来又

1.《宋史·列传第六十五》卷三百六。

遇到了皇位更替，加上他还不是权力机构最核心的人，所以皇家对他有所遗忘在所难免。

此时，需要赵恒处理的事情很多。他首先要做的事应该是稳定国家大局，防范外敌侵扰。等安抚国内，又周密防御边疆后，他才能考虑其他事宜。虽皇权更易之事，已成定局，但赵恒也需要从太子身份向皇帝身份转变。赵恒自小聪明伶俐，饱读诗书，对那些治世之策也烂熟于心。因此，赵恒接替皇位后，不久便进入了角色里。

尽管如此，赵恒也不敢大刀阔斧地改革，毕竟他不是赵光义，更不是赵匡胤，自幼在宫廷内苑长大的他，没有经历过血雨腥风的国家更替。从性格上来说，赵恒没有赵光义强势。但赵恒也有自己的优势，比如他饱读诗书，算得上一位素有涵养的皇帝。

然而，皇位终究是个改变人性格的地方。几年下来，赵恒实施了一些利民的政策后，国家局面开始变得稳定。

此时赵恒目的很明确，就是要起用一大批官员，为他的执政打下坚实基础。用好大臣是实现国家强盛的必要条件。赵恒在寻求一批治世能臣，做他的左膀右臂，给已进入正轨运转的国家机器再添一把力。

此时，已在中央任职多年的王旦，进入赵恒的视野里。当然，赵恒这次是撒下了大网，要捞一批人，王旦只是其中一个而已。这里重点说王旦。

这几年以来，每一两年朝廷都对王旦的职务进行调整，王旦的仕途也像匀速前进的列车，在向上的阶梯中不断行进着。但王旦还在权力机构外围，没有进入核心层。

赵恒关注王旦，并非一天两天的事情。关于王旦的生平，赵恒还在做王爷时早已听说。当年赵光义想让王旦任职知制诰，王旦却因其岳父赵昌言身居要职，为了避嫌竟然不受朝廷给他的知制诰这一要职。当时，为此事赵光义还夸赞过王旦，也给那时候还是王爷的赵恒留下了深刻的印象。王旦这种一心为国的高贵品质，在官场成中绝对是清流。当年宰相赵普都没办法约束自己，在权力顶峰触犯国家法律，最终赵匡胤不得不将他贬谪出京城。像王旦这样的人，时刻能做到恪尽职守，实属难得。

很早之前，赵恒见识了官场的种种恶习。许多官员都在想尽一切办法往上走，还有许多官员到处搜刮钱财，钻政策的空子，朝廷一时半会儿也抓不住他们的把柄。另一部分官员是两面人，当面一套，背后一套。王旦没有这些官员身上的通病，赵恒觉得王旦了不得，他能在尔虞我诈的官场中坚守自己的品德，也不是常人所能做到的。于是，赵恒便格外关注起了王旦。格外关注另一个人时，所关注对象的消息会从各处源源不断地钻进耳朵。往常，赵恒也关注那些自己留心的官员，从外面收集回来的信息中，褒贬不一。这些消息中，有些消息让人高兴，也有些消息令人深思，每当他听到大臣们结党营私，在私底下搞各种小团体时，难免忧心忡忡。结党营私之事，最终损害的是皇权，可放眼看整个朝廷官员，不结党的又有几个人？在朝廷大臣中，王旦却是个例外。

赵恒派人对王旦进行了特殊考察，从他治家、履职主责主业以及为人处世等方面，都逐一进行了解，考察的结果却令赵恒意外，王旦得到了一致的好评。当然，王旦在原则问题上是迂腐的，绝不会为了个人去违背组织原则。这反而成了他唯一的不足之处。[1]但这不正是贤德的表现吗?

赵恒觉得王旦这个人才非常难得，他不结党、不诋毁、不弹劾，虽位列在朝中大臣中，却也能够协调各方的势力。赵恒更进一步加深了对王旦的好感。

999年，赵恒拜王旦为中书舍人。中书舍人级别上比知制诰高一级，宋初时，此职务一般不常设，足可以看出赵恒对王旦的赏识。[2]中书舍人的政务，其实是知制诰的延续，掌传宣诏命。不过之前王旦干的知制诰是草拟诏命的政务，而中书舍人则是负责审阅和修订诏命的人。赵恒当然不仅要王旦担任中书舍人，王旦这样的治世能臣，只有将他不断历练，尽快成长为能够独当一面的大臣，那样国家才算尽用其才。

但眼下，王旦须一步一步来，若朝廷对他越级提拔，势必引起其他大臣的不服，尤其是和他同一批进士的那些人，大家会有想法。应该说，与王旦同科的进士，大多数都是幸运的。他们的仕途比起其他时代进士的仕途之路都要平坦。最为代表的是寇准。和王旦一样，寇准也深得赵恒的喜爱，甚至对寇准寄予厚望。

他们这帮人当中，寇准是升迁最快的一个。但赵恒仅仅依靠寇准一人，也无法实现国家大治。毕竟治理好一个国家，不是一两个人能完成的。赵恒要起用一大批年轻气盛的官员，让他们到重要岗位上来，实现国家的进一步发展，与王旦同科的进士们成了时代的弄潮儿。

1.《文忠集·太尉文正王公神道碑铭》卷二十二。

2.《宋史·列传第四十一》卷二百八十二。

王旦擢升为中书舍人没过几个月，朝廷再一次重用他，让他任翰林院学士兼知审官院、通进银台封驳司。[1]接连受到赵恒的信赖，让王旦感激涕零。

赵恒的另眼相看，让王旦更加坚定了为国家效力的决心。后世张载提出的士大夫的使命：为天地立心，为生民立命，为往圣继绝学，为万世开太平。王旦提前做到了。王旦也尽量做到让赵恒满意，对自己的政务从不敢懈怠。据说王旦每次奏完事情之后，赵恒都目送着他离开，赵恒还对身边的人解释说："将来为朕创造太平天下的人必是王旦。"这也间接地说明了赵恒对王旦的认可，[2]有一次，赵恒询问近臣，放眼望整个朝中大臣，哪个可以作为朝廷的倚重之臣？当时已罢了枢密副使的钱若水进宫辞别皇帝，钱若水趁机对赵恒说："王旦有德行，威望也很高，以后他一定能成为朝廷的栋梁之材。"赵恒说："你和我想到一块儿去了。"[3]

1.《宋史·列传第四十一》卷二百八十二。

2.《宋史·列传第四十一》卷二百八十二：帝素贤旦，尝奏事退，目送之曰："为朕致太平者，必斯人也。"

3.《宋史·列传第四十一》卷二百八十二：钱若水罢枢务，得对苑中，访近臣之可用者，若水言："旦有德望，堪任大事。"帝曰："此固朕心所属也。"

插　　叙

美好家风传千年

王旦之所以能够成为古代帝王赞誉的良相和士大夫们心中的楷模，除了在官场当中一心为公之外，他在治家问题上，也树立了新风，引起了古之贤者的尊崇和效仿。

1

以德服人

一直以来，王旦与家里人相处得都十分融洽。王旦把他这些年练的为政本领也运用在了治家上，他会把所有不认可的事情都用巧妙的语言掩饰过去，既提醒了家里人，也不让家里人感到委屈和尴尬，点到即可。

正是王旦这种以德服人的好做法，让家里人对他佩服得五体投地。比如在吃饭这件事上，王旦从未因为家里人做的饭菜不合胃口而大发雷霆。在现实生活中，很多人都会因为家里饭菜不合胃口大为光火，这样对做饭的人来说是一种压力。魏晋时的何曾，每天吃饭要花掉一万钱，还对外面的人说，没有什么让他有好胃口。[1]

王旦绝不做这样的人，他对节俭的美德一直躬亲力行。然而，生活在一个大家庭里，难免会遇到饭菜不合胃口的时候，王旦往往

1.《晋书·列传第三》卷三十三：然性奢豪，务在华侈。帷帐车服，穷极绮丽，厨膳滋味，过于王者。每燕见，不食太官所设，帝辄命取其食。蒸饼上不坼作十字不食。食日万钱，犹曰无下箸处。人以小纸为书者，敕记室勿报。刘毅等数劾奏曾侈忲无度，帝以其重臣，一无所问。

会用诙谐幽默的话来化解尴尬。比如，王旦要是看到饭菜不干净，会说饭菜好，只是他不想吃罢了。[1]家里人也清楚王旦的这个脾气，有时候故意逗王旦。据说有一次，家里人故意在一锅肉汁汤中加入几滴墨汁，等肉汁汤上桌后，王旦却低着头只顾吃饭，桌面上的肉汁汤一口未动，家里人问王旦为什么不吃肉汁汤，王旦说自己偶尔也不喜欢吃肉。又有一次，家里人故技重施，又将墨汁放进饭食里，看到有墨汁的饭食后，王旦对家里人说："我今天不想吃饭，给我端来一碗稀饭即可。"[2]

这些有趣的记载都出于官方的正规文史资料里，可见也不是杜撰的。在封建时代，三纲五常是国和家须尊崇的一切道德准则。在这些道德准则里，家长是一切，他的话不容置疑。否则是对长辈的不尊重，也是挑战三纲五常的行为，应该受到制止。但王旦的好脾性，让家里人对此也只有佩服的份儿。

当然，这些虽是正史记载，难免有些故意夸大其词的意思。不过即便内容掺杂水分，也应该确有其事，才会把王旦的这些鸡毛蒜皮之事编进史料里。这段话也反映了王旦的好脾气。

1.《宋史·列传第四十一》卷二百八十二。

2.《宋史·列传第四十一》卷二百八十二。

2

不与寒门士子争利

王旦在子侄们的教育和出仕问题上也别出心裁，与世家大族或者官僚人家不一样。一般官宦人家处理子女教育和出仕的问题，无疑都会想尽一切办法，让孩子们进入官场，并在他们晋升的路途上扫除一切困难，清除一切障碍。历史上那些名臣自己清廉一生，为子女触犯律法者不少。但王旦却反其道而行之，比如在对待家人出仕为官这件事情上，他再一次表现出了超乎于常人的成熟，他不让家里有志的子侄出仕，只让他们在家读书识字。这是社会中那极小一部分优良传统的延续。毫无疑问，王旦这种管束自己家人的做法，也受到了当时人们的称赞。

王旦的这种决定，对于饱读诗书的弟弟及子侄辈来说，无疑是一个巨大的打击。宋朝的佑文政策，形成了一种学文者进入官场大展宏图的风气。举国上下的士子，不论寒门还是官家都在苦读，以此来给自己谋一个好功名，实现士大夫以天下为己任的抱负。

这种为了国家大事，将个人私事放在一边的人，宋朝虽也有，但可谓凤毛麟角。王旦声称家里有他和大哥王懿出朝为官，已能满足家里人的一切开销。家里那些有志向的子侄辈，都被王旦的这种治家之策拦截了。王旦认为他们一家受恩于宋朝：父亲一直干到了知制诰，而他和大哥王懿，也都当了很多年的朝廷命官，深受朝廷的恩宠，他们家要比其他的家庭幸运得多。

所以，当王旦不断被提拔后，他觉得家里的其他的人都应该避嫌，不出仕为官最好，否则会给别人造成官官相护、损公肥私的不良印象，也对实现国家治理产生不利的影响。有一次，王旦的侄子（王懿的儿子）王睦打算考进士，王旦对王睦说："我常常因为我们家世太显赫而忧惧，你们怎么可以与寒士争抢上进的机会呢？"此后，孩子们不再参加科考，后来一直到王旦去世后，他的儿子王素都没有出仕，王旦在谢表中也没有为孩子们请求朝廷恩泽。[1]

王旦还从报效国家、勤俭持家、立德做人等方面给家里人订立了诸多规矩，以后子孙辈都要延续这样的家风，王氏家族才能源远流长。比如，先国家、敦孝友、重丧祭、肃闺门、守耕读、务勤俭、戒斗讼等约束力强的家规，他带头遵守，家里人也都跟着他遵守。

1.《文忠集·太尉文正王公神道碑铭》卷二十二。

3

不置田产不纳妾

攀比是人类的陋习。无论是生活还是政务，王旦从不与朝中那些大臣们做比较。

当时，朝廷对士大夫都非常大度，允许他们购置田产，容许官员营建自己的府邸，尤其是京官，应该有一个像样的官邸，以此来显示大宋国家的繁荣富强。

在这件事上，王旦又成了一个例外。王旦不购置田产，也不将家里的住宅进行豪华装修，一直以来，都住在旧宅中。当时有人觉得王旦这么做纯粹是为了虚名，让全家人跟着遭罪。王旦也不争辩，有些事情说不清楚，即便再解释，可能都不会让所有的人满意，哪个背后不说人？哪个背后不被说？关于广置田产、封妻荫子的事情，王旦绝不会做，也决不允许家里人做。王旦的意思很明确，儿孙自有儿孙福，没有必要为他们的将来做规划。王旦说："子孙长大后应该学会独立，若广置财产，他们将来不学好，置下财产将会成为他们争夺的祸根，不如不广置财产。"[1]

1.《宋史·列传第四十一》卷二百八十二。

王旦不敛财，不屯田，不与人争长短。王旦这样节俭，让赵恒都很震惊，毕竟王旦已身居高位，而且在地方任职多年。他一直住在汴京的旧房子里，也不翻修房屋。连赵恒都觉得王旦太过于节俭了，若王旦给朝廷上书，请求一笔钱修缮府邸，朝廷会毫不吝惜。但王旦就是不给朝廷上书。赵恒为了证实心中的猜想，还遣人到王旦家里去调查，发现王旦一家人果然住在旧房子里，用着旧家具。

赵恒召见王旦，表明朝廷愿意出资让王旦翻修宅邸。王旦却拒绝了。在王旦看来，房屋修缮是自己的私事，让朝廷出资，与礼不合，与情不合。朝臣应该多为国家运转尽心竭力，多为老百姓办实事。若宋朝的官员都只顾自己，那么国家怎么办？王旦以先人的旧舍尚能住人为借口，谢绝了赵恒要给他翻修房屋的打算。[1]

王旦一向生活节俭。据说有一次家门坏了，家人找人维修。负责修缮的人有巴结王旦的意思。对王旦住舍进行彻底翻修，并在走廊旁开侧门出入。王旦也从这里进出。不过王旦一心扑在政务上，根本没注意这件事，后来门修好后，便从卫门进出，也不过问这些翻修的事情。[2]

以上的记载，可见王旦这个人的克己奉公和不求名利。宋朝的那些宰相可不都是这样的，比如说赵普，即便是在罢了宰相在西京洛阳闲居期间，都将家里装潢得异常富丽堂皇，还有富弼、王拱臣等人洛阳的府邸，豪华程度令人咋舌。

王旦除了不置田产之外，也不纳妾。自从与赵昌言之女赵氏成亲以来，从未纳妾。此时满朝文武，妻妾成群，这是当时社会所允

1.《宋史·列传第四十一》卷二百八十二。

2.《宋史·列传第四十一》卷二百八十二。

许的。据说，后来赵氏去世后，赵恒念及王旦无人侍奉，还专门赏赐给王旦两个侍女，要求侍奉王旦。[1]搞得王旦无所适从，身体每况愈下。当然，这种记载出自宋人笔记《别龙川志》，有很多的虚构成分在里面，后世则借此故意抹黑王旦。

1.《宋人轶事汇编》卷五：王文贞性俭，初无姬侍，其家以二直省官治钱，上使内东门司呼二人，责限为相公买妾。《西园闻见录》云：买妾二人，公难逆上旨。盖公自是始衰，数岁捐馆。初沈伦家破，其子孙鬻银器，并皆钱唐钱氏，昔以遗朝廷将相者，直省官以银易之，具言于公，公颦蹙曰："吾家安用此？"其后姬妾既具，乃呼二人，问："昔沈氏什器，尚可求否？"二人谢曰："向私以银易之，今现在也。"公喜用之，如素有。张安道守金陵，二直省官有一人自南方替还，为公道如此。

4

勤俭节约是治家之本

王旦用自己的一言一行，影响着家里人。他的管束，并不是简单粗暴的大嗓门，而是讲道理、阐事实，让家人接受他的观点。心悦诚服是王旦治家的一个显著特点。或许在王旦看来，也只有这样做，这种优良家风才能一代代传承下去，不会造成孩子们为了财产相互大打出手的事件发生。前宰相薛居正的儿媳妇柴氏曾与其孙子薛安上为了一点儿财产大动干戈，甚至牵扯张齐贤、向敏中等朝中大臣，造成了极不好的影响。[1]

王旦自然不允许他们家里发生这种事。他必须矫正家人的人生观、价值观、消费观。当时，王旦与弟弟王旭的关系非常好，两人志趣相投，加上王旭赋闲在家，许多话也能说到一起。王旦经常给王旭说一些官场上的事情，征求弟弟的意见。王旭则非常敬重这位兄长，对王旦说的话言听计从。即便是弟弟的婚事，王旦都不要

1.《宋史·列传第二十三》卷二百六十四：及居正卒，太宗亲临，居正妻拜于丧所，上存抚数四，因问："不肖子安在，颇改行否？恐不能负荷先业，奈何！"惟吉伏丧侧，窃闻上语，惧赧不敢起。自是尽革故态，谢绝所与游者，居丧有礼。既而多接贤士大夫，颇涉猎书史，时论翕然称之。上知其改行，令知澶州，改扬州。

求女方的门第，给王旭娶了平民家的女儿。这些事在当时大家都觉得不可思议。可王旦往往能做出这些“另类的”事，“婚姻不求门阀”。[1]当然，不仅是弟弟的婚姻，王旦对待自己子女的婚姻，也不看门第，只要孩子们幸福，怎么着都行。所以，王旦的四个女婿中只有吕公著最后官至宰执。

对家里人的穿戴，王旦也都要求从简质朴。有一次，已长得非常水灵的大女儿看到邻家的金丝被衾，便希望母亲赵氏也将家里的毡席用丝绵装饰。王旦认为此举有奢靡之嫌，坚决不同意，家里人见此，也都放弃了这一打算。[2]

还有一次，大街上有人卖玉制腰带，非常好看，弟弟王旭看了以后爱不释手，一心想买一条。可买这样的玉带需要花一大笔钱，肯定会被王旦知晓。王旭思谋再三，借了一条，想征求一下王旦的意见。若王旦同意买他便买，若不同意也就只能割爱了。王旭将腰带拿回来给王旦看，并说这条腰带如何如何好，话语间无不充满着对腰带的喜爱之情，唯一遗憾的是这条腰带因为镶了玉，所以重量要比其他的腰带重很多。

王旦看到弟弟买来的腰带珠光宝气，便让弟弟将腰带系上。王旭非常高兴地将腰带系上后，王旦对弟弟说：“你现在看看这条腰带好不好看？”王旭一脸疑问：“系在腰里怎么能够看见腰带的好坏？”王旦若有所思地对弟弟说：“这条玉带这么重，你系在腰上，自己又看不见，只能让别人看见称好，这不是徒劳吗？”听到王旦这样说，王旭羞红了脸，美好的事物是用来自己欣赏的，而不是

1.《宋史·列传第四十一》卷二百八十二。
2.《宋史·列传第四十一》卷二百八十二。

为了取悦别人。王旭从此再也不提腰带之事。而王旦自己所系的腰带，也都是朝廷赐予的，他从不自己买腰带。[1]

王旦经常给家里人说，勤俭节约才是治家之本，作为王家子女，一定要谨记勤俭节约，不可过分追求富贵的生活，那样容易让人迷失在骄奢生活中。[2]

1.《宋史·列传第四十一》卷二百八十二。

2.《文忠集·太尉文正王公神道碑铭》卷二十二。

5

侍奉兄嫂有礼

对大哥王懿的仕途升迁之事，王旦也从没有出过力。按说王旦已处于朝廷高层的位置，随便找一个借口，都能给王懿出把力，举荐让朝廷重用王懿。可王旦从未向朝廷说过提拔王懿的话，这在常人看来近似于无情无义。不过细究王旦个人的品格，能发现他绝对不会这么做。王旭的一条腰带，他都觉得奢侈，举荐大哥，这不是想着法儿为自家人谋福利吗？

王旦这种高贵的品质，在任何朝代都是非常值得尊敬的，也正因为此，即便宋真宗封禅祭祀时，都担心王旦不同意，用一壶珍珠贿赂他。其实，在现实生活中，人们对一人得道鸡犬升天的事情早已习以为常，甚至出现了“朝里有人好做官”的世俗论调。王旦却给家里人树立了一个很好的榜样。王旦的这种品质影响了后世子孙，也让王姓之人以他为楷模。正是因为王旦有这样的高尚品性，使得他们家里的人都不甘人后。大哥王懿没有经过他的推荐，朝廷也将王懿提拔为袁州知州。

王懿任职袁州知州完全是凭借着自己不断为地方谋实事，才被朝廷提拔的。王旦的弟弟一直在家侍奉尊亲，直到王旦去世后，朝廷才让他的弟弟和子侄辈出仕为官，这看起来似乎不合人之常情，但王旦的治家之法，却得到了社会各界的一致赞誉。即便是后世大儒苏轼，也对三槐堂产生由衷的敬畏，并为此写下了《三槐堂铭》。

然而，在王旦不断得到赵恒赏识时，在袁州任职知州的大哥王懿却病故了。这个消息恍如晴天霹雳，让王旦有些眩晕。人生一世，草木一秋。还未和大哥举杯共饮，他竟然先去了。早在几个月前，王旦收到家书，说大哥病重。王旦一直想找个机会去看看，他们小时候亲密无间，随着进入官场，亲兄弟之间能聚在一起的时间也非常有限，逢年过节他们都在各自的岗位上，不敢擅离职守。大哥虽没有王旦那样顺利的仕途，可也是一个为国为民的官员，他在袁州任职时，革除原来的治理弊病，将袁州政治、经济、文化等方面的建设不断推进，“懿字文德，励志为学，举进士，尝知袁州，有政绩，卒，年四十九”。[1]宋史里这短短的二十几个字，素描式地刻画出了王懿的一生，但其中的“励志为学”“有政绩”，足以说明王懿这些年在地方任职时兢兢业业。

王懿的一切安葬事宜，只能由王旦来负责。

王旦素来节俭，也不大张旗鼓，只是按照约定俗成的礼仪治丧。家里人对此也都很理解。当然，那些朝中大臣也都送来了慰问。王懿的去世，让王旦有些愧疚。这些年来，对大哥的关心不够。王懿临终前将孩子们托给王旦照管，王旦欣然答应。毕竟这些年来，大哥从来没有求过他任何事，即便王懿不说，他也责无旁

1.《宋史·列传第二十八》卷二百六十九。

贷，将寡嫂和侄儿们都接到了自己的身边。[1]

以上种种事迹，都给后世留下了宝贵的精神财富。这些家风的形成，给王旦营造了极好的声誉。即便是赵恒也被王旦所做的这些事感动了，这样严于律己，又能很好约束家人的人，必然也会将国家治理好，一定是治世能臣。《礼记》中说："古之欲明明德于天下者，先治其国；欲治其国者，先齐其家；欲齐其家者，先修其身。"[2]这也是赵恒不断擢升王旦的重要原因。

1.《宋史·列传第四十一》卷二百八十二。

2.《礼记·大学》。

第　四　章

拜相当国

1000 — 1006

楚庄王莅政三年，无令发，无政为也。右司马御座而与王隐曰：“有鸟止南方之阜，三年不翅，不飞不鸣，嘿然无声，此为何名？”王曰：“三年不翅，将以长羽翼；不飞不鸣，将以观民则。虽无飞，飞必冲天；虽无鸣，鸣必惊人。子释之，不穀知之矣。”处半年，乃自听政。所废者十，所起者九，诛大臣五，举处士六，而邦大治。举兵诛齐，败之徐州，胜晋于河雍，合诸侯于宋，遂霸天下。庄王不为小害善，故有大名；不蚤见示，故有大功。故曰：“大器晚成，大音希声。”

——韩非子《韩非子·喻老》

1

王旦担任参知政事

赵恒对王旦是赏识和偏爱的，他让王旦任中书舍人后，时间进入11世纪。此时，宋辽之间的关系日趋紧张，短短几年内，辽宋在河北之地发生了数次大规模的战役。

事实上，辽宋战争已持续了二十多年，从979年赵光义带领大军进攻幽州开始，双方已交战整整二十二年。其中，雍熙北伐，宋朝损失惨重，无敌将军杨业命丧陈家谷口[1]，主帅潘美遭受牵连被贬出。之后，辽宋战争愈演愈烈。而到了10世纪末，战争更加频繁。一大批大宋男儿抵御辽（契丹）军，命殒疆场。1000年的战争之火，一直延伸到关南之地。为此，赵恒御驾亲征，对抗辽军。不过他还没有到最前线，战争便已结束，因为辽军撤兵了。

1.《宋史·列传第三十一》卷二百七十二：自寅至巳，侁使人登托逻台望之，以为契丹败走，欲争其功，即领兵离谷口。美不能制，乃缘交河西南行二十里。俄闻业败，即麾兵却走。业力战，自午至暮，果至谷口。望见无人，即拊膺大恸，再率帐下士力战，身被数十创，士卒殆尽，业犹手刃数十百人。马重伤不能进，遂为契丹所擒，其子延玉亦没焉。业因太息曰："上遇我厚，期讨贼捍边以报，而反为奸臣所迫，致王师败绩，何面目求活耶！"乃不食，三日死。

此后，赵恒便回到朝廷。这期间，王旦与苏易简主持了朝廷科举考试。

为了汲取教训，开考之前，王旦详查了考场情况，确保不出纰漏。等所有考生和考官进入考场后，王旦命人将贡院的门锁上。他和那些士子一样，一直在封闭的考场中待了十天，等到所有考试科目结束，所有考卷清收完毕，他才走出考场。阅卷时，王旦非常谨慎，毕竟科考直接决定一个人的前途，一切的荣辱都将与此有关。更重要的是，他要为朝廷选拔一批真正有才干的年轻官员，让他们为国尽力。放榜之时，那些士子也没有人说本次考试的是非，大家都觉得很公平。所有人都觉得王旦主持科考这件事办得非常漂亮。[1]

不久，朝廷调整了一批人员。枢密使王显罢枢密使，调整为山南东道节度使，挂职同平章事头衔。宣徽北院使周莹为宣徽南院使。枢密都承旨客省使王继英为宣徽北院使，并知枢密院事。[2]

王旦也在这批调整的人员里面。这一次，朝廷将王旦擢升为给事中、同知枢密院事。所谓同知枢密院事，就是枢密院的副长官。自宋朝宰相制度改制以后，以枢密院和中书门下为“两府”。不管是枢密院还是中书门下，他们的长官都是宰执群体。枢密院的长官一般以判枢密院事、枢密使（知枢密院事）为正任官，枢密副使（同知枢密院事）、签书枢密院事、同签书枢密院事为副长官。但枢密院的这些官职没有定制，设立枢密使时，一般会设立枢密副使；设立知枢密院事时，会设置同知院。此时的王旦是同知枢密院，其

1.《续资治通鉴长编》卷四十六：辛亥，翰林学士王旦等三人权知贡举。

2.《续资治通鉴长编》卷四十六。

实已到副宰相的层次了。[1]

也就是说，从此时起，王旦正式进入宋朝官员的核心区，开始真正为国家的发展出谋划策。而从这一年到他去世的天禧元年，正好十八年，这也是历史上说他在相位十八年的原因。

不过枢密院主管军政，不是王旦的强项。这些年来，王旦以行政政务见长。对此，作为统治者的赵恒还是很清晰的。

不久之后，参知政事王化基被罢相。[2]王化基在担任参知政事时，手中握有大权，但他从没有因此弄权，更没有利用职务之便为家人谋福利。他劝诫孩子们要努力学习，好好做人，所以王化基虽被罢相了，他的儿子王举正、王举直、王举善、王举元等人在后世仁宗朝将大有作为。[3]

随着王化基被罢相，参知政事一职空了出来。参知政事是宋太宗为了制衡宰相权力过大设置的岗位，旨在分化宰相职权，形成相互制衡的局面。此时，朝廷在考虑参知政事的新人选。

皇帝与宰执群体经过充分考量并商议后，觉得由同知枢密院王旦出任参知政事最为恰当。于是，在这个同知枢密院的岗位也没坐多久的王旦，任工部侍郎、参知政事。[4]随王旦一同高升的还有寇准和毕士安等人。

参知政事是中书门下的副长官，也是副宰相。至此，王旦正式进驻中书门下，开始了他雄心勃勃的治世之旅。在这些年各处任职

1.《宋史·列传第四十一》卷二百八十二。
2.《续资治通鉴长编》卷四十六。
3.《续资治通鉴长编》卷四十六。
4.《宋史·列传第四十一》卷二百八十二。

的过程中，王旦不断对自己所思所想进行修正，他的许多有望改变国家积弱问题的策略也逐渐形成，这些心中逐渐形成的强国政策，都为宋真宗时的宋朝强盛做了铺垫。当然，此时的王旦，尽量做到了一个参知政事的应尽之责，凡事请示宰相，从不僭越。

然而，此时朝廷西北边境出现了问题。问题出在党项部落。此前，一直与宋朝抗衡的党项首领李继迁多次带领党项人骚扰边境，宋朝边境老百姓屡次遭受涂炭。尽管宋军多次出兵攻打李继迁，但李继迁率领的部众如草原上的草一样，被宋朝消灭一波，又迅速长起一波。宋朝根本拿李继迁毫无办法。

此时，西北边境的将领们建议修一座绥州城，在城里囤积大量的兵马和粮草，以此来牵制李继迁，保持宋朝西北边境的稳定。[1]这一建议无疑是正确的，因为宋朝此时除了李继迁这个甩不掉的敌人，还有个更大的敌人——契丹。而且自从赵恒即位后，宋朝与契丹之间的战争也越来越频繁，契丹人入主中原的决心空前高涨。在这种情况下，先稳住李继迁是明智的选择，边境将领们很清楚，尽管李继迁无法撼动宋朝的根基，但若李继迁与宋朝进行拉锯战，会让西北边境守军一直处于疲惫焦躁不安之中。一旦契丹大兵入境，宋朝必然面临着两面受敌的局面。

故而，当边境将士将这份札子传到汴京后，赵恒便召集宰执群体，在御前会议上商议对策。两府大臣就修建绥州城这一问题展开了激烈讨论，依然没有讨论出个结果来。[2]

吕蒙正、王旦、王钦若等人认为修建一座绥州城，代价太大，

1.《续资治通鉴长编》卷五十。

2.《续资治通鉴长编》卷五十。

划不来。但李沆觉得修建这样一座城等于在李继迁身上插了一把利刃，是牵制李继迁的最好办法，应该修建绥州城。另外一班宰执群体向敏中、周莹、王继英、冯拯、陈尧叟等人也认为修建绥州城是可行的。[1]赵恒认为与其让宰执争议，不如遣人前去调查、评估，等调查结果出来以后，再根据结果，最终议定是否该修城。于是，朝廷派出了比部员外郎、直史馆洪湛和侍禁、合门祇候程顺奇两人前去调查情况。[2]

这二人经过一番实地调查之后，也觉得修城利大于弊，应该修城。[3]于是，朝廷命人修筑绥州城。

然而，在朝廷修建绥州城时，李继迁将攻击目标放在了灵州（今宁夏灵武境内）。此前，宋朝也意识到灵州的重要性，打算在灵州进驻大量兵力。为此朝廷就灵州防守事宜展开了一场大讨论。但很多朝中官员都主张放弃灵州，因为灵州地理位置太偏僻，距离党项李继迁较近，与宋朝内境有些远，不论是防守和输送物资都极为不便，不如舍弃。另一派人则认为灵州地理位置特殊，对控制李继迁具有不可替代的作用，绝对不能放弃。宋朝一旦放弃灵州，势必会扩宽李继迁的疆域，对宋朝极为不利。

然后，由于朝廷意见没有统一，导致对灵州的防御体系迟迟未能建立。恰巧此时，李继迁遣人诈降，打算里应外合奇袭灵州。灵州守将明知李继迁诈降，还是收留了这些降卒，并将他们安置在宋军中，用来困住党项军。岂料这正中了李继迁之计，李继迁的就是

1.《续资治通鉴长编》卷五十。

2.《续资治通鉴长编》卷五十。

3.《续资治通鉴长编》卷五十。

要让他的人混迹于宋军身边，摸清宋军布防情况，为进攻灵州城提供情报。李继迁派出乔装打扮的党项人混迹在灵州城里，收集着各类信息。

在摸清了灵州的情况之后，李继迁率领党项人大举进攻灵州城。消息从最前线传到了西北各个防御堡寨，也传到了朝廷。宋朝派出大军支援灵州城。然而，宋朝大军还未赶到灵州，李继迁已攻破了灵州城。[1]据说，李继迁攻破灵州城后，支援的宋军将领根本不愿意相信，派出一个叫郑宝文的宋朝官员去打探消息。当时，西北地区正在下大雪，郑宝文为了探知灵州的真实情况，穿着党项人的衣服，单骑深入清远城。当他到了清远城时，果然发现李继迁已攻陷了灵州。于是，这些支援灵州的宋军将领给朝廷上书，请求朝廷的下一步指示。宋真宗与诸位大臣商议之后，觉得此时正值冬天，不宜进兵，命援军班师回朝。[2]如此，灵州落到了李继迁手中。

灵州陷落后，宋廷才意识到灵州的重要性，但为时已晚，然后是一系列的追责问责。那位被朝廷派出去修建绥州城的洪湛被开除公职，流放到儋州（今海南省儋州市）。[3]

1.《续资治通鉴长编》卷五十一：李继迁大集蕃部，攻陷灵州。知州、内客省使、顺州团练使裴济死之。济在灵州凡二年，谋辑八镇，兴屯田之利，民甚赖焉。及被围，饷道断绝，孤城危急，济刺指血染奏求救，大军讫不至，城遂陷。戊申，西面部署司以闻，宰相等上表待罪，诏慰谕之。

2.《续资治通鉴长编》卷五十一：己酉，以马步军都虞候王超为永兴军驻泊都部署，冀州团练使石普副之。徙永兴军驻泊钤辖、六宅使、顺州刺史康继英为庆州驻泊钤辖，与西南缘边迭为应援；入内副都知秦翰为环庆、泾原两路钤辖，与王汉忠、李允正同其事，备贼兵之侵轶也。始，超等至环州，或云灵州已陷没，郑文宝乃衣胡服，引单骑，冒大雪，间道抵清远故城，尽得其实。遂奏班师。

3.《续资治通鉴长编》卷五十一。

由洪湛被处置的事情，又引出了一连串的事情，导致王旦的岳父赵昌言被贬黜到安远（今江西省赣州市安远县）担任行军司马。[1]

事后，王旦才探出内幕：原来赵昌言被贬出这件事，背后是一桩公报私仇的纠纷。这也让王旦重新认识了一个人。这个人叫王钦若，涉案人员是前文提到的被贬黜的洪湛，幕后推手却是王钦若。

事件经过概括如下：河阴平民常德方给朝廷递交了一份诉状，涉案人员是临津尉任懿，涉案内容是任懿当年考进士时行贿主考官，才被授予进士及第。最终，这类因行贿而考中进士的案子转到御史台审理，审理案子的人传唤任懿，得到了这样的供词：咸平二（三）年任懿参加科考时，借住在僧人仁雅家。茶余饭后，仁雅向任懿表示："我们寺院的长老惠秦认识很多当朝权贵，若你肯花银子，我们可以提前弄到考卷，助您考中进士。"任懿觉得若花点儿钱就能考中进士，也不是不可以。于是，任懿答应事成之后给银七锭。仁雅和惠秦打算这七锭银子到手后，各自拿一锭。于是，仁雅和惠秦先备五锭银子，做疏通关系之资。因惠秦与朝中大臣王钦若关系不一般，知道王钦若担任此次考试的考官。于是，惠秦通过王钦若妻子身边的随从疏通了关系，将五锭银子交给了王钦若的妻子李氏。王钦若的妻子收到银子之后，密召家仆祁睿，将任懿的名字写在了祁睿的左胳膊上，到中书省告诉王钦若。当时，任懿已考完了五场，祁睿以送饭的名义到了中书省之后，将妻子交代的事情全部告诉了王钦若。不久任懿已在奏名授官之列。

1.《续资治通鉴长编》卷五十一：工部尚书兼御史中丞赵昌言、膳部郎中兼侍御史知杂事范正辞并削一任，昌言责授安远行军司马，正辞滁州团练副使。推直官殿中丞高鼎、主簿王化并削两任，鼎责授蕲州别驾，化黄州参军。

按照约定，任懿高中进士，就要拿出七锭银子交于仁雅。恰巧此时任懿的母亲去世，任懿就先回乡处置丧事。时任懿中举之事已传开，仁雅、惠秦得知消息，认为任懿不守信用，写信向任懿索要银子，仁雅还在信中咒骂任懿不讲信用，明明已当了官，还不还钱。

有意思的是，这封信没有顺利交到任懿手上，在路上遗失了，被一个叫常德方的人捡到。常德方此人善占卜，利用此技能谋得一些钱财度日。当他得到这封信后，认为发迹的时机已到来，便将信件交予中丞赵昌言。赵昌言看到信的内容之后，自然不能坐视不理，于是给皇帝上书，请求朝廷逮捕王钦若，交给有司官员定罪量刑。[1]

事情发生后，朝廷非常重视，马上派人员进行调查。作为考官之一的王钦若非常紧张，毕竟收受考生贿赂，影响科考不公平可不是一般的罪责。

但王钦若也不是一般人，他能以南方士子的身份跻身于宋朝官场高层，可见此人必有过人之处。王钦若遂开始毁灭证据。分析了整个事件的经过之后，王钦若觉得这件事的关键是他的亲信祁睿，只要这个人能消失不见，一切都无从查起。至于说仁雅那封信，完全可以指控其诬告朝廷命官，到时自然有人处置他们。问题的关键还是在他的随从祁睿身上，这个祁睿从他在亳州当官时，就一直跟

1.《续资治通鉴长编》卷五十一：先是，有河阴民常德方者，讼临津尉任懿纳贿登第，下御史台鞫，得懿款云：咸平三年补太学生，寓僧仁雅舍，仁雅问懿举有知识否，懿曰无。仁雅曰：我院内有长老僧惠秦者，多识朝贵，当为道达。懿署纸许银七铤。仁雅、惠秦私隐其二，易为五铤。惠秦素识王钦若，钦若时已在贡院，乃因钦若馆客宁文德、仆夫徐兴纳署纸钦若妻李氏。李氏密召家仆祁睿，书懿名于睿左臂，并口传许赂之数，入省告钦若。及懿过五场，睿复持汤饮至省。钦若遣睿语李氏，令取所许物。懿未即与，而懿预奏名登科，授官未行，丁内艰还乡里。仁雅为文德、惠秦辈所迫，驰书河阴，形于诅詈。德方者，卖卜县市，获仁雅书以告。昌言具得其事，白请逮钦若属吏。

着他。

一切看似毫无头绪，但王钦若还是找到了突破口，那就是从祁睿的户籍入手，来进行处置。当时尽管他将祁睿带到了汴京，但祁睿的户籍还在徐州，只要从徐州的人口户籍上消除掉祁睿，一切便无从查起，压根儿没有祁睿这个人。[1]但消除一个人的户籍，也不是一件容易的事情。所幸的是，这次科考王钦若认识了一个叫张续的人，此人也正好参与科考。考试结束后，王钦若找到了张续，为祁睿消了户籍。[2]此时，调查组正好找王钦若来了解此事。王钦若说祁睿的确是他的亲信，但他从来都未收到惠秦等人的钱财，也不存在为任懿定进士名额的事情。赵恒不相信王钦若为七锭银子徇私舞弊，对赵昌言说："朕待王钦若很优厚，他要是想要银子，会主动向朕要，怎么会受一个举人的贿赂？且王钦若刚刚担任政府宰相，怎么能轻易将其缉拿入狱？"赵昌言力争要给王钦若治罪，但赵恒没有同意。[3]然后王钦若找各种证据，表明自己没有收受贿赂，而任懿改口说他妻子的哥哥张驾认识知举官洪湛，曾一起造访洪湛家。当初只把银子托付二僧，并不知他们所送达的主考官员是谁。另有官员邢竂等人诬告洪湛接受任懿的贿银。此时，洪湛刚好出使陕西回朝，张驾莫名其妙死去，祁睿也不知去向。王钦若因而得以坚持说祁睿是科举结束后才雇到家里的，其他奴仆多为刚招募的，不认识僧人惠秦，该案没有证据。因此，洪湛因为收受贿赂坐罪削籍，

1.《续资治通鉴长编》卷五十一。
2.《续资治通鉴长编》卷五十一。
3.《续资治通鉴长编》卷五十一。

流入儋州，而王钦若却免于罪责。[1]惠秦等人也替王钦若背了黑锅。

处置了洪湛、惠秦等人，看起来这件事已结束了，但事实上根本没有结束，王钦若是个睚眦必报的人。他与赵昌言的仇恨自此结下，王钦若一直等着扳倒赵昌言。这次，王钦若借着科考受贿的事情扳倒了赵昌言。

让王旦感到后怕的是，这件事不仅与赵昌言有关，与王旦也能扯上关系。当时王旦与王钦若都是考官，只是后来王旦擢升为同知枢密院事，王旦的考官身份也被洪湛代替。后来洪湛死在贬所。人们清楚洪湛受冤，但王钦若倚仗权势，并没有人敢说这件事。[2]

这件事让王旦真正领教了王钦若的厉害之处。生活中任何细枝末节的小事，有可能会影响一个人的认知、思想，以后处置政务时，王旦更加小心了，他不能重蹈岳父赵昌言的覆辙。

1.《续资治通鉴长编》卷五十一：乃诏翰林侍读学士邢昺、内侍副都知阎承翰，并驿召知曹州工部郎中边肃、知许州虞部员外郎毋宾古太常寺别鞫，得懿款云：有妻兄张驾举进士，识湛，懿亦与驾同造湛门，尝以石榴二百枚、木炭百斤馈之。懿之输银也，但凭二僧达一主司，实不知谁何。至是，昺等缘懿识湛，以为湛纳其银。湛适使陕西，中途召还。时张驾已死，宁文德、徐兴悉遁去。钦若近参机务，门下仆使多新募置，不识惠秦，故无以为证。又钦若固执知举时未有祁睿，而懿款已具，遂以湛受银为实，议法当死，特贷之。懿杖脊，配隶忠靖军。惠秦坐受简及隐银未入己，以年七十余，当赎铜八斤，特杖一百，黥面配商州坑冶。仁雅坐诅詈懿，杖脊，配隶郢州牢城。是狱也，仁雅虽坐诅詈懿索银，而不穷用银之端。

2.《续资治通鉴长编》卷五十一：初，王旦与钦若知举，出为同知枢密院事，以湛代之。湛之入贡院，懿已试第三场毕。及官收湛赃，家实无物。湛素与梁颢善，假颢白金器，乃取颢所假者输官。昌言等皆坐故入并及于责。

2

望都之战

1003年二月，西域吐蕃首领潘罗支派出使臣出使宋朝，表示李继迁让人拿着铁令箭到西域劝他投降，但潘罗支不想归附李继迁，而希望归附宋朝，并表示愿意协助宋朝攻打李继迁，进而收复灵州。宋真宗念及潘罗支多年为宋朝驻守西域，对潘罗支赏赐了一番。[1]但联合攻打党项的事情，宋朝没有明确表态。

在宋朝给潘罗支赏赐之后不久，党项李继迁倒没有骚扰边境，可宋朝河北边境却不安定。契丹人大批入境，在边境线上进行骚扰，并在一个叫望都（今河北省望都县）的地方与宋军发生了大规模的战争，宋军损失惨重。

在这里，需要详细讲述一下望都之战，因为此战是澶渊之盟前，辽宋之间的最后一战，对澶渊之盟的形成有着重要的意义。而澶渊之盟也是本书主人公王旦登上历史舞台的一个新起点。

1.《续资治通鉴长编》卷五十四：西凉府六谷首领潘罗支遣蕃官吴福圣腊等来贡，表言感朝廷恩信，愤继迁倔强，累行攻讨，夺人畜甚众，继迁因此数放还投去蕃人，今悉械系以俟朝旨。又言继迁送铁箭令罗支归附，称已纳款于朝，未知虚实，罗支已集骑兵六万，乞会王师收复灵州，愿改一官，又量给衣甲。

这一次，辽军的主帅是萧挞览（一作萧挞凛）。此人是辽圣宗耶律贤时代的将领，也是继耶律休哥、耶律斜轸之后的又一个辽军帅才，尽管与耶律休哥、耶律斜轸相比较他还是有一定的差距，但此时，耶律休哥、耶律斜珍等跟着辽景宗打天下的人，都长眠于地下了。于是萧挞览便成了辽军的中坚力量。值得一提的是，当年在陈家谷口战争中，用箭射翻杨业的人就是萧挞览。[1]此时，萧挞览在辽军中已声名鹊起，并很快得到了萧太后和辽圣宗的认可。这一次，配合萧挞览的还有辽南府宰相耶律奴瓜。

辽军在萧挞览的率领下，越过了辽宋边境线，开始向宋冀州行进，不日便到了冀州望都县。此时，宋军派出的探子，将辽军向宋冀州进军的消息上报给驻守在高阳关的王超。接到前线的消息，王超火速召集将士们研究对策，他们早已对这样的战事习以为常了。二十多年来，辽宋之间的战争从没有停歇过，每年至少要有一次大规模的战争。去年梁门、泰州之战后，辽宋之间已有一段较为短暂的和平。现在辽国休整过后，又来攻打。王超询问将士们该当如何，大家都从自己的角度说出了御敌之策。

最后大家一致认为，辽军每一次来都气势汹汹，不能掉以轻心。这次辽军既然把攻击方向放在望都，那么距离望都不远处的威虏军，应该火速救援望都，望都若失等于是辽军在高阳关处撕开了一道口子，这对于高阳关的防御非常不利。还有人提出让高阳关和镇州的宋军也来攻打萧挞览部，对萧挞览部形成包围之势，一举消灭其主力。

1.《辽史·列传第十五》卷八十五：统和四年，宋杨继业率兵由代州来侵，攻陷城邑。挞凛以诸军副部署，从枢密使耶律斜轸败之，擒继业于朔州。

为了稳妥起见，王超还是将这些附近的驻军都进行了规划。王超觉得高阳关和镇州的守军加上威虏军，定能将萧挞览击败。随即，王超决定率六万大军离开威虏军，驰援望都。临行前，王超先派出一个先锋队去与望都的宋军会合，两面夹击辽军，同时还可以放出他已率领六万人攻打辽军的消息，以此稳定军心。于是，王超便派出了一支由一千五百人组成的先锋队，快马加鞭赶往望都。而他自己则率领着数万大军陆续赶到。临行前，王超给镇州、高阳关两地的宋军将领送去了书信，要求他们火速赶往望都，共同歼灭萧挞览的辽军。[1]

之后，王超率领着宋军向望都靠近，也在等待着高阳关和镇州的大军向望都集结。镇州的宋军将士接到命令后已马不停蹄地向望都赶来，但高阳关行营都部署周莹的军队却不见踪迹。等给周莹送信的人回来之后，王超才知道周莹不支援望都的原因。原来王超派出送信的人到了周莹所部驻扎的地方以后，周莹却认为高阳关将士虽隶属于都部署王超，但他们的顶头上司却是枢密院，王超有领导他们的权力，却不是直属管理机构。所以，周莹觉得只有得到枢密院的调令，高阳关的将士才能出征。

出现这样相互推诿扯皮的原因也很简单，那就是资历。王超是近几年才被朝廷提拔起来的将领，而周莹则是元老级的将领。当初朝廷让王超做关南之地的总司令时，周莹内心并不乐意。或许在周莹看来，不管怎样，他都比王超更有资格担任关南之地的总司令。

周莹这一举动让王超无计可施，此时对于宋军来说，缺少了周

1.《续资治通鉴长编》卷五十四：丙子，契丹入寇，定州行营都部署王超遣使召镇州桑赞、高阳关周莹各以所部军来援。

莹的加入，让原本可以掌握主动权的宋军一下子陷入了被动状态。周莹提出的意见无异于痴人说梦，即便枢密院下命令，等诏令传到关南之地时，或许战争早已结束了。此时，时间是胜利的关键，抢在辽军骑兵发起攻击之前，宋军才有可能打胜。

然而，一切都随着周莹不支援而变得不可预知。战争已打响，不管高阳关的周莹来不来助阵，王超都要带人去与萧挞览打一仗。于是，宋军在王超等人的带领下，快速到达望都。随即，宋辽两军展开了激烈的角逐，宋辽两军前锋在望都城南数里处来回冲杀，喊叫声震彻天宇。这一仗，宋军根据地理条件，对辽军给予了猛烈的攻击。辽军本想一鼓作气打败宋军，却没想到宋军如此顽强抵抗，辽军所部被击溃，损失惨重，两千多将士被宋军斩于马下。萧挞览觉得没必要再与宋军抗争下去，便命人鸣金收兵。

第一次正面较量，辽军并未取得实质性的胜利。暂时休整后萧挞览准备重新调整战略部署，再与宋军进行周旋。到了第二天，萧挞览再一次率军来战，战争一开始攻势猛烈，但王超这边也早有准备，他清楚前一天萧挞览没有讨到便宜，一定会重兵压境。于是，王超命人按照既定方案，前来与辽军对峙。两军又开始厮杀，此时宋军士气依然高涨，并未因对方是萧挞览而畏惧。辽军与宋军开战后，各有死伤，不过辽军的损伤更大一些，“超先发步兵千五百人逆战于望都县，翌日，至县南六里，与敌遇，杀戮甚众”。[1]

萧挞览一看宋军这阵势，觉得辽骑兵虽有优势，可这样与宋军对攻，到时，必然伤敌一千自损八百。这种结果自然不是萧挞览所

1.《续资治通鉴长编》卷五十四。

希望看到的。但如何才能有效突破宋军呢？萧挞览一时半刻找不到更好的办法。

其实，宋辽两军已处于一种焦灼对峙局面中。此时的萧挞览见与王超部对峙，实在讨不到多少便宜，便心生一计，他要调整部署，寻找宋军的软肋。随即，萧挞览命人一边与宋军继续周旋，以此来吸引宋军的注意力，而他自己则把主要精力放在观察宋军的部署上。待详细观察后，他发现宋军主阵上将士阵法进退有序，要想破了宋军的主阵，看来没有这个实力。萧挞览开始扫视宋军的主攻大阵，忽然他眼睛锁定在了宋军东面，经过多次浴血奋战的萧挞览一眼看到了宋军部署的弱点。萧挞览看到宋军大阵里，其副都部署王继忠所部与主阵之间有一定的间隙，王继忠的部队并没有与宋朝的主阵形成相互补充的阵势，这是宋军的致命要害。萧挞览觉得自己反击的时刻到了，于是命辽军迅速攻击王继忠所在的宋军。这时的王继忠哪里想到辽军会转变方向，把目标对准自己所率领的部队。

当然，面对王继忠所部的宋军，萧挞览来了一招故技重施，便是断粮道，这一招在他与宋军交战的过程中屡试不爽。很多次由他指挥的战争都巧妙地运用了这一打法，将宋军击退。此时的宋军并不清楚萧挞览要偷袭，所以宋军的主力还在与辽军的中军对峙着。这是萧挞览迷惑宋军的打法。

此时，恰巧宋军运输粮草的小分队从这里经过，萧挞览看到时机到来，迅速派人去断宋军的粮道，辽军按照萧挞览的部署，对宋军押送的粮草进行抢夺和焚毁。王继忠听闻宋军粮草被辽军抢夺，赶紧命人前来回救。但显然已迟，不仅粮草被辽军所断，连王继忠本人也陷入了辽军的包围圈里。因为主帅和其他人员衣着不一样，所以辽军在众多的宋军队伍里一眼就发现了王继忠。而此时，王超也陷入战争泥沼中，无法支援王继忠。[1]

辽军集中力量进攻王继忠部，王继忠与辽军在一个叫康村的地方战斗一夜，辽军没有取得胜利。

这样，王继忠部被辽军包围。萧挞览指着王继忠的模样，对他的副手耶律奴瓜交代了一番，耶律奴瓜便带着人直接冲击王继忠。宋军这边看到辽军的意图后，意图掩护王继忠撤离，与宋朝的中军会合。[2]

耶律奴瓜此时已死死“咬”住王继忠所部，辽军志在必得，他们已彻底打乱了宋军的防御体系。辽军的骑兵像一把锋利的刀，将王继忠部与宋军中军隔开，并将王继忠部团团围住，不断地压缩空间，将宋军包围在一个狭小的空白处。王继忠及其部署，在辽军的一轮又一轮的进攻中，人数变得越来越少。

王继忠组织人员突围，意图冲出辽军的包围圈，可此时包围宋军的辽军，宛如一道铜墙铁壁，根本没办法突破。王继忠所部已陷入了绝境。王继忠急中生智，让他的部队向反方向突围，只要能突围出去，也能回到威虏军。然而，他的这一想法根本没办法实现。[3]此时宋军面临着王继忠被俘、粮草辎重被焚毁的局面。王超只能带领大军撤退。

刚刚还在战争中处于优势的宋军 ，瞬间被萧挞览奇袭王继忠而变成了处处挨打的局面。随着宋军南撤，萧挞览率领的辽军却一转战争劣势，开始向南撤的宋军发动大规模进攻。南撤的宋军根本

1.《宋史·列传第三十八》卷二百七十九。

2.《宋史·列传第三十八》卷二百七十九。

3.《宋史·列传第三十八》卷二百七十九。

无心恋战，只顾逃亡。辽军乘此机会，冲击宋军尾军，顺便在宋朝的边界上烧杀抢掠。那些原本属于宋朝的村落，遭到辽军的洗劫。此时的宋军根本不顾这些，只顾向南逃窜，听闻王超战败，被辽军追击着往回逃，魏能、李继宣等人率领威虏军前去接应，才阻挡住了追击宋军的辽军。萧挞览见王超残部回到了威虏军，便命人撤军。望都之战，自此结束。

望都之战按照最初设定，应该是宋军占有优势，可战场的形势瞬息万变，谁能预想得到。王继忠生死不明（最后被俘，降国），王超令人回撤，辽军趁势追击。

望都之战中，直接影响宋辽两军的事，应该是王继忠被所俘一事。也正是这件事直接地改变了历史走向，最终促成了澶渊之盟。王继忠是宋真宗在太子时的幕僚，在赵恒做了宋朝第三任皇帝后对他身边的人都加以重用，比如李沆、寇准、毕士安等人，而王继忠也是得此良机，被派到前线担任定州副都部署。萧太后清楚这个情况，因此在俘获了王继忠以后，对他非常礼遇，劝他为辽国效力。王继忠刚开始时也如那些被俘的大将一样，面对萧太后和辽圣宗的劝降，宁死不屈。萧太后继续施以恩惠，王继忠大为感动，便表示愿意效忠辽国。至此，王继忠成了辽军的一名官员。后来，工继忠时常接待宋使，还作为使者出使宋朝。

赵恒最初以为王继忠为国捐躯了，下了一道命令，追赠王继忠为大同军节度使，对他的家人也进行了安抚，并让王继忠的儿子们入朝为官。[1]

1.《宋史·列传第三十八》卷二百七十九。

这次战争极大地震惊了北宋朝廷，连老将李继隆都表示愿意继续出山对抗辽军。宋朝不得不重新部署望都及威虏军的防御政务，并安抚了那些阵亡的将士家属。

最重要的是要追究责任。这次，因为王继忠战死（实际是被俘），赵恒非常恼火，认为与王继忠一同作战之人肯定未尽心尽力。于是，朝廷下了圣旨，将原来王继忠的两个手下，即镇州副部署李福和指挥使王升流放了。奇怪的是，战后王超给赵恒上书，要求对之前没有出兵援救的周莹进行追责，但赵恒却没有追究周莹的责任。

宋朝虽然败了，但对关南地区的布防更加看重了。似乎大家都很清楚，只有在关南之地屯集大量的兵马，才能抵御辽军南下。而辽军方面，也因为望都之战的胜利，给了他们无比的信心，此时辽国高层正在酝酿着一场更大的战争。

3

景德元年留守

望都之战后，辽宋双方暂停战争。

1004年初，赵恒改元景德。[1]江西一座地方官窑给朝廷上了一批陶瓷，宋真宗很喜欢这批陶瓷，给这个官窑所在地赐名景德，这也是宋朝唯一一个用皇帝年号赐名的地方——江西景德镇。

这一年注定不平凡。开年之后，一连串的地震扰乱了宋朝人的心。在古代，地震被视为上苍震怒的表现，所以此时的宋朝上下，多少有些心慌。[2]

然后，潘罗支设计杀了李继迁。之前提到过潘罗支派使者出使宋朝时，请求联合宋朝消灭李继迁，但没有得到宋朝的首肯。但宋朝给了潘罗支官职后，潘罗支没有了后顾之忧。于是，在这一年年初时，潘罗支派人送信给李继迁，表示自己愿意投靠李继迁。不过潘罗支希望李继迁亲自到他们的营地接受受降仪式。李继迁可能意

1.《续资治通鉴长编》卷五十六：春正月丙戌朔，御朝元殿受朝。大赦，改元。

2.《续资治通鉴长编》卷五十六：是夜，京师地震……是夜，京师地复震……冀州地震……是月，益、黎、雅州地震。

识到有诈，但还是带着不多的党项人去了潘罗支部驻扎的营地。潘罗支也按照之前的约定，招待了李继迁，并表示不久以后会带着族人移营到党项部落。之后，李继迁带着部众往回走。当他们走到半路上时，一阵紧似一阵的箭雨袭来，李继迁在随从的掩护下逃离，但还是身中数箭，随从们将李继迁护送回去以后，李继迁已奄奄一息了。临死之前，李继迁给儿子李德明留下遗言：一定要与宋朝建立和平关系，唯有如此，党项人才能在各种势力之间存活。[1]

李继迁死了之后，宋朝与党项这方面的关系暂时得到了缓和。

不久之后，宋朝宰相李沆病逝。李沆是赵恒做太子时的幕僚，赵恒即位之后，让他当了宰相，而咸平之治李沆出了不少力，宋真宗对李沆也格外信赖。但此时李沆已垂垂老矣，身体各种病症不断。三月，李沆病逝。据说李沆去世后，赵恒非常伤心，在李沆灵前痛哭不已。[2]

李沆生前与王旦的关系非常好，他在生活和政务中的很多做法都深深地影响了王旦。这也完全能理解，两个人是同年进士，这在宋朝的官场中是一种资本，很多人会因为同年进士结成一种利益团体。后来，李沆成了宰相，王旦也成了副宰相，二人经常在一起政

1.《宋史·列传第二百四十四》卷四百八十五：遂率众攻西蕃，取西凉府，都首领潘罗支伪降，继迁受之不疑。罗支遽集六谷蕃部及者龙族合击之，继迁大败，中流矢。八月，复聚兵浦洛河，声言攻环州，诏张凝等分兵以待之。景德元年正月二日卒，年四十二，子德明立。祥符五年，德明追上继迁尊号曰应运法天神智仁圣至道广德孝光皇帝。元昊追谥曰神武，庙号太祖，墓号裕陵。

2.《续资治通鉴长编》卷五十六：丙戌，右仆射、平章事李沆寝疾。上临问，赐其家白金五千两。车驾方还宫而沆卒，年五十八。上闻之惊叹，趣驾再幸其第，哭之恸，谓左右曰："沆为人忠良纯厚，始终如一，岂意不享遐寿。"言毕泣下，赠太尉、中书令，谥文靖，录其三弟、一子、甥及妻之兄子皆赐同进士出身。

务。当然，李沆与王旦之间并未形成某种政治利益体，用“和而不同”来形容他们之间的关系，似乎更加准确。

李沆比王旦年长几岁，生活、政务的阅历比王旦丰富一些。因此很多时候，李沆都是带着王旦边干政务，边学习。其中有两件事，给王旦留下了深刻的印象。

第一件事是当时李沆不断给赵恒报忧不报喜。当初赵恒刚刚继位时，李沆经常给赵恒报一些国家水灾、旱情等不祥之事，一度让常年生活在深宫大院的宋真宗很紧张。此时，王旦作为副手，认为没必要把政务事无巨细地汇报给赵恒，那样只会让赵恒徒生烦恼，宰执群体应该对各种奏事进行分析之后，将最重要的政务整理出来汇报给赵恒，其他小事情没必要汇报，中书门下直接能处理。但李沆却不这么认为，李沆对王旦说：“皇帝年轻，应该让他清楚人间疾苦，如若不然，皇帝血气方刚，自然会陷入声色犬马之中，做一些大兴土木、穷兵黩武、封禅祭祀的事情。我现在已老了，将来看不到这些情况了，等你将来做了宰相，一旦发生我说的上述事情，会给你造成很大的困扰。”[1] 王旦表示李沆太过于杞人忧天了。但后来待王旦真正当了宰相后，才发现李沆的高瞻远瞩。

第二件事是边关之事。当时朝廷在西北地区用兵，边关的急奏繁多，宰执群体因要经常处置这些事宜，以至于有时候很晚了才吃饭。王旦很有感慨地对李沆说：“我们这班人怎么才能坐镇太平，过几天悠闲自得的好日子呢？”李沆说：“宰执群体有些担忧辛劳

1.《续资治通鉴长编》卷五十六：上之初即位也，沆日取四方水旱盗贼奏之。参知政事王旦以为细事，不足烦上听。沆曰：“人主少年，当使知人间疾苦。不然，血气方刚，不留意声色犬马，则土木、甲兵、祷祠之事作矣。吾老不及见此，参政他日之忧也。”

也在合理之中，可以作为警戒来看待。等到将来四方宁静时，也不见得不会发生大事。”后来契丹表示要与宋和亲，王旦征求李沆的意见，李沆说：“和亲自然是好事，这样会让边境处于安宁状态，但边疆的忧患停止后，皇帝会因为没有忧患而渐生奢侈放纵的想法。”[1]王旦当时还是对李沆的话有些怀疑。

后来，当这些事逐渐变成现实之后，王旦才理解了李沆的过人之处，难怪官场称李沆为“圣相”。

现在，李沆去世了，王旦也有些悲痛。但作为副宰相，他还得将主要的精力放在政务上。此时，朝廷中枢处于无宰相的局面中——前宰相吕蒙正因病早已辞职，李沆也病故。中书门下只有几个副宰相在操持，王旦自然责无旁贷，须干好自己的政务。

接下来的事情当然是选出两个宰相来，中书门下不能离人，否则政务将会出现问题。只是这一次，王旦没有顺势成为宰相。因为此时赵恒想到了寇准，但赵恒对寇准这个人有顾虑，寇准性格执拗，脾气火爆，难以约束。但寇准又是大忠臣，是出任宰相的人选。为了保险起见，先调整毕士安为参知政事，为接任宰相做铺垫。毕士安被擢升后，进宫感谢赵恒的提拔重用。赵恒对毕士安说：“你先别急着感谢，朕想让你当宰相，不清楚朝中大臣谁可以与你一起同进宰相？”毕士安想都没想便对赵恒说：“寇准赤胆忠义，在大是大非面前果断，除了寇准之外，我还真没发现第二个人。”赵恒对毕士安说：“朕听闻寇卿性格刚烈，若他的脾气上来

1.《续资治通鉴长编》卷五十六：时西北用兵，边奏日耸，便殿延访，或至旰昃，弗遑暇食。旦慨然谓沆曰：“安得企见太平，吾人当优游燕息乎？”沆曰：“国家强敌外患，适足为警惧，异日天下晏然，人臣率职，未必高拱无事，君奚念哉？”

了，谁能管得了他？”毕士安对赵恒说：“寇准一心为国，秉持公道，疾恶如仇，所以世俗的人不喜欢他。如今天下的百姓虽承蒙皇上的恩德，滋润养育安闲逸乐，但西北西夏一直没有臣服，此时正是朝廷用寇准这样人才的绝佳时机。”[1]

听了毕士安的话，赵恒不再犹豫。一个月之后，朝廷起用毕士安和寇准为宰相，不过毕士安是首相，寇准是次相，“不阅月，遂与准俱相”。[2]

细心的读者朋友可能纳闷了，为什么这次朝廷直接起用毕士安和寇准为宰相，而未提拔已干了几年副宰相的王旦？其实这也是有原因的，此时，寇准是三司使，在宋朝三司使又被叫作“计相”，是管钱的官儿，而且中书、枢密院长官后面紧跟着的是三司使，地位高。而毕士安是赵恒当太子时的幕僚，与赵恒的关系绝非一般。正是在这样的情况下，朝廷让毕士安和寇准当了宰相。

但朝廷刚刚任用毕士安、寇准为宰相之后，北边又出事了。一个足以震惊宋朝上下的消息从北方草原传来：辽国萧太后带着辽圣宗举兵二十万亲征宋朝。这二十万辽军可是辽国的家底，而萧太后与辽圣宗亲征，也足以说明这次辽军南下的决心。

于是，边境线上的战报像雪片一样不断传来。据说有一天晚上

1.《续资治通鉴长编》卷五十六：李沆死，中书无宰相，上意欲擢任三司使寇准，乃先置宿德以镇之。庚寅，迁翰林侍读学士、兵部侍郎毕士安为吏部侍郎、参知政事。士安入谢，上曰：“未也，行且相卿，谁可与卿同进者？”士安因言：“准天资忠义，能断大事，臣所不如。”上曰：“闻准刚，使气，奈何？”士安曰：“准忘身徇国，秉道嫉邪，故不为流俗所喜。今天下之民，虽蒙休德，涵养安佚，而北敌跳梁未服，若准者正宜用也。”不阅月，遂与准俱相。

2.《续资治通鉴长编》卷五十六。

连着传来了五封战报，但坐职中书门下的宰相寇准压着没报。等到了第二天早上，有人提前将这些奏报内容报给了赵恒。[1]赵恒非常紧张，询问寇准该如何处置。寇准却表示只要赵恒御驾亲征，五日内便可结束战斗，将辽国铁骑赶出宋朝疆域。但对于寇准的建议，赵恒有所顾忌，有些害怕。赵恒打算甩开寇准退朝，但寇准拉住皇帝的衣服说："官家今天要是走了，这个国家就真完了。"赵恒看着寇准拉着衣服不松手，只能答应寇准御驾亲征。[2]

此时，有两人清楚赵恒不想御驾亲征，他们秘密建议赵恒南逃。这两个人中一个是王钦若，另一个是陈尧叟。王钦若是江南人，建议赵恒将都城南迁到金陵，金陵是南唐国都，凭借长江天堑来阻挡辽国铁骑。而陈尧叟是蜀人，建议赵恒将都城南迁到成都，凭借蜀中天然屏障来阻挡辽军。其他宰执群体之间也各持己见。赵恒也被这两个人言论左右，没有了主张，只能马上组织两府宰执群体重新商议对策。此时，姗姗来迟的寇准听了赵恒打算南迁的计划后，对赵恒和所有宰执大声说："敢鼓动皇帝南迁的人应该杀头，眼下国家兵强马壮，武将和文臣也都很团结，若您亲自领兵出征，敌人自然而然会逃跑。若舍弃宗庙南迁，到时人心涣散，即便是长

1.《宋史·列传第四十》卷二百八十一：急书一夕凡五至，准不发，饮笑自如。明日，同列以闻，帝大骇，以问准。准曰："陛下欲了此，不过五日尔。"因请帝幸澶州。

2.《宋史·列传第四十》卷二百八十一：同列惧，欲退，准止之，令候驾起。帝难之，欲还内，准曰："陛下入则臣不得见，大事去矣，请毋还而行。"帝乃议亲征，召群臣问方略。

江也难以抵挡辽国铁骑。”[1]

最终，赵恒还是在寇准的建议下决定亲征。寇准为了排除赵恒身边的干扰，还建议赵恒将王钦若安排到最前线的大名府去镇守，给前线将士们鼓舞士气。赵恒便征求王钦若的意见，没有想到王钦若一口答应了这件事。这样，王钦若被派往大名府去了。

那么，王旦在这两次御前会议中扮演了什么角色呢？这一点史籍中并无详细记载，但根据王旦的品性，他一定支持寇准的意见。

既然决定御驾亲征了，那得商议亲征的地方。当时寇准建议赵恒亲征大名府，这样一来，会提升前线将士们的士气。但大名府临近最前线，赵恒又害怕了，此时首相毕士安建议赵恒亲征澶州足够了。寇准一看赵恒亲征的目的已达成，也不再坚持让赵恒亲征大名府。

接下来的事情，是准备亲征事宜。这些事宜中，最重要的是选定大后方留守之人。最终，这件事落在了雍王赵元份的身上。

然后一切准备绪，等着赵恒最后下决心。此时，忽然从前线传来了一封来自辽国高层的信件。这封信让亲征澶州的赵恒有些拿不定主意了。因为信件虽是辽国萧太后和辽圣宗的意思，但写信的人却是个已“死”了的人。这个人就是王继忠。在望都之战后，宋朝上下都以为王继忠殒命疆场，但此时，王继忠却在信中说自己被俘

1.《续资治通鉴长编》卷五十七：先是，寇准已决亲征之议，参知政事王钦若以寇深入，密言于上，请幸金陵，签书枢密院事陈尧叟请幸成都。上复以问准，时钦若、尧叟在旁。准心知钦若江南人，故请南幸，尧叟蜀人，故请西幸，乃阳为不知，曰：“谁为陛下画此策者？罪可斩也。今天子神武，而将帅协和，若车驾亲征，彼自当遁去，不然，则出奇以挠其谋，坚守以老其众。劳逸之势，我得胜算矣，奈何欲委弃宗社，远之楚、蜀耶！”上乃止，二人由是怨准。

虏了，现在还成了辽国的官员。王继忠在信中还说，萧太后想与宋朝讲和，不再让战争延续下去。宋朝上下看着王继忠的信件，很多人觉得不可信，或许这是辽国的缓兵之计。即便是赵恒本人，都对这种信件持怀疑态度，尽管赵恒一直不想到前线去亲征。

既然宋朝上下都不相信辽国有和谈的决心，只能按照之前的计划，由赵恒率领着文武百官亲征澶州。于是，赵恒的车辇缓缓从汴京出发了，而雍王赵元份也表示一定守住京城。

此时，战争已打响，让宋朝上下不理解的是，辽军在未攻下一个战略据点的情况下，不进反退，兵分两路向宋朝腹地而来。[1]驻扎在镇州的王超没有拦截辽军。率领着十五万大军一直驻守在定州，也不支援其他地区。萧太后急于要攻下一个战略据点来提振士气，于是，辽军将主要精力放在了瀛洲（今河北省河间市）。这一次萧太后志在必得，所以辽军昼夜不停地攻城，而萧太后亲自擂鼓助威。但宋朝瀛洲的布防也很坚固，为了保住瀛洲，城内男女老少都积极参与保卫战，即便是僧尼也不例外。辽军骑兵的优势在于长途奔袭和来回穿插，攻城是弱项。因此，攻城战中即便有萧太后本人擂鼓助威，辽军依然难以攻克瀛洲。瀛洲攻防战持续了很长时间，辽军损失惨重。最终，萧太后觉得在瀛洲这样消耗下去，会严重挫伤辽军士气，不得不放弃进攻瀛洲。辽军撤退后，瀛洲城里的宋军出城打扫战场，发现瀛洲外面到处都是辽军的尸体和武器。此战辽

1.《续资治通鉴长编》卷五十八：乙巳，保莫州、岢岚威虏军、北平寨并言击败契丹，群臣称贺。是役，张凝、田敏皆以偏师抵易州南，掳获人畜铠仗凡数万计，独魏能逗挠无功。

军损失三分之一的战斗力。[1]

赵恒一行人开始往澶州走，但此时赵恒的心中难免有紧张情绪，因为战争就在不远处。当他们走到半路时，一些臣子察觉到了赵恒的畏惧心理，于是又有人给赵恒建议南逃。此时的赵恒一直战战兢兢，当听到有人建议南逃时，赵恒真心动了。此时寇准也难以说服赵恒。于是，寇准找到了一个叫高琼的将领劝谏赵恒。这才稳住了赵恒的心，再次决定亲征澶州。[2]

赵恒还没到澶州，又收到了王继忠的一封信，内容还是说辽国愿意与宋朝讲和，结束这些年来战争带给两国的困扰。王继忠将信件交给了宋朝边境守将石普，希望石普将这封信转交给赵恒，石普清楚事情重大，也不敢有丝毫耽搁，火速派人将信件交给赵恒。此时，朝廷中有些人开始重视这件事了。朝廷商议的结果，一些臣子认为辽国这样频频来信，自然有几分和谈的诚意。于是，赵恒召集大臣商议对策。然而，朝中大臣相互意见不统一。为了试探辽国和谈的决心，赵恒命人写了一封信，让宋朝边境守将传给王继忠，表

1.《续资治通鉴长编》卷五十八：是月丙戌，抵瀛州城下。势甚盛，昼夜攻城，击鼓伐木之声，闻于四面。大设攻具，驱奚人负板秉烛，乘墉而上。知州、西京左藏库使李延渥率州兵、强壮，又集贝冀巡检史普所部拒守，发礧石巨木击之，皆累累而坠。逾十数日，多所杀伤。契丹主及其母又亲鼓众急击，矢集城上如雨，死者三万余人，伤者倍之，竟弗能克，乃遁去。获铠甲、兵矢、竿牌数百万，驿书以闻。

2.《续资治通鉴长编》卷五十八：准出，遇殿前都指挥使高琼门屏间，谓曰："太尉受国厚恩，今日有以报乎？"对曰："琼武人，诚愿效死。"准复入对，琼随入，立庭下，准曰："陛下不以臣言为然，何试问琼等。"遂申前议，词气慷慨。琼仰奏曰："寇准言是。"且曰："随驾军士父母妻子尽在京师，必不肯弃而南行，中道即亡去耳。愿陛下亟幸澶州，臣等效死，敌不难破。"准又言："机会不可失，宜趋驾。"时王应昌带御器械侍侧，上顾之，应昌曰："陛下奉将天讨，所向必克，若逗留不进，恐敌势益张。或且驻跸河南，发诏督王超等进军，寇当自退矣。"上意遂决。

示宋朝愿意和谈。不久，赵恒再次收到了王继忠执笔的一封信，代表辽国高层的意思，在这封信当中，萧太后表示辽国既然愿意和谈，应该派出使臣到辽营，于是辽国商议和谈事宜。[1]

宋朝上下确定辽国确有和谈之心，赵恒遂将此事交给了枢密院，让枢密院推荐一个出使辽营的人。此时，枢密院给赵恒推荐了一个叫曹利用的人。赵恒确认曹利用可以作为宋朝谈判使臣后，给曹利用升了官职，让曹利用北上和谈。其间，王继忠不断与石普交换信息，希望宋朝与辽国达成和谈。石普派手底下一个叫张皓的人去面见赵恒，并说明情况。但张皓在去往澶州的路上，被辽军意外俘获。萧太后清楚情况后，款待了张皓，还让张皓到大名府去催促曹利用北上和谈。[2]原来，此前朝廷派出曹利用北上和谈，但曹利用到了大名府之后，被王钦若拦住了。因为此时辽国虽给宋朝来信表示讲和，但辽军的攻势并未减弱。王钦若对辽国和谈的诚心表示怀疑。在这种情况下，曹利用留在了大名府。

张皓没有请动曹利用，只能一个人回去复命。萧太后再次厚待了张皓，让张皓直接到澶州面见赵恒，希望赵恒能够再次派出其他使者前往辽营和谈。张皓只能到澶州去面见赵恒。张皓将辽国和谈的情况说给赵恒听，赵恒这才确信辽国要和谈。于是，赵恒让参知政事王旦写了一封手书给在大名府镇守的王钦若，命令王钦若放曹

1.《续资治通鉴长编》卷五十八。

2.《续资治通鉴长编》卷五十八：上前赐王继忠诏许遣使，继忠复具奏附石普以达。普自贝州遣指使、散直张皓持诣行阙，道出敌寨，为所得，契丹主及其母引皓至车帐前，问劳久之，因令抵天雄，以诏促曹利用。

利用北上入辽营。[1]

王钦若等人只能给曹利用放行，这样一来，赵恒清楚了辽国有和谈决心，胆怯之心也少了一些。于是，他只能在众人的搀扶中，继续向澶州行进。

然而，偏偏此时又发生大事了。这次的大事不是辽军攻下了哪座城池，而是京城留守的雍王赵元份病危。这个消息又让赵恒一下子慌了神。此时，前方战争还在继续，后方留守也出了问题。安定大后方是眼下的重中之重，此时，得派一个人回去接替赵元份担任汴京留守。

最终，这份沉甸甸的责任便落在了参知政事王旦身上。

虽然朝廷将这么重的担子交给了王旦，王旦却有些担心。王旦深知此次赵恒亲征非比寻常，凶险无比。当赵恒决定亲征，并让他也陪着去前线时，心中反倒没有多少担忧，也没有感觉到紧张，反而是赵恒让他折回去做汴京留守时，他心中有了隐隐的担忧。这些年辽宋之间的战争，无不显示辽的虎狼之心，太宗赵光义那么强势的人，都在北伐中被辽军流矢击中，仓皇逃窜。这位自小生长在宫廷之中的赵恒，其实远没有赵光义强势。当赵恒让王旦担任汴京留守时，他觉得身上的担子很重，完全高兴不起来，甚至忧心忡忡。王旦觉得应该将自己的担忧告诉赵恒。于是，王旦对赵恒说："皇上您御驾亲征是寇准宰相一手促成的，那么请您将寇准叫来，我有话问他。"赵恒不

1.《续资治通鉴长编》卷五十八：王钦若等疑不敢遣，皓独还。契丹主及其母赐皓袍带，馆设加等，使继忠具奏，且请自澶州别遣使速议和好事。于是皓以其奏入，上复赐钦若诏，又令参知政事王旦与钦若手书，俾皓持赴天雄，督利用同北去，并以诏谕继忠。因谓辅臣曰："彼虽有善意，国家以安民息战为念，固许之矣。然彼尚率众兵深入吾土，又河冰且合，戎马可渡，亦宜过为之防。朕已决成算，亲励全师。若盟约之际，别有邀求，当决一战，剪灭此寇。上天景灵，谅必助顺。可再督诸将帅，整饬戎容，以便宜从事。"皓，澶州人也。

清楚王旦到底意欲何为，但他既然有话问寇准，那就让寇准来见一面吧，尽量把汴京留守事宜做得全面，也能让他少些牵挂。

赵恒命人将寇准叫到了跟前，赵恒对其表示将王旦任命为汴京留守。寇准只是点了点头，面无表情，看不出寇准到底是赞成还是不赞成。赵恒瞟了一眼王旦。那意思是你不是有话要问寇准吗？那问吧。王旦才当着赵恒的面问寇准："你们这次出征，如若十天之后我没有收到捷报该怎么办？"这一问，既是问寇准，也是问赵恒。寇准当然没办法回答，十天之后若没有捷报，是不是预示着赵恒这次亲征失败了呢？寇准看看赵恒，赵恒此时也陷入了沉思。王旦这话听起来让人心中很不舒服，可倒也是实话，也只有王旦这种人，才会问这话，其他的人不一定会考虑那么远。这也说明让王旦担任汴京留守，非常正确。赵恒在王旦和寇准面前来回走动着。三个人相互无言，持续了一阵子。最终，赵恒停下了脚步，看了看王旦，又看了看寇准，慎重地说："立皇太子。"这其实是在安排后事了，赵恒这是下了必死之心。若十天之内汴京收不到前方的捷报，表明赵恒已殉国了。得到了赵恒的回答后，王旦觉得有了方向。若真如王旦所述，那将是所有人都不愿意看到的结果。当然，这倒不是说王旦期望着会发生意外，而是凡事都应该有最坏的打算。[1]

领了圣谕，王旦匆匆回了汴京。回到汴京后，开始部署汴京留守政务。他将汴京的一切事宜都做了重新调整，尤其加强了汴京地区的防御和巡视政务。王旦还下了一个通告，不让汴京的人到处传播战争的事情。王旦做最好的希望，也做最坏的打算。[2]

1.《宋史·列传第四十一》卷二百八十二。

2.《宋史·列传第四十一》卷二百八十二。

4

澶渊之盟

王旦回到汴京后，赵恒一行也到了最前线。此时，辽国虽表示和谈，但辽军的先头部队在主帅萧挞览的带领下，已到达了澶州北城，并在城外驻扎。

澶州是宋朝黄河岸边最重要的一座城池，也是宋朝的北大门。这里距离首都汴京只有几日路程，也可以说成是汴京之北的最后一座城池，更是阻挡契丹铁骑进攻的最后一道防线。澶州城分为南城北寨，中间用浮桥连接，南城规模要比北寨稍微高大一些。

正是因为这些，辽军此次长驱直入到达澶州的目的也非常明显了：只要攻打下澶州，用不了几天，辽军的铁骑就能围攻宋朝的国都汴京了。而一旦汴京被攻，宋朝距离亡国就不远了，到时不管辽军有没有孤军深入，都将牵着中原的鼻子走。这是当初耶律德光攻打后晋的计策。

所幸的是，被赵恒提前派到澶州的宋将李继隆等人，已在澶州北城布防。李继隆本是沙场老将，熟悉各种战法，与辽军也是多次交手，且李继隆与辽军打仗时，胜利居多。这一次，李继隆自然也无所畏惧。[1]李继隆让城墙上的宋军设强弩，死死地控制住了要害部门。

辽将萧挞览虽已围住澶州北城三面，但他没有立即组织人员攻城，原因有二：一是萧挞览对城中布防情况不清楚，不敢贸然进攻；二是萧太后和辽圣宗带领的辽军大部队正在往澶州城下赶，萧挞览要等大部队集结在一起，再对澶州北城发动攻击。由此，辽军的先锋部队与驻守在澶州北城的宋军暂时形成了对峙局面。

宋辽双方在澶州北城对峙。

宋军在密切关注城下辽军的动向，同时也在等待着御驾亲征的赵恒。此时的赵恒还在路上，并未到达澶州城。本来从汴京到澶州也就三四天的路程，赵恒却走了七天。走这么慢的主要原因还是惧怕！赵恒一直活在父亲赵光义中箭的往事阴影里，一直很惧怕契丹铁骑。尽管他很清楚迟早有一天，他会与契丹有一次真正的对决，可没想到这一天来得这么快。此时赵恒虽已走上了亲征之路，但他心中仍顾虑重重，这从他几次想南逃的打算中就能看得出来。或许没有人理解赵恒心悬着的那种感觉。当初寇准等人动员赵恒御驾亲征时，大家都说为国为家，却忽视了赵恒也是个人，他也有自己内心的恐惧。因为心中没底，所以这一路上折腾了七天。

然而，在赵恒到达澶州的前三天，在澶州发生了一件扭转战局的事情，加速了宋辽之间的和谈。当时，辽军主帅萧挞览带领辽军先锋队到了澶州北城，与澶州北城宋军遥遥相望。宋辽两军

1.《续资治通鉴长编》卷五十八：戊辰，以山南东道节度使、同平章事李继隆为驾前东面排阵使，马军都指挥使葛霸副之，西上合门使孙全照为都钤辖，南作坊使张旻为钤辖。武宁节度使、同平章事石保吉为驾前西面排阵使，步军都虞候王隐副之，入内副都知秦翰为钤辖。

形成了对峙之势。宋军城墙上的将士不断巡视各个方位，然后调整着澶州的防御政务。辽军也在到处查看可以突破澶州北城的地方。这是一种心理战术，辽宋双方都在等着对方先露出马脚，然后派兵袭之。

这一天，辽军主帅萧挞览带领着一部分人在澶州北城不远处来回巡视着，不断对澶州北城指指点点。城外这一幕，正好被当时当值的北城守将张瑰看到。张瑰便命人密切注视辽军小分队，看他们到底意欲何为。张瑰也在城墙上来回走动。此时，张瑰惊奇地发现，这支小分队正向澶州北城靠近，完全不顾及澶州北城还有宋军把守。

张瑰命人将床子弩对准城下转悠的这一小支辽军，命令将士们一旦辽军靠近城池，用床子弩射他们。此时的张瑰心想，只要这些箭射出去，总能射死几个辽军将领。退一步讲，即便射不中，但也能吓一吓这帮辽国人。

城外的辽军小分队对城上的一切都毫不知情，继续向澶州北城靠近着。张瑰一看城下辽军小分队不退反进，有些愤怒。于是，张瑰便命人启动床子弩。这床子弩因为劲道大，要好几个人同时操作才能启动。张瑰命人准备好床子弩。随着一声令下，床子弩里的箭头“嗖嗖”地射了出去。

城墙上众人的眼睛随着飞出去的弩箭飞向了辽军小分队，观看命中结果。因床子弩的箭比较重，所以受重力影响，射出去后轨迹是抛物线，这样也容易让射程跑偏，不命中的情况时有发生。只有人员密集时射击，其杀伤力才会体现出来。当床子弩的弩箭落到地面时，距离已非常远了，张瑰无法判断是否命中城下辽军小分队。忽然，辽军小分队队形乱了，开始迅速后撤。城墙上的宋军看到这个情况后，一阵欢呼雀跃，他们料定这次射出去的箭没有放空，一定有人被射翻在地，床子弩杀死一个辽军，这也是功劳啊！张瓌下了命令，若这伙人继续在城底下来回跑，想找出守城宋军的破绽，那继续发动床子弩，驱赶他们远离澶州北城。

事实上，张瓌还不清楚他的斩首行动直接扭转了战局。因为被床子弩击中的人是这次辽军南征的主要人物萧挞览，据说床子弩射出去的这一箭正中萧挞览的额头部位。那些跟着萧挞览查看地形的人，见主帅被射翻于马下，惊慌失措地护送萧挞览回去了。当天晚上，萧挞览因伤势太重而死掉了。[1]

辽军面临着主将折戟的尴尬局面。辽军大营里，再难派出有作为的高级将领来。此时，萧太后一行，也到了澶州。萧太后听闻萧挞览战死，扶着萧挞览的灵车恸哭不已，精神上受到了沉重打击。此后，萧太后罢朝五日，以此来祭奠萧挞览。当然，此时的萧太后再次表现出了一个成熟政治家的手腕，她让人严密封锁萧挞览战死的消息，禁止将士们议论此事。

萧太后的这种举动当然是故作镇定，但此时她须镇定，随着萧挞览被射死，辽军上下都处于一种紧张情绪中，士气低落。处置不当，辽军会全线崩溃。此时的萧太后只有一条路可走，那就是在宋朝不清楚萧挞览战死的消息之前与宋朝和谈，并达成某种书面材料，这样有理有据，才会解了眼下辽军的危机。若宋朝上下清楚了萧挞览的死讯，辽国必将陷入非常被动的局面。所以，此时的萧太

1.《辽史·列传第十五》卷八十五：进至澶渊，宋主军于城隍间，未接战，挞凛按视地形，取宋之羊观、盐堆、凫雁，中伏弩，卒。

后加紧了与宋朝沟通和谈事宜。[1]

由于萧挞览被张瑰射死之时，赵恒还在前往澶州的路上。对于这一事件，宋朝这边并不知情。张瑰等人只是清楚那天的床子弩肯定射杀了辽军的人，但到底射杀了谁，他们也不清楚。辽国方面甚至为了掩饰这种慌乱，命人继续攻打澶州北城，因此，澶州北城的辽军不但没有减退攻势，反而越打越猛烈，辽军想以此来稳定慌乱的军心。这样，宋朝澶州北城的将士面临着最惨烈的战斗。

三天后，赵恒终于到达了澶州城。但赵恒到澶州南城后，越发感觉到了一种压力，因为北城已被辽军团团围住，若此时辽军攻破澶州北城，后果不堪设想。随行的一些官员建议赵恒在澶州南城下榻，等待前方的消息。赵恒当时内心是紧张的，无人能理解他内心的紧张。所以，此时有大臣建议赵恒在澶州南城休息，赵恒心中很是高兴。虽澶州南北城只有一条黄河之隔，但在心理上，南城要比北城安全得多。可寇准等人不同意，认为此次亲征就是为鼓舞三军士气而来，躲在澶州南城连三军面都见不着，又怎样鼓舞士气？于是，寇准等人纷纷进言，要求赵恒到北城去。[2]

寇准等人的理由很充分：既然来了，就要到北城去，站在城墙上，让澶州北城的将士们看到赵恒的确到了澶州，这样才能起到鼓舞三军将士的作用。赵恒极不情愿，但他拗不过寇准等人的不断劝谏，只能硬着头皮去了澶州北城。据说，当抬着赵恒轿子的轿夫们

1.《辽史·列传第十五》卷八十五。

2.《续资治通鉴长编》卷五十八：是日，次南城，以驿舍为行宫，将止焉。寇准固请幸北城，曰："陛下不过河，则人心危惧，敌气未慑，非所以取威决胜也。四方征镇，赴援者日至，又何疑而不往？"高琼亦固以请，且曰："陛下若不幸北城，百姓如丧考妣。"

踏上浮桥时，轿夫们有些怯战，不敢前进。此时，跟在赵恒身后的高琼用手中的棒子打了轿夫，催促轿夫们赶紧前行。轿夫们哪里敢得罪高琼，只能抬着赵恒晃晃悠悠地向北城而去。[1]

等到了北城，有人建议赵恒在北城的行营里休息，毕竟此时，辽军正在猛烈地攻城，流矢可不长眼睛。万一出现难以预料的事情，这个责任怕是谁也承担不起吧。但寇准等人还是坚持要赵恒登上城墙，鼓舞士气。赵恒在众人的“胁迫”下，登上了澶州的北城。此时，在北城防御辽军的宋军，看到了代表皇帝的黄色伞盖，士气大振，宋军将士齐声高呼“万岁”，声音震彻云霄。[2]连赵恒自己也没有想到，他的到来会让澶州北城的宋军士气这样高涨。当然，赵恒更没想到的是，他在澶州北城看起来只是踏出了一小步，但对辽宋局面而言，却是迈出了一大步。

赵恒在澶州北城检阅宋军，整个澶州城里及城上的宋军都壮怀激烈，呐喊声不绝于耳。检阅完将士之后，赵恒命人将自己的皇旗插在了澶州北城之上，这意味着宋朝的皇帝和前线的将士同仇敌忾，抗击前来攻城的辽军。做足了这一切，赵恒在众人的拥护下回城内临时的行营休息，而寇准等则留在城上指挥着宋军将士抵御辽军的攻击。

需要说明的是，尽管已到澶州北城，也检阅了宋军将士，但赵恒心中还充斥着恐惧，眼前的澶州北城并不牢固，若辽军强行

1.《续资治通鉴长编》卷五十八。

2.《续资治通鉴长编》卷五十八：上乃命进辇。既至，登北城门楼，张黄龙旂，诸军皆呼万岁，声闻数十里，气势百倍，敌相视益怖骇。上览观营壁，召见李继隆已下诸将，抚慰者久之，赐诸军酒食、缗钱。

攻打，澶州北城能否守住尚不可知。据说这一夜，赵恒在澶州北城的行营里不敢入睡，他派遣身边的跟班太监去探望坚守在城墙之上的寇准。寇准早清楚赵恒依然担心，为了打消他的顾虑，寇准故意将那些守城的将领叫到一起，几个人摆着一桌酒菜，在一起喝酒谈心。太监将看到的一切都报告给赵恒。赵恒觉得寇准如此胸有成竹，便也不再恐惧。[1]

之后，进入和谈阶段。因为曹利用已到了辽营，摸清了辽国和谈的底线。

赵恒也想要和谈，而且已再听不进去其他不同的意见。寇准妥协了，这次催促赵恒亲征，已让赵恒到崩溃边缘，若此时继续与辽军对战，赵恒会陷入进退维谷的境地，他们君臣二人的嫌隙会更进一步加深。其实从动员赵恒亲征开始，君臣之间便已有了一些看不见的裂缝出现，只是那时候寇准一心要的是让赵恒亲征，给前方将士鼓舞士气；现在这个目的已达到了，也没有必要继续扩大战争的局面了。

和谈之事，已是板上钉钉。

这次萧太后还是款待了曹利用，毕竟这个人直接将决定辽宋和战的问题。简单地修整了一下，辽宋双方坐在了谈判桌上。萧太后首先以收复关南之地为由，要求宋朝归还关南之地。萧太后说关南之地本是辽国的领土，辽宋之间要想和谈，宋朝交还关南之地是和谈的基础。曹利用作为宋朝代表，听了萧太后的要求后，认为关南之地自从后周并入中原版图，后来又成为宋朝的固有领土，不存在

1.《宋人轶事汇编》卷五：真宗亲征澶渊，每使人觇莱公动息，或曰："寇准昼寝，鼻息如雷。"或曰："寇准方命庖人斫鲙。"帝乃安。

是辽国地界的说法。曹利用还说，若按照这个道理，幽云十六州也是中原王朝的固有领土，辽国占领很多年了，是不是应该先将幽云十六州归还给宋朝？[1]

曹利用的话让萧太后无可辩驳，她没有想到宋朝使臣态度如此坚决。这次和谈辽宋双方都明白，国土问题和边界问题没办法再成为和谈的筹码了。毕竟国土是祖宗的家业，寸土不能与人。这是宋朝的底线。这样一来，和谈陷入了僵局。曹利用在辽营里被好吃好喝地招待着，等待着辽国这边重新提起和谈之事。见辽国上下还在商议，曹利用一直在辽营驿馆中等待辽国上下统一思想。

事实上，辽国这边也非常郁闷，与宋朝打了二十五年的仗，这样什么都没有得到就撤兵，实在说不过去，那些辽国的皇室家族也不会答应此事。可此时战事的天平明显向着宋朝一边倾斜，若拖延下去，恐怕对辽军不利。再说辽国孤军深入，若宋朝调集的宋军都在澶州集结，辽军必将受到前所未有的打击。瀛洲、定州、莫州、大名府都有重兵把守，还有多次与辽军作战的王超率领着十五万大军，也在辽军后方蠢蠢欲动。若关南之地的这些宋朝守军从不同方面围攻辽军，那么他们带领的全国之力的辽军，怕会被宋军包了饺子。加上萧挞览战死，辽军士气低落，此时再打下去，辽军只能吃亏。种种迹象都表明，现在和谈是最佳时机。可谈判桌上辽军并未有筹码，这次举国南侵，关南之地的重要据点都还在宋朝手中。辽国的处境非常尴尬，和谈之事该怎么进行

1.《续资治通鉴长编》卷五十八：曹利用自天雄赴契丹寨，见其国主、群臣与其宰相韩德让同处一车，群臣与其主重行别坐，礼容甚简。以木横车轭，上设食器，坐利用车下，馈之食。共议和好事，议未决。

下去呢？萧太后可是伤透了脑筋。索要关南之地明显不现实，不割地是宋朝的底线。

但两国相争到了这一步，和谈得进行下去，所以，辽国派出了一个叫韩杞的官员跟着曹利用到澶州面见赵恒，商议和谈之事。[1]

赵恒面见了辽国使臣曹利用，询问了这次北上的情况，曹利用据实以达。最终宋朝又派曹利用出使辽营，正式与辽国和谈。临走时，赵恒给曹利用和谈的条件：土地寸土不让，但金银财宝可以给一些。当年太祖皇帝设立封桩库也是希望能从辽国手中买回幽云十六州。赵恒让曹利用与辽国和谈时，除了割地之事没有商量的余地外，其他方面尽量满足辽国的条件，实在不行，答应给辽国一百万两岁币也行。[2]

曹利用领了圣旨，准备与辽国使臣和谈。此时，宰相寇准将曹利用叫到了自己的住所里，又对曹利用安排了一番。寇准告诉曹利用，给辽国的钱财不能超过三十万两，若超过三十万两，等曹利用回来，他将曹利用斩首示众。[3]曹利用心中多少有些憋屈，他的委屈倒不是害怕和谈岁币多少的争议，而是一直主战的宰相寇准此时也妥协了，和赵恒站到了一起。曹利用也是有骨气的人，他不想这样和谈，毕竟此时战争有利于宋朝。可和谈是赵恒决定的，连宰相寇准此时都让步了，他只能按照高层的意思去完成任务。

1.《续资治通鉴长编》卷五十八。

2.《续资治通鉴长编》卷五十八：利用之再使契丹也，面请岁赂金帛之数，上曰："必不得已，虽百万亦可。"

3.《续资治通鉴长编》卷五十八：利用辞去，寇准召至幄次，语之曰："虽有敕旨，汝往，所许不得过三十万。过三十万勿来见准，准将斩汝。"

曹利用到了辽营之后，又开始与辽国进行商谈。于是，辽宋双方的谈判使臣如拉锯一样，就辽宋之间边境线、岁币交涉等问题进行谈判。但曹利用的底线不变，让辽国谈判使臣无计可施。萧太后觉得，土地争不来了，那就要些钱吧！空着手回去怎么面对自己人呢？

最终，辽宋双方的谈判使臣坐在了谈判桌上。谈判首要解决的问题是边境线问题，这个问题不解决，以后辽宋之间还会为此而发生战乱。这个问题已困扰了辽宋两国很多年。这也是萧太后此次南下的最终目的，她之所以命人不断攻击宋朝边境重镇，也只是想多一些谈判筹码，现在看来宋军也绝非软柿子，任谁都能捏扁。然而，战争不如意，谈判也成了最终解决问题的办法。最终双方议定辽宋边境以原来未开战时的边界为准。当然，这对于辽宋而言，都有些得不偿失，这等于说辽宋之间二十几年劳民伤财的战争，双方都没有取得实质性胜利，边境线延续了后周以来的边境。

最重要的问题议定后，其他的谈判显得没有多少争议了。关于这场谈判涉及的金钱，辽国还是坚持多要一些。但曹利用临走时寇准曾交代过，三十万两是宋朝的底线。连着商谈了多日，终于确定了金钱数目，宋朝每年给辽国岁币三十万两，这三十万两不仅仅都是银子，还有布匹。当然，这些钱是宋朝赠送给辽国的，并不是赔款。宋朝还将送给辽国的这些钱取了个漂亮的名字，谓之助军旅之费。对于辽国而言，这是实质上的利益。

边境问题解决了，也要到了钱。当然，这些都是实打实的能看得见的东西，谈判嘛，还应该有些虚的利益。此时，王继忠出面了。他代表了萧太后和辽圣宗，又提了一条意见：从今以后，辽宋之间是兄弟之国，你不能打我，我也不能打你，而且这个兄弟之国，在以后延续时，须以年龄论长短。至此，这场商谈也基本完成了。

商谈结束后，辽宋双方根据商谈的内容，修订完善，最终形成了一个结盟的条约，这就是澶渊之盟。这个盟约具体内容如下：宋辽从签订盟约之时起结为兄弟之国，辽圣宗年幼，称宋真宗为兄，后世仍以年齿论；辽宋两国的地界以未开战时的白沟河为界，辽国归还此前攻打下来宋朝的莫州等地，双方从此撤兵，不再修筑工事；在边界上，有作奸犯科，或者越界盗贼逃犯，彼此不得藏匿、包庇；宋辽两国沿边城池，恢复到最初未开战前的边境，宋辽两国不得创筑城隍；宋每年向辽提供助军旅之费银十万两，绢二十万匹，合计三十万两（匹），按照既定时间到雄州交割；宋辽双方在边境重镇设立榷场，开展互市贸易。[1]

曹利用与辽国签订盟约后，便马不停蹄地回到了澶州，给赵恒汇报谈判情况。当曹利用回到澶州时，赵恒正在进餐。按照皇家礼制，在皇帝进餐时，是不允许被外人打搅的。曹利用只能在门外候着。当太监回禀赵恒说："曹利用回来了，正在殿外候着。"此时的赵恒也无心进食了，他想知道曹利用谈判的结果，尤其是答应给辽国的岁币数，成了他最关心的问题。赵恒担心在岁币问题上辽国会狮子大开口，讨要过多的岁币，让宋朝很为难。但此时又不能直接面见曹利用，皇帝身边的太监，被派出去询问答应辽国岁币的情况。[2]

1.《续资治通鉴长编》卷五十八。

2.《续资治通鉴长编》卷五十八：入见行宫，上方进食，未即对，使内侍问所赂，利用曰："此机事，当面奏。"上复使问之，曰："姑言其略。"

曹利用觉得军国大事，不能对太监透露。太监气呼呼地进去汇报。没过多久，太监又出来了，态度不太友善地告诉曹利用：“这是陛下让我问的。”曹利用此时卖了个关子，他没有说话，只是伸出三个手指。太监进到里间对赵恒说：“曹利用伸出了三根手指头，不清楚何意。”赵恒一听太监的话，大惊失色，自言自语道：“三根手指头，难道是答应每年给辽国三百万两吗？这可是三百万两啊，而且每年都要给三百万两，这数目太过了。”赵恒一个人在心中盘算。赵恒觉得，曹利用去谈判时，他给曹利用说过，最多不能超过一百万两。这个曹利用，办事一点儿都不靠谱，竟然答应了辽国三百万两的岁币，这可如何是好。赵恒嘴里的饭一下子没了味道。边吃边想的赵恒忽又转念一想：“三百万两就三百万两吧，只要辽国答应了，也是好事，大不了每年多征收些赋税罢了。”[1]

赵恒草草吃完饭，宣曹利用来觐见，详细听一听这次谈判的事宜。曹利用参拜宋真宗后，先说自己有罪，让国家赔了钱。赵恒觉得，三百万两也不足为过，这些年来应付宋辽每一次战争，花的钱都超过两三千万两。这三百万两还不足打仗所需的百分之十。曹利用战战兢兢地说，自己出师不利，让宋朝每年给辽国三十万两的助军旅之费，实在有辱国家尊严。当赵恒听说曹利用答应给辽国的岁币只有三十万两时，顿时心花怒放。好你个曹利用，竟然还搞这种卖关子的事情。但不管怎样吧，赵恒是高兴的。于是，赵恒大加表扬了一番曹利用，觉得曹利用很会办事。赵恒问曹利用要什

1.《续资治通鉴长编》卷五十八：利用终不肯言，而以三指加颊，内侍入曰：“三指加颊，岂非三百万乎？”上失声曰：“太多！”既而曰：“姑了事，亦可耳。”

么奖赏，曹利用表示自己工作没有做到位，反而让朝廷每年给辽国三十万两，自知有罪，不敢要奖赏。赵恒说：“你已尽力了，朝廷也不会亏待你。”于是，赵恒重重地奖赏了曹利用，还给了曹利用重要的政务岗位，专门负责外交事务。[1]

澶渊之盟不仅确立了宋辽关系，更深层次的影响是打破了天下一家的格局，宋辽互称兄弟之国，天无二日、国无二主已成为过去时。也就是说，当时的中原汉人和北方契丹人已允许同时有两个国家存在。这个意义远比宋每年给辽三十万两（匹）岁币重要得多。

至此，澶渊之盟告一段落。

这个盟约的签订，结束了辽宋长达二十五年的战争，也为辽宋以后一百多年的和平打下了基础。双方签订合约之后，辽国开始撤军。此时，有人给赵恒建议，趁着辽军撤退之际，宋军大部队掩杀辽军，保证重创辽军，若运气好，擒获了萧太后和辽圣宗，那对宋朝而言，可是天大的功劳。但赵恒觉得，既然辽宋双方已签订了盟约，做这种出尔反尔的事情，有悖于道义。况且即便是擒获了萧太后和辽圣宗，辽国能因此灭亡吗？

很显然，不能。因为辽国由几大部落组成，即便辽圣宗被宋朝抓获，辽国的其他宗族势力自然会重新拥立新君主，到时，辽国会举国来报仇雪恨，辽宋两国势必会陷入无休无止的战争中，老百姓又要遭殃，国家又得拿出高额战争经费来应付战争。这不是赵恒想要的结果，他崇尚的无为而治，是要给天下的百姓一个和平安稳的生活环境。难道这不是为天下众生谋幸福吗？所有人都不再说继续

1.《续资治通鉴长编》卷五十八。

追击辽军的事情了。

辽宋双方和解了。辽军已先一步离开了澶州北上，把赵恒一干人等留在了澶州。

宋辽双方自此安定下来，发展农桑，鼓励贸易。赵恒在澶州城中意气风发，他解决了伯父赵匡胤和父亲赵光义这么多年来一直想解决的宋辽边界问题。回京前，赵恒感慨万千，他在澶州立了一块碑，并在碑上提了诗，其碑曰“回銮碑”，其诗曰：

锐旅怀忠节，群胡窜北荒。
坚冰销巨浪，轻吹集佳祥。
继好安边境，和同乐小康。[1]

然后，赵恒开始犒赏前线的将士，尤其是夸赞了李继隆等人。不久之后，一直身体不好的毕士安也从汴京赶到了前线。此时，有人说给辽国答应的钱财有点儿多。但毕士安却说：“若不给辽国这么多钱，这次的和谈之盟约恐怕也不能长久。”其他人只能闭嘴。[2]

辽宋建立澶渊之盟的事情，王旦自然也知晓了。此时的王旦，开始着手准备迎接赵恒回来事宜。当时由于辽宋刚刚建立澶渊之盟，很多宋朝的百姓还在辽军里面，王旦此时给赵恒上了一道札子：“如今国家拥有四海之内的财富，随便一点儿花费都超过万亿，希望拿出数十万两从辽国人手中赎回那些被他们俘虏的汉人。”王

1.《续资治通鉴长编》卷五十八：戊子，上作《回銮诗》，命近臣和。

2.《续资治通鉴长编》卷五十八：癸巳，大宴于行宫。宰臣毕士安先以疾留京师，是日来朝。议者多言岁赂契丹三十万为过厚，士安曰：“不如此，则契丹所顾不重，和事恐不能久也。”

旦的提议招致很多人的反对，大家对之前给辽国三十万两岁币本就不满，现在王旦又提出拿钱赎人，再次激怒了朝中诸大臣。但赵恒却力排众议，禁止人们再非议王旦提出拿钱赎人的事情。[1]

1.《续资治通鉴长编》卷五十八：诏参知政事王旦权东京留守事，即日乘传先还。时两河之民颇有陷敌者，旦上言："国家揽四海之富，不急之费动至亿万，愿出金帛数十万赎其人。"或有沮议者，遂止。

5

王旦为相

前方战事已结束，宋朝举国上下一片欢腾。毫无疑问，天下百姓都清楚辽宋之间签订了停战协议。以后，没有了战事，老百姓的好日子就要来了。

赵恒一行，已从澶州前线往汴京折返。回来时，赵恒因没有去时那样背负着巨大的压力，所以这一路走来有说有笑，而寇准在群臣中，显得鹤立鸡群。所有人都觉得，要不是寇准力谏皇上亲征，辽宋之间不会有这么快的结盟，和平也自然不会这么快到来。大家对寇准刮目相看，即便是赵恒，也是仰望着寇准。

寇准此时，自然得意扬扬。

此时，王旦已接到赵恒一行返回汴京的消息，他在不断地计算着时间，等待赵恒一行的归来。其实，自从赵恒去了前线后，王旦整日精神紧绷，不断探听前方战事。他在心中做着最好的期待，也在做着最坏的打算。

在做汴京留守这段不长的时间里，王旦也的的确确感受到了某种压力，汴京留守可不是常人能做的，各种势力都在这段时间里有些蠢蠢欲动。幸亏王旦有先见之明，对京城做了全面部署。后来听闻辽宋签订澶渊之盟后，王旦悬着的心才落了地。

王旦作为大后方的留守，此时的职责是迎接皇帝回来，把这偌大而安定的汴京交还给赵恒。

赵恒一行往回走的速度比去澶州时快多了。大家在外面好长一段时间了，归乡心切。所有人都急着要回家与家人团聚，家里人也都非常挂念他们。战争正激烈的那段日子里，将士们都捏着一把汗，若运气不好，可能会殒命疆场。可面对着大好河山，谁愿意将这河山拱手于人呢？好在，这一切都随着一纸盟约结束。因此，这一路从澶州而来，几天路程就到了。后面的大部队还在路上，赵恒领着一批人，提前回来了。

等赵恒率领的宋朝文武及大部队走到了汴京郊外时，所有人都精神焕发，马上要回家见到家里人了，谁能不激动呢？当然，那些牺牲了的人，再也回不来了，他们的家人会领到一笔抚恤金。

王旦每天都派人去前方打探赵恒的消息。这一天，收到赵恒不久到汴京的消息，王旦老早便在路上等待着。王旦他们从早上等到了中午，仍然不见赵恒的踪迹，他带着一行人继续往澶州方向行进。赵恒正在走着，听见一阵马蹄声逐渐由弱到强地传来。众人大惊，不能判断马蹄声中谁向这边奔来。赵恒派人去查看情况，才明白原来是王旦领着人，正向赵恒这边奔来。赵恒便问王旦汴京城里的事宜，王旦说一切都很安稳。[1]

赵恒回到汴京后，便对各位出征之人进行了嘉奖。每个人都按照功劳大小进行了加封。当然，这次功劳最大的人当属寇准。满朝

1.《宋史·列传第四十一》卷二百八十二：及驾还，旦子弟及家人皆迎于郊，忽闻后有驺诃声，惊视之，乃旦也。

文武、天下百姓对寇准交口称赞，赵恒也觉得寇准这次的确功不可没，赏赐自然不在话下。

赏赐政务结束后，也到了年底，宋朝上下进入新年的准备当中。

这一年国家处于和平时期，四方无战事，皇帝和大臣们也都非常轻松惬意。只是此时少了李沆那种报忧不报喜的宰相，皇帝也有些无所事事。

当年三月，宋朝开科取士。于是，很多举人都来参加殿试。这一次考试，朝廷又录取了数百人。[1]只是这次考试与以往不同，因为阅卷时太过严格，以致许多通过省试的举子成绩不理想，有些举子直接被刷掉了。不过在这次考试中也发现了人才李迪，以后将官拜宰执。[2]这样一来，朝廷让宰执群体集体翻阅考卷，然后根据自己发现的问题展开讨论，尽可能地为国家多录用有用人才。

朝廷组织宰执群体对本次考试录取情况进行了讨论。王旦一针见血地指出了症结所在：落考者太多是因为主考官在阅卷时没有详细查看卷子。同时，王旦发现了另外一个严重的问题：一些士子在答题时一味标新立异，博取考官眼球。王旦认为这种风气不好，若此风一开，以后士子们做策论时，恐会无所忌惮。最终，朝廷进行了复试，李迪成绩优异，这样一来，朝廷最终还是保持原来的排名，议定李迪为状元。朝廷也听取了王旦的建议，贬黜

1.《续资治通鉴长编》卷五十九：甲寅，上御崇政殿亲试礼部奏名举人，得进士李迪以下二百四十六人，第为五等，第一、第二、第三等赐及第，第四、第五等同出身。又得特奏名五举以上一百十一人，第为三等，并赐同进士、三传、学究出身。翌日，试诸科，得九经以下五百七十人，第为三等，并赐本科及第、出身、同出身。又得特奏名诸科三礼以下七十五人，第为三等，赐同学究出身，授试衔官。

2.《续资治通鉴长编》卷五十九。

了那些一味追求标新立异的士子。这种处置办法，得到了朝中绝大多数人的认可。[1]

时间继续推移，宋朝国内依旧稳定和平。

不久之后，朝廷对边肃和李濬的职务进行了调整。宋朝调整官员职务的政务，在议定阶段，赵恒首先要与中书宰执群体们交换意见。边肃在澶渊之盟以前，被朝廷派到了邢州（今河北省邢台市）去担任知州。后来澶渊之战爆发，边肃严防死守，保障了邢州的安全，边肃还收纳了很多流民，得到了赵恒的赏识。所以这次议定边肃时，大家意见相对统一，最终给边肃的新岗位为枢密院直学士。至于李濬，他原是虞部员外郎兼侍御史知杂事，没有多少政绩。王旦对使用李濬之事有看法，觉得李濬虽有才，但资历较浅，不能一下子提拔到高位。赵恒却说他已许诺了这件事，王旦便不再争辩。[2]作为副宰相，王旦已做到了他该做的事。

之后，朝廷上下没有大事发生，毕士安和寇准两个人主持着国政，推动着宋朝国家机器正常运转。然而，时间到了秋冬季节时，首相毕士安再次病倒。此时毕士安顺势向赵恒上疏，要求辞去宰相职位。赵恒看到札子后，没有批准。之后，毕士安继续上书辞职，但赵恒还是不准。[3]赵恒派出了御医，去给毕士安看病。御医回来，赵恒询问了毕士安的病情后，御医直摇头，表示无可救药。尽管如

1.《续资治通鉴长编》卷五十九。

2.《续资治通鉴长编》卷五十九：以肃为枢密院直学士，与虞部员外郎、兼侍御史知杂事李濬并命。濬居宪府未再岁，上宠待之，遂超迁。参知政事王旦言："濬虽有剸剧才，然亟践近职，时望未允。"上曰："朕业已许之矣。"

3.《宋史·列传第四十》卷二百八十一：二年，章七八上，以病求免，优诏不允。遣使敦谕，不得已，复起视事。

此，赵恒还是让毕士安好好养病，可以不用上朝，不用处理事务。

1005年十月乙酉日，宰相毕士安在上早朝时发病去世。[1]此前，赵恒已准毕士安在朝廷无重大事宜时不必按时上朝，但毕士安觉得赵恒没有罢免他，他要担负起宰相的职责。于是，毕士安依旧坚持上朝。但他想不到这竟是自己活着时最后一次早朝。当时正在上早朝，毕士安忽然晕倒了。毕士安晕倒后，赵恒马上命人将毕士安送回。赵恒又派出御医赶紧治疗。但毕士安已病入膏肓，大罗神仙也回天乏术。赵恒听到这个消息之后，火速赶到了毕士安家里看望，但当赵恒到了毕士安家里时，毕士安已不能说话了。不久之后，毕士安去世。

毕士安的病故，让赵恒感觉失去了精神依靠，两个人一起搭班子治理国家的往事历历在目，可世上空有赵恒的惋惜，却再也没有毕士安治理国家的机会。赵恒在毕士安的灵位前恸哭不已。[2]这已是他第二次接受宰相去世的现实。一年前，李沆去世时，让赵恒一度很悲痛。但悲痛归悲痛，作为皇帝，赵恒此时还得处置各种大事，不能在毕士安去世的事情上投放更多的精力。

首要问题是毕士安去世后，谁来接任首相位置？按理说，此时，由寇准接替毕士安的位置是再恰当不过的了。但此时，赵恒并未急着配齐宰相，似乎还未从毕士安去世的阴影里走出来。不过此时中书的一切事宜，都由宰相寇准全权处理。寇准也果断接过了这

1.《宋史·列传第四十》卷二百八十一：十月晨朝，至崇政殿庐，疾暴作，真宗步出临视，已不能言。诏内侍窦神宝以肩舆送归第，卒，年六十八。

2.《续资治通鉴长编》卷六十一：车驾即临哭，谓寇准等曰："士安善人也，事朕于南府、东宫，以至辅相，饬躬畏谨，有古人之风，遽此沦没，深可悼惜。"诏赠太傅、中书令，谥文简，录其子孙，中使护丧事，给卤簿葬。

份担子，为国家操持着。

不久之后，有使臣从雄州来，表明宋朝与契丹边境上已开设榷场，贸易也顺利推进。辽圣宗的弟弟耶律隆庆还亲自到榷场中观看互市贸易的情况，商旅们对此很兴奋，给耶律隆庆馈赠了一些礼品。耶律隆庆还对商旅表示，辽宋将永世结好，像一家人一样。赵恒与宰执们分析耶律隆庆不接受商旅馈赠的原因。此时，有人分析说："辽国这种手段要警惕，在选择边境守将时，一定要慎重，不然会被耶律隆庆的这种小恩小惠收买了。"王旦也对耶律隆庆这种收买人心的举动表示担忧，对众人和赵恒说："我们派出出使辽国的使者孙仅常说辽国皇帝心宽体肥，而这位皇弟却果敢英勇，辽国人也都很愿意接受耶律隆庆的爱戴。此时，耶律隆庆看见我们对他有馈赠，跟他们的皇帝经常讲要回赠我们，他的这种志向能够激起民众的归心。"[1]

赵恒听了群臣们的分析以后，心中已有了答案。只是此时的赵恒对王旦的认识更深了一步。

但此时，朝中首相的位置依然空着，中书班子不齐，容易懈怠政务，将中书班子补齐。才能充分发挥中书的核心作用。于是，不久之后，赵恒重新提拔了一批官员。这些人员当中有寇准、王继英、王旦、冯拯、陈尧叟等人，还有赵恒的一些弟弟该封王封王，

1.《续资治通鉴长编》卷六十一：甲午，使臣自雄州入奏，言榷场商旅，贸易于北境，契丹国主弟曰隆庆者，受其馈献，必还其直，又设酒馔犒劳之，且言今与中朝结好，事同一家，道路永无虞矣。上谕辅臣曰："蕃戎之情，兹亦可见，然更宜慎择疆吏，谨守诏条也。"王旦曰："孙仅尝言国主气浊而体肥，隆庆瘦而刚果，国人多归之。隆庆见本朝岁有赠遗，屡劝行赏国中，其志欲激动众心也。"

加挂职节度使的也都挂职节度使。[1]

种种事项均已表明寇准为首相了。王旦也晋任一级。其实，自从毕士安得病后，寇准也自动地接过了毕士安的担子，开始处理国家诸多事宜。由此，寇准成了独揽大权的政务堂长官，朝臣顺风倒一样，开始向寇准示好。宋初为了解决宰相权力过大的问题，专门设置了副宰相，但寇准可不是一般人，此时的中书成了寇准的一言堂。

然而，聪明的人都清楚官场自古是个是非之地，若非有高超的智慧、过人的情商，要想在官场上混迹，那自然是要吃亏的。而寇准也有致命的缺点——骄横自大。再加上他现在成了一人独大的宋朝宰相，所有喜欢他的以及不喜欢他的人，都会把目光投向他。

寇准成了大家都关注的目标。如此，寇准越发展现出了自己的霸权、骄横，这必然会遭到别人的嫉妒。尤其是在选人方面，寇准完全按照自己的意愿来选拔一些人才。但寇准对于那些没有真本事只会趋炎附势，或者阿谀奉承者都不予以重用，因此也得罪了很多人。其实这些人并非一无是处，他们除了阿谀奉承之外，还有为了达到目的而表现出来的不择手段的狠辣。寇准在任职宰相期间，这些人形成了一股势力。这些势力相互拉帮结派，专门找那些被寇准冷落或者打压的人联合起来，搜寻寇准的罪证。这些寻找寇准问题

1.《续资治通鉴长编》卷六十一：癸亥，兵部侍郎、平章事寇准加中书侍郎、兼工部尚书；楚王元佐加检校太师、右卫上将军；彭城郡王元偓为静难、彰化节度使，进封宁王；安定郡王元偁为宣德、保宁节度使，进封舒王；曹国公元俨进封广陵郡王、武信节度使；安定郡王惟吉加同平章事；枢密使、检校太保王继英加检校太傅；兵部侍郎、参知政事王旦为尚书左丞；工部侍郎参知政事冯拯、签书枢密院事陈尧叟，并为刑部侍郎。自余群臣，各以序进秩，或加阶勋、爵邑有差。

的人当中王钦若绝对是拼尽全力的代表，还有陈尧叟、赵恒的妃子等人，也一直在伺机报复寇准。此时，寇准的仕途已出现了危机，只是寇准没有发觉罢了。[1]

为什么王钦若会是寇准最大的敌人呢？这事还得从澶渊之盟的时候说起。当时辽军大举进攻宋朝边境，前方频频传来战报，此时的赵恒内心是害怕的。王钦若和陈尧叟等人清楚赵恒心中的恐惧，于是他们建议赵恒南逃。此举招致宰相寇准的强烈反对，寇准建议将劝赵恒南逃的人杀掉，让王钦若等人记恨在心。

后来，为了防止王钦若继续鼓动赵恒南逃，寇准故意让王钦若到大名府任职，以达到支开王钦若的目的。王钦若当时虽去了大名府，可着实恨透了寇准。澶渊之盟后，宋辽两国从此安定了，赵恒也已将王钦若调回，继续担任身边要臣。但王钦若与寇准关系不睦，暂时只能担任虚职，以待时机。也是此时，王钦若开始网罗寇准的罪证，计划扳倒寇准。此前，毕士安还活着时，王钦若等人会想方设法暗地里整治寇准。相传当时寇准刚刚擢升为宰相，有一个叫申宗古的布衣诬告寇准联合安王元杰谋反，可安王已死，申宗古的状告等于死无对证。这样一来，寇准的身份就非常尴尬了。所幸的是，首相毕士安手段强硬，火速缉拿，并斩杀了申宗古，而且不公布审查结果，王钦若为毕士安强硬手段所震惊，不敢在背后恶搞寇准。[2]史料中虽没有证据显示鼓动申宗古状告寇准联合安王谋反的

1.《宋史・列传第四十》卷二百八十一。

2.《宋史・列传第四十》卷二百八十一：准为相，守正嫉恶，小人日思所以倾之。有布衣申宗古告准交通安王元杰，准皇恐，莫知所自明。士安力辩其诬，下宗古吏，具得奸罔，斩之，准乃安。

主脑，但可以推想这个人就是王钦若，他不想寇准登上宰相之位，故意弄出一个申宗古，否则一介布衣又怎么会清楚朝中宰相和另外一个王爷的谋反之事？此时，王钦若之流清楚，有毕士安在，他们别想动寇准。于是，他们便等待着时机。王钦若这个人城府较深，多年来，一直工于心计。没有做到一击必杀的准备前，他是不会轻易出手的。后来，毕士安去世，寇准独揽大权，这给那些意图整垮寇准的人创造了条件，王钦若对寇准充满了嫉妒。[1]

于是，王钦若继续扳倒寇准的关系网再次启动。这次，寇准将面临前所未有的职业危机。

王钦若摸透了人性，处置政务时，只关注赵恒的喜好，不管是否对国家建设有益处。那些困扰赵恒的事情，总能被王钦若摆平。也正是因为这一点，赵恒一直很喜欢他。赵恒给王钦若加“资政殿大学士”便是例证。王钦若在赵恒耳边不断吹风，说寇准的坏话，说令赵恒和寇准都很满意的澶渊之盟这件事依然有不合乎礼仪的地方。王钦若借助澶渊之盟这件事借题发挥，大做文章；这件事也成了王钦若扳倒寇准的最大“罪证”。

扳倒寇准的事情，是王钦若在赵恒兴致很高时说出来的。当时赵恒和王钦若在勤政殿说一些朝中的事，说着说着，就说到了寇准身上。王钦若清楚自己的机会来了。于是，王钦若便对赵恒说：“皇上您一向敬重寇准，难道真是因为寇准对国家有功绩吗？”赵恒看了一眼王钦若，不清楚他想要说什么。

赵恒说：“寇准是我们大宋的功臣，澶渊之盟是他再三劝阻我

1.《宋史·列传第四十》卷二百八十一。

才取得的战果，若不是寇准，宋辽之间恐怕还在进行着战争。”对赵恒的话王钦若却不以为然，他说：“澶渊之盟这件事，皇上您还觉得是功劳，可臣下觉得，这并不是多么光彩的事情。”赵恒脸色不好看了，王钦若开始解释，“当时辽军在澶州城下，澶州被辽军围困，宋朝与辽国签订的澶渊之盟，难道不是城下之盟吗？”这一番话彻底否定了赵恒引以为傲的澶渊合盟。赵恒陷入深思，《春秋》里城下之盟的典故，他当然清楚。此时，王钦若看到赵恒陷入沉思当中，便又添油加醋地说：“签订城下之盟本身是一件很耻辱的事情，想不到皇上你竟然不以为耻反以为荣。臣觉得澶渊之盟，是寇准一手策划的，他是否有不可告人的目的尚不可知，但您千万不能认为寇准有那么大的功绩。”赵恒还在沉思中，脸上明显显示出了不悦的神色。[1] 此时的王钦若却一阵窃喜，他的目的要达到了。赵恒并未回话，王钦若觉得，应该在赵恒愤怒的心中再添一把火。他继续对赵恒说：“皇上您大概听说过赌博这件事吧？”赵恒不解。王钦若继续说：“那些赌徒在本儿赔得相差无几时，往往会将剩下的赌资全部押上，意图通过这样的做法来捞回输掉的赌资，这种做法在赌博行业里叫孤注一掷。而当时皇上您在澶州之时，宰相寇准一心想的是怎么提升士气，却完全没有替您的安危着想，他不断敦促您到澶州北城去检阅部队。当时的情况您也非常清楚，流矢不断，寇准此举不正是拿您的身体做赌博，孤注一掷了吗？这次幸亏我们胜利了，可

1.《续资治通鉴长编》卷六十二：一日会朝，准先退，上目送准，钦若因进曰：“陛下敬畏寇准，为其有社稷功耶？”上曰：“然。”钦若曰：“臣不意陛下出此言，澶渊之役，陛下不以为耻，而谓准有社稷功，何也？”上愕然曰：“何故？”钦若曰：“城下之盟，虽春秋时小国犹耻之，今以万乘之贵而为澶渊之举，是盟于城下也，其何耻如之！”上愀然不能答。

若澶州被破，您想过后果吗？”[1]

赵恒听了王钦若的这一番分析后，便觉得后背阴风森森。此时，赵恒才想起澶渊之盟前后的许多事情。

凡事都怕一件件联系起来。此时的赵恒开始自问：“这个寇准到底是个什么人呢？”从此之后，赵恒便开始有意地疏远寇准。

挑拨了寇准和赵恒之间的关系后，王钦若不断派出自己的眼线，一直盯着寇准的所作所为。此时有人报告说，寇准在选拔人才方面，破坏国家制度，按照个人好恶选人。比如说寇准选拔人才不讲门第，不问出身，只选用那些有本事的人，尤其是那些寒门士子，都得到了寇准的极力推荐，而对于王钦若身边的人，寇准则大多都不用，即便是使用，也都给这些人一些闲职。王钦若等待的事情，正在一件件地发生。但王钦若没有打草惊蛇，继续让反对寇准的人网罗各种罪证。

寇准的骄横、自大，还有一些缺点逐一暴露后，被王钦若等人收集去了。于是，朝堂之上，弹劾寇准的事情时有发生。赵恒起初虽对寇准有看法，但又觉得寇准这人脾气秉性如此，已没办法更改，也不再过问。后来，随着朝臣对寇准的弹劾增多，终于在1006年，寇准被赵恒罢相，调出京城。至此，宋朝的两个宰相职位都空

1.《续资治通鉴长编》卷六十二：初，议亲征未决，或以问准，准曰：“直有热血相泼耳。”于是，谮者谓准无爱君之心，且曰：“陛下闻博乎，博者输钱欲尽，乃罄所有出之，谓之孤注，陛下，寇准之孤注也，斯亦危矣。”

了出来。没宰相可不行啊，须尽快选出宰相人选。[1]

此时，赵恒将排在第一位的副宰相王旦进行擢升。这样一来，王旦顺势成为赵恒继寇准、毕士安之后的新宰相，“三年，拜工部尚书、同中书平章事、集贤殿大学士、监修《两朝国史》”。[2]而且王旦上来就是首相，因为在宋朝有个不成文的规定，监修国史的宰相一般都由首相兼任。

赵恒不直接任命王钦若，原因有二：一是王钦若的资历不够；二是大家对王钦若有争议。所以，使用他时，多少得慎重。另外，祖宗之法里还有个不成文的规定，那就是尽量不能重用南方士子。自从宋太祖赵匡胤拿下江南和后蜀后，虽然整个南方都纳入宋朝的版图，但宋朝是北方政权，这些北方统治者天然地不相信南方士子。很长一段时间以来，南方臣子们虽在宋朝继续为官，但大都得不到重用，比如徐铉、张洎等人。宋朝在使用人才时，更多的还是倾向于使用北方的人才，这一点在赵匡胤、赵光义时代是非常明显的。而赵恒作为宋朝的第三位皇帝，自然也清楚其中的深意，如若此时起用王钦若，许多大臣，尤其是那些北方大臣会有意见，这极可能造成朝堂不稳定。赵恒对这种“祖宗之法”还是有所顾虑。在宰相的任用上，赵恒比谁都清楚这里面的分量。反观王旦，出身北方，祖父、父亲都是历史上的名臣。王旦在整个官场人缘好，又有多年的政务经验。这种情况下，由王旦出任首相是最恰当不过了。

1.《续资治通鉴长编》卷六十二：准在中书，喜用寒畯，每御史阙，辄取敢言之士，他举措多自任，同列忌之。尝除官，同列屡目吏持例簿以进，准曰：“宰相所以器百官，若用例，非所谓进贤退不肖也。”因却而不视。戊戌，中书侍郎、兼工部尚书、平章事寇准罢为刑部尚书。

2.《宋史·列传第四十一》卷二百八十二。

但赵恒也没有冷落王钦若，下了一道诏命，对冯拯、王钦若、陈尧叟、赵安仁、崇训、马知节等人都予以重用，这些都是在朝中最受皇帝宠爱的人。为了让这些人相互之间能和平相处，赵恒还对他们的班次进行了排列，依次是王钦若、冯拯、陈尧叟、赵安仁、崇训、马知节。[1] 从这几位大臣的排序中，可以看出赵恒对王钦若的器重。

王旦被提拔为宰相之后，进宫谢恩。赵恒给他赐座。对他说："寇准这个人以追求国家赏赐封爵为重事，没有一点儿中书大臣的样子，这才罢了他的宰相职位，希望能够保他平安。"随即，寇准被调出中央到陕州任职。寇准临上任前，赵恒又派身边的侍从去传达赵恒训诫的意思。[2] 对此，王旦并没有帮着寇准说情，毕竟此时他刚刚担任宰相，又对一些情况不了解，自然不敢乱下结论。

此时的寇准内心是纠结的，但寇准罢相也与他的性格有关系。那些身处高位的人若不谨言慎行，必会给人留下把柄，赵普如是，吕夷简如是，王安石如是。寇准想不到的是，不久之后，那位扳倒他的王钦若将晋级为资政殿大学士。[3]

由此，朝堂上新换了宰执群体，历史也翻开了新的一页。

1.《续资治通鉴长编》卷六十二：己亥，刑部侍郎、参知政事冯拯为兵部侍郎，资政殿大学士、兵部侍郎王钦若为尚书左丞，刑部侍郎、签枢密院事陈尧叟为兵部侍郎，并知枢密院事。翰林学士、工部员外郎、知制诰赵安仁为右谏议大夫、参知政事。枢密都承旨四方馆使韩崇训、东上合门使马知节并签署枢密院事，崇训为检校太傅，知节检校太保。诏叙班以钦若、拯、尧叟、安仁、崇训、知节为次，令即日视事。

2.《续资治通鉴长编》卷六十二。

3.《续资治通鉴长编》卷六十二：辛巳，以刑部侍郎、资政殿学士王钦若为兵部侍郎、资政殿大学士，班在文明殿学士之下，翰林学士承旨之上。

6

新宰相上任

王旦成为宰相，实至名归。这对于王氏家族而言，也是件非常荣耀的事情。当年王祐手植三槐的往事，被人重新提了起来。许多关于王旦的往事也在朝廷和市井间流传开。但不管怎样，王旦这次为相，实现了他父亲当年手植三槐的愿望。此时，家里人给王旦出主意，让王旦带着家里人给王祐上坟，禀告自己已成为宋朝宰相。

但此举遭到王旦的反对，并告诫家里人，不能再有此想法，即便是外人说的，家里人也要予以抵制，绝不参与对这些往事的舆论。王旦觉得如若这样做，那些别有用心之人定会将此事告诉赵恒。宰相的职位本在舆论最中心，一旦有人说他这些年隐忍都是为了当宰相，反而会引起赵恒的戒心，自己也会落下不好的名声。既然现在他已成为国家宰相，实际上已实现了王祐的预言，这就够了，对父亲的栽培和感谢就留在心里吧。王旦给家里人说，他现在处在宋朝最高权力机关，要事事小心，如履薄冰，不能让人抓住任何把柄。王旦甚至还给家里人列出了赵普、寇准等人的遭遇，来说明宰相职位的重要性。

王旦并没有因官拜宰相有丝毫松懈，反而感觉到肩上的担子更重了。因为此时，宋朝只有他一个宰相，他须承担的责任重大。他制定的每一项国家政策，都将影响着天下之人；他选用的人才，直接决定着国家的兴衰……总之，宰相这个职位看起来风光，其实有诸多说不出口的苦，只能他自己知道个中滋味罢了，如履薄冰的感觉，经常会席卷全身。

家里人见王旦如此艰辛，也不再强求他做什么。其实在家里，王旦本身是一家之主，家里所有人的各种重大事情，都要听从王旦的建议。此时，家里也不太平。比如，夫人赵氏又有身孕了[1]，尽管有人照顾，王旦还是不放心。比如，大儿子王雍已经十八岁，到了该参加科举之时，但王旦此前对弟弟们说过，不与寒士争功名。所以，对于儿子的出仕，王旦仍坚持原有看法。朝廷里的许多人，都严于律己，约束家里人，不给国家造成负担。以不久前去世的李沆为例，他在担任宰相时，不让家里的孩子出仕为官。若按照李沆的条件，他的孩子在官场上一定官运亨通，可李沆硬是没有让孩子进入官场，等到李沆去世后，他的孩子才因恩荫，出仕为官。现在王旦是宋朝的宰相，他也应该像李沆一样，让孩子在家里待着，读书、识字，学会做人，学着去做一些有意义的事情。

王旦清楚官阶越高的人，越得替最底层的人着想，否则又如何做好顶层设计呢？王旦觉得赵恒如此信任自己，他也不能有负皇恩。

王旦在初任宰相期间，有一段适应期。这倒不是他的政务增多的缘故，而是担任宰相后，整个官场与他个人的关系比以前更复杂

1. 根据《宋史·王素传》记载，王素生于1007年，故而推测赵氏怀孕大概在1006年底到1007年初这段时间。

了。梳理这些关系，也需要更多的精力和时间。当时还是参知政事的王旦，对朝廷里的各种关系就感到头疼，现在他成了协调这些事情的人，难免感到一种压力。这世间最难的就是协调各种关系。人和人之间的明争暗斗，最让人难以预测和防范。王旦作为宋朝的宰相，要对官场上的每个人都熟悉。这样，在使用人才时方能做到不偏不倚。身为高层领导，他们其实不会干具体的事情，他们能做的也就是统筹协调。

统筹协调的前提是要充分掌握每一个人的行事风格、做人标准；但想要完全摸清官场里的人，难度很大。

王旦作为宰相，应该管束这些事情，可也总不能天天命人监视每个朝中大臣吧。再说，别人私底下怎么做，只要不违反相关规定，也不能把他们怎么样，官场的那些人正是清楚这些规定，所以才会做出一些出格之事。

朝中的很多风气，也不是宋朝独有的，而是历朝历代的恶习积攒下来的。宋朝因为重文抑武，文人的身份得到了前所未有的提升，但这也给国家带来了重大隐患。这些士大夫私底下拉帮结派，相互请吃，妄议国家政策。整个朝中的大臣形成了小团体。王旦已看到了这些士大夫之间的诸多弊端，但苦于没有办法解决。这些问题将会在宋朝各个皇帝的治理中，不断演化着，最终形成了宋朝一种独有的政治旋涡——朋党。

此时，王旦在宰相之位上兢兢业业，宋朝官员也都有意向王旦靠近。这段时间以来，王旦家里总是宾客满堂，大家都来汇报政务，欲拉近与王旦的距离。当然，也时不时有人拿着礼品，登门拜访，表示诚意。王旦拒不收礼，但也不驳这些人的面子，他们来了王旦还是热情招待，并告诉他们要把心思放在政务上，别花其他心思，等政务干出了成绩，上上下下都会看到的。王旦也从不接受同僚的因私请吃。对于那些热情来请王旦赴宴的人，他都婉言拒绝，于是那些官员不敢再请了。[1]

1006年五月，一件事摆在了王旦面前，这是王旦担任宰相以来，第一次与所议之事被载入史册。当时，有个叫陈省华的左谏议大夫已去世一年，他的母亲还没有受到朝廷的格外照顾。当年他为官时颇有政绩，现在他去世后，赵恒打算对他的母亲予以封赏。于是，赵恒问王旦这件事能不能做。王旦说："虽朝廷没有给已亡故官员亲人封赏的先例，但若官家打算这么做，也并无不妥。"其实，王旦之所以这样说，还是因为朝廷有一些不成文的规矩。像陈省华这种官至枢密身份的人，朝廷为了表示对他们的重视，一般情况下他们的母亲、妻子都会被封郡。[2]既然宰相这么说，赵恒也觉得可以对其进行封赏。于是，陈省华的母亲得到了朝廷的额外照顾，直到她去世。[3]陈省华三个儿子都很厉害，两个官至宰执。他的三个儿子分别是陈尧叟、陈尧佐、陈尧咨。

这件事王旦处置得恰到好处。赵恒对王旦政务也表示满意。这对君臣再一次形成了某种相互扶持的政务局面，像当初赵恒与李沆和毕士安一样。这样相互扶持的成效也是显而易见的，此时，国家一切政务都向正规化的方向发展。陈尧叟一家也感恩于王旦，这也是为什么王旦为相时，陈尧叟兄弟一直能与王旦和平相处，要清楚

1.《宋史·列传第四十一》卷二百八十二。

2.《续资治通鉴长编》卷六十三：左谏议大夫陈省华卒……省华卒既逾年，上欲褒封其母，以问王旦，旦曰："虽私门礼制未阕，公朝降命，亦无嫌也。"

3.《续资治通鉴长编》卷六十三：乃封为上党郡太夫人，后进封滕国，年八十余尚无恙。

他们与寇准的关系可没那么好。

由是，王旦在宰相之位上开始了治国之旅。刚开始一切都很艰难，但这一切都在有条不紊地进行着。王旦从最底层的县令，一级级升到了宰相这个位置，对官场的诸多事情非常熟悉。那些地方官员也不敢糊弄王旦，都向王旦示好，王旦做事分寸把握得很好。

此时，还出现了一个小插曲。那就是王旦的弟弟王旭被赵恒钦点为官员。前文说过，王旦身居高位后不让家里男丁入仕为官，一则是避嫌，二则也是给天下寒士让出一条道。家里人也都非常尊重王旦，完全听王旦的安排。这次赵恒要起用王旭，是一个叫王矩的虞部员外郎推荐的。王矩说王旭很有才能，但由于他哥哥是宰相，所以一直不做事。赵恒得知这个消息之后，找来了王旦，和王旦商议给王旭加封官职的事情。[1]

刚开始时，王旦不同意赵恒重用他的弟弟，认为别人会说王旦作为宰相，利用职务之便给自家人谋福利。但赵恒说："朕素闻你弟弟王旭有才干，为人处世也很好，官场那些人对你弟弟评价也好，也有很多人给朕推荐让王旭担任京府的官员。这样的人才，为什么我不用呢？"即便这样，王旦还是觉得不妥。赵恒说："朕打算让你弟弟担任三司判官。"王旦却觉得三司判官这么重要的岗位不能给他的弟弟，且不说他弟弟有没有这个能力，现在他是宰相，兄弟都身居要职，别人是要有看法的。尤其是那些寒士，他们又会怎么想？[2]王旦据理力争，央求赵恒不要给他弟弟这么重要的职位。王旦认为避嫌这件事还是要做的，赵恒觉得王旦太小心

1.《宋史·列传第四十一》卷二百八十二。

2.《宋史·列传第四十一》卷二百八十二。

谨慎了。赵恒这次没有听王旦的话，继续任用王旭为官。数日后，赵恒召见了王旭，询问王旭做官治国的事情，两人相谈甚欢，赵恒还给王旭赏赐了绯鱼。事后，等王旦进宫奏事时，赵恒对王旦说：“朕都不知卿的弟弟还是朝中之人。”言外之意，是王旦将弟弟雪藏得太深了。[1]

赵恒尚且对自己这样关心，王旦只能倾尽全力做好每一件事。他在宰相的位子上兢兢业业，从不疏忽政务，即便是休息了，如遇紧急事务，他也毫不懈怠。

不久之后，被派往益州任职知州的张咏任职期满了，赵恒召集两府主要领导商议张咏调离之后益州知州的人选。张咏和王旦为同年进士，比王旦大十岁。994年，王小波、李顺等人在四川发动农民起义，朝廷紧急派张咏知益州，负责镇压农民起义和恢复当地生活生产情况。后来，农民起义军被镇压下去，但成都依然存在着各种不稳定因素。于是，张咏一直在益州任职。几年下来，蜀中逐渐稳定。此时，张咏在四川任职期满，朝廷自然要调整张咏的岗位。若不出意外，张咏会被安排进京提拔重用。但张咏调走之前，朝廷还得选一个有才干之人去接替张咏。此时，王旦给大家推荐了时任兵部员外郎兼直史馆的任中正，让他接替张咏的位置。但王旦的这个提议招致宰执群体的反对，即便是赵恒也责问王旦。王旦并未在意反对他的人，对赵恒说：“依我看只有派任中正去，才能使张咏这些年在益州制定的一些政策得以延续，继续让四川稳定。若要派其他人去，一定朝令夕改，再次让蜀中地区陷入不稳定中。”听了

1.《宋史·列传第四十一》卷二百八十二。

王旦的话后，赵恒表示同意王旦的提议。[1]事实证明，派任中正是最正确的选择，任中正在益州执政五年期间，沿用张咏制定的稳定社会、发展经济等政策，蜀中大治。[2]此时，大家对王旦慧眼识人表示信服。[3]

赵恒也很高兴，对王旦更加信赖了。随即，赵恒让王旦担任明德皇后园陵使。[4]事实上，明德皇后在王旦处置任中正之事前已去世了。[5]明德皇后并不是赵恒的生母，而是赵光义后来封的皇后。在赵恒即位时，明德皇后还与王继恩、胡旦等人打算废掉赵恒，拥立他大哥赵元佐为皇帝，不过这种计谋被当时宰相吕端巧妙破解。赵恒即位之后，并未追究明德皇后的相关责任，还尊其为皇太后。她去世后，赵恒还决定穿三年孝服以示祭奠，不举乐，不搞大型活动。群臣一再请求皇帝不可这样做，赵恒才放弃了为明德皇后守孝三年的打算。[6]这也能反映出赵恒的宽容。

此时，王旦作为皇家的园陵使，全权负责明德皇后的安葬事宜。好在这些事只需要王旦统筹，具体政务有人去干。

不久之后，赵恒又处置了宁化军、镇戎军等边境事宜。处理完这些事，赵恒对王旦等一些宰执说："但凡要处置的军务，都要清楚其中的本末，不可听信一面之词。朕每与群臣商议事，很多军务虽不合理，但应该容纳这种不合理。若在处置军务时太过果断，一

1.《续资治通鉴长编》卷六十三。
2.《续资治通鉴长编》卷六十三。
3.《续资治通鉴长编》卷六十三。
4.《续资治通鉴长编》卷六十三。
5.《续资治通鉴长编》卷六十三。
6.《续资治通鉴长编》卷六十三。

定会有照顾不周的地方。周世宗是公认的英主，可他用刑过急，诛杀臣子行为失当，这也是后周享国不长的缘由！”[1]群臣深受教诲，也对这位在深宫大院里长大的赵恒刮目相看，他其实什么都清楚，只是不说透罢了。

数日后，赵恒让使臣给群臣宣读了一条圣旨：来年春天朝廷将到巩义祭拜赵氏列祖列宗的皇陵。[2]其实这件事并不是赵恒一时兴起，而是准备很长时间了。当初赵恒有这个打算时，让掌管天文的司天监拟定日期，但司天监根据天文现象选定的日期有些迟，赵恒已打算在来年春天到来时搞这个祭奠活动。于是，赵恒对王旦说：“朕一直尊用各种典礼，决定在春天祭祀皇陵。”王旦说：“来年春天祭奠倒是好时机，万物复苏，春暖花开，但行宫损坏，需要修葺，等到修好了之后，再行祭祀典礼吧。”赵恒却说：“这样是否会造成劳民伤财的事情？”王旦看赵恒这样不想干扰民间发展，便也不再说修葺行宫之事。

不久之后，朝廷还出台了一个政策性文件，要求皇陵附近州县不得修建行宫。朝廷还对官员们提出的那些供奉皇陵之物都进行了减半处理。[3]从朝廷这些举动来看，王旦与赵恒之间相处得非常融洽。

1.《续资治通鉴长编》卷六十三：丁丑，上谓王旦等曰：“凡裁处机务，要当知其本末。朕每与群臣议事，但务从长，虽言不尽理，亦优容之，所冀尽其情也。若果决行事，岂足为难。周世宗固英主，然用刑峻急，诛杀过当，享祚不永，岂不由此乎！”

2.《续资治通鉴长编》卷六十三。

3.《续资治通鉴长编》卷六十三：上曰：“朕遵用典礼，意已决矣。”王旦曰：“春候和暖，亦可顺动，惟行宫损坏，要须修葺。”上曰：“如此，亦劳民矣。”乃诏所至州县，但增饬馆驿，不得更建行宫。侍从臣僚并百司供拟及供御之物，并令减省。

这段时间以来，朝中没有大事，党项首领李德明也不断表示要与宋朝建立和平发展的关系。只是此时，赵恒还记着明德皇后皇陵之事。他担心修皇陵的那些人的物资一旦筹备不及时，可能影响明德皇后最后安葬事宜，于是下了一道诏令，要求地方要配合皇陵修建事宜，需要准备的物资也要及时备齐。[1]

负责修皇陵的人不敢马虎，开始着手做很多事。

赵恒与王旦之间的信任程度不断提升，很多事赵恒都愿意找王旦商量。他们二人之间既是君臣，又有一种相互信任的感情在里面。有一次，赵恒与王旦等宰执群体谈起了治国事宜，赵恒对他们说："如今边境安定，国家风调雨顺，这真是顺应天道、人心向善的表现。"王旦听了赵恒的话后，说："陛下您一直以来虚心治国，为了国家常常委屈自己，为后世子孙创造美好未来，以致年谷丰登政通人和，这是天下太平的征兆啊！"然后，他们跪下来向皇帝祝贺。[2]赵恒接受了他们的祝贺，并对大家说："国家今天四方安定，也都是诸位的功绩。朕观古往今来之事，若君臣之间志同道合，上下同心。何愁天下不治？如今四方无事，卿等要遵守制度，详审每一道诏令。在那些州郡守臣的任用上一定要认真遴选，朕发现近日有些能干事的人，与当地的官僚相处不是很融洽。这是正常现象，

1.《续资治通鉴长编》卷六十四：谓辅臣曰："明德皇后园陵顿递，如闻所司广有须索，颇扰于人。"乃诏内侍取宫掖及诸王院一行人数付御厨、翰林、仪鸾司，除本司祗备外，所须什物，画一以闻，即诏州县供给。仍谕所至非有宣敕，不得应副，揭榜以示民。

2.《续资治通鉴长编》卷六十四。

那些想着往上升迁的人，怎么会遵循规律？”[1]赵恒在谈笑间将所要表达的目的表达了出来，有谁还敢轻视眼前的这位年轻的皇帝呢？

那么，皇帝为什么会在此时说出这样一番话呢？

源自一个叫刘廷翰的官员。此人原是五代时的将领，宋朝建立之后，屡建奇功，官职不断擢升，到了宋真宗时代，他已做到了殿前都指挥使，成为殿前军的最高长官。因为宋朝建立之后，基本不设殿前都点检一职。但这个刘廷翰与其他武将不一样，他虽居高位却宽容对待下属，也不结交权贵。每次进入内廷时混迹于禁军当中，很多人都不认识他。有时候他进入皇城门，门馆都因不认识他，不让他进去，刘廷翰也不解释，从其他门进入皇城。[2]

赵恒这么说，自然是希望以后群臣们向刘廷翰学习。只是当时很多人没有领会赵恒的意思，只有王旦谙熟赵恒这些话的弦外之音。王旦不断审视自己的政务，确保不出现任何纰漏。王旦也在观察朝中官员时多留了个心眼，确保对每次调整的高层官员都能做到知根知底。

没过几天，辽国似乎感受到开通榷场的好处，派使臣出使宋朝，辽宋关系进入最美好的时刻。但边境线上，还得有驻兵，害人之心不可有，防人之心不可无。只是此时驻守在雄州的团练使何承矩给朝廷上了一份奏疏，说明自己身患重病，不能再担任要职，请求朝廷解除他的职务。赵恒让何承矩在边疆上找一个信任的将士代

1.《续资治通鉴长编》卷六十四：上曰：“亦卿等之功也。朕观古今事，若君臣道合，上下同心，何忧不治。今四方无虞，卿等宜谨守经制，审于出令耳。又州郡守臣，尤须遴择，近日亦颇有公勤干事者，多以细故与僚属不和，因之害政，况凡近无识，好居人上者，安能每事循理哉？”

2.《续资治通鉴长编》卷六十四。

替他。何承矩给赵恒推荐了安抚使李允则。于是，朝廷准了何承矩的建议，让何承矩以齐州团练使的身份休养。但何承矩到齐州七天后便去世了，很多将士和百姓都纷纷纪念何承矩。[1]

朝廷追授何承矩为相州观察使，由官方出资安葬事宜。[2]这里需要肯定的是，何承矩虽没有位居高官，但他却是个慧眼识才的人，也是伯乐，赵恒执政时的李沆、王旦都是他培养并推荐给朝廷的。[3]王旦对何承矩的去世也颇感意外，但他除了在心中感念这个他人生中的伯乐之外，似乎不敢动用权力为何承矩及其子孙挣得更多的利益。

1.《续资治通鉴长编》卷六十四：雄州团练使何承矩，以老疾累表求解边任。上令自择其代，承矩荐安抚副使李允则。丙寅，即命允则知雄州，兼安抚使，改授承矩齐州团练使，便道之任。承矩至齐州才七日，卒。缘边洎涿、易州民闻承矩卒，皆挥涕，有相率诣雄州发哀饭僧者。承矩习熟戎事，有方略，能绥抚异俗。其后北使至者，言敌人皆畏服承矩之名。尤好儒学，宾礼贤士大夫。

2.《宋史·列传第三十二》卷二百七十三：乃授承矩齐州团练使，遣之任，至郡裁七日，卒，年六十一。特赠相州观察使，赙钱五十万，绢五百匹，中使护葬。

3.《续资治通鉴长编》卷六十四：尝知潭州，李沆、王旦实为佐属，承矩器以公辅，待之绝厚。

第　五　章

天书封禅

1007 — 1008

真宗亦号贤君，初相李沆，日闻灾异，其心犹存警惕，厥后澶渊郎盟，大臣首启天书以侈其心，群臣曲意迎合，苟图媚悦，致使言祥瑞者相继于途，献芝草者三万余本。

——胡广《明太祖宝训》

1

跟随真宗祭祀皇陵

何承矩之事结束后，皇帝祭祀皇陵提上日程。很多准备政务要张罗起来。这是朝廷三年祭祀典礼，虽是既定动作，可这是王旦担任宰相以来第一次主持的祭祀活动。王旦不敢有丝毫懈怠，协调各种资源为祭祀典礼服务。宋真宗将这么重要的事情交给王旦，他就要对赵恒这次出行负全部责任。

随即，朝廷遣使者到祭祀的地方传达赵恒的旨意：这次祭祀与以往不同之处在于要根据郓王、安王、周王去世时间次序设置灵位，并且还画了草图，要求摆放灵位次序的人一定要注意。为什么皇帝这么重视这几位已故王爷的次序呢？因为之前有一次赵恒在祭祀皇陵时，将三位王爷都设于殿前，灵位都朝着南面。赵恒看到之后大惊失色，觉得这样摆三王牌位便没有尊卑之别。所以这一次，才专门命人要按照次序来摆设三王灵位。王旦也忽略了这个问题，立刻上表请罪，但赵恒并未处置王旦。[1]对于王旦这种主动承担责任的做法，赵恒很受用。

1.《续资治通鉴长编》卷六十四。

之后，到了明德皇后的安葬日期。王旦跑前跑后地张罗葬礼之事，一切都做得合乎礼仪。赵恒也很满意。君臣之间很多做法不谋而合。

没过几天，赵恒给了王旦一个正式身份：朝拜诸陵大礼使，令他全权负责祭祀诸事宜。[1]这是预料之中的事情。

时光匆匆，转眼间到了1007年春。正月初一，群臣们向赵恒祝贺。之后，赵恒让工部尚书王化基到河中祭祀后土庙，向上苍祷告朝廷即将祭祀皇陵的打算。[2]

紧接着便是一连串的任职，比如赵恒让陈尧叟担任汴京留守，让权三司使事丁谓为随行三司使，让皇城使、胜州刺史刘承珪负责皇帝祭祀租赁期间皇城的安全问题。[3]

一切政务准备就绪，皇驾从汴京出发，浩浩荡荡地向巩义行进。

几天后，赵恒一行人到了巩义。赵恒在众人的拥簇中，参拜了祖陵，并在祖陵前放声大哭，似乎向祖先诉说着自己的孤单。[4]赵恒在巩义逗留了数日，安排了各种惠民政策，也大赦天下。祭祀完毕皇陵，赵恒没有打算急着返回汴京，而是选择了继续向西走，目的地是西京洛阳：“二月戊辰朔，车驾遂如西京，夕次偃师县，始复

1.《续资治通鉴长编》卷六十五。

2.《续资治通鉴长编》卷六十五。

3.《续资治通鉴长编》卷六十五：甲辰，以知枢密院事陈尧叟为东京留守。乙巳，以权三司使事丁谓为随驾三司使，盐铁副使林特副之。丁未，以皇城使、胜州刺史刘承珪勾当皇城大内公事。

4.《续资治通鉴长编》卷六十五：丁卯，夜漏未尽三鼓，上乘马，却舆辇繖扇，至安陵外次，易素服，步入司马门，行奠献之礼。次诣永昌、永熙陵，又各诣下宫。凡上宫用牲牢祝册，有司奉事，下宫备膳羞，内臣执事，百官皆陪位。又诣元德皇太后陵奠献，又于陵南设幄殿，祭如下宫礼。上每至陵寝，望门而哭。

奏严。上犹服鞾袍，不举乐。”赵恒还要在西京举行郊祀。

又走了几天，一行人到了西京洛阳。礼仪官跑前跑后地忙碌着，准备郊祀事宜。由于还没有到祭祀的良辰吉日，赵恒下了一道特殊诏令：祖先坟茔在洛阳的官员可以先行祭拜。[1]那些跟随赵恒到洛阳郊祀的官员感念皇帝恩泽，带着家人祭拜祖坟。

在洛阳期间，赵恒效仿伯父赵匡胤和父亲赵光义，到处游览古刹名寺。之后，赵恒在洛阳行宫里与宰执群体进行了一次谈话。赵恒说：“前朝的近臣内侍往往仗着在皇帝身边骄横跋扈，危害国家和人民，朕常以此为戒。对于身边的那些近臣内侍也都赏罚分明，他们有罪也怜恤宽恕，这些举动让他们常常怀着畏惧之情。”[2]王旦回答说：“前代的事迹都在那里摆着，足以作为借鉴之事，陛下能这样说，是社稷之福啊！”[3]其他宰执也都恭维皇帝。赵恒对这些恭维很受用。

赵恒还见了一些已罢相的大臣，比如前宰相寇准，也从任职地方到了洛阳，面见了赵恒；前宰相吕蒙正也颤颤巍巍地从自己家里赶来面见赵恒，赵恒用宰相的礼遇接待了吕蒙正，此举令吕蒙正感动不已。[4]

此后，国家开始祭祀三陵。所谓三陵是宋代祖先的皇陵。960年，赵匡胤加封祖宗、设立家庙时，封高祖赵朓为禧祖，墓为钦

1.《续资治通鉴长编》卷六十五：诏从官先茔在洛者，赐告祭拜。

2.《续资治通鉴长编》卷六十五。

3.《续资治通鉴长编》卷六十五。

4.《续资治通鉴长编》卷六十五：戊寅，刑部尚书、知陕州寇准来朝，召之也。留浃旬，还任……上之次巩县也，太子太师吕蒙正舆疾来见，不能拜，命中使掖之以进，赐座，劳问甚久。壬午，幸其第，赐袭衣、金带、器币、药物、上尊酒，悉如宰相例。

陵；封曾祖赵廷为顺祖，墓为庆陵；封祖赵文敬为翼祖，墓为安陵。这就是上面提到的宋三陵。这次，赵恒并没有自己去祭祀，而是让王旦祭祀三陵，让吏部尚书张齐贤祭祀诸侯陵。

等王旦和张齐贤祭祀完毕之后，赵恒也打算回京了。[1]临走时，赵恒还让有司修葺后周皇陵和五代后汉高祖庙。这一功德无量的举动，一时成为美谈。

回到汴京以后，赵恒还沉浸在祭祀皇陵和洛阳郊祀的氛围中。于是，兴致很高的赵恒将身边的宰执群体都召进宫，和他们一起登上太清楼，察看里面的书画。这座太清楼是赵光义的御制藏书阁，里面藏着数以万计的书画墨宝，可谓国家图书资料馆，“太清楼藏太宗御制及墨迹石本九百三十四卷、轴，四部群书三万三千七百二十五卷”。赵恒与宰执群体在太清楼上翻阅典籍，观看书画，好不惬意。然后，赵恒又带着这些人到了福玉宸殿、翔鸾仪凤合。玉宸殿是赵恒的生活区，藏书万余卷，赵恒曾在此处说出了“书中自有颜如玉，书中自有黄金屋”的名句。[2]

摆上酒宴，喝酒、作诗、唱和。王旦等近臣附和着赵恒作诗，一时间现场气氛融洽。有意思的是，在这种氛围中，宰执都作诗以助酒兴，只有马知节却作不出诗，只能向赵恒请罪。赵恒一听马知节请罪，当即哈哈大笑，但赵恒不允许马知节这样扫兴，要求马知节也作诗，哪怕水平低一点儿也得融入其中。马知节无可奈何，只能作一些不失大雅的诗文。[3]

1.《续资治通鉴长编》卷六十五。

2.《续资治通鉴长编》卷六十五。

3.《续资治通鉴长编》卷六十五。

相聚甚欢，君臣沉醉其中。

又过了两天，赵恒对两府之臣说："之前祭祀皇陵，所过之处的花销，都由官方出资，实在不得已时，才让州县出钱。事后，朕派遣了一些使臣到民间去遍访，查看有无官员借此次祭祀皇陵大肆敛财，收到的消息说没有骚扰百姓的事情，朕很欣慰。"赵恒这是为自己此次祭祀找借口。[1]王旦对赵恒说："朝廷每次举行各种大型活动，或者到其他地方巡幸，都要惊扰地方和百姓。现在收集上来的消息说未扰民，臣觉得这种说法不可信。"听完王旦的话之后，三司使丁谓却有不同的意见。丁谓对赵恒和宰执群体说："皇帝的车驾所到之地，百姓们只要听见有马车路过的声音，都让出道路，哪里会扰民呢？"其实，丁谓的话很难自圆其说，皇帝出行，所过之处都要为皇帝负责，有些地方老早就准备起来了，怎么可能不扰民呢？[2]对于丁谓这样的巧辩，王旦置之不理。赵恒也不再追究此次祭祀皇陵有无扰民现象。

四月，赵恒的皇后郭氏因病去世了，让赵恒陷入痛苦中。尽管这位郭皇后与宋真宗并无多少感情，可赵恒还是打算为郭氏风风光光地办葬礼。

尽管赵恒不喜欢郭皇后，但她是名正言顺的皇后，得按皇后的规格来安葬才是。

赵恒召集几位宰执大臣商议皇后的安葬事宜。赵恒对宰执大臣说："皇后自从到东宫侍奉我以来，身居中宫，谨慎逊顺，是勤勉的内助，如今忽然去世，实在惋惜。"他的两个兄弟，也都在

1.《续资治通鉴长编》卷六十五。

2.《续资治通鉴长编》卷六十五。

三十二岁时便去世了，难道这是上苍所致吗？[1]宰执们劝赵恒不要过度悲伤，保重身体要紧。

赵恒也在众人的宽慰下，生活渐渐趋于正常。

郭氏去世后，最大的一项礼仪是皇帝要为死去的皇后穿几天丧服。那些礼官开始翻典籍，寻找依据。毕竟这种事在当朝第一次发生。好在礼官们找到了唐德宗李阔皇后去世后，唐德宗穿丧服的事宜。按照唐代礼仪制度，皇帝应该穿七天丧服，王旦得到这个答案之后，对赵恒说："遵照唐制，有的皇帝在皇后去世后穿七天丧服，有的则穿十三天。陛下您穿七天丧服就可以了。若有变动的地方，也可以随时更改穿丧服的日期。"[2]但赵恒此时或许对郭氏有愧，或许是为了给世人看，遂决定穿十三天丧服，这也预示着为皇后守制一年。[3]后来，有司官员请求为其上谥号为庄穆皇后，赵恒准许了。

为了弥补内心的遗憾，赵恒还将郭氏的弟弟郭崇仁封为壮宅使、康州刺史，侄子郭承庆、郭承寿皆迁官。[4]

没过几天，赵恒召集大臣议事。赵恒对宰执群体说："皇后去世这件事，适合派遣使臣告诉契丹吗？"王旦等宰执大臣回答：

1.《续资治通鉴长编》卷六十五：壬午，上谓辅臣曰："皇后自东宫事朕，至正位中壶，小心逊顺，有内助之勤，降年不永，深所嗟悼。"因言："后之二兄，皆年三十二而卒，今后亦止此，岂修短有数耶？"

2.《续资治通鉴长编》卷六十五：既而上谓王旦等曰："七日释服，盖遵典礼，但阴阳有所避忌，须至改易。"乃诏特用十三日释服。

3.《续资治通鉴长编》卷六十五：礼官奏皇帝七日释服，知枢密院事王钦若请用期周易月之制，十三日释服。宰相召崇文院检讨陈彭年问其故事，彭年云："唐德宗皇后王氏崩，太常博士徐干议：周景王有后之丧，既葬除服，准礼七月而葬，帝得以七日而除。又德宗朝礼官柳冕等议：皇后为父母服十三月，其禀朝旨十三日而除。会昌五年，武宗为恭宗母义安太后十三日释服，即无帝王为后期周易月故事。"王旦等以闻。

4.《宋史·列传第一》卷二百四十二。

“派出使臣到辽国传讣告可行，或拟一份诏书让汴京之臣拿着到辽国告知也可以。”[1]对于王旦这种模棱两可的回答，赵恒并不满意。于是赵恒对大臣说：“按照礼仪制度，应该派出使者拿着讣告入辽国告知，但每年我们都会派出使臣出使辽国，宋辽使者来往频繁，如今又要派出专使出使，按照之前的约定凡有大事故都要相互通气，真是徒增烦恼的事情。”之后，皇帝让边境守将们派人到辽国去将此事传给了辽国，也算是完成了互通信息的约定。[2]

麻烦事一件接着一件。此时，酒税增益问题又出现了。咸平年间，长江淮河一带地区的地方官不断增益酒税额度，由于酒属于朝廷专卖物，若酒税增益，最终吃亏的是老百姓，国库也不会充裕，因为增益的这部分一般都会进入地方官财政支出。1005年，朝廷曾经出台政策，禁止各地增收酒税，各地统兵官员也不能兼任酒榷事务。然而，尽管朝廷出台了政策，但事实上，滥增酒税现象仍频频出现。此时，问题又出现了。

然后，宰相王旦进宫汇报了这件事。王旦说：“从淮南等地收上来的情报显示，酒税增益情况有些严重，时常有这样的奏报传来。而且那些派出去的转运使，也都以检举酒税为民，实际上还是在利用酒税增益为自己谋私利。”[3]赵恒对王旦说：“酒税制度应该有一个定制，否则这样的事情没完没了。”王旦回答说：“诸州之间其实都有一定的定数，只是他们不会遵守这个定数，随时使酒税涨价。”赵恒似乎也意识到这个问题了。于是，他对王旦说：“地产财

1.《续资治通鉴长编》卷六十五。

2.《续资治通鉴长编》卷六十五。

3.《续资治通鉴长编》卷六十五。

富，以及民间的一些其他费用自然有所差异，但这酒税怎么还年年增益？这一定是那些官员为了搞政绩，不体谅百姓所致，朕非常怜悯百姓。”[1]

然后，赵恒让三司将一年内酒税的中等数额设为定额，以后全国各地都要以此为基准，不得私自增益酒税。[2]

酒税定额后，要安葬郭皇后。赵恒将这件事交予王旦办理。此前，王旦已为明德皇后处理过安葬事宜，基于此，赵恒让王旦继续担任大行皇后园陵使，负责郭皇后的一切丧葬事宜。乙未，宰相王旦为大行皇后园陵使。[3]

郭皇后之事还没有处理完，从党项传来首领赵德明母亲去世的消息。赵德明其实叫李德明，是党项部落首领李继迁的儿子，李继迁于景德元年去世后，按照李继迁的遗嘱，党项部落由赵德明来统领，并与宋朝建立良好的外交关系。西北边境守将们得到这个消息之后，给朝廷上了一道奏章，请示朝廷要不要派出使臣到党项去吊唁？此时枢密院的副长官王钦若对宋真宗说：“这是咱们边境将士们上报的消息，赵德明并未派出使臣来报告这件事，我们可以装作不清楚。”赵恒却持有不同意见，对王钦若说：“党项这些蛮夷清楚什么礼仪。不如给边境守将们下一道命令，让他们等着赵德明派使

1.《续资治通鉴长编》卷六十五。

2.《续资治通鉴长编》卷六十五：乃诏三司取一年中等之数，立为定额，自今中外勿得更议增课，以图恩奖。上闻京师民僦官舍安居久，复为增直者夺赁，谓左右曰：“此岂不太刻？先帝屡曾止绝，今当申戒有司，无使复然。”

3.《续资治通鉴长编》卷六十五。

臣来，选一个人到党项去吊唁。”[1]但王钦若不同意赵恒的意见，王钦若说：“臣听闻赵德明有很多母亲，难道他每一个母亲去世，咱们都要派使者去吊唁吗？”王钦若说得不错，当年李继迁与宋朝对抗，被宋朝军队打光了家底时，必然重新找一个大部落，给部落酋长当女婿，组织人继续与宋朝对峙。前前后后，李继迁被宋军击溃了很多次。每被宋朝击退一次，李继迁就攀附一些部落继续壮大。当然李继迁每次投奔部落时，一般会娶各位首领的女儿为妻子。所以，他有很多老婆。此时，王旦说：“赵德明这些年来一直向宋朝称臣，若我们不按照礼仪制度去吊唁，不给赵德明加封官职，势必会引起他内心不安。”赵恒也觉得若不派使者去吊唁，赵德明又会在边境上搞出事端来，这对于刚刚取得和平稳定的国家不利。于是，赵恒给赵德明授予镇军大将军、左金吾卫上将军。然后，朝廷还派出殿中丞宣城赵稹到党项去吊唁。等赵稹到了党项部落以后，赵德明在他母亲灵柩前迎接了宋朝使者。第二天，赵德明接受了朝廷的赏赐，哭着对赵稹说：“我丧母，承蒙天子派人吊唁，又授予官职，可谓是疼爱有加呀！”[2]

通过这次与党项之间的交涉，再一次稳定了党项与宋朝的关系。此前，宋朝与党项之间因为李继迁的反复无常，关系一度变得很紧张。有不少人建议消灭党项。但赵恒是个务实求稳的皇帝，他没有父辈那般开疆拓土的进取心。宋朝的态度也给了党项以喘息之

1.《续资治通鉴长编》卷六十五：赵德明母罔氏卒，边臣请遣使吊问。王钦若曰：“此特边臣奏耳，德明未尝来告。”上曰：“夷人何知礼，不若使边臣谕之，俟其奏至，即遣使吊祭，起复、赙赠，亦准藩臣例也。”

2.《续资治通鉴长编》卷六十五。

机，为后来李元昊称帝埋下了隐患。

不久之后，赵恒与宰执群体商谈荐才这件事。王旦说："朝中官员的感情真伪很难识别，我们看到的人可能不是真实的。这给朝廷重用人才制造了难度。有些人荐才时心术不正，明明清楚所荐之人的短处，却故意赞扬其品行；有些人荐才目的是排斥打压所荐之人。唐代刘仁轨对李敬玄一直有抵触心理，为了排斥打压李敬玄，给皇帝推荐说李敬玄有帅才，让李敬玄带兵打仗。可当李敬玄真正当了将领之后果然遭兵败。所以类似于这样荐才的都不是真正为国家推荐人才。"赵恒说："若是这样，那这类人是阴险狡诈之辈，可这种人世上有很多，无法断绝。"[1]王旦建议赵恒以后注意荐才方面，能减少国家损失，赵恒深以为然。

在商议荐才事宜之后，朝廷还对信访接待和案件处理政务进行了职权划分，成立了新机构，将原来的登闻司改成了登闻鼓院，将登闻院改成了登闻检院。同时给这两个新设部门调任了新领导，命右正言知制诰周起、太常丞直史馆路振同判鼓院；又命枢密直学士、吏部侍郎张咏判检院。同时，朝廷在登闻检院里面设置登闻鼓，专门处置信访案件。此前，登闻司一般都由内臣担任，此后将改变这一历史。检院亦置鼓。[2]

随着新部门的设立，之前登闻司、登闻院的职责分开了。若有人要到官府诉事，应该先将诉状交给登闻鼓院，若登闻鼓院不受

1.《续资治通鉴长编》卷六十五：上与辅臣言及朝士有交相奏荐者，王旦曰："人之情伪，固亦难知，或言其短而意在荐扬，或称其能而情实排抑。唐刘仁轨尝忿李敬玄异己，将以计去之，乃称其有将帅材，而敬玄卒败军事，此皆不以国家为虑者也。"上曰："若然，则险伪之辈，世所不能绝也。"

2.《续资治通鉴长编》卷六十五。

理，再交给登闻检院，由登闻检院负责受理审判，若登闻检院也不受理，则交由御史台来处理。[1]

为什么此时朝廷忽然做了分开信访与办案的机构呢？原来赵恒发现近期以来国家信访和状告事件不断，只要他出行，就有人掐着点儿告御状。于是，赵恒派人调查，发现这些告御状的人所言往往不实，这才将信访和诉讼分开了，赵恒与王旦商议之后，将这些部门职权进行了划分，让他们分别管理各种政务。这大大提高了行政效率。[2]

1.《续资治通鉴长编》卷六十五：诸人诉事，先诣鼓院，如不受，诣检院，又不受，即判状付之，许邀车驾，如不给判状，听诣御史台自陈。

2.《续资治通鉴长编》卷六十五。

2

处政务有章法

1007年是忙碌的一年。所幸这一年多时间下来，王旦已适应了中书生活，很多政务也都处理得当。

尽管如此，朝廷内部并不安定。眼下就有一件事困扰着赵恒和王旦，事情是王旦从各地上奏的札子中发现的。王旦给赵恒上书："臣发现群僚上书奏事的札子里面只要是那些不署名的札子，一定都是揭露别人短处或者隐私的札子。陛下您可以看一看这些折子，但对于里面的一面之词不能全信。若按照札子里面的内容处理，必然违背事实。不如让杜镐、陈彭年两人检查这些不署名的密谏札子，设立规章制度，让臣子们各司其职，不要恶意状告其他人。"[1]

赵恒深以为然。不久，便降下一道诏令：满朝文武以后陈奏事实，不能再写成匿名札子奏事。这个制度总算是刹住了诬告之风。

1.《续资治通鉴长编》卷六十五：先是，上谓王旦曰："臣僚升殿奏事札子，有不列己名请留中者，皆攻人之短，发人之私。苟偏听之，即不可信，若显行之，又重违其意。比令杜镐、陈彭年检上封密谏故事，可着条约，并警有位，令各举其职。"乃降是诏。

然而，朝廷刚刚给大臣立了一条规矩，一个叫朱搏的官员就触碰红线受处分了。怎么回事呢？原来朱搏经常说一些“预言”，暗指朝廷很多事，妄图利用这种事来引起人们的注意，尤其是在赵恒打算祭祀皇陵时，将赵恒这种祭祀说成是私事，还建议赵恒夏天去祭祀，这样才不会违背天意，但当时赵恒选择了春天到巩义和洛阳祭祀。之后，朱搏对人说：“这次祭祀，违背天意，宫中一定会有人因此丧命。”赵恒祭祀回来不久，皇后郭氏就去世了。此时，朱搏“预言”的这些事被人抖了出来，最后传到王旦和赵恒耳中。王旦对赵恒说：“祭祀是帝王尽孝，怎么成了私事？朱搏这种人太狂妄了，应该对其进行严厉打击。”于是，朱搏被贬黜了。但他似乎并不长记性，在被贬出的路上，还继续鼓吹“预言”之事，结果被贬到更远处去了。[1]

朱搏被贬黜，问题主要出在他那张嘴上，若不是他妄议朝政，怎会落得如此下场呢？

在贬黜朱搏之后，朝廷举行了一次特殊的人才考试，参加的是几位有政绩的官员。朝廷选择让他们用“六经”之义答对，有些人落选了，但也有些人顺利晋级。其中，陈绛、夏竦两个人胜出，被授予官职。[2]

又过了几天，赵恒忽然心血来潮，要翻看开封府监狱囚犯花名

1.《续资治通鉴长编》卷六十五：祠部员外郎、知滑州朱搏责授湘阴令……上尽出以谕辅臣，王旦曰：“朝陵，帝王之孝，岂为私耶？搏言狂妄，可责也。”故黜之。搏行至太平，与知州何蒙会饮，又出疏章示蒙，为蒙所奏，再贬州别驾。蒙，洪州人也。

2.《续资治通鉴长编》卷六十五：壬申，御崇政殿试贤良方正著作佐郎陈绛……上因命两制各上策问，择而问焉，绛、竦所对入第四次等，擢绛为右正言，竦为光禄寺丞。竦，德安人，承皓子也。

册。开封府只能将花名册上报给赵恒。在翻阅花名册时，赵恒发现有些囚犯长年累月地被锁起来，处于长期拘禁；还发现近期一些案子颇有可疑之处，但大理寺没有上报涉案人员。赵恒问王旦等宰执造成这些问题的原因。王旦表示："这都是由于法官们不熟悉律法而无法量刑定罪。臣分管刑审之事，调查以后，臣发现案件被搁置的主要原因是官员考核期即将到来，有些官员不作为，故意延迟断案。"赵恒说："只要审判公平公正，何必要逃避断案呢？"然后，朝廷约谈了负责审理案件的主要官员，命其敦促有司衙门任职履职，不能再出现类似的事情。[1]

案件之事告一段落之后，到了郭皇后的葬礼日期。此前，王旦与王钦若之间，因为郭皇后祭告祖庙之事产生过意见分歧。当时，郭皇后刚刚定了谥号，王旦认为应该立刻祭告祖庙，但王钦若不同意这么做。王旦对王钦若说："昭宪皇太后定了谥号之后，太祖皇帝也曾率百官祭告祖庙，孝明皇后谥号定了以后，也曾祭告祖庙，如今应该效仿孝明皇后。"需要说明的是，这位昭宪皇太后是赵匡胤的母亲杜氏，而孝明皇后则是赵匡胤的第一任妻子。王钦若不敢怀疑太祖时的先例，便对王旦说："宰相列举出来的这些都是先例，我再无疑虑了。"[2]王钦若作为翰林学士，不可能不清楚这些事，但他此时怀疑王旦为郭皇后告祭祖庙之事，是不是故意在试探王旦？或许真是王钦若想试探王旦的能力，不过这一次王旦的还击，让王钦若哑口无言。

此时的王旦通过协调各种力量，最终将郭皇后葬于永熙陵的西

1.《续资治通鉴长编》卷六十五。

2.《续资治通鉴长编》卷六十五。

北方向。永熙陵即是赵光义的陵墓。[1]按照规制，赵恒的皇后去世后，应该安葬在赵恒的陵墓跟前，但此时的赵恒正值青年，还没有修陵墓。所以，对于郭皇后只能暂时安葬在宋太宗赵光义陵墓的西北方向，等到将来赵恒去世后，再迁回赵恒陵墓陪葬。

几天后，有个叫王济的官员上了一道札子，里面涉及很多刑罚的解释，繁简不等。赵恒看到这个札子以后，被这种长篇累牍的解释搞得眼花缭乱。王旦说："这种刑罚解释应该简单明了，五代以来因司法解释太过烦琐，一度让百姓和官员深受其害。"皇帝与宰执群体商议如何修改这些敕令的一些意见。[2]朝中官员各抒己见。

这件事之后，朝廷对开封府现任领导岗位进行了调整，决定新增加一个领导岗位。毕竟，开封府作为国都的司法衙署，不能出现冤假错案。于是，皇帝下诏，让王旦负责选人。王旦自然也不敢马虎，选了一批能胜任之人到新岗位任职。[3]

这段时间以来，因为政务的无休无止，王旦几乎未回过家。王旦对家人怀有深深的歉意，因为此时王旦的小儿子王素也出生了。可王旦没有更多的精力去照顾家里人，政务的事情他不敢耽搁，因为眼前朝廷又面临着一件麻烦事。当时，宜州（今广西壮族自治区河池市）知府刘永规用残酷手段管束部下，导致很多人都对刘永规

1.《续资治通鉴长编》卷六十六。

2.《续资治通鉴长编》卷六十六：己巳，上谓辅臣曰："王济上刑名敕五道，烦简不等。朕尝览显德中敕语，甚为烦碎，当是世宗严急，出于一时，既已行下，无敢谏者。"又言魏仁浦尝作敕草，云"不得有违"……王旦曰："诏敕理宜简当，近代亦伤于烦……自今事理有关，轻重不侔者，当先访有司，具陈可否，然后降敕。"

3.《续资治通鉴长编》卷六十六：于是，出笔记六事与王旦等议之，其二条以府事繁剧，欲增置推判官。既有是诏，仍令旦等择人而任之。其后，推判官止分掌左右军厢，无生熟事之别也。

有怨愤，军校陈进看到军士们对知州产生了怨恨，鼓动这些士兵诛杀刘永规。士兵们的热情被点燃，陈进带着士兵们冲击知州府衙，与士兵们一起联手诛杀了刘永规。然后陈进自号南平王，正式举起反叛大旗。他率叛军攻陷柳城县，包围象州，又分兵攻取广州，整个岭南地区骚动不安。[1]随即，广西、湖南等地的宋朝守军开始围剿陈进，朝廷也派出了张煦、张继能等人合力围剿[2]。

宋朝亲征大军出发之后，赵恒再召王旦商议此事，决定再遣一名官员前去平叛，但担心自己看好的人选王旦不认可，遂与王旦商议人选。赵恒说："先前司天监占候上书说最近会有兵事，当时朕担忧这许是远方守将乱作为或者不作为所致，进而引起边远地区的灾祸，想不到竟然应验。现在既然有兵祸，需得选个人去平定此贼。朕觉得曹利用这个人精晓策略，又办事尽心，可让他担任平乱大臣和安抚使臣。朕料陈进此贼眼下只有三条路可走，只要曹利用去，定能破了此贼。"[3]

宋真宗话都说到这份儿上了，王旦也无法再反驳。曹利用带着

1.《续资治通鉴长编》卷六十六：初，知宜州刘永规驭下严酷，课澄海卒伐木葺州廨，数不中程即杖之，至有率妻孥趣山林以采斫者。虽甚风雨，不停其役。六月乙卯，军校陈进因众怨，鼓噪杀永规及监押国均，拥判官卢成均为帅，僭号南平王，据城反。

2.《续资治通鉴长编》卷六十六：甲戌，奏至，诏东上合门使忠州刺史曹利用、供备库使贺州刺史张煦为广南东、西路安抚使，如京副使张从古、内殿崇班张继能副之，虞部员外郎薛颜同勾当广南东、西路转运事。发荆湖南北路先屯禁兵、蕲黄州虎翼、荆南雄略等军赴桂州阅习行阵，俟利用等至，合势攻讨，无得先进。

3.《续资治通鉴长编》卷六十六：上谓王旦等曰："司天屡上占候，言当有兵，方忧远地牧守不得其人，今此贼果作。廷议择官，且言利用精于方略，悉心王事，煦多历边任，尤熟用兵，从古颇知岭外山川险阨，继能勇往可任。然朕料此贼不出三策。若保其家属，据城距守，一也；略城中货以趋山林，二也。用此二策，皆不足虑。若选募骁果，立谋主，直趋广州，此贼之上策也。然其知识必不及此，但虑为人诱教尔。"

朝廷的期待去宜州平定叛乱。[1]

不久，越南地区的首领黎龙廷自称静海军留后，还派出弟弟州刺史明昶、殿中丞黄成雅等人出使宋朝，拿着大批财物，与宋朝建交。[2]黎姓一族统领的越南地区在968年正式脱离中国，成为一个新政权。以后，宋朝眼见无法收回，便对其首领授予静海军节度使称号，拉拢越南。赵恒一看越南黎龙廷都已向宋朝示好，自然也愿意与其交好。于是，朝廷正式授予黎龙廷为静海军节度使、交趾郡王，宋真宗还给黎龙廷赐名至忠，是要自始至终忠地忠于宋朝。同时，又追封已亡故的黎桓为越南王，赏赐了那些出使宋朝的越南使臣。在招待宴会上，赵恒看到使臣黄成雅坐得较远，想让黄成雅坐在王旦身边。王旦说："昔日管仲侍奉周朝，周王以上卿之礼招待，管仲固辞不受。如今国家安抚平定边境，热情待客，足以表明我们宋朝与你们之间没有嫌隙。"赵恒听完王旦现身说法，将黄成雅座次提升成与尚书一样的待遇。[3]

接下来，朝廷做了一件事，体现了其治理天下的决心。这就是在各级部门设立"提点刑狱官"，"癸巳，复置诸路提点刑狱官"。这个提点刑狱的设置，最早可以追溯到988年，正是这一年，朝廷

1.《宋史·列传第四十九》卷二百九十：知宜州刘永规驭下残酷，军校乘众怨，杀永规，叛，陷柳城县……利用至岭外，遇贼武仙县。贼持健标，蒙采盾，衣甲坚利，锋镝不能入。利用使士持巨斧长刀破盾，遂斩首以徇。岭南平，迁引进使。历客省使、嘉州防御使，出为鄜延路总管。

2.《续资治通鉴长编》卷六十六。

3.《续资治通鉴长编》卷六十六：辛巳，授龙廷静海节度使、交趾郡王，赐名至忠，给以旌节。又追封黎桓为南越王，明昶等皆进秩。及含光殿大宴，明昶等与焉，上以成雅坐远，欲稍升其位着，访于宰相王旦，旦曰："昔管仲朝周，王飨以上卿之礼，管仲固辞，受下卿之礼而还。国家绥静远方，优待客使，固无嫌也。"乃升成雅于尚书五品之次。

开始在诸路转运司置提点刑狱司。提点刑狱司的主要职责是执掌本路郡县之庶狱，核其情实而覆以法，督治奸盗，申理冤滥，并岁察所部官吏，保任廉能，劾奏冒法。设提点刑狱公事为长官，兼以文武大臣充任。[1]其实，提点刑狱这个机构曾经设置过，后又被废止，然后继续设置继续废止。到了1007年时，朝廷决定重新设置提点刑狱官。

为什么朝廷此时忽然要重新设置提点刑狱官呢？或许此时的宋朝高层也意识到了地方上存在着各种冤假错案。其实，之前朝廷为开封府新增主管人员时，已说到关于案件之事。刑罚之事是赵恒关注的六件事之一。当时，赵恒对王旦说："关注民间疾苦，选派各种有德才的官员是朕经常思考的事情。眼下，朕所虑者主要是全国各地刑狱官吏不作为，若家中有一人受冤，就会给一个家庭带来灾祸。如今全国各地的考察事宜虽有转运使，但边远地方没人管束。先帝在位时曾经多次选朝中大臣担任各路的提点刑狱，但后来废弃，现在可以重新设置提点刑狱官，你让中书和枢密院两个部门抓紧时间出具一份人员名单。"[2]王旦还未回话，赵恒继续说，"河北、陕西等地，地处边塞要地，尤其要选好人员，保证边关长期稳定。"[3]

然后，王旦命中书和枢密院的主要官员草拟了一份人员名单，王旦又对每一个人员进行核实、考量，最终给赵恒递了这份名单。赵恒自然也认可王旦提供的这些人员。于是，亲自选授太常博士陈纲、李权、李及等人担任提点刑狱官，临走之前，赵恒又在

1.《洗冤录集》。
2.《续资治通鉴长编》卷六十六。
3.《续资治通鉴长编》卷六十六。

长春殿召见他们，交代清楚职责之后，让他们到地方上去核查情况。[1]这些官员们到了各自所管辖之地后，开始视察囚禁之事，审核案卷。他们所到之地，当地官员不得设宴招待，更不得迎来送往。提点刑狱只对犯罪的事由进行多次询问，直到确定核实准确之后，才会上报："所至专察视囚禁，审详案牍。州郡不得迎送聚会。所部每旬具囚系犯由，讯鞫次第申报，常检举催督。"[2]对于那些在位时的官员，都成了这些提点刑狱关注的对象。[3]不巡查所部州县官员履职情况，监督复核刑事案件审理，也负责弹劾在司法案件中违法的官员。

经过这一番整治之后，社会上冤假错案少了很多，一些掌管刑罚的官员也都兢兢业业，不敢再制造冤假错案。

虽刑狱之事有了一定起色，官场上却还是有触碰法律底线的人。当时有个兵部员外郎叫邵晔，他为朝廷保荐光禄寺丞李随为著作佐郎。但不久，大理寺发现李随有贪污犯罪的前科。大理寺展开调查，结果显示李随的确存在贪腐受贿问题。然后，邵晔也遭受牵连了。宋朝官员举荐别人是一项高风险的举动，若被举荐之人有犯罪前科，举荐之人也将受到朝廷处置，原因是对被举荐人的触犯律法之事不察。最后，大理寺建议对邵晔降职一级。可提审院审核完

1.《续资治通鉴长编》卷六十六。

2.《续资治通鉴长编》卷六十六。

3.《续资治通鉴长编》卷六十六：在系久者，即驰往案问。出入人罪者移牒覆勘，劾官吏以闻。诸色词诉，逐州断遣不当，已转运使批断未允者，并收接施行。官吏贪浊弛慢者，具名以闻，敢有庇匿，并当加罪。仍借绯紫，以三年为任，增给缗钱，如转运使之数。内出御前印纸为历，书其绩效，中书、枢密院籍其名，代还考课，议功行赏。如刑狱枉滥，不能擿举，官吏旷弛，不能弹奏，务从畏避者，置以深罪。

这个案子之后，对大理寺的处置意见不认可，觉得大理寺给出的处置太严苛了，应该稍微调整一下，还列出了一些以前的案例。这件事王旦难以决断。只能上奏给赵恒，请求朝廷的进一步指示。[1]赵恒听了王旦的解剖之后，觉得有道理，此风不可开。但鉴于邵晔不久前刚从岭南回到汴京，不辞劳苦，便让邵晔停职反省，却未做降级处置，“知审刑院朱巽屡于上前自诉，上以语辅臣王旦等”。王旦作为首相，第一个发言。王旦说：“邵晔因为举荐李随而触犯法律，李随的罪责不应该减，邵晔的情况也不在朝廷降罪减刑的适用范围之内。如今朝中大臣举荐人才者很多，若都举荐了人之后被赦免，那么，朝廷的连坐之法就成了摆设。”[2]

最终，王旦也未在邵晔处置之事上与赵恒力争。此前寇准的强势，王旦是见识过的，只要赵恒的各种举动符合国家的发展，王旦是不会强加阻拦的。

又过了几天，赵恒再次心血来潮，召王旦议事。赵恒对王旦说：“此前下诏让群臣议事时除了机密之事外，不得用无名札子奏事。也要求臣子们若非遇到需要当面上奏之事，一般不得上殿奏事。做这些规定的目的是防止人多言杂，逐渐形成进谗言的风气。现在看来，只要有奏状都要上殿奏陈，密封起来进奏也不是不可以。这是近日戚纶陈奏时显现出来的问题。咱们之前一刀切的政策

1.《续资治通鉴长编》卷六十六：兵部员外郎邵晔尝保荐光禄寺丞李随迁著作佐郎，坐赃除名为民，大理寺以晔连坐当夺一官，审刑院駮之云：“当用正月德音减降。”大理寺以随事发虽在德音前，而官典受赇不在恩宥之限。审刑院言：“是春，刑部员外郎郑文宝坐举张舜举当徙大理，引德音降从杖，晔当如其例。”诏刑部尚书温仲舒等议其事，具言晔洎文宝皆不当减。

2.《续资治通鉴长编》卷六十六。

有些过了。”[1]

赵恒拿出了戚纶的奏章对王旦等宰执说：“戚纶在奏章里说那些被疏远的臣子很难有机会面奏，可自从下了实名奏事诏令以来，朝廷从未阻拦到大殿里奏事的人。结果这样一来，奏事的人反而少了。所以，现在看来，这样的阻塞言论的做法非常不明智，很多真实的情况传不到朕的耳朵里。”[2]对于赵恒的这种说法，王旦不同意，说：“对于流言蜚语，官家您大可不必受其蛊惑，然近期少有人再论述朝廷的得失利害，应当注意这个现象。”这时，站在一旁的王钦若却说：“臣子们登殿一两次，已是皇帝额外恩泽。比起古往今来中外臣下向君上进呈的言事文书制度，戚纶这样否定朝廷改革言论的做法应该被拿去审问。”但赵恒似乎对此看得很清楚，对众人说：“戚纶处事严谨，有学问，他的奏疏并不是已经形成的诏令，大家切不可上纲上线。”[3]此事也就不了了之。不过从此事中，可以看出王旦和王钦若两个人在处置朝廷大事上完全是两种思想、两种办法。可能赵恒更喜欢王钦若的做法。

通过以上各种政务处置，王旦在赵恒心中的地位正式确立。此时，朝中有一项大事需要以王旦为首的宰执群体共同协作完成，这

1.《续资治通鉴长编》卷六十六。

2.《续资治通鉴长编》卷六十六：因出纶奏示旦等曰：“纶意以疏远之人难得面奏，然自下诏以来，升殿奏事者未尝有阻，朕于群臣贵存公共，不欲令潜行交构，阴有中伤。朕思天下至广，自惟寡昧，常虑阙政，岂止虚怀求治，亦常惕然而惧。前代帝王好穷兵黩武，懈于机务，惑声色，事奢靡，此其大过，朕固不为。人臣论事，若众人所不敢言独能言之，信可嘉尚。”

3.《续资治通鉴长编》卷六十五：王旦曰：“飞语谮言，圣虑固不为惑，但近日论利害者差少，亦宜留意省察。”王钦若曰：“臣下升殿一二次，即希恩泽。比来中外章疏，若以前诏条约，皆当付所司鞫问。”上曰：“纶性纯谨，有学问，此奏乃未谕诏旨尔。”

就是修史政务。此前，修史政务由前宰相李沆负责主持，后来发生了澶渊之盟，修史之事暂时被搁置了。1005 年，还是参知政事的王旦负责史馆政务，主持一些官员修史。此时，王旦已是首相，监修国史是宰相的职责之一。于是，皇帝下了一道诏令，让首相王旦监修国史，知枢密院事王钦若、陈尧叟，参知政事赵安仁以及翰林学士杨亿配合王旦修史。[1]

当然，需要指出的是，王旦只是监修国史，也就是监督修史的官员来完成这项巨大的政务，具体编纂政务王旦不管。还有陈尧叟、王钦若、赵安仁、杨亿等高官负责这件事。这倒不是王旦懈怠，而是首相作为中书省排名第一位的长官，有各种政事要处置。

这不，朝廷刚刚下达了让他修国史的诏书，其他政务又涌至眼前。事情还是之前宜州叛乱之事，朝廷已派出曹利用去处置这件事了。但陈进的叛乱还未处置完毕，据前方传来的消息称，陈进率领的叛军已占据柳州、洛容等州县。皇帝与王旦商议此事，赵恒说："这股叛乱的贼子一定无法离开他们的老巢，现在他们不过在做最后的挣扎而已。"王旦说："这股乱民若要到更远的地方去，粮草首先没办法保障。"赵安仁也说："传言说这股乱臣贼子可能要攀附交趾，但臣认为一定不会发生这样的事，因为交趾的军事力量远比这股贼子强大很多。此时我们的征讨大军也即将到达宜州，臣担心这股乱贼会跑到琼管（海南岛）去，如若那样，

1.《续资治通鉴长编》卷六十六：丁巳，诏修太祖、太宗正史，宰臣王旦监修国史，知枢密院事王钦若陈尧叟，参知政事赵安仁、翰林学士晁迥杨亿并修国史。景德二年毕士安卒时，寇准止领集贤殿大学士，旦以参知政事权领史馆事，及旦为相，虽未兼监修，其领史职如故，于是，始正其名。

我们想要短时间内消灭他们，恐非易事。”[1]毫无疑问，赵安仁的担忧不无道理，当时的琼州可是蛮夷之地，主要是与中原隔绝，还有琼州海峡这个天然屏障，一旦这部分乱民进入琼州，宋朝想要从内地派兵消灭，恐非易事。

听了赵安仁的话之后，王旦则说：“这些乱民一定长久不了，他们不过是在苟延残喘罢了。”王旦的这种空喊口号非常不切合实际。赵恒反而头脑清晰，他对几位宰执群体说：“如今象州被围住，还有奏疏从城里传出来，而桂州则没有消息，这是何郧真善于守城的缘故。”之后，朝廷派内侍史崇贵到桂州等地慰问曹利用等前线将士。[2]

其间，还发生了一件有趣的事。当时宰相、枢密使、参知政事班位基本在一起，这是祖宗传下来的制度，在宰相班位之前有一块石头，谓之“殿庭仪石”。所有的宰相都在这块石头的南面排列班位。每次召集宰执群体奏事时，赵恒都发现王旦的班位与王钦若的班位挤在一起，有失大雅。赵恒忍俊不禁，让侍从将宰相的班位移到了殿庭仪石另一侧，这样一来，宰相与其他宰执群体就分开了。[3]这看起来只是移动了一点儿距离，但拉开的却是身份的象征，虽然这些人均属宰执群体，但首相还是应该排在第一位的。

对于王钦若是否故意靠向王旦的班位，让两个人的班位看起来很拥挤，史籍中并没有详细记载；但分析王钦若这个人，能发现

1.《续资治通鉴长编》卷六十六：上曰：“此不能离窟穴，枉自弃耳。”王旦曰：“贼若远去，则粒食无所仰给。”冯拯曰：“人或言其趋交阯，臣以谓必不然，交阯兵甲非贼比也。王师即至，臣恐其趋琼管。若趋琼管，则王师亦须持久。”

2.《续资治通鉴长编》卷六十六。

3.《续资治通鉴长编》卷六十六。

他挤对王旦、觊觎首相位置的端倪。或许王钦若进谗言扳倒寇准之后，以为赵恒会让他担任首相，岂料赵恒竟然提拔了王旦。一直以来，王钦若对王旦就不服。他与王旦挤在一起，可能也是表达自己不服王旦的一种方式。赵恒让人移动王旦班次，可能也意识到了王钦若的意图。只是这让王钦若一度很尴尬。

总之，王钦若每次与王旦交手，王钦若都落于下风。王旦每一次都用自己高超的智慧来化解危机。当然，王钦若与王旦之间的较量还远远未结束。

3

王钦若的计谋

其实，王旦成为宰相，给那些本有望被提拔成宰相的人泼了一盆冷水。这些人在私底下撇风凉腔，希望王旦在宰相的位置上犯错，想以此证明他们比王旦要强得多。尤其是王钦若等人心中有种说不出的难受。毕竟他们也是赵恒身边的宠臣，而且许多事情都是他们都给赵恒出的主意，可到了任命宰相之时，赵恒依然起用了王旦。毫无疑问，王钦若不喜欢王旦。只是此前两人一起共事时，也仅仅是职务关系，没有个人之间的交情。王钦若清楚，王旦虽没有寇准那般强势，但也有执拗的毛病，他一旦认定的事情，别人是很难改变的，从这点来说，工旦和寇准有些相似了。

但王钦若清楚，让王旦担任宰相是赵恒权衡利弊的结果。王钦若清楚，要想撼动王旦在赵恒心目中的位置，绝非易事。此时，最好的方式便是全力拥护皇帝的决定。当然，王钦若心里盘算着，并且冷眼旁观，一旦发现王旦在宰相的位置上出错，便会制造出各种言论，挤走王旦。因此，王钦若表面上支持王旦，心里却还有其他想法。他想搞出一些事情来，让赵恒重新定位自己，也为自己争夺宰相制造一些机会。

不过几次与王旦交手后，王钦若发现自己错了。王旦这个人不动声色，却城府较深，在很多政务上王旦看起来有些不练达，其实充满了大智慧。这些做法王钦若在李沆身上看到过，在毕士安身上也看到过。而李沆和毕士安两个人都不是王钦若轻易敢惹的人，王旦竟然也是如此。王钦若心中暗暗叫苦，他自认登上枢密使高位，却遇到了李沆、毕士安、王旦等人，难道真有一物降一物之说吗?

王钦若不敢与王旦明着较量，也看不惯王旦担任首相。所以，王钦若总是因为各种蝇头小利与王旦竞争着。

每次王钦若失败后，他都会收起自己的一些不轨之举。暗中藏着，等待着下次机会。

不久之后，杭州知州薛映在杭州的任期即将换任。赵恒召集宰执群体商议给薛映挪地方的事宜。参知政事冯拯说："杭州比其他地方好治理，所以薛映政绩突出。"赵恒不这样认为，他对冯拯说："对某人委托地方军政务是以前管理诸侯的办法，这种管理平时看起来相安无事，也容易治理。但吴人轻佻诈伪，若不是事先准备好，岂敢称他们好管理?像宜州刘永规一样，虐待属下最终招致祸端，还引起战火。若我们用人得当，哪里会有这些事?"然后，赵恒翻开朝中官员档案花名册，寻找接替薛映的人，最终，赵恒将目光停留在孙仅、王济两人的档案上面，随即赵恒问王旦："你觉得这两个人中派遣谁去杭州任职更适合?"王旦说："王济这个人更有才干一些。”这样，让王济接任薛映的杭州知州已成定局。[1]王钦若没有反对。

接着，就百姓拖欠朝廷旧账事宜进行商议，虽朝廷赦免了这些赋税，但账目还在。说来这些旧账还与王钦若有关系。当时王钦若在三司当一个小官员，有一天，王钦若的一个同事发现老百姓欠了很多朝廷的钱粮，若赵恒将这些钱财免了，一定会得到天下百姓的称颂。王钦若听到这个事情后，当夜将这些年来百姓欠官府的钱财数目统计了出来，第二天一大早，他进宫汇报去了。赵恒听了王钦若的意见，非常高兴。不久之后，便提拔王钦若为翰林学士。这是王钦若投机取巧窃取别人想法为自己谋私利的过程。这些账目虽免了，但账目的每一笔去向都清晰地记载着。到了1007年，赵恒将这些账目拿出来给王旦等宰执群体看，还向王旦等人说明了这个账本里面的钱财用处。[2]最终商议的结果是不能学习汉武帝的穷兵黩武，此事也就不了了之了。

此时，南下平乱的曹利用已平定了南方的叛乱，准备班师回朝。赵恒与王旦就一个叫杨覃的官员任用问题进行了沟通交流。杨覃是

1.《续资治通鉴长编》卷六十六：上初与宰相议择官，王旦曰：“天下重地为朝廷屏翰者，不过一二十州，若皆得人，则镇抚有方，威惠兼着，小寇不能为患。”上深然之。时薛映知杭州岁满，议择其代，冯拯曰：“余杭比诸道易治。”上曰：“方面之寄，古诸侯也，常时无事，则为易治。吴人轻巧，苟备豫非常，安可谓之易也？如宜州止因刘永规虐用其下，聚为寇剽，延及他境，若长吏得人，岂致是邪？”因阅班簿，指孙仅、王济谓王旦曰：“二人孰优？”旦曰：“济有吏干，可副是选。”

2.《续资治通鉴长编》卷六十七：于是，上命陈彭年撰内藏库记述其事，出以示王旦等，曰：“此库乃为计司备经费耳。计司有阙，必取于民，苟非节用，何以获济？”因言：“汉武外事四夷，北伐登单于台，西田车师，劳内地以勤远方，此所以财用不足也。”陈尧叟曰：“汉武末年，户口减半，乃封丞相为富民侯，是亦悔于用兵也。”上然之。

曹利用推荐上来的人，当时宜州叛乱爆发后，杨覃出知潭州（今湖南省长沙市），为了不受宜州叛乱的影响，杨覃对潭州城防做了全面部署。后来，潭州果然未受到宜州叛乱的影响。当曹利用将杨覃推荐给朝廷后，赵恒与王旦商议杨覃任职的问题。王旦说："杨覃这个人素有才能，在浙江人当中很少有他那么有才干的。"赵恒说："是不是将杨覃与朱台符一起调任到陕西？"王旦说："可以，尽管杨覃这个人有争议，但他颇有爱民之心，可以放心任职。"[1]

不久之后，朝廷对曹利用、张煦、张从吉、张继能等这些平定宜州叛乱的将士岗位进行了调整，还对他们手底下一些在平定叛乱中表现英勇的底层将领都予以重用[2]，赏赐了钱财。[3]之后一段时间，朝廷都在处置叛乱之后的安抚事宜。[4]

1007年十一月初，朝廷对郭贽的岗位进行了调整。此前，赵恒就郭贽岗位调整的事情，已与王旦进行了交流。赵恒对王旦说："昨日召见郭贽，与他谈论了好几个时辰，他还记得当年朕当东宫太子时的很多事情。郭贽这个人真是敦厚的长者，在太子府辅佐了我三年。后来杨可法到了府上，虽然杨可法也能做到尽职尽责，做

1.《续资治通鉴长编》卷六十七。

2.《续资治通鉴长编》卷六十七：诏以曹利用为引进使，张煦为如京使，张从吉为庄宅副使，张继能为供备库使，自余进秩有差。继能以前锋首破贼人，故被赏最优。归远军士手杀陈进者李昊、刘宗、赵敏，并补本军都头。又以知象州、大理评事何邴，为祠部员外郎，赐绯。邴三子并赐出身，亲属同扞寇者，悉甄叙之。升象州为防御。

3.《续资治通鉴长编》卷六十七：初议行赏，辅臣以象州城守四十日，其官吏将校各超三资；怀远军、天河寨，贼攻之不累日而退，各超两资。上曰："贼之初起，其锋正锐，怀远、天河，首被攻击，固御尤难，可与象州同超三资。"王旦等请俟曹利用等赴召取进止，上曰："赏不踰时，且军中等级皆已有命，不可缓也。"故次第行焉。

4.《续资治通鉴长编》卷六十七：王旦请改云："溃散贼徒，限一月首露释罪，所在收录奏裁。"上可之。

事情却不如郭贽。朕早年间经常去郭贽家里，如今郭贽已老了，朕打算将他安置在身边，他现在身居吏部侍郎，该给他一个什么样的官职呢？”王旦说：“陛下您感念救恩，可以特批。”赵恒说：“给他一个尚书官职罢！”[1]随即朝廷下了一道诏令，命郭贽为工部尚书、兼秘书监，充翰林侍读学士。[2]

几天后，朝廷又对右正言、知制诰孙仅和四方馆使孙全照两人岗位进行了调整。[3]

这一年多以来，朝廷涉及人事调动的问题，基本上都是赵恒与王旦商议的。当然有时候也有参知政事参与其中。总之，自从王旦担任首相之后赵恒将人事权紧紧握在手中，但每次遇到人事调整时，他都听从王旦的建议，王旦与赵恒之间这种相互扶持的状态正在形成。由此可见，赵恒是一个善于听从建议的人，他没有赵光义那种专横独断，同时这也显示出王旦的作用了。

王旦继续在宰相职位上处理政务，国家继续稳定发展。此时，有个叫赵湘的殿中侍御史忽然给朝廷上了一道札子，在官僚阶层中引起了极大的轰动。

札子的内容很简单，是请求赵恒搞封禅。当这个札子到了中

1.《续资治通鉴长编》卷六十七：先是，上谓王旦等曰：“昨召郭贽，与语移时，颇记朕在东宫时事。贽，纯厚长者，善于辅导，在府中三年。杨可法继至，可法介然有守，其辅导不及于贽。朕早年尝至其家，贽今已老，欲召置近职，自吏部侍郎当为何官？”旦等曰：“陛下念旧推恩，皆系特旨。”上曰：“可授尚书。”

2.《续资治通鉴长编》卷六十七。

3.《续资治通鉴长编》卷六十七：辛未，右正言、知制诰孙仅知永兴军，代四方馆使孙全照也。以全照知许州。先是，上谓王旦等：“藩方长吏，尤赖循良。全照驭下峻急，当择其代，如边肃、孙仅，谁可此授？”冯拯曰：“仅尝佐京府，熟于民政，可用也。”从之。仅，纯厚长者，为政颇宽。赐诏书戒谕。全照有别墅在许州，盖从所请焉。

书以后，王旦将此事汇报给了赵恒，因为这不是一般的奏折。但赵恒未表态。也就是说，王旦说了札子的内容后，赵恒没反应。既然赵恒不表态，王旦不能不说出自己的意见。因为从内心深处说，王旦是反对搞封禅祭祀事宜的。于是王旦对赵恒说："封禅这种礼仪制度已废弃很久了，若不是盛世太平，怎么可以做封禅之事？"然后，赵恒有些难为情地对王旦说："朕没有大德，不能轻易商议封禅这种事。"[1]

王旦虽提醒赵恒不能轻易做封禅之事，然而，王旦内心还是很惊恐的。毕竟此时有人提出封禅之事，绝不是赵湘的一时心血来潮，这道札子的后面似乎另有隐情。而且赵恒虽然表示不愿轻易议论封禅祭祀之事，但口吻明显很渴望促成这件事。

王旦自问：这件事是什么时候发生的？或者说赵恒是什么时候有了封禅之心的？王旦对此竟一无所知。此前种种迹象表明，赵恒一直都尽职尽责，努力在做好一个帝王。可赵湘不可能凭空上这样一道札子，王旦一眼看出来这是被人授意的举动。那么，除了赵恒能授意某个官员上书封禅，谁还有这个权力呢？

事情还真如王旦预料的那样，并不是赵湘一时兴起鼓动赵恒封禅祭祀。因为从赵恒的态度上能发现，其实是他想要搞这场封禅，只因怕王旦不同意，才说自己没有大德，不敢轻易商议封禅之事。也就是说，赵恒此前清楚赵湘会上这样一道札子，而这道札子也是赵恒试探宰相是否同意的举动。只是王旦毫不含糊地表明自己反对搞封禅祭祀之事。赵恒不得不放缓封禅祭祀的事情。至少，目前如

1.《续资治通鉴长编》卷六十七。

若王旦不同意，这个事情就没法儿搞。

其实，若要追溯这件事的起源，应该回溯一下历史，一直回溯到寇准罢相的时候。当时，王钦若对赵恒宣称澶渊之盟是城下之盟，而且寇准是孤注一掷。赵恒自此对寇准便失去了信任，不久寇准就被罢相了。但澶渊之盟被王钦若说成是城下之盟，赵恒自然也非常郁闷。以后每每想起此事，他都闷闷不乐，有种耻辱感。[1]

赵恒要找一个办法来消除城下之盟的耻辱感。王钦若适时出现了。赵恒问王钦若："那怎么办呢？"王钦若看得出来，宋真宗根本不想再次发动战争，王钦若故意给赵恒出主意说："最好的办法是再次出兵幽州，夺取幽州，然后就能洗刷掉这种耻辱了。"[2]这是激将法，王钦若清楚，以赵恒的性格，是绝对不会这样做的。果然，赵恒说："宋辽双方百姓刚刚过上安稳的日子，朕怎么可以再兴兵发动战争？这不是将宋朝边境上的黎民百姓又卷入战争的旋涡了吗？发动战争这件事以后不要说了。"[3]王钦若故意诡辩说："皇上您体谅百姓，处处为百姓着想，可老百姓不理解您啊，他们总觉得澶渊之盟是耻辱啊。"赵恒有些为难，问王钦若："难道除了发动战争就没有更好的办法了吗？"

王钦若趁机对赵恒说："办法倒是有一个，而且这个办法是个大功业，不仅可以镇服四海，也可以向那些边境邻国彰显国威，只是不清楚官家您愿不愿意做？"[4]赵恒一听，好奇心一下子被调动起

1.《续资治通鉴长编》卷六十七。

2.《续资治通鉴长编》卷六十七。

3.《续资治通鉴长编》卷六十七。

4.《续资治通鉴长编》卷六十七：钦若曰："陛下苟不用兵，则当为大功业，庶可以镇服四海，夸示戎狄也。"

来，急切地问王钦若："你说的这个大功业到底指什么？"王钦若才一本正经地对赵恒说："既然不能再与辽发生战争，那只有封禅泰山了。"宋真宗问："封禅泰山？"王钦若说："正是封禅泰山。"赵恒不再说话，默默地思虑着。封禅泰山这种事，很多朝代都没搞过，自己搞起来行不行？王钦若趁机说："封禅泰山这件事，不仅可以镇服四海，更是宣扬宋朝国富民强的重要举措。此举可以让宋朝边境上的回鹘、渤海等国都见识一下宋朝的国威，实在是一举多得的事情。"

赵恒还是有些疑惑，历史上秦皇汉武封禅的事情赵恒是清楚的，可秦皇、汉武都是千古帝王，地位极其尊崇，秦始皇统一了全国，车同轨书同文，统一度量衡；而汉武帝则直接将匈奴赶到了大漠深处，不敢再骚扰中原。自己能有什么功业，怎么可以与秦皇汉武相比较呢？一直在沉思中的赵恒并未回应王钦若。王钦若又说："只是历朝历代以来，每次都是上天降下祥瑞之事，帝王们才会搞封禅活动。"王钦若这么说，自然是试探赵恒有没有搞封禅之事的想法。这也是赵恒犹豫的原因之一。

王钦若看到赵恒有些犹豫，便接着说："天降祥瑞之事也不一定都确有其事。只要皇上您深信泰山封禅这件事，并怀着尊崇之心来做这件事，把自己的态度表明给天下看，上天必然会降下祥瑞之事。"王钦若还给宋真宗举了例子，"自古以来，所谓的祥瑞之事，几乎都是人为的。《河图》《洛书》等这些事，谁又能说清楚这是真实存在的呢？还是人早布置好的呢？”[1]王钦若甚至还列举出了《左传》里“国之大事，唯祀与戎”的说法，以此来找到自己提倡封禅之说的依据。

此时的王钦若已从赵恒放光的眼神中，窥到了皇帝心动的“内幕”。

然而，心动归心动，此事自从王钦若提出来之后，赵恒思考了很久，没有给王钦若直接的答案。史书里面，也找不到此后两个人一起谋划此事的记载。为什么赵恒没有立即答应王钦若的提议呢？原因是赵恒心中有顾虑，封禅泰山这件事，前朝虽有之，但宋朝却从来都没有做过，伯父赵匡胤在建立宋朝后，最应该进行封禅泰山，以表明宋朝继承大统的合法性，但赵匡胤没有这样做；父亲赵光义在烛影斧声中继承皇位后，北伐契丹，一生功业丰硕，也应该封禅泰山，但父亲赵光义也没这么做。凭什么到了自己的手里就能封禅泰山了呢？

赵恒想到了王旦，也只有王旦这个人，此时才能真正为他出主意。不过王旦遇到自己不认可的事情也非常执拗。太祖、太宗皇帝都未做过的事情，王旦会同意吗？赵恒心中也没有底。

显然此事一直在赵恒心中悬着，自从寇准罢相，王钦若提出封禅这个建议后，赵恒一直在想找机会向王旦开口，这一等就是一年多。这件事继续在赵恒的心中悬着。但可以推测，赵恒私底下应与王钦若讨论了很多次，并开始分步实施。这才有了前面赵湘上札子，请求赵

1.《续资治通鉴长编》卷六十七：上曰：“何谓大功业？”钦若曰：“封禅是已。然封禅当得天瑞，希世绝伦之事，乃可为。”既而又曰：“天瑞安可必得，前代盖有以人力为之。若人主深信而崇奉焉，以明示天下，则与天瑞无异也。陛下谓河图、洛书果有此乎？圣人以神道设教耳。”

恒封禅的事情。这实际上就是试探王旦的举动。

果然，当这份札子落到王旦手中时，王旦表明了自己的态度：封禅这种事已多少年没人搞过了，咱们自己又不是多么了不起的朝代，自然不能搞。王旦果断地掐断赵湘请求赵恒封禅的建议。但拒绝了并不代表自此不搞这事。

皇帝一看王旦不同意，只能另想他法，但封禅之事已在赵恒心中泛起一阵又一阵的涟漪，他已被封禅之事搅得心神不宁。后来，赵恒与王钦若再次说起封禅之事时，问王钦若："宰相不同意这事怎么处理？"王钦若却直接说："这事情陛下交给我，由我出面给王旦说。"[1] 于是，赵恒让王钦若一边准备祥瑞之事，一边想办法来说动王旦。

1.《宋史·列传第四十一》卷二百八十二。

4

一壶珍珠

这一次，王钦若再一次表现出了自己的热情，毕竟是他鼓动赵恒进行封禅祭祀的，现在遇到王旦不同意，他要想办法将这个问题解决了。那样，赵恒才能去封禅。其实，此时的王钦若已找到了办法，这些年来与王旦同朝为官，也让王钦若摸清了王旦的脾性，比如之前在班次问题上，王旦选择了忍让。若宰相是王钦若，他是不可能让别人与自己挤在一起的。王钦若觉得对付王旦的办法，是逼迫王旦就范，除此之外别无他法。于是，王钦若对赵恒说："封禅泰山这样重要的事情，王旦肯定清楚轻重，只要皇上您发话，让我带着您的圣谕去跟王旦说，王旦肯定会同意的。"[1]赵恒没有表态，默认了王钦若的做法。王钦若心领神会，便马不停蹄地去找王旦了。[2]

关于王旦和王钦若之间的谈话，史籍中并无详细记载。但有

1.《宋史·列传第四十一》卷二百八十二。

2.《续资治通鉴长编》卷六十七：上久之，乃可，独惮王旦，曰："王旦得无不可乎？"钦若曰："臣请以圣意谕旦，宜无不可。"

一点是肯定的，那就是当王钦若出面给王旦陈述赵恒要做封禅之事时，王旦并不同意，因为赵湘上札子时，王旦已表明了自己的态度。王旦是那种一旦认准了某件事就不会轻易改变的人。由此，我们可以大胆地设想一下：王钦若肯定是找到王旦，并向王旦说了封禅这件事，王旦不同意，认为这样做是劳民伤财。况且唐太宗想封禅都被魏征劝阻了，现在的宋朝也没有唐太宗时的强盛。若讲这些，王钦若自然说不过王旦。可赵恒明显已动心了，若王旦极力反对这件事，此事有可能泡汤。王钦若肯定表明这是赵恒想要做的事情，是赵恒派他来和王旦沟通如何做好封禅泰山之事的。但王旦还是不建议搞这么大的活动，毕竟宋辽刚刚休兵止战，国库空虚，不应该再花钱搞这些花里胡哨的东西。此时，王钦若看自己说服不了王旦，便搬出了赵恒的圣谕。君主专制里，宰相虽一人之下万人之上，但一人之下的那个一人，能改变宰相的决定。所以，王旦只能勉强同意。[1]

然后，王钦若马不停蹄地回去给赵恒报告王旦同意搞封禅之事的消息去了。赵恒听王钦若说了整个过程，但心中还是没底。因为王钦若说的天降祥瑞之事，到底真是上天降下的祥瑞，还是人为的，赵恒其实是没有答案的。[2]

赵恒一直带着这样的疑问思考着。有一天傍晚，赵恒带着这个问题随处散步，不经意间到了秘阁。当时秘阁中值班的人叫杜镐，此人博闻强记，治史严谨，为士论推重，称其为“杜万卷”。对于赵恒的突然造访，杜镐本人都很意外，因为这么多年来，赵恒亲自

1.《续资治通鉴长编》卷六十七。

2.《续资治通鉴长编》卷六十七。

到秘阁的次数有限。赵恒莫名其妙地问了杜镐一句：“古代所谓河出图、洛出书，果真是真实的事吗？”[1]

此时，杜镐并不清楚皇帝这么问的目的，便随口回复赵恒说：“这或许是圣人以神道设教育人的事情，不一定确有其事。”所谓以神道设教，也就是人为塑造的祥瑞之事。听到杜镐这样说，赵恒心中有了底。杜镐不清楚赵恒问这话的原因，对他说了真话。而且以杜镐的学识，能这样说，自然也是有十足的把握，不可能忽悠他。赵恒不再有疑惑了，这才下定决心要去封禅泰山。[2]

现在只剩下最后一个问题了，那就是如何让王旦同意皇帝封禅。有人会说，之前不是派王钦若去找王旦说了嘛，王旦不是也表示勉强同意了嘛，为什么赵恒还担心王旦会不同意？其实这也是有缘由的，当时王钦若给王旦陈述封禅时，是用赵恒的圣谕来传达的，赵恒清楚王旦内心一定不支持封禅。只有让王旦真心同意了，这件事才能成。

但怎样才能让王旦真正同意呢？赵恒苦思冥想，然后想到了一个办法。赵恒命人召王旦进宫，摆了一桌酒宴招待他。对此，王旦似乎已意识到赵恒这次招待他的目的了。王旦进宫拜见了赵恒，两个人便坐在一起喝酒。

此时的王旦等着赵恒开口说封禅之事，但赵恒却绝口不提这件事，只与王旦痛饮。王旦猜不透赵恒葫芦里卖的什么药，只能陪着赵恒喝酒。两个人边喝边说一些国家大事，王旦都从容应对。酒过三巡之后，两人都有些兴奋，继续说着国家大事。赵恒始终不提封

1.《续资治通鉴长编》卷六十七。

2.《续资治通鉴长编》卷六十七。

禅之事。

这场酒喝了大半夜，酒酣耳热之际，赵恒与王旦都有些醉意。此时，赵恒命人端出了一壶酒赐给王旦，并嘱咐王旦说："这是一壶上好佳酿，朕把它赏给你，你拿回去和家里人一起享用吧。"[1]王旦自然感恩戴德，端着一壶酒出了宫殿。

不过王旦依然一头雾水，他清楚这次赵恒召见他是为了封禅祭祀之事，可自始至终，赵恒竟然没说关于封禅之事的一个字，这让王旦越发不安了。王旦隐隐感觉到总是哪里不对劲儿，可是说不上来到底哪里不对劲儿。王旦心中的疑问，从进宫到回家，都未解开。

王旦抱着赵恒御赐的这壶酒回到家里，给家里人讲明白了这壶酒的来历。此时家里人已垂涎欲滴，毕竟这是皇帝御赐的佳酿，有生以来还头一次能饮这样的酒。王旦忽然紧紧盯住这壶酒，他意识到之前感觉到的不对劲儿的源头在酒里面。此时，孩子们已争先恐后要喝酒了，王旦不断告诉自己是多想了！

随即，王旦小心翼翼地将酒壶打开。当酒壶打开后，所有人都惊呆了，酒壶里根本不是佳酿，却是满满一壶珍珠，粒粒都是上好佳品，价值不菲。此时，王旦才明白了赵恒的用意，虽叫他进宫喝酒，没有说一句封禅泰山之事，但这一壶珍珠，则表明了赵恒要封禅泰山的决心，赵恒的意思也很明确：封禅之事宰相您不要再阻拦了。

这是千百年来，唯一一次皇帝贿赂大臣的事情。细数中国历史，绝对找不到第二件类似的事情。王旦这才猛然醒悟。王旦再不敢往下想，赵恒为了封禅之事竟然用这种方法来贿赂他。王旦哭笑

1.《宋史·列传第四十一》卷二百八十二。

不得，为他自己，也为赵恒。王旦内心最后一点儿希望随着这壶珍珠现世破灭了。以后凡是天书、封禅等事，王旦不再有异议。只能按照赵恒的意思来落实，[1]而自从收取了这壶珍珠起，王旦似乎掉入了封禅之事的旋涡里，无可自拔，他不仅要支持为赵恒封禅祭祀，还要跑前跑后，为赵恒的这种嗜好出力。

自此，王旦心中总是惴惴不安。

几天后，天气骤变，飘起了大雪。赵恒召集宰相们商议事情。赵恒对王旦等宰执群体说："昨天晚上下了雪，朕担忧降雪会停止。半夜里，朕派出人去外面查看雪情，回来说到处还在下，而且雪势不减。如今看见落了这一层厚厚的积雪，来年的庄稼将会有个好收成。朕每次想到庄稼歉收，经常给邢昺说及此事，觉得百姓们种庄稼总是遭受自然灾害的影响。邢昺说民间的灾害有四大方面，一是瘟疫，二是旱灾，三是水灾，四是牛瘴。每年这四类灾害必然会有一类降临人间，只是轻重不同罢了。这四害里面，旱灾尤甚。麦田里没有水渠，庄稼一旦遭遇旱灾没办法挽救，老百姓损失也非常大。邢昺多年居住田间地头，对很多农事都非常熟悉，有丰厚的经验。所以，每年此时，朕担忧自然灾害带来的损失，朕听闻各地种麦子居多，这次降雪，农家无忧愁了。"[2]

1.《宋史·列传第四十一》卷二百八十二。

2.《续资治通鉴长编》卷六十七：辛巳，上谓王旦等曰："昨暮降雪遽止，朕忧其未足。夜分使人于宫庭视之，乃云复降，其势甚密。今果盈尺，来岁麦苗应有望也。朕每念稼穑艰难，尝与邢昺言，力田者多值灾沴。昺云民之灾患，大约有四，一曰人疫，二曰旱，三曰水，四曰牛瘴，必岁有其一，但或轻或重耳。四事之害，旱暵为甚。盖田无畎浍，悉不可救，所损必尽，即传所谓天灾流行国家代有者也。昺久居田里，尤熟农事，自云验之多矣。比岁稼穑屡稔，朕尝以灾沴为虑，兼闻今年宿麦甚广，得此时雪，农家无冬旱之忧也。"

几位宰相连连称是。皇帝兴致很好，给中书几位宰执赐了酒水。之后，皇帝又在崇文院设宴招待宰执群体，皇帝还作了和瑞雪有关的诗词，让三馆人员一起作诗唱和。[1]

王旦看着赵恒这样重视民间，心中多少有些欣慰。但封禅之事已在准备，只是王旦还不清楚这场大型狂欢活动会以怎样的方式展开。

几天后，赵恒召见王钦若，询问《册府元龟》这本书的编纂进度，并强调这部书的重要性，要求王钦若与杨亿两个人密切合作，逐字逐句地过，筛选出最精华的部分用来为国家治世所用。[2]王钦若自然表示会认真负责。

但实际上，王钦若这个人非常狡诈，在修纂过程中，因修辑的每一部分要向赵恒汇报，如得到赵恒的褒奖称赞，王钦若则将自己的名字列在第一，若出了问题，受到真宗的谴责时，则推卸责任，给皇帝汇报说写错的地方是杨亿等人干的。正是因为王钦若这些不地道的举动，让同僚们对他都很憎恨。于是，一帮人开始捉弄王钦若，他们让一个叫陈越寝的人假扮王钦若死了，由另一个叫石中立的官员装扮王钦若的老婆，在陈越寝跟前哭泣，其他人则站在这两个人面前唱葬歌。由此看出，王钦若这个人并不得同僚们的喜爱，但王钦若有一样东西是别人没有的，那就是他能随时捕捉到赵恒的情绪变化，能适时有度地恭维皇帝，让皇帝对他宠幸有加。

1.《续资治通鉴长编》卷六十七。

2.《续资治通鉴长编》卷六十七：十二月乙未，手札赐王钦若曰："编修君臣事迹官，皆出遴选。朕于此书，匪独听政之暇，资于披览，亦乃区别善恶，垂之后世，俾君臣父子有所监戒。起今后，自初修官至杨亿，各依新式，递相检视，内有脱误，门目不类，年代、帝号失次者，并署历，仍书逐人名下，随卷奏知。异时比较功程，等第酬奖，庶分勤惰。委刘承珪专差人置历。"

王钦若悄悄进宫向赵恒禀告被捉弄这件事，还将那些对他实施恶作剧的人的不良之处都告诉赵恒，赵恒听到这件事后也哭笑不得。赵恒认为大家作为同僚，不能做出此等事情，于是，赵恒打算罢黜这些官员。幸好当时王旦主持这件事，才没有让这几位受到责罚。鉴于王钦若这样，杨亿也不待见王钦若，每次王钦若进入馆阁之后，杨亿就会溜走，避开王钦若。后来，王钦若被调出朝廷担任杭州知州，满朝文臣都作诗祝贺，但杨亿却不作诗。[1]

1007年年底时，朝廷计划举行科举考试。赵恒先询问取士情况，王旦说："有一万三千余人，按照惯例，本次礼部拟录取人数名额大概在百人而已。"赵恒说："若真如卿所言，那落榜的人远超过万人。所以在主考官员选择上一定要慎重，晁迥这个人素来以谨慎著称，可以让他担任主考官。周起、王曾、陈彭年等人也可以参与主持考试。"参知政事冯拯说："在封印首卷的问题上，若朝廷遣官员完成，也一定要用有操守之人。"王旦说："滕元晏这个人与士大夫之间的交往较少。"赵恒想了想说："这次考试应该让朱巽代替周起主持，让周起与滕元晏两个人共同执掌封印这件事。"[2]结果议定之后，朝廷下了一道诏书，让翰林学士晁迥、知制诰朱巽、王曾，龙图阁待制陈彭年四人负责科考之事。[3]

1.《续资治通鉴长编》卷六十七。

2.《续资治通鉴长编》卷六十七：先是，上尝问辅臣以天下贡举人数，王旦曰："万三千有余，约常例，奏名十一而已。"上曰："若此，则当黜者不啻万人矣。典领之臣，须审择，晁迥兢畏，当以委之，周起、王曾、陈彭年皆可参预。"冯拯曰："封印卷首，若朝廷遣官主之，于理亦顺，尤宜用素有操守之人。"旦曰："滕元晏于士大夫间少交游。"上曰："今当以朱巽代周起知举，令起与元晏同掌封印事。"

3.《续资治通鉴长编》卷六十七。

为了确保这次考试的公平、公正，朝廷还让御史台、大理寺的一些官员也入住考场，随时纠正影响考试公平公正的因素："既受诏，上谕以取士之意，务在至公，擢寒畯有艺者。又命监察御史严颖、张士逊监贡院门，都官员外郎乔颜、太常博士郑彝、太常丞陈既济巡试铺，太常丞直集贤院任随、著作佐郎陈覃点检进士程试，大理寺丞马龟符等六人考校诸科程试。"[1]

之后，朝廷开始组织考试。

尽管朝廷在开考前已出台相关政策，调整了考试相关人员，但到了考试时还是有预料之外的事情发生了。宰相王旦得知情况后，马上进宫面见赵恒。王旦说："臣听闻昨日考试新法，一个叫周行中的士子在考生中争议较大，臣听闻他还不遵守科考制度，我怀疑其中有徇私舞弊的嫌疑。请陛下下诏将此事公之于众，让天下的士子都清楚您是一心为公的 ，只有这样才不至于遗漏人才。"赵恒觉得王旦说得有道理。不久之后，给事中梁周翰上奏，打算先让进士们作二十首诗，测试一下士子们的水平，筛选出诗文俱佳者再进行考试。但赵恒却说："这样一来，擅长写诗的人能被选中，而擅长作文的人才有可能被疏漏。"[2] 言外之意，梁周翰的这种做法顾此失彼，不建议使用。

于是，朝廷继续按照之前的考试规格组织了考试。这一科，依然取士数百人。

此时，时令已逼近年底，汴京城一派新春氛围。往往这时候，也是朝廷建立邦交的关键时刻，西北边境吐蕃六部首领厮铎督派遣

1.《续资治通鉴长编》卷六十七。

2.《续资治通鉴长编》卷六十七。

使者左威卫上将军萧留宁、彰武节度使耶律信宁，副使崇禄少卿邢详、右威卫大将军耶律遂到宋朝来进贡，朝廷款待了使者。[1]不久，辽国也派出使者到宋朝，恭贺新春佳节。

赵恒对王旦等宰执群体说："最近以来，一些边境守将都说与契丹建立合盟关系对我朝不利。"王旦对此种论调有不同意见，对赵恒说："不仅仅是武将们这样议论，有些文臣也是这个论调。然而，自我朝与契丹建立盟约后，三年来两国相安无事，除了减少了战争所需费用之外，河北边境的百姓们也都得到了休养生息，免于押送粮草。"[2]赵恒又说："这可能是辽国人看到河北之地这几年丰收之后想要夺取物资。"参知政事冯拯说："若边境上不安宁，这对武将们来说可是大好消息。"但赵恒不同意冯拯这种贬低武将的说法，说："国家虽实行怀柔政策，但也不能荒废军队建设，否则契丹一旦背弃盟约我们怎么办？所以，国家在政治上还是要保持安定，用来安抚天下百姓的心。"[3]

这是1007年最后一次议事。这段时间以来，赵恒除了给王旦一壶珍珠之外，再也没有提过封禅祭祀之事。王旦最后一个月的政务战战兢兢，一直在等着赵恒开口说封禅之事。奇怪的是，赵恒又绝口不提此事了。但鉴于之前一壶珍珠的经验，王旦清楚，赵恒之所以未急着表明封禅之事，似乎在准备着什么。王旦隐隐觉得，这场封禅活动即将拉开帷幕。

1.《续资治通鉴长编》卷六十七。
2.《续资治通鉴长编》卷六十七。
3.《续资治通鉴长编》卷六十七。

5

皇帝的梦

1008年正月初一，赵恒要接见大臣，接受群臣的祝贺，顺便赏赐群臣，再颁布一些诸如减少赋税之类的惠民政令，以显示皇家对天下百姓的体恤。这一年的正月头几天，显得异常平静。赵恒接见大臣祝贺后，便让大臣们回家与家人团聚，共度新年。

群臣们一脸疑惑，猜不透皇帝心中在想什么。事实上，这种看似平静的背后，正在酝酿着一些大事。

果然，正月初五这天，皇帝召集宰相王旦、知枢密院事王钦若等人在崇政殿西面偏殿议事。这里特别强调了有王钦若。按照宋朝的惯例，宋朝皇帝召中书省长官（宰相、参知政事）议事时，一般不召见枢密院的长官。这也是宋朝“两府”分开奏事的制度，赵恒一直恪守着这一制度。自从王旦担任宰相以来，皇帝召中书长官时，枢密院很少参与，只有在协商军政大事时，才将两府人员召集起来。但此时，皇帝将枢密院王钦若等人也招来，必然是有重大事情宣布，或者有军政大事需要宰执群体在一起商议。[1]

1.《续资治通鉴长编》卷六十八。

赵恒对眼前的宰执群体说："朕的寝宫你们都见过，四周挂满了青色的帘幕，早上或者晚间若不点灯，周围的一切都看不见。但去年十一月十七日半夜，朕刚刚躺下，寝宫中闪过一道亮光，屋子里非常明亮，当时朕非常震惊。此时，朕在一团明亮之中看见飘着一个神人，头戴金冠身着红袍。然后，这位神人对朕说：你要在正殿建一个黄箓道场，一个月后上天会降下大中祥符三篇天书，在这之前不要泄露天机。"[1] 大家听赵恒这么说，不明白他的意思，或许只有王旦和王钦若才清楚赵恒的言外之意。只是每每想起那一壶珍珠，王旦都感到底气不足。

赵恒接着说："朕当时震惊万分，起身准备回答神人，却发现神人已不见踪迹，自己不过是做了一场梦。然后，朕记下了这件事。此后，朕便吃素戒斋，命人在朝元殿设置道场，筑起九级彩坛。又命人用香木雕刻成车舆，用珠宝装饰，等待着神仙的再次光临。"

大家静静地听着赵恒的叙述，仿佛听故事一样。此时，赵恒兴致勃勃地说："这样朕等了一个月，不见天书踪迹，但朕也不敢撤掉道场。朕以为之前那件事不过是一场梦罢了。然而，就在刚刚，有城隍司的官员来报告说，在左承天门房子一角发现了一大块黄帛。之后，朕便派身边的侍从去观看，果然发现房基上有一块黄帛。侍从回来说，这块黄帛长约二丈，上面还系着一个类似于画卷的东西，外面则用青绳缠绕着，在封口处隐隐可以看见里面有字。此时，朕才想起了之前的梦，以及梦中神人交代的事情，朕觉得这个黄帛是上天降下的天书。"[2]

1.《续资治通鉴长编》卷六十八。

2.《续资治通鉴长编》卷六十八。

话至此处，大家还在听故事，可王旦已经听出弦外之音。此时，那壶珍珠又开始在脑海里出现。王旦很后悔当时收了那样一壶珍珠，这直接让自己不敢有丝毫阻拦，还得想办法为皇帝圆谎。此时，大家都将目光投向了王旦，毕竟赵恒的故事讲完了，接下来的事情，要宰执群体们出面了。王旦作为首相，自然要第一个表态。于是，王旦对赵恒和其他宰执群体说："陛下您以至诚之心来敬奉天地，以仁孝之心供奉祖先，又律己爱人，整日整夜思谋治理国家的方法。眼下，朝廷与邻国之间相处和睦，官场风清气正，国内年年丰收，这些都是陛下兢兢业业勤于政务所致啊！我们这些臣子们也经常说这是天道所致，必然有福报降临。如今果然神明应验，降下灵文，这都是上苍庇佑的表现。"[1]然后，王旦带领着群臣参拜赵恒，口中直呼"万岁"。赵恒很高兴。王旦接着又说："如今天书到了启封时，应该屏退身边的人。"但赵恒却不同意王旦的意见，他对几位大臣说："若降下的不是天书，而是上天的一些警示，朕与卿等都要敬畏并忏悔。若是上天对朕的告诫，朕也得加强自身修养，岂能独自观看而不让外界清楚？"[2]此时，有个叫孙奭的人却持有不同的看法，对赵恒说："臣愚所闻天何言哉，岂有书也！"但赵恒用眼神让孙奭闭了嘴。

听赵恒这么说，王旦清楚赵恒是要让臣僚一起见证奇迹再现的时刻。于是，在赵恒的带领下，一行人去了承天门。等一行人到了

1.《续资治通鉴长编》卷六十八：旦等曰："陛下以至诚事天地，仁孝奉祖宗，恭己爱人，夙夜求治，以至殊邻修睦，犷俗请吏，干戈偃戢，年谷屡丰，皆陛下兢兢业业，日谨一日之所致也。臣等尝谓天道不远，必有昭报。今者，神告先期，灵文果降，实彰上穹佑德之应。"

2.《续资治通鉴长编》卷六十八。

承天门，果然发现如赵恒所说，房顶上挂着一块黄帛。然后，赵恒开始焚香祭拜，以显示对上天降下黄帛的尊重。之后，赵恒便命身边的近臣周怀政、皇甫继明两个人登上房顶取下黄帛。天书被拿下后，王旦首先接住了天书，跪着将黄帛迎进了承天门。进门以后，赵恒对着黄帛再进行参拜。此时，有人将之前准备好的那个挂满珠宝的车舆推了进来，众人合力将天书放置在车舆上，再由赵恒与宰相引着车舆进了朝元殿的道场里面。[1]

这一路上，所有人都颤颤巍巍的，怕在迎接这份天降黄帛的过程中出岔子。等一行人到了朝元殿，赵恒才让陈尧叟开封黄帛。当陈尧叟将黄帛拆开之后，发现黄帛上面有字，赵恒让王钦若读黄帛上面的内容：受封命，兴于宋，付于慎，居其器，守于正，世七百，九九定。这二十一个字说的是赵家天下实乃天授，可以传后七百世，永葆天下。[2]

黄帛里面还有三篇《大中祥符》天书，天书上面也有内容，无外乎都是赵氏王朝将会延续万世之类的话，“其书黄字三幅，辞类《尚书·洪范》、老子《道德经》，始言上能以至孝至道绍世，次谕以清净简俭，终述世祚延永之意”。[3]所有人都震惊万分，也都悄悄议论着。许多人心中产生了疑问：这到底是真是假啊？但这样的事情，只能在心中产生疑问，不能到人面上说。若赵恒知道某个官员对此还有疑问，那他的仕途也就到头了。那些混迹于官场的人，个个都是人精，怎么会不晓得其中的含义？

1.《续资治通鉴长编》卷六十八。

2.《续资治通鉴长编》卷六十八。

3.《续资治通鉴长编》卷六十八。

当陈尧叟读完之后，将天书藏于一个金匮之中：“读讫，藏于金匮。”然后王旦等人开始在朝元殿之北向赵恒恭贺。当天晚上，赵恒让王旦住在中书省，半夜里还要去道场看一看天书安置的情况。王旦不敢回家，只能在政务堂等着。到了半夜，王旦去了道场，等王旦到朝元殿时，发现赵恒已先一步到了朝元殿。可以看出赵恒对这个天使的重视。[1]

王旦这时候才恍然大悟，这一切不过是赵恒与王钦若联手做的一场戏。而他也须入戏，不能当局外人。

次日，朝中大臣都知道了这个消息，毕竟上苍降天书这件事，对这些臣子而言也是生平第一次经历。然后群臣向赵恒恭贺，赵恒一点也不遮掩，在崇政殿接受群臣祝贺。随即，赵恒在崇政殿设宴招待群臣。也是从此时起，赵恒开始对天书产生敬畏感，以至于宴会上的食物都是蔬菜、水果。

然后，天书被请入道场内，如天神一般供奉着。

眼下，只有宋朝文武大臣们见识了天书，并不是天下人都见识了。赵恒觉得应该将天降天书的事情，向天下通报。因此，赵恒命人写了一个通告，昭告天下，天书降临。于是，赵恒先让吏部尚书张齐贤等人向天地、宗庙、社稷，以及京城的那些庙宇中奏告上苍降下天书之事。[2]汴京城里的人听闻上苍降天书之事后，便陷入狂欢之中。之后，全国各地都陷入狂欢之中。

随即，赵恒心血来潮，大赦天下，改元大中祥符。文武百官各加官晋爵，赏赐钱财。赵恒又将左承天门改名为左承天祥符门，守

1.《续资治通鉴长编》卷六十八。

2.《续资治通鉴长编》卷六十八。

门人也因此得到了朝廷额外赏赐殊荣。[1]

此时，赵恒封禅正式迈出了第一步。此前，新年时没有改元，没有赏赐群臣，也没有大赦天下，其实都在等待着天书降临的这个特殊时间，这一切其实早有预谋。

可此时的王旦不敢多想，有些事想多了徒增烦恼而已。

在宋朝上下举国欢腾时，高层又下了一道诏令：要求各地的承受使不要再给朝廷上报各种谍报事宜，朝廷为此事很烦恼。[2]为什么忽然出现这样的一道禁令，其实释放的信号是：近期不要干扰朝廷，国家正在做封禅之事，容不得打扰。

偏偏此时，又从边境上传来了谍报。赵恒很烦恼，但又不得不处理。谍报的内容是，党项首领赵德明截留了回鹘给宋朝的进贡物。赵德明又派军师张浦带领党项军偷袭了回鹘部落。赵德明这么做的原因是党项今年逢天旱，庄稼收成不好，这是党项衰败的前兆。这个消息从西北前线传来，那些西北将士希望乘此机会去袭击党项，达到消灭党项的目的，但此时赵恒的目光都在天书上，没有同意边境将领所请。赵恒还对群臣解释说："朕早清楚党项遭逢旱灾，已让榷场向党项开放粮草，不得私自禁止粮草买卖。朕希望以此来安抚党项，不让党项因为缺少粮食与宋朝再次发生冲突，给边境百姓带来战祸。"[3]这理由也没办法让人反驳。

对于赵恒的这个决定，王旦全力支持。若赵恒一直以天下百姓为念，国家将会富庶太平，甚至会出现太平盛世。

1.《续资治通鉴长编》卷六十八。

2.《续资治通鉴长编》卷六十八。

3.《续资治通鉴长编》卷六十八。

然而不久以后，如何对待功臣一事，王旦与赵恒展开了一次争论。王旦说：“臣听闻前代帝王如光武帝能委屈自己来吸引远方的人。”赵恒说：“光武帝也会保全功臣。”王旦说：“光武帝若遇到功臣，也不会借助权威管束，对功臣的封地也不过区区四个县而已，所以光武帝时代国家很安定。”赵恒却说：“昔日汉高祖破坏分封法度，最终导致了七王之乱，而光武帝不过是汲取了汉高祖的教训而已。”王旦不认可赵恒的说法，继续反驳说：“晁错的谋略主要在于既能忠君又能够预见事物的发展，因而才招致祸端。人们论及此事往往将七国之反的原因归结于晁错。事实上，皇帝将晁错诛杀，是为了堵住忠臣的口。”赵恒被王旦反驳得无言以对，只能借口说：“这是做君王难、做臣子不容易的原因。假如当年汉代削藩的建议能够被保密，君王削藩时也能循序渐进，怎么会有晁错被杀之事呢？朕每次读前朝历史，一定会详细研究始末，对于那些没有找到本末的记载，也常常默记下来，等到再次读书时要找到本末。”[1]王旦不再与赵恒讲述这些事情，因为即便争论一天，他们也争论不出个所以然来。

那么，王旦与赵恒之间为何会有这样一次不寻常的谈话？其实，这一切似乎都指向一个人——王钦若。王旦已意识到怂恿赵恒去封禅的人是王钦若，所以，王旦在与赵恒处置党项遭受旱灾事宜时，有了这一番关于如何对待臣子的谈话。或许王旦和赵恒都非常清楚他们谈论的背后所指，但赵恒封禅之心已在这次谈话中再次显现出来。王旦除了叹息，还能说什么呢？

1.《续资治通鉴长编》卷六十八。

此时，党项人的饥荒并未过去，赵德明看到宋朝在边境榷场开放粮食买卖，清楚此时的宋朝希望他能安定下来，带领党项人走出困境。于是，赵德明萌生出了一个大胆的想法：以借贷的名义向宋朝索要粮食。赵德明说干就干，派使臣出使宋朝。党项使臣说了党项目前的状况，希望可以向宋朝筹借粮食百万石。这不是小事，不能由宰相独断，也不能由皇帝独断。于是，赵恒召集宰府之臣商议此事。但这一次，宰府之臣们意见集中，一致反对给赵德明借粮食。宰府之臣们说："赵德明违背盟约，索要粮食，应该降下诏书斥责他的这种行为。"

此时，唯独王旦不说话。看着其他宰执们争论不休。赵恒问王旦："卿以为如何处置这件事？"此时，王旦才说："臣打算降诏书给赵德明，他们已遭受了严重旱灾，朝廷亦打算支援安抚他们。只是需要向赵德明说清楚宋朝边塞上供军队用的饲料和粮食也不多，但驻守的士兵们却很多，所以不能直接命人送粮食给赵德明。臣已命人准备了百万石粮草，让赵德明自己来取。"听完王旦的处置办法，赵恒非常高兴，觉得王旦处置得很妥帖。这样一来，赵德明取了这部分粮食，就不敢抵赖，以后还是要还回来的。之后，赵德明接受朝廷的诏命，对着宋朝的方向参拜，并说："朝中有人才，我真不该做出这等自取其辱的事情来。"[1]

应对赵德明这种人，王旦有办法处置，并且让赵德明心服口服。但王旦对赵恒与王钦若商谋的封禅事宜是一点儿办法都没有。王旦不开心，但也得帮着赵恒一起圆谎。

1.《续资治通鉴长编》卷六十八。

之后，朝廷处置了几件事情，其中一件是有关天书的。朝廷下了一道诏令：因为天书降临，全国各地的官员们都要各司其职，以答谢上天对宋朝的垂怜[1]。这不是向全国各地官员表明朝廷重视天书的宣传吗？

明明是上苍降下天书，赵恒却要求官员们各司其职，着实有些荒唐。然后，由天书又衍生出很多工作，其中最紧迫的事情是科考。此时，朝廷给礼部贡院下了一道诏命，让贡院对那些已得到举人身份且有才气的人进行考试。赵恒对王旦说："如今的这些举子都害怕糊名考校。但那些有才艺的举子，却都希望公开考试。"听了赵恒的话，王旦若有所思，回答道："各路送到京城参加考试的士子常设有限制，因此一些俊秀之才往往被遗漏了，应适当调整一下政策，放宽条件才能网罗人才。"但参知政事冯拯又补充了一点："近年来举行的省试主考诗词歌赋，补考策论。眼下江浙一带专门在省试中考诗赋取士。希望今后的考试对于诗赋和策论都考，这样才能考出真正的水平。"对于王旦和冯拯的建议，赵恒都采纳了。[2]

此时，殿前都虞候、端州防御使李继和得了重病，眼看将要不久于人世。于是，赵恒召集王旦商议看望李继和的事宜。皇帝对王旦说："李继和是朕的季舅，现在病危，若没有什么忌讳，朕打算前去探望，不知道行不行？"此时的王旦似乎看到了以前那个凡事都要商量的赵恒，心中不免有些感动。于是，王旦对赵恒说："若按照臣子的品级来论，朝廷没有这样的礼仪。但陛下顾念亲人，也

1.《续资治通鉴长编》卷六十八。

2.《续资治通鉴长编》卷六十八。

与礼法无冲突，可效仿太祖时昭宪太后的弟弟不受礼仪约束的故事，前去探望。”赵恒深以为然。赵恒觉得王旦总能在他最需要时，给他提供建议。[1] 然后，赵恒便去看望李继和了。

赵恒一行看望了李继和没几天，李继和便去世了。赵恒还额外赏赐了李继和及家人。[2]

之后，出使辽国的宋抟等人回朝，赵恒询问了辽国的基本情况，了解了辽国不可能发兵扰宋。赵恒心中多少有些许欣慰。赵恒非常担心他在封禅时辽国会故意生事端，现在看来是他多虑了。

不久，又发生了一件大事，足见封禅祭祀背后的力量。

原来兖州（泰山所在地）地区的老百姓得知上苍降下天书的事情，也听说赵恒要封禅泰山的内幕。但他们迟迟不见赵恒到兖州封禅。于是，在兖州父老吕良等人的鼓动下，一千二百八十七名兖州百姓从兖州到汴京请愿，请求赵恒封禅。这些人千辛万苦地到崇政殿外请对。[3]

赵恒心里乐开了花，但又不能表现出自己迫不及待要封禅的心绪。于是便让宠臣曹利用到殿前去宣读圣谕。曹利用领了圣谕后，出了大殿对那些前来请愿的人读道：“封禅是大礼，古往今来封禅之事都是异常隆重而庄严的，历朝历代的帝王也都很少封禅，你们现在提出的这个要求，陛下无法实行，因此，还是请你们回去吧。”[4]

1.《续资治通鉴长编》卷六十八。

2.《宋史·列传第十六》卷二百五十七：大中祥符元年卒，年四十六。赠镇国军节度，遣诸王率宗室素服赴吊。二子早卒。帝以其族盛大，诸侄皆幼，令三班选使臣为主家事。

3.《续资治通鉴长编》卷六十八。

4.《续资治通鉴长编》卷六十八。

吕良等人从山东走到了河南，未达目的怎么会轻易回去呢？于是，吕良等人再次表示，要赵恒到泰山封禅。曹利用不许，但吕良却说大宋受命于天，继承大统，已半个世纪了，国家四方安定，百姓安居乐业。现在上天正是看到了宋朝的顺应天命，才降下的天书，皇上应该顺应天意，到泰山封禅。曹利用见这些兖州的百姓并不回去，便将他们的意思转告给赵恒。赵恒听了吕良等人的劝进，依然没有答应封禅泰山的事情。[1]

赵恒还让曹利用给那些百姓带话："封禅泰山是大事，不能草率行事。"但吕良等仍不肯罢休，继续劝谏赵恒封禅泰山，以答谢上苍。曹利用此时成了传话筒，不断地将他们的意思传给赵恒，又将赵恒的意思传给他们。这场请愿活动，如同拉锯战一样僵持着。赵恒没办法了，便让曹利用对这些前来劝进他封禅泰山的人进行赏赐。

自始至终，赵恒都没有答应封禅之事。这些人见赵恒的态度如此坚决，也就领了赏赐回去了。他们需要等待时机，再次前来劝谏。[2]

此时，一直躲在幕后操纵此事的兖州地方官走到了幕前。兖州地方官邵晔率领着兖州多数官员集体上书，请求赵恒到泰山封禅。赵恒还是未答应这些人。[3]

经过这样两次大规模的劝谏，赵恒给外界的印象是，皇帝对天

1.《续资治通鉴长编》卷六十八：良等进而言曰："国家受命五十年，已致太平，今天降祥符，昭显盛德，固宜告成岱岳，以报天地。"

2.《续资治通鉴长编》卷六十八：上曰："此大事，不可轻议。"良等又曰："岁时丰稔，华夏安泰，愿上答灵贶，早行盛礼。"诏赐缗帛遣之。

3.《续资治通鉴长编》卷六十八。

书封禅这件事不动心。此时，那些从全国各地到汴京参加科举考试的考生坐立不安，他们都是天子门生，关于天子封禅这件事，他们有资格也有权利劝谏了。于是，八百四十六名考生集体入朝，表达了学子们的迫切意见，赵恒依然未答应封禅之事。[1]

几天后，为了封禅泰山之事顺利进行，王钦若等人抢抓时机，又制造了一篇天书，以此来提示赵恒和朝中大臣。王钦若等人巧妙地利用时机，将天书降在了皇宫里。[2]恰巧此时，被一个太监看见，便将此事报告给了赵恒。其实赵恒是清楚这件事的，但得让那些朝臣信服。正在朝中议事的那些文武大臣听说上天再降天书，也觉得这件事有些离奇。

此时，那些朝中的官员坐不住了。上苍频频降下天书，提示朝廷应该搞封禅活动，这是天意不可违。可赵恒竟然不想做这种事。此前，百姓和太学生集体上书请愿，赵恒都不答应，那只剩下一条路可走了，那便是由宰相王旦带领文武大臣们，上表请求赵恒封禅。王钦若、陈尧叟等人便给王旦汇报了此事。看着王钦若在自己面前表演，王旦便有种无名的怒火，可他不能发火。尽管王旦不喜欢这两个人，但封禅之事有关社稷宗庙，况且这件事已发展成如今不可收拾的局面，王旦作为百官之首，也被迫绑在了祭祀这条船上。因此，王旦必须带头去向赵恒劝谏。

四月初，王旦率文武百官，还有那些到京城来劝谏的地方官吏、太学生及老百姓等二万四千三百七十人集体劝谏，希望赵恒封禅。赵恒还是顾虑重重，坚决不答应。这些人也不气馁，继续轮番上书，

1.《续资治通鉴长编》卷六十八。

2.《续资治通鉴长编》卷六十八。

请求赵恒封禅。等到这些人第五次劝谏时，赵恒才松了口。[1]

赵恒摆出一副听天由命的样子，表示愿意前往泰山封禅。[2]然后，朝廷让杨亿拟旨，赵恒还亲自改正诏书，表明朝廷只是顺应上天来完成封禅之事，一切从简为宜。[3]

朝廷议定要搞封禅之事后，开始商议封禅大典的领导人员。[4]王旦建议结合朝廷祭祀时的规格设置五使。赵恒也觉得可以设置五使，并建议由朝中两府主要人员担任这次封禅的核心成员。冯拯有顾虑，对赵恒说："两府大臣已位高权重，再冠以封禅使臣之名是否会有些过了？"赵恒却说："这你就不懂了，只有让两府人员担任封禅使臣，才能显示出朝廷对封禅之事的重视。"[5]冯拯不敢再劝谏。

之后，朝廷出台了一个封禅祭祀领导小组名单，正式确定王旦提议的五使人员，王旦担任大礼使，王钦若担任礼仪使，冯拯担任仪仗使，陈尧叟担任卤簿使，赵安仁担任桥道顿递使。朝廷还对这五使的个人分管业务进行了划分。[6]

1.《续资治通鉴长编》卷六十八。

2.《续资治通鉴长编》卷六十八。

3.《续资治通鉴长编》卷六十八：杨亿草诏，有"不求神仙，不为奢侈"等语，上曰："朕不欲斥言前代帝王。"遂改云："朕之是行，昭答玄贶，匪求仙以邀福，期报本而洁诚。珪币牲牷，并资丰备，服御供帐，悉从减省。"遂遣官告天地、宗庙、岳渎诸祠。

4.《续资治通鉴长编》卷六十八：乙未，以知枢密院事王钦若、参知政事赵安仁并为封禅经度制置使。初，议封禅未决，上以经费问权三司使丁谓，谓曰："大计固有余矣。"议乃决，即诏谓计度泰山路粮草，引进使曹利用、宣政使李神福相度行营道路，翰林学士晁迥李宗谔杨亿、龙图阁直学士杜镐、待制陈彭年与太常礼院详定仪注。

5.《续资治通鉴长编》卷六十八。

6.《续资治通鉴长编》卷六十八：丙申，命王旦为大礼使，王钦若为礼仪使，冯拯为仪仗使。陈尧叟为卤簿使，赵安仁为桥道顿递使，其礼仪、桥道顿递使事，令拯洎尧叟分掌之。钦若、安仁并判兖州，仍更迭往干封县。

这个封禅领导小组快速运转起来，一切的政务，边干边梳理思路，查找书籍，询问大儒学者。同时，又根据存在的问题，一个一个地解决，因为谁也不能做到所有的事情面面俱到。随即，赵恒又下了两道命令：一是让皇城使刘承珪等人负责汴京的后勤事宜；二是让孙奭出使辽国，通报赵恒天书封禅之事，不要让辽国误以为宋朝又要用兵。

这个领导小组制定了一个暂时的方案，让王钦若带在身边，随时指导兖州当地的政务。方案大致内容如下：在朝廷准备封禅泰山这段时间内，禁止老百姓在泰山砍柴、开采等，封禅沿途不允许开展采捕活动。本次准备活动的人力资源不得征调民夫，以免引起不必要的矛盾，所需人力资源一律从当地的军队里面抽调，实在要使用民夫的，也要按照政务开展情况付给薪资。不能毁坏当地的古迹风貌，不得侵占民田。当然，这次封禅活动，肯定会影响当地人民的生活，因此，朝廷决定免除兖州今年徭役及税赋，好让这些百姓能够拥护朝廷的做法。对于进贡一事，方案里也做了明确的规定，这次封禅进贡的东西，都统统拿到泰山。[1]

在准备封禅之事的同时，王旦还要兼顾朝中其他事宜。此时，还有一件重要的事情需要宰执群体们一起商议决定，这是郭皇后几

1.《续资治通鉴长编》卷六十八。

筵问题。[1]当然，这不是最重要的事情，此时最重要的是封禅活动。几乎整个中书、枢密都在搞这些事。

不久之后，朝廷还对江南转运使人员进行了调整。要清楚，汴京的物资绝大多数都来自南方，所以江南转运使的职位非常重要，这里面不仅仅涉及物资运送，还有盐铁茶等涉及税务的物资。由于职位重要，中书省却迟迟未报上转运使的推荐名单，赵恒便直接任命一个叫张士逊的官员为江南转运使。这样，由赵恒和王旦签名的任命书下达。张士逊接到调任通知书后，到政务堂来向王旦辞别。张士逊到政务堂以后，表明自己未做过转运使的政务，希望王旦可以给他指点一二。王旦却对张士逊说："你去我放心，天朝税收也会源源不断从江南上报。"对于王旦的这种信任，张士逊感激涕零，当下辞谢宰相后出去了。王旦看着张士逊的背影说："张士逊这个人有大局观，一定会不负使命。"[2]

1.《续资治通鉴长编》卷六十八：乙巳，庄穆皇后丧，始期，上谓近臣曰："宫中几筵，于礼可撤乎？"王旦曰："当遵孝明故事。"上曰："孝明再期而撤。"旦曰："若以虞练事神，既葬附庙，则几筵之设非古也。然孝明上仙，已用家人礼葬。庄穆母仪天下，十年于兹，酌于人情，宜守故事。"王钦若曰："几筵之设，典礼所无，况及期年，撤之可矣。"上曰："但情之所不忍耳。"马知节曰："今士大夫未及周岁，已再娶矣，尚肯设几筵乎？"冯拯曰："此等自伤礼法，何足为言。"陈尧叟曰："中宫不可虚位，若建长秋，而庄穆几筵尚在，于礼难安。"上曰："万安宫距正寝甚远，宫中行服，朝夕供养，自可从便，设几筵固无妨也。"冯拯曰："若此，情理皆为称矣。"钦若固请撤之，上曰："礼缘人情，朕守祖宗故事，若即除去，岂礼意乎？"钦若曰："虽祖宗故事如诏敕，有未便事，亦须更改。此典礼所无，政恐书之简册，反生异议。"上曰："不过云用家人礼，庸何伤乎？"卒再期乃撤。

2.《续资治通鉴长编》卷六十八。

之后，曹州（今属山东省）、济州（今山东省茌平西南）二千二百人继续到汴京请愿，请求赵恒临幸曹州、济州。赵恒召见了这些人当中的代表，并赏赐慰劳了他们。之后，朝廷下了一道诏令：禁止各地人再到汴京请愿，地方官要做好安抚政务。[1]

1.《续资治通鉴长编》卷六十八。

6

封禅泰山

1008 年五月，封禅之事正在有条不紊地准备着。除了汴京要准备相关事宜，更重要的是要准备政务，特别是在泰山。赵恒让王钦若等人直接住到泰山，准备封禅祭祀之事。王钦若有大权，可以调动一切地方的资源，人力、物力全部都要听从调配。

也是在此时，如同预谋一般，全国各地先后出现了祥瑞之事。王钦若先给赵恒上报了重磅消息：泰山脚下发现了醴泉。[1]所谓醴泉就是泉水的味道似酒。此前，这个地方从来都没发现醴泉，现在赵恒要封禅泰山了，就出现了醴泉。这难道是上天的启示？

赵恒听到这个消息后很高兴。不久之后，王钦若又上札子说，有人在江苏无锡锡山发现了苍龙。[2]赵恒更振奋了，种种迹象都表明此次封禅泰山是天意不可违。

赵恒还让宰相王旦、参知政事冯拯，以及翰林学士赵安仁等人分工撰写赵氏族谱、祭天的册书。三位挂职大使开始收集资料，奉

1.《续资治通鉴长编》卷六十九。
2.《续资治通鉴长编》卷六十九。

命撰写这些内容。赵恒还对撰写的内容提出了具体要求："要重点突出上苍降天书的过程，也要体现这次封禅为民祈福的目的。"[1]

然后，朝廷下令皇帝所经过的各州县要增设兵马，以防不测。当地的长史要犒赏这些将士。[2]

此后，赵恒心心念念着封禅之事。赵恒时不时地召集王旦等人到龙图阁商议相关事项。每每此时，王旦都会拿出封禅示意图给赵恒看。赵恒就封禅祭祀当日各位天神、地神，以及赵氏列祖列宗的牌位，还有天书的位置次序等事宜不断与王旦等人商量、论证。最后，商议的结果是将玉皇大帝的位置留在子位，天书放在玉皇大帝东面，太祖、太宗皇帝牌位置于西北方向。[3]

此时，还得处理天书运送事宜。既然决定在泰山顶上给天书预留位置，那得商议如何将天书运送到泰山上去。要清楚，这个天书不是寻常之物，不能简单地将其当作一件物品来运送，它代表了上天，所以要组织强大的仪仗队来运送。于是，朝廷让王旦作为天书运送的仪仗使，仪仗副使还有王钦若、赵安仁等人，扶侍都监为蓝继宗，入内高品周怀政、入内高班内品皇甫继明专门负责运送天书到泰山。[4]朝廷还下了一道诏令：从此刻起一直到封禅之前这段时间内，全国各地不准搞大型游乐活动。封禅祭祀时，皇帝的车驾所过

1.《续资治通鉴长编》卷六十九。

2.《续资治通鉴长编》卷六十九。

3.《续资治通鉴长编》卷六十九：辛巳，对王旦等于龙图阁，出封禅坛图示之。上曰："郊禋日，祀昊天上帝位不以正坐，盖合祭皇地祇。今封祀日，昊天上帝坐宜当子位，天书置于东侧，太祖、太宗位比郊禋日次西北侧向，以申祖宗恭事上穹之意。"

4.《续资治通鉴长编》卷六十九。

之处不能搞庆饮仪式。[1]一切看起来都合情合理。

此时，奔波于泰山和汴京两地的中使给皇帝带来了一个很奇特的消息："泰山上经常有老虎出没，尤其是封禅活动开始以后，经常能看见老虎在山上溜达。不过这些老虎不伤人，后来都进入徂来山去了。"赵恒命人给泰山上的王钦若传旨：严禁在泰山上及其附近开展捕猎活动。[2]

之后，赵恒又召集王旦等宰执群体商议一些还未确定的事情。赵恒对王旦说："自从发现醴泉之后，朕每隔几天都要询问前往泰山的官员，是否在泰山上发现新的庙宇宗祠？后来有人说，在山上发现王母池。朕做这些事情的主要原因是自从决定封禅泰山以来，但凡发现有各类遗迹，都会命人向上苍祷告，希望得到上苍庇佑。眼下，很多发现的庙宇均已祷告完毕，唯独这个王母池的事情还未来得及祷告。"听了赵恒的话以后，王旦建议命人到王母池祷告，赵恒决定让在泰山上的中使祷告。但这个诏命还未发出，王钦若就从泰山回到汴京。此时，王钦若还爆出了一个消息：王母池的水变成紫色了。朝中一些官员有些不相信王钦若的消息。于是，朝廷派使臣在泰山上住了两天两夜，动态测验王母池。负责动态监测的人回来报告说：在两天的动态监测中，发现醴泉的确变成了紫色。王旦等人对赵恒说："这是精诚所至的缘故！"[3]

在准备政务之时，赵恒心中多少有些担忧，这样大范围地动员

1.《续资治通鉴长编》卷六十九。

2.《续资治通鉴长编》卷六十九。

3.《续资治通鉴长编》卷六十九：乃命中使赍青词致告，未发而王钦若奏至，言池水变紫色。验之，乃遣使之信宿也。旦等曰："休应响答，如是之速，实至诚所感也。"

人力、物力准备封禅之事，是否会造成挥霍浪费？是否会给百姓带来负担。所以，朝廷又下了诏令，一切从简，不可铺张浪费。[1]这道诏书里面是否有王旦的意思在其中，不得而知，但自从封禅开始后，朝廷不断有诏令传出不能干扰地方，不能铺张浪费等。朝廷政令中的这些要求，应该都与王旦个人的努力脱不了关系。王旦在其权力范围内，尽量挽回封禅祭祀带来的负面影响。

几天之后，朝廷又下了诏命，让有司官员查阅典籍，对太祖、太宗皇帝进行追加谥号。因为等到祭祀完毕后，这些都要作为册书和宝玺给皇帝上报。最后商议的结果是，由王旦负责追谥号加封。王旦有些难为情，不想做这种事情，想推给别人，但赵恒说："尊奉祖宗这种事不能按照常理来对待，应该充分体现朕的孝心。"[2]王旦无奈，只能接受。

没过多久，赵恒又做梦了。在梦里，赵恒再次见到了上次梦里让他修建道场，并交代有天书降下的神仙。神仙在梦里对宋真宗说不久将在泰山上降下天书。赵恒得到这个消息之后，对王钦若秘密说了此事，让王钦若留心泰山上的变化。王钦若自然心领神会，表示一定会密切关注的。[3]

果不其然，六月初六这天，天书再次降临泰山！据说发现天书的人是一个叫董祚的木工。当时董祚正在干活，无意间发现在醴泉亭以北的树枝上挂着一块黄帛。这个醴泉不用多解释了，前文已

1.《续资治通鉴长编》卷六十九："戊子，下诏教节俭，戒奢侈，有司除衮冕、仪仗、法服及宴会所设依旧外，自今宫禁、皇亲、臣僚应进奉物，勿以销金文绣为饰，或须创造，必候进止，诸司无得起样进呈。仍录诏赐皇亲家一本。"

2.《续资治通鉴长编》卷六十九。

3.《续资治通鉴长编》卷六十九。

提及。朝廷对突然出现的醴泉很好奇，命人修建了一座醴泉亭。此时，醴泉亭的工程还未完工，董祚是负责完成醴泉亭的木匠，他还在进行着最后的修建。由于文化程度不高，加之那黄帛之上的字迹为篆体，董祚根本不认识。但他看到这个黄帛质地不一般，而且上面有字，心中犯了嘀咕。此前，他也听说过汴京上天降天书的事情，便如获至宝。若这真是天书，那么他将会得到至宝，至少会让朝廷嘉奖一番。于是，董祚便快速将发现黄帛之事告诉了当时的皇城使王居正。王居正可是文官，见多识广，尤其是听到董祚说了此事后，便觉得赵恒此前说过，上天将再降天书这件事的重要性。王居正迅速赶到了现场，发现了黄帛，他虽不能断定这是不是传说中的天书，但这件事一定重要。王居正便亲自将这件事报告给了王钦若。当王钦若听王居正说发现了天书之后，便也屁颠屁颠地去看了。王钦若认为这是天书无疑。王钦若便嘉奖了发现天书的董祚。随即，王钦若便派人做了个简易道场，让人拿着天书火速到汴京去报告给赵恒。[1]

当这件事传到汴京之后，赵恒激动万分，想不到梦里的事情再次变成了现实。赵恒打算亲自迎天书到承天门道场。于是，赵恒让王旦做迎接天书的导卫使，负责迎天书入承天门道场的准备事宜。[2]等天书到了皇宫外后，早有人将消息传给赵恒。赵恒与王旦带领着仪仗队迎接天书。这次迎接泰山上的天书显得异常庄重，皇帝前前

1.《续资治通鉴长编》卷六十九。

2.《续资治通鉴长编》卷六十九。

后后出迎很多次，仿佛这个天书是真人一样。[1]

之后，朝廷继续为封禅泰山造势，比如赦免了部分罪犯。同时，还将醴泉的水赏赐给百官。朝廷还修改了祭祀曲目的名字。[2]

时间一晃到了八月，王旦遍查典籍，终于找到了为太祖、太宗两位皇帝追加的谥号。然后，王旦将这个谥号汇报给赵恒，请求赵恒最后确认。赵恒对王旦自然十分信赖，看了王旦的报告后，赵恒完全同意。于是，朝廷追尊太祖皇帝的谥号为“启运立极英武圣文神德玄功大孝皇帝”，太宗谥号为“至仁应道神功圣德文武大明广孝皇帝”。[3]

此时，朝廷还给孔子四十六世孙、同学究出身的孔圣佑赏赐了官服衣禄，陪同赵恒到泰山封禅。这可是莫大的荣耀。当时很多人请求陪着赵恒去封禅泰山，赵恒都没有允许。此前，赵恒曾问过王旦：“封禅祭祀时，能不能将孔圣佑也带上？”王旦说：“孔圣佑赐进士出身，还没有进入官场，没有资格跟着陛下一起去封禅。”言外之意是孔圣佑连个官位都没有，如何能跟着您去封禅呢？为了解决王旦提出的这个问题，赵恒给孔圣佑赐官服。赵恒之所以这样重视孔圣佑，是因为打算封禅祭祀完毕后，还打算去参拜孔子，这

1.《续资治通鉴长编》卷六十九：己亥，旦与扶侍使而下具仪仗，奉迎天书，入含芳园之西门。庚子，群臣诣园，迎导升殿。辛丑，上致斋。壬寅，备銮驾以出，北面拜殿下，导卫、扶侍使自殿上奉天书置上前，上再拜，授陈尧叟跪读，其文曰：“汝崇孝奉吾，育民广福。赐尔嘉瑞，黎庶咸知。秘守斯言，善解吾意。国祚延永，寿历遐岁。”读讫，召百官示之，复奉以升殿。酌献毕，上先还。旦等导卫、扶侍至朝元殿，上迎拜入内。时久雨顿晴，景色澄廓，苑中有云五色，读天书次，黄气如凤驻殿上。

2.《续资治通鉴长编》卷六十九。

3.《续资治通鉴长编》卷六十九。

样一来，孔子的后人得跟着赵恒，如此参拜孔子才有意义。[1]

此时，有司衙门又上了一个札子，札子里除了提到封禅之事，还说了封禅之后，朝廷要举行祭祀后土的礼仪。赵恒准了这个札子。也是从此时起，王旦陷入了一场悔恨之中，因为赵恒不仅封禅泰山，而且还会在将来祭祀后土。[2]

九月，一切政务都已准备完成，等着封禅泰山的良辰吉日。此时，王旦让人再检查准备事宜，看是否有政务疏漏之处。王旦清楚，尽管看起来准备得很充分，但到了封禅时，才能真正检验准备工作是否到位。

然而，在宋朝举国上下都在准备着封禅之事时，辽国这边似乎也听到了风声，便派出使臣前来了解情况。王旦作为宰相，接见了辽国使臣。王旦给辽国使臣解释清楚了宋朝封禅泰山的大事。辽国使臣希望能够利用宋朝封禅之际，向宋朝索要一些岁币。赵恒当即召见王旦了解情况，王旦照实述说。

赵恒陷入沉思，王旦清楚，此时赵恒一心想着封禅，根本不想再管辽使这些鸡毛蒜皮的琐事。于是，王旦对赵恒说："根据我的分析，我们封禅的事情辽国早知道，他们这时候派使臣前来，无外乎是想在我们封禅的时候，制造一点儿麻烦，乘机索要一点儿钱财而已，毕竟现在距离封禅的日子很近了。"赵恒问王旦："卿觉得该如何回复辽使的要求呢？"王旦说："臣觉得给一点儿少量的钱财之物就能打发得了契丹使臣。"而后，王旦说了自己的计划，赵恒

1.《续资治通鉴长编》卷六十九。

2.《续资治通鉴长编》卷六十九。

觉得此计可行。[1]

于是，王旦再一次面见辽使，说了当年澶渊之盟时答应给辽国的岁币，而且结为兄弟之国之事，现在辽国既然说要提前预支岁币，宋朝也能提前预支，不过预支的这部分要从第二年给辽国岁币总数中扣除。辽国使臣很惭愧地拿了三万两钱财后走了。到了第二年，王旦又给予辽国交涉的官员下了一道命令："契丹借走的这些钱不过是小数目，今年按照往年的三十万两给，不再扣除去年已拿去的了。不过这样的事情只能干这一回，下不为例。"那些州县则按照王旦下发的文件执行了此事。[2]

不久，王钦若给赵恒上书，表明经过几个月以来的努力，泰山上山的道路已修好，祭祀的地方也已完工，皇帝临时休息的地方也建成了，可以动身封禅。赵恒召集王旦等人商议具体封禅事宜。赵恒说："每次有从泰山回来的使者，朕都要询问他们劳作的辛苦不辛苦，这些使者们都说泰山上的景色异常漂亮，大家也都乐意为朝廷做封禅准备事宜。"王旦一听赵恒的话，清楚赵恒的言外之意，那是要求臣僚不要对封禅之事有什么抱怨，这是国家的大事。王旦本来想说一些封禅祭祀过程中发现的问题，但他听到赵恒这么说以后，将到嘴边的话咽了回去。于是，王旦代表百官称赞赵恒有圣德。赵恒却非常谦虚地说："这都是上天庇佑和祖宗恩泽福报所致，朕怎么敢独领这份功劳？"[3]

此后，那个给赵恒托梦的神仙转换了托梦对象，这次是王钦若

1.《宋史·列传第四十一》卷二百八十二。

2.《宋史·列传第四十一》卷二百八十二。

3.《续资治通鉴长编》卷六十九。

梦见神仙给他托梦了。梦里神仙又给王钦若交代了很多封禅祭祀的注意事项。王钦若还说，当他细细查验之后，发现现实与梦境高度重合。[1]

此后朝廷各级官员陷入忙碌之中，因为封禅的日子临近，准备政务也增加不少。赵恒命人选定良辰吉日，准备去泰山。但有要求，日子既要选良辰吉日，又不能与现在相隔太远。于是，风水师把日子选在了十月初。

随着日子一天天临近，赵恒的心情也愈加激动。有一天，赵恒对王旦等人说："即将到封禅祭祀的日子了，自即日起朕将吃素。"王旦等人却不支持赵恒这么做。理由是这次去泰山天寒地冻，还要步行，皇帝的身体很重要，不能出现任何问题，食素不食肉势必影响皇帝的身体。且南郊祭祀天地，也没有要禁荤的习惯。但赵恒还是不打算吃荤腥，王旦怎么劝都不行。[2]赵恒的这种"以身作则"又让王旦佩服不已。

到了出发这一天，整个汴京城都沉浸在一片喜气洋洋的氛围中。赵恒带领着文武大臣们，开始往东城门走。赵恒命人虔诚地让天书走在队伍的最前面开路，文武百官和扈从大军先从汴京出发，赵恒在众人的簇拥中前行。沿途各地的百姓，夹道观看。这次宋朝封禅队伍之大，前所未有；规模之隆重，也是前所未有的。

从汴京到山东，有好一段路程，也不是一两天能到达的。这一

1.《续资治通鉴长编》卷六十九：庚戌，王钦若言："臣自至岳下，尝梦神人以增筑庙亭为请，再梦如初，仍指其方位以识之。近因督役至威雄将军祠，瞻其神像、庙地，悉与梦合，今请以羡财于庙筑亭。"从之。

2.《续资治通鉴长编》卷七十。

路上，不断有各地官员向赵恒上书，表示愿意跟着赵恒去泰山封禅祭祀。赵恒兴致很高，也同意了这些官员所请。[1]这也能理解，如此大规模的行动，只要有点儿官场自觉的人，都希望跟着赵恒前往泰山，哪怕只是跟着，他们都愿意。只是让人想不到的是，被贬出朝廷到陕州任职的寇准此时也上书，表示愿意跟着赵恒去泰山封禅。赵恒一看是寇准的奏请，脸上多少有些得意之色，或许赵恒心想："寇准也有向朕靠拢时。"最终，赵恒还是同意寇准跟着他到泰山去。或许是寇准已看清了现实，要想重回中央，首先得与赵恒处好关系。只是寇准有些悲凉，他空有一腔报国热血，也不得不迎合赵恒封禅泰山的举动。当然，寇准也得到了好处，在祭祀完毕之后，赵恒让寇准到大名府任职。当时还有辽国使臣出使宋朝路过大名府时取笑寇准，让寇准狂抓不已。[2]

一行人走了十余天到了泰山脚下。随即，王钦若给赵恒献上了之前准备好的泰山芝草三万八千二百五十本[3]，赵恒爽快地收下了。次日一早赵恒起身和群臣站在泰山底下的亭子里观看太阳升起来的壮观场面。[4]

第三天是约定封禅的日子，前一天夜里，群臣几乎没有睡觉。赵恒也处于一种亢奋状态中。天还未明，赵恒便起来了。赵恒身边

1.《续资治通鉴长编》卷七十。

2.《续资治通鉴长编》卷七十：辛亥，命户部尚书寇准知天雄军兼驻泊都部署。契丹使尝过大名，谓准曰："相公望重，何故不在中书？"准曰："主上以朝廷无事，北门锁钥，非准不可尔。"

3.《续资治通鉴长编》卷七十。

4.《续资治通鉴长编》卷七十：己酉，五色云起岳顶，上与近臣登后亭望之，名亭曰瑞云。知制诰朱巽奉玉册、牒及圜台行事官并先升山，上以回马岭至天门路险绝，人给横板各二，两首施彩帛，选亲从卒推引而上。

的近臣负责给他沐浴更衣。不过这次是登山封禅，所以赵恒的每一件衣服都是精心准备的。[1]之后，赵恒便领着众人开始登泰山，一行人走得步履蹒跚。[2]等到了泰山顶上，经过短暂休息，赵恒开始“封”祀天帝。赵恒身着素衣，和文武百官一起，进行隆重的封祀活动。

这是非常壮观的一幕，只见祭台最中央供着玉皇大帝的牌位，左右两边则是宋太祖、宋太宗的牌位，五方大帝和诸神的牌位也都放在祭坛上，天书被安置在玉皇大帝的左侧。[3]赵恒把宋太祖和宋太宗的神位也置于祭台之上，足见他对祖先的重视，当然也表明了他的态度。祭台之上，摆着各式各样的祭品，还有巨大的香炉，青烟袅袅，不绝如缕。

接着，祭祀活动开始了。赵恒穿着衮服在侍从、导卫使等人的搀扶下走向祭坛，开始举行祭祀仪式。中书侍郎周起开始宣读玉牒上面的文字。[4]而后，赵恒开始吃食祭祀的酒肉。此时，王旦先跪下来大声喊：“请天帝一直保佑宋朝万民平安！”等到诸礼仪完成之后，天上出现异象。此时，王旦等人高呼万岁，群臣也跟着高呼万岁，整个泰山顶上，呼万岁之声响遏行云。[5]

天帝封祀活动结束后，赵恒又在王钦若等人的鼓动下，领着众

1.《续资治通鉴长编》卷七十：庚戌，昼漏未上五刻，上服通天冠、绛纱袍。

2.《续资治通鉴长编》卷七十：乘金辂，备法驾，至山门，改服靴袍，乘步辇以登，卤簿、仗卫列于山下。黄麾仗卫士、亲从卒，自山阯盘道至太平顶，凡两步一人，彩绣相间。

3.《续资治通鉴长编》卷七十。

4.《续资治通鉴长编》卷七十。

5.《续资治通鉴长编》卷七十：三献毕，封金、玉匮。王旦奉玉匮置于石䃭，摄太尉冯拯奉金匮以降，将作监领徒封䃭。上复登台阅视讫，还御幄。司天监奏庆云绕坛，月有黄辉气。宰臣率从官称贺，山上下传呼万岁，震动山谷。上即日还奉高宫，百官奉迎于谷口，日有冠戴，黄气纷郁。

人到西南社首山进行“禅”祭地。既然朝廷祭了天，那地也当进行封祀。不过，天是封祀，而地则是禅祭，须分开，这样才能分清天地。禅祭活动与封禅活动流程相差无几。做完这一切以后，这次封禅活动才算结束。[1]

这次封禅，赵恒将乾封县改成了奉符县，封泰山神为“天齐仁圣帝”，封泰山女神为“天仙玉女碧霞元君”。封禅完毕，宋真宗命人在泰山顶唐摩崖东侧刻《登泰山谢天书述二圣功德铭》[2]，具体内容如下：

> 朕闻一区宇而恢德教，安品物而致升平，此邦家之大业也；考茂典而荐至诚，登乔岳而答纯锡，此王者之昭事也。结绳以往，茫茫而莫知，方册所存，章章而可辨，罔不开先流福，累洽储休，长发其祥，永锡尔类。故能禋祀上帝，肆觐群侯，追八九之遐躅，徇亿兆之欢心。是以武王剿独夫，集大统，而成王以之东巡；高帝平三猾，启天禄，而武帝以之上封。曩以五代陵夷，四方分裂，嗷嗷九域，顾影而求存；颙颙万民，呼天而仰诉。不有神武，多难何以戡；不有文明，至治何以复。恭惟太祖启运立极英武圣文神德元功大孝皇帝，积庆

1.《续资治通鉴长编》卷七十：壬子，禅祭皇地祇于社首山，如封祀之仪。上至山下，服靴袍，步出大次。侍臣言山路峻滑，请乘步辇。上曰：“接神在迩，敢不徒行！”五使等复固请，终不许。前夕阴晦，风势劲猛，不能然烛。及行事，风顿止，天宇澄霁，烛焰凝然。封鐾讫，紫气蒙坛，黄光如帛绕天书匣。悉纵四方所献珍禽奇兽于山下。法驾还奉高宫，日重轮，五色云见。鼓吹振作，观者塞路，欢呼动天地。诏以奉高宫为会真宫，增葺殿屋，务从严洁。九天司命上卿加号保生天尊，青帝加号广生帝君，天齐王加号仁圣，各遣使致告。

2.《泰山石刻大全》，齐鲁书社，2006年。

自始，受命无疆，历试以艰难，终陟于元后。威灵震迭，玄泽汪翔，无往不宾，有来斯应。济民于涂炭，登物于春台。俾万邦，成汤之甚盛；咸宣九德，文王之有声。启运于前，垂裕于后。太宗至仁应道神功圣德文武大明广孝皇帝，洪基载绍，景贶诞应。如日之升，烛于率土；如天之广，覆于群生。人文化成，神道设教。尊贤尚德，下武后刑。金石之音，明灵是格。玉帛之礼，蛮貊来同。书轨毕臻，典彝无阙。上元降鉴，舜虞之温恭；庶民不知，唐尧之于变。重熙之盛，冠绝于古先；增高之文，已颁乎成命。逡巡其事，谦莫大焉。肆予冲人，获守丕构。其德不类，其志不明。弗克嗣兴，罔识攸济。属以阳春届节，灵文锡庆。由是济河耆老，邹鲁诸生，启予于神休，邀予以封祀，不远千里，来至阙庭。朕惕然而莫当，彼确乎而莫止。俄而王公藩牧，卿士列校，献封者五上，伏阁者万余，以为景命惟新，珍符纷委，不可辞者天意，不可拒者群心。天意苟违，何以谓之顺道；群心苟郁，何以谓之从人。是以登介丘，成大礼，敦谕虽至，勤请弥固。窃念乾坤垂祐，宗祏储祉，导扬嘉气，仅洽小康。唯夫疆场以宁，干戈以息；风雨以顺，稼穑以登；无震无惊，既庶既富；皆天之赐也，岂朕之功欤！虽则告成功，纪徽号，非凉德之克堪也。然而序图箓，答殊祯，非眇躬之敢让也。天孙日观，梁甫仙闾；五岳之宗，万物之始；升中燔柴，旧章斯在。继成先志懿范，遹已定之经；祇事圜丘严配，肃因心之孝。于是诏辅臣以经置，命群儒而讲习，给祠祀者罔有不至，供朕身者无必求丰。故玉币牺牲，朕之所勤也；羽仪服御，朕之所简也。精意笃志，夙兴夕惕；诚明洞达，显应乃彰。自天垂恩，正真亲临于云驭；奉符行事，子育敢怠于政经。粤以暮秋之初，恭享清庙，告以陟配；孟冬之吉，虔登岱宗，伸乎对越。奉宝箓于座左，升祖宗于并侑，礼之正也，孝之始也。乃禅社首，厥制咸若。

于时天神毕降，地祇毕登，可期，奠献如睹。其荐也虽惭乎明德，其感也实在乎至诚。亦复酌酆宫之前闻，遵甘泉之受计；百辟委佩，五等奉璋；肆眚施仁，举善勤治；稽考制度，采摭风谣。文物声明，所以扬二圣之洪烈；欢娱庆赐，所以慰百姓之来思。盖又两仪之纯嘏，七庙之余庆，邦家之盛美，蒸黎之介福，岂予寡昧所可致焉。唯当寤寐寅畏，夙夜惕厘，不自满假，不自逸豫，宠绥庶国，茂育群伦，以答穹昊之眷命焉。勒铭山阿，用垂永世。铭曰：

节彼岱岳，岿然东方。庶物伊始，玄感其章。自昔受命，反始穹苍。燔柴于此，七十六王。顾惟寡薄，恭嗣洪猷。乾乾慄慄，虽休勿休。元符昭锡，余庆遐流。群情所迫，盛则爰修。前王丕显，是曰告成。伊予冲眇，无德而名。永怀眷佑，祛答景灵。聿崇严祀，用答精诚。殊祥叠委，寓县奔驰。礼无违者，神实格思。藏封石累，刻字山嵋。蒸民永泰，繁祉常垂。

大中祥符元年十月二十七日

御书院奉敕模勒刻石

当然，宋朝并不是立了这一块碑，而是立了六块碑。谓之三铭三颂。三铭即《大宋天贶殿碑铭》《大宋天齐仁圣帝碑铭》《登泰山谢天书述二圣功德铭》；三颂即《大宋封祀坛颂》《大宋禅社首坛颂》《大宋朝觐坛颂》。其中，《大宋封祀坛颂》为王旦所作。

之后，赵恒在泰山底下赏赐群臣，大赦天下，减免赋税，向全国颁布了一系列的惠民政策。

接下来，按照行程，赵恒要到曲阜去祭奠孔子。于是，一行人开始从奉符县前往曲阜。在到一个叫太平驿的地方后，赵恒又赏赐了群臣一些蔬菜。王旦拜谢。有意思的是，此时签枢密院事马知节却用戏谑的口吻对各位宰职说："让皇帝一人吃蔬菜，我们不受此限制，私底下还是可以吃一些肉的。"没想到，马知节的话却传到了赵恒的耳朵里。赵恒问王旦："马知节说过这样的话吗？"王旦据实以答。因为马知节这个人本就是直性子，赵恒也未过多追究。[1]

朝廷下了一道诏令，表明要祭拜孔子的事情："诏以十一月朔旦幸曲阜县谒文宣王。"[2]之后，一行人到曲阜祭祀孔子，"十一月戊午朔，上服衮袍诣文宣王庙酌献。庙内外设黄麾仗，孔氏家属陪列。有司定仪止肃揖，上特再拜"。[3]赵恒尊封孔子为文宣王，"复幸孔林，以树木拥道，降舆乘马，至文宣王墓奠拜，诏加谥曰玄圣文宣王，祝文进署，仍修葺祠宇，给近便十户奉茔庙。"[4]

祭祀了孔子，天书封禅这件事才算完成。至此，这一年的泰山封禅活动才算结束，赵恒开始领着文武大臣往回走，走了二十多天，回到汴京。赵恒让跟着他去泰山祭祀的人，回家与家人团聚。

1.《续资治通鉴长编》卷七十：甲寅，车驾发奉符县，次太平驿。是日，始复常膳。赐从官辟寒丸、紫花茸袍。上劳王旦等以久食蔬，旦等皆再拜，签署枢密院事马知节独言："蔬食唯陛下一人耳，臣等在道，未尝不私食肉。"上顾旦等曰："知节言是否？"又再拜曰："诚如知节之言。"知节为人，质直类此。

2.《续资治通鉴长编》卷七十。

3.《续资治通鉴长编》卷七十。

4.《续资治通鉴长编》卷七十。

泰山封禅后，赵恒兴致不减，在大中祥符最后的这两个月中，不断对前朝一些皇帝和臣子进行加封。

不久之后，赵恒还与王旦就给辽国岁币之事进行商议。[1]王旦说："自从国家与契丹建立盟约以来，河朔之地的百姓安居乐业。虽然我们每年都要给契丹送一笔钱财，但这与之前战争的军费相比较，还不及百分之一。如今陛下又封禅成功，上天都愿意帮助我们顺应这一趋势。"[2]王旦的这种见解，成了以后支持澶渊之盟的重要论据。

自此，宋朝正式决定以后几年祭祀的方向，"丙戌，诏自今祭告天地、社稷、宗庙、岳渎，其后土亦致祭，着于令"。王旦此时也擢升为太尉："甲申，命宰相王旦摄太尉，奉上太祖、太宗谥册；知枢密院事王钦若、参知政事冯拯摄中书令，读册文。"

年底，赵恒对朝廷人事进行了调整，王旦又擢升为中书侍郎、兼刑部尚书、平章事。同时擢升的还有楚王赵元佐、宁王赵元渥、舒王赵元偁、荣王赵元俨等人，楚王赵元佐为太傅、左卫上将军；宁王赵元偓为护国、镇国节度使；舒王赵元偁为平江、镇江节度使，并兼侍中；广陵郡王赵元俨为昭武、安德节度使，进封荣王。[3]

至此，天书封禅落下帷幕。但封禅祭祀的余波并未平息，以后几年，赵恒如吸食毒烟一般上瘾，到处举行封祀活动。

1.《续资治通鉴长编》卷七十：癸未，上谓王旦等曰："近览边奏，皆言今岁物价甚贱，刍藁三钱易两围，麦粟斛百余钱，此民间储蓄之时。岁有丰约，固亦常理，古之善教，不若备预也。况北戎愿保欢好，颇见其情，但固守封疆，足以安吾生聚。或言敌多狡诈，急当为寇，此非远识也。"

2.《续资治通鉴长编》卷七十。

3.《续资治通鉴长编》卷七十。

第六章

治世能臣

1009 — 1014

公在相位，终日如默。问其夷狄，包裹兵革。问其卿士，百工以职。问其庶民，耕织衣食。相有赏罚，功当罪明，相有黜升，惟否惟能。执其权衡，万物之平。孰不事君，胡能必信？孰不为相，其谁有终？

——欧阳修《太尉文正王公神道碑铭》

1

政务很多

1009年，因为上一年的最后一季度皇帝忙于封禅祭祀之事，所以当年开年时，朝中并未有多少重要的事情可做。

但这并不意味着没有政务，这么大一个国家，总有政务需要朝廷处理，比如，人才提拔不能停歇。按照惯例，每年的此时，朝廷要选拔一批官员备用。有司已在全国范围内铨选了一批人才，不过仍有两千多人没有安排岗位。实际上，还有二百多人需要岗位调整，王旦认为再多选二百人也没关系，只是在考察官员时一定要慎重。赵恒同意了王旦的建议。[1]

二月，给陈国长公主出家的寺院保和坊光教院赏赐了一些东西，但这些东西都是旧物件。[2]王旦觉得赵恒这种节约国家经费的做法是天下的幸运。[3]赵恒在王旦的恭维中颇为开心。

1.《续资治通鉴长编》卷七十一。

2.《续资治通鉴长编》卷七十一：庚子，上谓王旦等曰："陈国长公主幼不茹荤，先朝或抑令食之，则病，自是许其剃度。今当徙外寺，朕计其营创，逾岁未毕，又念唐金仙、玉真遗事可戒，今止以保和坊光教院赐之，加光饰，颇亦宽敞。其光教尼众，以旧布库给之。"

3.《续资治通鉴长编》卷七十一。

几天后，从应天府传来一个好消息：当地富豪曹诚出资三百万两，在原来戚同文办学的旧址上，修建学舍一百五十间，还收集了书籍一千余卷，开始在当地招生，讲习经典文化，一时间全国各地的士子都齐聚应天府。这引起了应天府当地官员的重视，他们火速将这件事上报朝廷。赵恒很高兴，手书“应天府书院”，为书院题字。之后，朝廷让戚同文的孙子奉礼郎戚舜宾主持书院事务，令本府幕职官提举，让出资人曹诚为府助教。此后，随着应天府书院不断壮大，书院也制定了一系列的规定。应天府书院自此成为宋代四大书院之一。

应天府书院之事过去没多久，官员种放请求辞职归隐，朝廷设宴招待种放。种放有大才，但他不参加科考，也不愿意入朝为官，朝廷多次下诏让种放入仕，但种放还是不愿意为官。后来，张齐贤不断做思想工作，他才答应为官。大中祥符元年（1008）时，朝廷授予种放给事中职务。但第二年，种放继续辞职，表示自己年龄大了，不适宜再为官，请求朝廷让他归隐终南山。这一次，朝廷没有再强行挽留。不过对于种放，朝廷还是非常重视，设宴招待他。赵恒在龙图阁设宴饯行，命学士即席赋诗，皇帝亲自作序。[1]种放摆脱了朝廷的束缚，继续归隐。

然而，在种放归隐后不久，河北之地发生了严重旱灾。由于常年不下雨，导致地里收成不好，百姓食不果腹的情况非常严重。此

1.《续资治通鉴长编》卷七十一：给事中、判集贤院种放得告归终南山，是日召见，宴饯于龙图阁，上作诗赐放，命群臣皆赋，且制序。杜镐辞以素不属文，诏令引名臣归山故事，镐因诵《北山移文》，其意盖讥放也。明日，上出晁迥已下诗、序示王旦等，因品题之，以迥诗及杨亿、王曾序为优，诏令别自缮写送放，时论荣之。

时，朝廷第一时间想到的不是救灾，而是马上派人到北岳恒山去祭祀，向上苍祷告。[1]此后，升州（今南京）又发生了怪异之事。当时朝廷的一个官员出使茅山，在回来的路上，路过升州时发现黄雀漫天蔽日，而且这些麻雀自己从天上掉下来摔死了，同时还能听见空中有流水的声音。赵恒得知此消息之后非常震惊，马上召集王旦等宰执群体商议对策。赵恒对宰执群体说："出现此等异象，地方官怎么不报告？"然后，赵恒拿出了得到的报告，对王旦等宰执继续说："这都是民间疾苦的征兆，如若地方官清楚人间疾苦，能做到防患于未然，就不会有这样的祸端了。朕已派张咏去处置这件事，相信会处置好。"[2]

赵恒刚刚说了民间疾苦，不久就忘了这件事，将主要精力放在修缮宫殿上。因为在天书封禅之后，朝廷一直打算修建一个叫昭应宫的地方来供奉天书和玉皇大帝及宋朝先帝。

于是，赵恒召集宰执群体一起商议此事。很多近臣觉得这样做劳民伤财，即便赵恒非常信任的殿前都虞候张旻也这么觉得。但也有一些人同意修建昭应宫，他们的理由是，不能让天书一直在承天门里放置。赵恒更倾向于修建昭应宫。最终，这件事交给了三司使丁谓负责。赵恒询问丁谓修建昭应宫的花费计划。此时，丁谓却说："陛下您富甲天下，现在要建一座宫殿来恭敬祀奉上帝，有什么大不了的？且陛下您至今都没有皇子，若在皇宫之侧修建这样一座道观，正好可以为您祈福，这些大臣都不清楚官家您有此意，所

1.《续资治通鉴长编》卷七十一。
2.《续资治通鉴长编》卷七十一。

以才会阻止，臣愿前往说服他们。”[1]

然后，丁谓给那些反对修建昭应宫的人宣读圣旨。王旦当然也得到了圣谕。但王旦认为修建这样一座宫殿，会牵扯很多，劳民伤财都是次要的。于是，王旦写了一道札子，秘密面见赵恒，劝谏赵恒不要修建昭应宫。赵恒以丁谓对的进言来说服王旦。王旦也清楚赵恒没有子嗣，他非常希望能有皇储，作为继承人培养。王旦因此也不愿意再阻拦赵恒修昭应宫。毕竟，国家的任何财富与皇太子相比较，都不值得一提。之后，通过丁谓的劝说，宰执群体也因为赵恒无子嗣这事而不敢再阻拦，只能任由丁谓鼓动赵恒修建宫殿。赵恒还让丁谓担任修建昭应宫的使臣，全面负责这项工程落地。[2]昭应宫从此时开建，历时数年，耗资巨大。

不久，修建昭应宫的人给赵恒上书称，从郑州负责采集石料的人表示运送非常困难，请求通过汴河往京城运送木料。赵恒爽快地答应了。[3]要清楚汴河的作用主要是为京城运送物资，其他东西不能通过汴河入京。赵恒为了修昭应宫，开设了绿色通道。对此臣子们也不敢阻拦。

接下来，修建昭应宫的各种离谱事件发生了。特别是丁谓为了表功，不断侵占开封城里的私人房产，愣是将昭应宫的面积扩大了很多。

1.《续资治通鉴长编》卷七十一：初议作宫，命谓经度，谓欲殚国财用，规模宏大，近臣多言其不可，殿前都虞候张旻亦言土木之侈，不足以承天意。上召问谓，谓曰：“陛下富有天下，建一宫崇奉上帝，何所不可。且今未有皇嗣，建宫于宫城之干地，正可以祈福。群臣不知陛下此意，或妄有沮止，愿以谕之。”

2.《续资治通鉴长编》卷七十一。

3.《续资治通鉴长编》卷七十一。

朝廷在修建昭应宫时，西北边境上也不安定。当时秦州知州杨怀忠希望消灭边境上的少数民族。杨怀忠曾给朝廷上札子，表示秦州要采办木料，但本域内的森林尚无好木料，请求向外延伸百余里采伐，深入戎狄域内采伐，并要求那些戎狄给采伐木料的人准备茶酒。赵恒听完王旦等人的奏报后，非常震惊，对宰执群体说："哪有人到别人境内百余里而不遭受他们驱逐的道理？"王旦说："建国之初，高防担任秦州长官之后，经常以采伐木料为由请求朝廷允许他到戎狄境内开采，当时边境少数民族都很恐慌。太祖皇帝让吴廷祚代替了高防，并安抚这些少数民族，这才让边境安定了下来。"王旦用先例来表达自己的观点。此时，马知节也说："朝廷若以此来实现扩展国家疆域的目的，怕是又要在秦州增派兵力进行防守。"赵恒说："如此一来，岂能没有杀伐？若秦州地区真需要木料，完全可以沿着大路进行采伐，所到之处，对那些少数民族赠送钱财，说明只是采伐木料，这样既能得到木料又能让边境安定。朕觉得问题还是出在采伐木料上，不如禁止采伐木料，这样不会有官员随意攻取那些无用之地，既害己又害人。"[1]众人都称皇帝英明，于是，朝廷下了采伐木料的禁令。

五月，赵恒又开始封祀活动。他下诏追封孔子弟子颜回为国公，费侯闵损等九人为郡公，成伯曾参等六十二人为列侯，宰相群官分撰。有意思的是，当初决定给这些人分侯爵时，赵恒还与王旦商议了一番，王旦起初不同意，赵恒以各种理由来说服王旦，最

1.《续资治通鉴长编》卷七十一：马知节曰："拓土为内地，又须置兵防守。"上曰："如此，岂得无诛杀耶？不若取路采木，所经族帐，赍以缗帛，则何求不得。如止贪木，乃取无用之地，使害及远人，非朕志也。"

终，王旦被赵恒说服，这才决定给这些人侯爵之位。[1]

王旦与赵恒一起处置国家大事，虽有些磕磕碰碰，但却让他们二人之间的信任程度越来越高了。

这时候，王旦忽然病倒，不得不告假。需要说明的是，王旦从不敢耽搁政务，即便身体稍有不适，也坚持工作。王旦的岗位决定了他不能懒政。但这一次，他病得不轻，只能请假。赵恒听闻王旦病了，派内侍拿着药物给王旦送去。[2]

王旦也不敢耽搁，在家里处理公务。几天后，身体稍有好转的王旦继续到政务堂处理公务了。此时，赵恒忽然心血来潮，召王旦到龙图阁去观看老子的画像，后又一起到崇和殿观看各地给朝廷进贡的各种奇珍异宝，计四百余种，看完之后，王旦说："自太祖皇帝以来，祥瑞之事层出不穷，全国各地都有传言。如今目睹这些祥瑞物件，着实神奇诡异。"赵恒兴致勃勃地说："国家以祥瑞之事昭著，都是祖宗积德的原因。国家将四海之内一视同仁，止戈休兵，封禅成功，也都源于此。朕每次想到以前朝代中虽不乏贤德君主，但能够举行封禅的毕竟寥寥数人。朕也能做到克己奉公约束自己，这些都是雍熙以来形成的制度，我不过是继承了这些制度而已，没有什么功劳。"看到赵恒这样说，王旦当即给赵恒戴了一顶高帽子："要不是陛下您励精图治，开创太平盛世，就不能继承先帝的志向。如今您又将这些功绩都归于祖宗之功劳，实在是江山社稷之福

1.《续资治通鉴长编》卷七十一：初议加封十哲爵以公，自余侯，王旦曰："颜子旧封兖公，并为公爵，则亚圣无以异。望封颜子国公，余为郡公。"从之。旦当撰颜子赞，辞曰："伏睹太祖尝御制赞。今东封庆成，陛下亲幸邹、鲁，先师门人俱崇爵号，颜子赞愿陛下自为之。"上曰："朕特命卿，无固辞也。"

2.《续资治通鉴长编》卷七十一。

啊！”[1] 只是此时，赵恒与王旦一起观看老子画像，并非偶然之举，因为赵恒还要封祀老子。王旦对此并不知晓。

不久，朝廷打算调任左龙武将军、驸马都尉李遵勖到澄州（今属广西）担任刺史。李遵勖是宋朝的驸马爷，他迎娶的是赵恒的妹妹万寿长公主。据说李遵勖迎娶万寿长公主后，赵恒给他赐了一座宅子，宅子里很多与“凤凰”相关的装饰品全部被搬走了，万寿长公主有龙纹图案的衣服也被李遵勖藏了起来。他的这些行为让人匪夷所思。或许是他太小心谨慎了。此时，朝廷让他到广西任职，李遵勖似乎不想去。因为巧的是，朝廷的诏令下达的时候，李遵勖竟然生病了。赵恒派侍从去看望李遵勖。赵恒还召来王旦商议李遵勖到地方任职事宜。赵恒对王旦说：“朕遣人慰问驸马，查看病情，侍者回来说驸马病症不轻。此前柴宗庆当了禁卫官之后不久也被安置为刺史，驸马也应该遵循此先例，可以查看一下驸马任职期限做参考。”此时，王旦对此却持有不同看法，他表示柴宗庆被授予将军职务在七月，当时恰逢祭祀恩典，便让他到外地担任地方官。李遵勖未曾遇到恩典之事，不应该调他出任地方官。赵恒接受了王旦的建议。

此后，朝廷开始加快最要紧的两件事：一是河北旱灾的事情，二是修建昭应宫的事情。修建昭应宫甚至要比河北旱灾还重要。因为天书还在承天门的道场里放着，没有正规的道场来安置天书。这份上天的旨意一天得不到妥帖安置，赵恒就一天心中不安。

但夏季即将到来，天气变热。这给施工带来诸多不便。朝廷按

1.《续资治通鉴长编》卷七十一。

理应当减缓进度，让工人休息。然而，负责修建工程的丁谓急于向赵恒表忠心，以赢得赵恒的器重，责令施工人员在三伏天不休息继续干。王旦意识到这个问题的严重性，请示赵恒，恰巧赵恒也觉得三伏天施工不太人道，于是便下了一道诏令，让修建昭应宫的工程暂停，等天气凉了再动工。[1]

此时，所有人才发现修建昭应宫的物资都是最好的，甚至很多物料超过了皇宫的规模。看到朝廷如此挥霍，朝中大臣没有人敢说真话，都对赵恒大兴土木之事一再恭维。即便是王旦，也不再劝谏赵恒禁止修建昭应宫，只是每次回到家里以后，把自己一个人关在书房里。因为王旦清楚，这件事交给丁谓，丁谓一定会借机发力，充分表现自己。用丁谓的话说，这是为大宋朝祈福，是希望老天给皇帝降下皇储。对这样的事情，又有谁敢阻拦呢？

但还真有人敢阻拦，这个人叫王曾，此时王曾的职位是知制诰。但不管王曾如何劝谏，赵恒还是不为所动[2]。修建昭应宫关乎国运，谁劝谏也没有用，继续开工建设。

此时，昭应宫修建工作已渗透至禁军，那些禁军也要为昭应宫修建服务，而且禁军与厢军之间要轮换着服务。[3]之后不久，朝廷将昭应宫正式改名为玉清昭应宫。[4]

此时，有人上奏说天书封禅之前，各处拖欠朝廷钱财超过千万

1.《续资治通鉴长编》卷七十一。

2.《续资治通鉴长编》卷七十一：知制诰王曾上疏曰：臣伏闻朝廷设谏诤之官，防政治之阙，非其官而言者盖表其忠，况当不讳之朝，复忝非常之遇，苟进思之无补，惧窃禄以贻讥……

3.《续资治通鉴长编》卷七十一。

4.《续资治通鉴长编》卷七十二。

两。赵恒觉得此事是要向上天祈福，赦免了千万两钱财。[1]天下百姓纷纷称赞朝廷的恩德。

然而，在大家一心修建玉清昭应宫时，负责审案件的审刑院给皇帝上报了一起屈打成招的案子。案子发生在夏县（今属山西省运城市），当地的县尉安起抓了三个人，以为这三个人是强盗，命衙门里的人对其进行严刑拷打，屈打成招，而县令却不清楚这件事。最终这件事传到了赵恒的耳朵里，赵恒让负责审理案件的知院事刘国忠审核案件。经调查，刘国忠发现这是当地官员联手炮制的冤假错案，请求罢免当地两位官员。但赵恒显然对这个结果不满意，认为刘国忠作为执掌律法的官员，竟然不熟悉律法。[2]

于是，赵恒打算重新任职审刑院的长官。涉及人事调整，皇帝不能一个人做决定，召集王旦商议。赵恒对王旦说："审刑院的长官一定要懂得各种法令，才能准确审理案子。"王旦对此持有不同见解："如今法官们调查案件，有大理寺相关人员负责审核，审刑院的主要领导安排还得分层次看，臣以为长官的选择上不一定要熟悉法令，只有通达事理秉持司法公正的人才能委任。"赵恒同意王旦的意见。[3]

这一次，王旦的建议得到了赵恒的首肯。王旦在这些事情上不

1.《续资治通鉴长编》卷七十二。

2.《续资治通鉴长编》卷七十二：庚寅，审刑院奏议法寺所断：夏县尉安起，捕百姓三人以为盗，面令公人拷掠百数，加非理刑，破其踝骨，而本县令不知；其人既伤，所由司伪作本人状，言其踝损皆父兄殴击致然，非官司也，法寺断令、尉公罪，仍以本司及公人为首。上令知院事刘国忠读其案节，上曰："面行拷掠，岂专由公人邪？"国忠始言合作私罪，当免二官，于是再拜待罪，诏释之。

3.《续资治通鉴长编》卷七十二。

断校正着赵恒的决定，又让赵恒找不到毛病。至此，两人之间相互合作的情况也愈加明显。

此时，玉清昭应宫不紧不慢地修建着，但疫情却来了。据地方官上报，河北之地发生了大面积牛疫，百姓家里的牛多数死亡，这直接影响税收。鉴于此，有牛贩子觉得这是个可以发财的机会，便开始向河北之地贩卖牛。但澶州的地方官担心牛疫传染，不让牛贩子过黄河。于是，朝廷给河北之地的长官周莹传达了旨意，不要阻拦牛贩子入境。赵恒还给周莹说明了理由：秋收即将到来，连日大雨已让秋粮受到影响，若水退了，有可能还会收一部分粮食。此后，天气没有晴朗的意思，洪灾九月份才过去，土地上全都是淤泥。王旦则表示，供水所过之处，到处都堆满淤泥，虽夏粮受到影响，但这些淤泥流经之后，也让土地更加肥沃了。经过赵恒与王旦一番论证之后，觉得此时正好是耕地的最佳时机。朝廷下了诏令，让澶州的官员禁止阻拦牛贩子渡河。[1]

但几天后，王旦不得不放下手中的政务，回家主持大事。因为此时王旦的岳父赵昌言去世了。[2]此前，赵昌言身体本不太好，小毛病不断。王旦没有时间顾及。此时，岳父去世，王旦自然要帮着料理后事。但中书的政务也不能放下，随时都有政务需要王旦出面解决。王旦只能两头跑。

不久，马上有朝中大事需要王旦来解决。这一次是赵恒的六妹妹卫国长公主出家安排事宜。卫国长公主是赵光义的第六女，后来进封陈国长公主，后改为吴国长公主。这一年这位公主出家

1.《续资治通鉴长编》卷七十二。

2.《续资治通鉴长编》卷七十二。

了，原因不详。但宋朝公主出家是常事，这里不过多追究原因。这个吴国长公主出家时，请求朝廷给她赐字号。赵恒对吴国长公主心怀愧疚，不敢耽搁，忙召集王旦等大臣商议此事。然后，君臣之间，因给吴国长公主赐字号问题展开了讨论，群臣各抒己见。最终确定给吴国长公主赐以报慈正觉大师的号，赐名为清裕。吴国长公主居住的地方为崇真资圣禅院。[1]只是这件事让赵恒情绪低落了好几天。

好在几天后，几位王爷的学习成绩优异，让赵恒才高兴了起来。当时皇帝在宫廷中召集诸王学习各类典籍，这些王爷学得也很认真，他们都能熟练掌握《尚书》《论语》《孝经》里面的要领，赵恒难以压制自己的幸福，将此事说给王旦听。[2]

心情好了，赵恒继续搞祭祀之事。不久之后，朝廷命召各路、州、府、军、监、关、县等部门，要组织人员在官地上营建道观。朝廷还以“天庆”题额，对于各地富民有资源捐赠钱财修建道观的，朝廷也予以鼓励。因此，此时，全国各地开始设立道观，之前

1.《续资治通鉴长编》卷七十二：先是，上谓王旦等曰：“长公主赐师号，当降制否？”旦等曰：“据典礼，无之。”上曰：“当进封大国，因而降制。”旦等曰：“如此，则可也。”公主入院有日，上召而诲谕之，仍虑攸久废忘，乃笔记大略以赐。他日，出示王旦等曰：“诸妹出降，朕但教之妇道恭顺而已。吴国今自主院事，不得不曲为之防。”又诏崇真资圣禅院，自今于杂买务市物，具数以闻，虑扰人也。

2.《续资治通鉴长编》卷七十二：先是，上谓王旦等曰：“朕在东宫讲《尚书》凡七遍，《论语》《孝经》亦皆数四。今宗室诸王所习，惟在经籍，昨奏讲《尚书》第五卷，此甚可喜也。”于是召宁王元偓等赴龙图阁观书目，上谕之曰：“宫中常听书习射，最胜他事。”元偓曰：“臣请侍讲张颖说《尚书》，间日不废弓矢。”因陈典谟之义，上喜甚，乃诏每讲日赐食，命入内副都知张继能主其事。尚虑元偓等轻待专经之士，又加训督焉。

五代时被损毁的那些道观都得到了修复。[1]这是一项巨大的工程，会影响国家收入。但皇帝的爱好不管好坏，都能影响国家和人民。作为帝王，克制欲望是一生都要做的事情。

对于这些事，王旦不同意，但也没敢反对。宰相不能与皇帝直接起冲突，这是他这些年来为官的经验。否则，君主与宰相产生龃龉，严重影响国家的发展。王旦全力维护着赵恒的权威，这样一来，王旦便能与赵恒和谐相处。当然，王旦也能与同僚们和谐相处，即便是王钦若、丁谓这样的人，对王旦也敬而远之。王旦的包容让他们敬畏。

有意思的是，就是这时候，王旦却得罪了一个人，此人是御史中丞、权判吏部铨王嗣宗。王嗣宗为人刚毅、果断、率直，无所畏惧。他每次面见赵恒，谈及朝政当中的人和事时，也总是说一些具体而琐碎的事。由此，王嗣宗给人的印象是不计后果、心直口快，同时又有些轻躁奸险的印象。令人想不到的是，冯拯与王嗣宗有嫌隙，以至于王嗣宗觐见赵恒时，经常说冯拯的短处。王旦听到这些传言，对王嗣宗有些意见。每当王嗣宗说冯拯短处时，王旦都极力维护冯拯。后来，王嗣宗结识了王旦的弟弟王旭，想通过王旭结交王旦，进而得到王旦的提携。然而，王旦并不提携王嗣宗，这就得罪了他。于是，王嗣宗便对王旦心怀怨恨。[2]

王嗣宗想着法儿地要报复王旦。只是王旦做政务很谨慎，王嗣

1.《续资治通鉴长编》卷七十二：甲午，诏诸路、州、府、军、监、关、县择官地建道观，并以“天庆”为额，民有愿舍地备材创盖者亦听。先是，道教之行，时罕习尚，惟江西、剑南人素崇重。及是，天下始遍有道像矣。殿中侍御史张士逊上言：“今营造竞起，远近不胜其扰，愿因诸旧观为之。”诏从其请。

2.《续资治通鉴长编》卷七十二。

宗找不出问题来对付王旦。此时，王嗣宗选择了隔山打牛，从其他人身上下手，寻找王旦的短处。这一找，还真让王嗣宗发现了一个秘密。

原来反对赵恒大兴土木的知制诰王曾有个堂妹嫁给了孔子的后代孔冕，但这对夫妻关系不太好。王曾跟着赵恒封禅泰山时，走到了孔冕家里。孔冕不待见王曾，在王曾喝的茶里下了毒，让王曾中了毒，好在有人找到了良药，才解了毒。这件事暴露出来后，王曾曾经写了一封密奏，打算弹劾孔冕。这份札子落到王旦手中。因那时候赵恒刚刚封祀完毕，王曾也顾及孔冕是孔子的后人，便没再追究此事。王旦也觉得孔冕是孔子的后代，而赵恒刚刚加封了孔子，不宜爆出孔子后人的这种恶行，便替孔冕隐瞒了此事。于是，王嗣宗到处宣扬王曾诬陷孔冕。既然这件事被捅了出来，就要重新审核。然后，王嗣宗为孔冕辩驳，导致一连串的人受此牵连。[1] 最后，这件事儿传到了赵恒的耳朵里，因为牵扯王旦替王曾隐瞒其事，便责问王旦。王旦辩称："孔冕的确触犯律令，他的罪是容隐之罪（禁止亲属之间互相控诉或者作证，以保护传统的伦理秩序），但考虑有隐情，臣没有让人再过问此事。但可以肯定的是，没有冤枉孔冕。"王旦还解释了很多，最终让王嗣宗理屈词穷，无可辩驳。至此，王嗣宗还是不死心，非要在赵恒面前参劾王旦，对此王旦选择了容忍，赵恒只是听听，并未处置王旦。王嗣宗这才看清了事实，

1.《续资治通鉴长编》卷七十二：会愆雨，嗣宗请对，言："孔冕为王曾所讼，傥朝旨鞫问，加之锻炼，则冕终负冤枉。又侯德昭援赦叙绯，年考未满，以欺诈得之，非吏部令史陈首，亦无由知。沿堂行首李永锡坐赃除名，复引充旧职，寻送铨授令录。"

不再纠缠。[1]

但王曾与孔冕的事情并未过去。这一次，王嗣宗将矛头对准了王曾。王嗣宗借着河北汛情说事，将此事说成了国家统计有失误，剑指王曾，又牵扯到孔冕，赵恒一看这王嗣宗没完没了了，对王旦等人说："朕非常清楚王曾并没有触犯律法，不过王嗣宗这样不断上奏章，不处置也不行。"王旦说："知道孔冕劣迹的人很多，但因他是孔子的后人，本没打算追究他的责任。王嗣宗所谓孔冕冤枉，实在有伤两家的和气。"赵安仁也说："此事已过去，若再追究，孔冕岂能逃脱法网？"王钦若也说："臣之前问王嗣宗，也询问了孔冕，他们都毫无保留地交代了事实，现在如何区分有无冤枉孔冕？"第二天，赵恒又将王嗣宗召进宫，询问此事。王嗣宗这次表示他之前是没有搞清楚事情的来龙去脉，所以言论有些过失。赵恒鉴于王嗣宗诚恳反思，也没有再过问其罪责。但从这件事里可以看出王嗣宗的狂妄自大。[2]

十一月甲寅日，赵恒又给宰执群体赏赐了赵光义时的一些御制和御书，人手一册。几天后，又将赵光义时的镂文红管笔赏赐给了一些辅臣。[3]

月底是王旦的生日，赵恒破天荒地在王旦家里宴请群臣。[4]这

1.《续资治通鉴长编》卷七十二：上亟召王旦等诘其事，旦曰："孔冕之罪，朝议特为容隐，不令按问，诚非冤枉也。德昭据吏部奏验，乃行制命，及其首露，即已追夺。永锡先为本部节度使市羊，不输算除名，沿堂阙人，李沆以其资质魁梧，因选拟官讫，复用为副行首，祗事四年，陈牒乞班行叙用，因复送铨。"上曰："止此乃致旱邪？"

2.《续资治通鉴长编》卷七十二。

3.《续资治通鉴长编》卷七十二。

4.《续资治通鉴长编》卷七十二。

可是从未有过的荣耀，足以看出赵恒对王旦的重视。

这一年十二月，还发生了一件大事——一直主政辽国的萧太后去世了。这个消息不管是对辽国还是宋朝都是爆炸性新闻。一直以来，辽宋和战都是由萧太后主持的。澶渊之盟更是萧太后一手促成的，或许在澶州之战时，萧太后已意识到自己年老，不会长久于人世，这才力促与宋朝建立了兄弟之盟。

当消息从边境传到京城时，宋朝君臣的感情是复杂的。朝廷上下赶紧商议吊唁萧太后事宜。于是，一组组团吊唁的名单很快产生："甲辰，诏废朝七日，令礼官详定服制，内出开宝礼为蕃国发哀仪，下辅臣使参择而行。复命太常博士直史馆王随、内殿承制合门祗候郭允恭为祭奠使，太常博士判三司催欠凭由司王曙、供奉合门祗候王承瑾为吊慰使，赙以衣五袭、绫罗帛万匹。"[1]

1.《续资治通鉴长编》卷七十二。

2

掌权不弄权

1009年在祭奠萧太后的哀悼中结束了。不久之后，朝廷商议荆湖转运使奏举秘书丞、监瀛州酒税窦随的岗位调整情况。窦随素有才干，为人清廉，在岗位上政绩突出。但在朝廷准备提拔重用窦随时，不知从何处传来窦随贪污腐败的消息。朝廷派官员调查这件事。赵恒对王旦说："最近有人说窦随有贪腐行为。"王旦对赵恒说："这一点很难下结论，有德才的人素来得到别人嫉妒也是常见之事。派人去调查也是为论证流言是不是真的。"王旦遇事绝不会气馁，只要有机会，便会尽一切为国效力。[1]

同一天，已被安置在天雄军任职的寇准给朝廷上了一道札子。寇准在札子中说："我们已护送契丹使臣回去了，也给他们送了过路费。""振武军士援送契丹使过境，臣已各给装钱。"赵恒对王旦说："朕经常听人说寇准喜欢送人钱财，为自己谋取好名声，今天看来这种传言没有错。""寇准好收人情，以求虚誉，卿等今见之

1.《续资治通鉴长编》卷七十三。

矣。”于是，皇帝给寇准下了一道口谕，不得擅自给契丹使者钱。[1]王旦作为宰相，没有顺着赵恒的脾气来，反而为寇准做辩解，认为寇准忠君为民的品德并未改变。

几天后，吏部选拔官员，有一个叫张祥的官员进入被提拔人员的序列。此前，张祥因贪污被贬黜为江州参军。后来，张祥吸取教训，在岗位上兢兢业业，政绩颇丰。所以，此时他自然进入吏部选拔的官员人选里。赵恒看到张祥的名字之后，问王旦：“朝廷给张祥一个什么官好呢？”王旦说：“以张祥的资历应该给他一个令录，但转运使考察时，觉得应该让张祥充任幕僚。”王旦为什么这样说呢？因为之前有犯罪前科的人，若能够及时汲取教训，并有政绩，朝廷会给他令录做。王旦此时的建议，不过是按照之前的惯例来安排张祥新岗位的调整。赵恒自己也清楚有这一惯例，认可王旦的建议，让张祥担任令录，“上以前犯止授令录”。[2]这件小事能看出王旦在处置政务上的手段。

不久，右仆射、判都省张齐贤给朝廷上了一道札子，矛头直指玉清昭应宫。张齐贤在札子中说玉清昭应宫上面绘画的福瑞有损谦德，有违天意，请求朝廷不要再做这种大兴土木之事。但赵恒根本不听张齐贤的劝谏，张齐贤看赵恒不听劝，就不断上书，劝谏赵恒不要做那些无畏之事。赵恒被张齐贤折腾烦了，将张齐贤贬黜朝廷，到孟州任职。[3]

二月底是社日（土地神诞辰）。皇帝往往会设宴招待群臣，这一

1.《续资治通鉴长编》卷七十三。
2.《续资治通鉴长编》卷七十三。
3.《续资治通鉴长编》卷七十三。

次也不例外，只是这次设宴的地方放在了王旦家里。此前，在社日时，朝廷也举行宴会，“先是，社日止赐会中书，不张乐，惟辅臣洎待制已上奉内朝者预焉”。但后来赵恒想：国家不搞大型宴会，但可以在私人家里搞。于是，从此时起，社日节时，朝廷设宴的地方在宰执大臣家里，这也成了宋朝的一种规定动作。[1]

此后不久，赵恒兴致勃勃地对几位宰执说：“自从与契丹修好以来，边疆安定。但朕是个居安思危的人，不敢有丝毫懈怠，经常写一些名言警句贴在生活区，以此来警示自己和平来之不易。”赵恒还拿出自己写的这些警句给宰执们看。[2]王旦等人恭贺赵恒能心怀天下。

然而，几天后又发生了一件事，让赵恒心情坏到了极点。事件来源于河阳，当时河阳令叫钱若冲，是当初宣扬王旦有宰辅之才的钱若水的弟弟。钱若冲在河阳任职时，他家里有个仆人喜欢喝酒，但每次喝酒都贪杯。钱若冲屡教不止，命人将其杖责。岂料这仆人心生怨恨，伺机报复。有一天晚上仆人喝醉酒后，拿着长刀进入钱若冲家里，准备杀掉钱若冲。但他砍偏了，只是砍掉了钱若冲的胳膊，钱若冲一路逃命，仆人见钱若冲跑了，跑进内室又杀了钱若冲的儿子，还砍伤了两个人。幸好仆人未发现钱若冲的母亲，老太太这才躲过一劫。赵恒了解这件事后，想安抚钱若冲一家，并令有司

1.《续资治通鉴长编》卷七十三。

2.《续资治通鉴长编》卷七十三。

将这个仆人判以磔刑。[1]

等这件事平息后，赵恒由此联想到朝廷刑狱官员的选拔任用问题。一天，赵恒与宰执群体一起商议政务，对王旦等人说："朝廷在选拔刑狱官员时，一定要慎之又慎。朕经常想到全国各地的诉讼案件，心中很担忧，若刑狱官员德不配位，这样的官员宁缺毋滥。且地方刑狱之人身体是否单薄，能否处置刑狱之事，朝廷也不能及时察觉。想当初有个县吏喝醉了酒，与驿站人员发生语言冲突，之后，县吏回家时，跌倒在路上。此时有人告知驿站人员，当驿站人员去看时，发现县吏已死。有司人员遂将驿站人员抓了起来，以杀人罪名论处。这个驿站人员的母亲看到儿子的遭遇，一路上访，将实际情况上诉到了州府，州官也无法论断，还打了老妇人一顿。老妇人回到家里之后，儿媳妇对老妇人说：'你怎么能容忍儿子冤屈至死？'老妇人到汴京来告状，有司衙门复核此案，还是不能将案子整理清晰。老妇人又挨了一顿打，此时，他的儿媳妇拿了钱财跑了，把老人一个人留在家里。这件事归根结底，都是刑狱人员不作为所致，若是这些刑狱官员一开始就弄清楚实事，安能让孤老之人

1.《续资治通鉴长编》卷七十三：河阳令钱若冲，有仆酗酒，若冲杖之百数，仆夜挟长刀，潜入室中，断其臂，若冲叫呼，得不死，其从子死焉，又击伤二人。若冲，若水弟也。时若水母尚无恙，上念之，遣使存问，优赐缗帛羊酒，又赐若冲帛三十匹，副以药饵，诏磔仆夫于其门。

受此大冤？”[1]

宰执群体听完赵恒的叙述，面面相觑，清楚赵恒很重视刑狱官员的任用，表示以后一定在刑狱官员任用上注意这些问题。

看到宰执群体的态度，赵恒又说也不知何故，近来天书殿总是有些异常。王旦马上对此做出解释说：“陛下以至诚之心来供奉天地，上天赐下宝符也是合理的。”[2]赵恒没有就此事揪住不放。

之后，一则消息传到赵恒耳中，着实让他和群臣振奋不已，有名宫女诞下龙子。这宫女是赵恒最宠幸的妃子刘娥的侍女李氏。赵恒早清楚李氏怀孕的事情，他此时已四十岁了，一直没有皇子。此时，李氏生下的竟然是皇子，赵恒自然喜形于色。据说当时开封知府周起给赵恒奏事，赵恒高兴地对周起说：“你清楚朕有喜事吗？”周起一脸狐疑地说：“臣不清楚陛下有什么喜事。”赵恒高兴地说：“朕有儿子了。”周起当即恭贺。赵恒给了周起赏赐。通过赵恒与周起的对话，足以能看出他的激动心情。

赵恒将他四十岁得子的缘由归结于封禅祭祀，从此之后，赵恒对封祀之事更加相信。不久之后，赵恒赏赐了王旦、王钦若、陈尧叟三人，加封王旦为兵部尚书，加封王钦若为户部尚书，加封陈尧叟为工部尚书。原因是封禅之后，这三位大臣都写了封祀的颂文。[3]

1.《续资治通鉴长编》卷七十三：已亥，上谓宰相曰：“刑狱之官，尤须遴择。朕常念四方狱讼，若官非其人，宁无枉滥！且单弱之人，不能披诉，朝廷无由知之。”顷岁有县胥醉酒，与驿递铺卒相殴，夜归，胥踣于路。或以告卒言夜寒，恐僵死。卒亟往视之，则已死。有司遽执此卒，遂以殴杀人谕。母诉于州，州不能察，杖之。母归，其妇曰：“何忍子之屈死！”母即诣阙伐鼓，诏使案覆，又不能原其情。母坐上言失实，杖脊放归，其妇已罄赀而去，私适他族。此不由刑官非人，以致孤弱受弊乎？

2.《续资治通鉴长编》卷七十三。

3.《续资治通鉴长编》卷七十三。

此时的赵恒兴致很高，因为小皇子在一天天长大。赵恒对朝中臣子们都怀有仁爱之心。赵恒还对已故宰相吕端的家人进行了照顾。朝廷出资五百万钱，购回了卖给别人的宅子。吕端对赵恒有拥立之功，当初吕端去世后，赵恒打算提拔吕端的孩子到朝中任职，但因吕端的孩子都年龄较小，此事也暂时搁置。后来赵恒对王旦等人说："吕端的几个孩子年龄较小，长子吕藩身体有病，无法照顾家人，且家里的房子也因为要生活，卖给了别人，其他几个兄弟之间也都分开生活。后来吕藩请求一官半职，朕思来想去觉得应该先由政府出资买回吕家旧宅，让吕藩一家人有地方居住。然后再给他家里一些钱，让他们可以生活。另外，吕藩性格温和，有儒者风范，应当让有司衙门留心合适岗位，到时让他当官。"有意思的是，吕藩似乎窥测出了赵恒有意照顾他，便无休止地向朝廷索要财物。比如，吕藩的弟弟吕蔚结婚时，吕藩再次给朝廷上书，请求朝廷给吕蔚也赏赐宅子。赵恒召集宰执群体商议此事。王旦对赵恒说："陛下您体恤大臣遗孤无可厚非，但吕藩不清楚皇帝恩情，三番五次向朝廷索要宅邸，切不可听他的话。"赵恒也有此意："还是给和他上次一样的钱财，以偿还昔日吕端的人情。且吕藩的弟弟吕荀也与吕藩一起安排到西京去任职。此后，朝廷再也不管他家里的事情了。"王旦说："陛下您施行恩情有始有终，远胜前朝皇帝。唐代时，魏征的孩子们也遇到这种事，但唐王只是下了一道诏令，也没见像您这样的。"[1] 王旦的话赵恒很受用。

五月中旬，西北地方又有不安定因素了。环州守将高继忠给朝

1.《续资治通鉴长编》卷七十三。

廷上了一道札子："西部驻军的城墙要进行维修加固，以防不测。党项赵德明虽向我们称臣，但赵德明经常不遵守约定。近来，臣听闻赵德明统领下的一些部族在酿酒，赵德明还召集这些部众首领一起喝酒，诱惑他们一起背叛宋朝。"看到这道札子后，赵恒自然召集宰执群体商议对策："如今四海安定无虞，有臣子说到了和戎之利，但朕认为，与其和戎，不如用大兵镇压。"王旦对此持有不同意见："不用武力而使对方屈服，才是真正的武功。善议兵事预示着不祥之兆。太祖统一全国时，曾说每次兴师动众去征讨，都不是让自己获得利益。先帝时，已非常厌兵。如今我们用怀柔政策安抚边境，只要守住四方，就是帝王的大德。而且边境上的那些武夫兵卒们一旦有点小小的军功就乘机请求朝廷赐予官爵，他们的威望也高了。若任由这种情况发展下去，对国与家没有什么好处。所以，对于高继忠的奏报须详细了解其中缘由。"[1]赵恒觉得王旦的担忧不无道理，没有准许高继忠的请求。这件事过去不久，保安军守将又给朝廷上了一道札子，说赵德明率领着他的部众在一个叫资子山的地方驻扎，修建房屋。[2]但朝廷并未在意赵德明频频搞出事情的问题。

六月，封州刺史钱惟济写了一些诗献给赵恒，赵恒鉴于钱惟济是王公（吴越国钱俶）的后人，又能重视文学，特意嘉奖了一番。[3]由此，赵恒对馆阁的文学士主持的政务也有一些看法。赵恒对王

1.《续资治通鉴长编》卷七十三：王旦曰："止戈为武。佳兵者，不祥之器。祖宗平一宇内，每谓兴师动众，皆非获已。先帝时，颇已厌兵。今柔服异域，守在四夷，帝王之盛德也。且武夫悍卒，小有成功，过求爵赏，威望既盛，即须姑息，往往不能自保，凶于国而害于家，此不可不察也。"上深然之。

2.《续资治通鉴长编》卷七十三。

3.《续资治通鉴长编》卷七十三。

旦说："如今的文章风格与之前有所不同。馆阁中的人员虽业精于勤，但每次所作歌颂朝廷的文章时，为了做到典雅而相互推崇，没有多少好作品。馆阁像杜镐那样的饱学之士太少了。"赵恒说这话是什么意思？当他看到钱惟济的诗文后，联想到馆阁当中那些官员们没有真才实学，写个颂文都相互推崇。说完之后，赵恒觉得这样评价馆阁中的人似乎不妥，开始解释："杜镐虽已老了，却经常学习，卷不释手，陈彭年也非常勤奋，经常都能一天写一万字。"然后，赵恒觉得还是没有解释到位，又对王旦等人解释，"陈彭年近来在整理龙图阁、太清楼里面的书籍，还到处去印证各种史料。以供相互印证，也是不可多得的人才。"[1]不久之后，朝廷对杜镐和陈彭年的地位和薪资进行了调整："置龙图阁学士，以直学士杜镐为之，待制陈彭年为直学士。又诏龙图阁学士在枢密直学士上，给俸如之。"[2]

七月初，尚书左丞、参知政事冯拯因为生病，给赵恒上了一道札子，请求朝廷罢免他的宰辅之职位。赵恒看到冯拯的札子后，降了一道褒美嘉奖的诏书，肯定冯拯这些年对国家做出的贡献，但对于冯拯的辞职，赵恒只有两个字——不许。看到赵恒驳回了自己的辞职报告，冯拯只能再次上书，请求辞职。但赵恒还是不许其辞职。之后，赵恒派身边侍从带着自己的手札到冯拯家里宣读圣谕。此后，皇帝还是担心冯拯会继续递交辞职报告，让王旦到冯拯家里

1.《续资治通鉴长编》卷七十三：因谓王旦等曰："今文章体格，与近代不同。馆阁中颇勤职业，每览歌颂，皆以典雅相尚。至于该洽之士，如杜镐者亦少。"且言："镐虽老，手不释卷。陈彭年亦勤于笔砚，常日书万字。"又曰："彭年近令编次龙图阁、太清楼书，又赴编修君臣事迹所，以备讨论。仍掌三馆检讨，修起居注。凡有询访，应答甚敏，亦不多得也。"

2.《续资治通鉴长编》卷七十三。

去劝冯拯继续为国效力。王旦欣然前往，劝说冯拯不要再动辞职的念头。鉴于皇帝这样三番五次的挽留，最终冯拯被感动了，决定继续为朝廷效力。[1]

冯拯的事情告一段落后，宋朝西北边境却出事了。此时的赵德明可能觉得自己的羽翼已经丰满，便开始不安分。他带着党项部队到处干一些烧杀抢掠的事情。当然，不是在宋朝境内烧杀抢掠，而是在西域边境地区。赵德明大有吞并边境那些少数民族的势头。有边境守将上书称赵德明有不臣之心，希望朝廷防范赵德明，这一次朝廷也不得不重视起来。随即，朝廷开始在西北边境增兵。[2]

几天后，赵恒赐大理评事苏耆进士身份。苏耆是参知政事苏易简的儿子，993 年因门荫入仕。到 1010 年，苏耆已二十三岁了，可以为朝廷出力了，所以朝廷赐其进士出身。当然，苏耆还有一个特殊的身份——王旦的女婿。王旦一生中，生有三男四女。苏耆是他的二女婿。他的另外三个女婿也都是朝中大官，其中最小的女婿吕公弼会在以后仁宗朝官至宰相。[3]不过此时的苏耆刚刚成年，又与王旦有这一层关系，朝廷赐苏耆为进士出身。需要声明的是，在整件事情上，王旦并未找赵恒说情。不仅这次王旦没说情，几年前苏耆参加科考时落榜。陈尧叟将这件事告诉赵恒。当时朝廷有意提拔苏耆，王旦也没从中协调。赵恒当然清楚苏耆是王旦的女婿，问王旦怎么处理这件事。王旦则不回答。最终，苏耆表示会继续学

1.《续资治通鉴长编》卷七十四。

2.《续资治通鉴长编》卷七十四。

3.《文忠集·太尉文正王公神道碑铭》卷二十二：子男三人：长曰司封郎中雍，次曰赞善大夫冲，次曰素。女四人：长适太子太傅韩亿，次适兵部员外郎、直集贤院苏耆，次适右正言范令孙，次适龙图阁直学士、兵部郎中吕公弼。

习，再次参加考试。等王旦和陈尧叟一起从皇宫里出来时，陈尧叟对王旦说："只要你在皇帝面前说一句，苏耆一定能够进士及第。"王旦却笑着说："皇上亲试天下士子，为的是显示朝廷取士的公平、公正。我身为宰相，亲自在皇帝面前推荐亲属，天下的士子们一定会觉得不合体统。"陈尧叟有些羞愧地说："才清楚你真有宰相的风度。"由此，苏耆也理解岳父的为难之处，回家继续学习。到了这一年，苏耆给赵恒献上了自己的文章，赵恒在学士院主持考试，这一次苏耆考过了诸科，然后朝廷给苏耆赐了进士出身。[1]由此也能看出王旦绝不会做损公肥私之事。

后来，王旦的长女婿韩亿看到连襟通过给赵恒递交自己的文章被赐予进士，也学苏耆的样子给赵恒递上自己的文章。赵恒生了恻隐之心，打算像上次对待苏耆一样，直接现场考试韩亿，但此举招致王旦的极力反对。这种事只能有一次，怎能有第二次？后来，韩亿凭借着自己的努力通过了科举考试，正式进入宋朝官场。只是按照惯例，韩亿应到边远地方去担任地方官，赵恒接见了韩亿，还改了韩亿之前的任所，让他到洋州（今陕西省西乡县四季河）任职。临走之前，王旦对大女儿说："如今你跟着韩亿入川，他的弟弟在我家里生活，不要有什么担忧。有一点需要说明的是，我若求皇上让韩亿不要到边远地方任职，会对他将来的仕途有影响。所以，我从未在皇帝面前为韩亿求情，这也是为他好。"大女儿将这事说给丈夫韩亿听，韩亿高兴地对妻子说："岳父待我不薄啊！"[2]

此后，国家相对安稳，赵恒更加热衷于封祀之事，西祀活动自

1.《续资治通鉴长编》卷七十四。

2.《续资治通鉴长编》卷七十四。

此也徐徐拉开了序幕。“丙寅，诏陈尧叟祭西海。又遣中使于三亭渡等处祭河，以渡河舟车阗咽故也。”又让曹利用祭祀汾河。不久，陈尧叟到了汾阴，发现很多祥瑞，然后上报了这些消息。满朝文武都振奋不已，相互祝贺。[1]此时，赵恒已决定亲自到汾阴祭祀了，于是陈尧叟开始在汾阴地区准备祭祀事宜。

在赵恒祭祀汾阴之前，京城发生了一件震动朝廷高层的事。这件事来自一份皇城司的札子。札子里面说御龙直班院副指挥使吕遇喝醉酒之后，骑着马在汴京街上疾驰，踩伤了一个叫石谦的百姓。在这份札子中，皇城司官员还表示，吕遇纵容手下不按时上班，以致养成了散漫的风气，才有了今天骑马踩伤百姓的事件。赵恒听闻后非常愤怒，对宰执们说：“可以让开封府去过问一下。”之后，赵恒又说，“禁军将士没有特殊命令不能随意外出，因此每班都设置两个人。太祖朝时法令相当严，没人敢触犯规定，太宗朝时，纪律有所放松，即使这样他也不能喝醉了还骑着马疾驰！”但王旦等宰执群体以为不宜对这些骁勇之士做过重处罚，只需要对他们进行训诫即可。赵恒一看大家都不同意处置这些禁军将士，便同意了宰执们的意见。[2]

十一月，辽国又不安分了。当然，这种不安分不是针对宋朝的。此时的辽国将开疆拓土的目标放在周边的小国家上，如女真、高丽等国。眼下，辽国打算进攻高丽，而高丽与宋朝有邦交关系，向宋朝求援，希望宋朝可以出面斡旋。赵恒对王旦等宰执说：“契丹征讨高丽，万一高丽抵挡不住契丹进攻，前来投降我们，或者向我们求

1.《续资治通鉴长编》卷七十四。

2.《续资治通鉴长编》卷七十四。

救当如何处置？”王旦坚持与辽交好：“若真发生了类似的事情，那要顾全大局。与契丹建立的联盟不能破，且高丽每年给朝廷的进贡钱财也不一样，此时应该舍高丽而保宋辽关系。”赵恒觉得王旦的话有理。于是朝廷下了一道诏命，让登州（今属山东省）的官员们密切关注高丽与辽国的关系，若高丽到宋朝境内来请求救兵，以高丽每年进贡数目不一拒绝。另外还要严守秘密，不能将辽国求救兵的事情传到京城，以免为辽国探知影响辽宋关系。这件事就当朝廷不清楚。[1]那些登州的官员清楚朝廷这么做的原因，自然是不想得罪高丽和高丽任何一方。可能高丽也意识到宋辽关系，故而没有再向宋朝求救，而是联合北部的女真人击溃了契丹铁骑。

十二月初，赵恒决定西祀汾阴，让人向太庙中的祖先宣布这件事情。[2]几天后，赵恒又到了玉清昭应宫，查看工程进度和盛放天书的地方。[3]

赵恒又开始吃素，与之前东封泰山时有几分相似之处。可能赵恒认为，要从行动上让上苍感受到自己的敬畏之心。群臣则上书要求赵恒正常吃饭就可以，毕竟还没到西祀之日。但赵恒却对大臣们说：“太祖、太宗时，每次到了郊祀大典前，都会戒斋吃素。如今朕已举行过祭祀大典，应该遵从这些礼仪。这是大家都清楚的事，

1.《续资治通鉴长编》卷七十四。

2.《续资治通鉴长编》卷七十四。

3.《续资治通鉴长编》卷七十四。

况且东封泰山时，朕吃蔬菜，你们也未劝阻。”[1]

没过两天，赵恒还给丁谓派了一个帮手，让前宰相向敏中负责修建玉清昭应宫事宜。向敏中因与薛居正儿媳柴氏购买田产一事被朝廷罢黜，后来宋真宗封禅泰山时，让向敏中做东京留守。向敏中感念皇帝的重用，一直兢兢业业。此时，皇帝将修玉清昭应宫的事情交给向敏中，他自然全力以赴。

令人都惊奇的是，此时祥瑞之事再次显现。当时陕西宝鼎县地方官员给朝廷奏报说“黄河清”了，还分析了黄河清的原因，现在是福瑞降临的年代，黄河水这样百年难遇清澈的河流，也在大中祥符年间清了，不用怀疑，这应该是祥瑞之事；再比如，有人在开封行走时，抬头便看见“龙见于云中”，这和天降天书一样荒诞无稽了，但龙是帝王的象征，龙在天上出现，不正是印证了这一年是祥瑞之年吗？之后，祥瑞之事不断涌现。为了防止全国各地效仿这种上报祥瑞的事情，于是朝廷下了一道命令：禁止各地上报祥瑞之事。

1010 年底，国家开始全面准备皇帝封祀汾阴之事。王旦面对这样的事情，尽管心中有一千个不情愿，可他还是得去做。东封西祀这件事，也成了他永远的痛。后来王旦病重，在临危之际，给儿子交代后事时，说他这一生未做过有悖良心的事情，唯独这个封禅祭祀之事，成了他一辈子的遗憾，他死之后，家里人要以僧礼入藏他，从而减少他的罪孽。

1.《续资治通鉴长编》卷七十四：上以汾阴展礼有期，诏太官进蔬食。宰相、百官三上表请御常膳，上曰：“太祖、太宗，每奉郊禋，皆屏荤茹。朕三祀圜丘，并遵行之，顾外庭不知耳，东封亦自戒途蔬食，无劳固请也。”己巳，作《奉天庇民述》以谕王旦等，且以群情恳悫，许至西京始却肉味。

3

祭祀这事还没完

1011 年初，朝廷忙起来了。朝廷先给契丹致书，告诉契丹宋朝要在这一年举行盛大封祀汾阴之事，让契丹不要多想：“己卯，命开封府推官、太常丞李阶赍书谕契丹，以特祀汾阴，令至境上付其疆吏。”[1]但王旦却一点儿也高兴不起来，对于赵恒这种狂热追求封祀之事，他已感觉到了隐隐的不安。可是赵恒要封祀，他是宰相，责无旁贷。他能做的，是在封祀时尽量减少国家的损失。

紧接着汾州也忙碌起来了。据说当时汾州城东有一座庙，依山修建，庙里还有个山洞，里面住着很多狐狸。当地有个类似于巫师（阴阳师）的人以此为据点，到处散布狐仙能够帮人解除灾祸以及水旱疾疫的言论，一时间民众都纷纷祭拜，投放香火钱。王嗣宗到了汾州之后，命人用火焚烧山洞，将里面的狐狸全赶了出来，这才禁住了当地迷信狐妖的风俗，为赵恒祭祀汾阴肃清了风气。[2]

1.《续资治通鉴长编》卷七十五。

2.《续资治通鉴长编》卷七十五。

为了让祭祀汾阴之事不出纰漏，几天后，赵恒与一班人马在崇德殿排练了一下祭祀汾阴的过程。之后，赵恒带着一行人前往汾阴。

据说赵恒出行当日，天上出现了各种祥瑞征兆。[1]王旦作为首相，须跟着赵恒前往，况且此时王旦还挂着各类“礼仪使”的头衔，他要为赵恒祭祀汾阴服务。

这次祭祀汾阴比之前祭祀泰山还要隆重，因为赵恒打算接着封祀汾阴，来一场西巡活动。泰山封禅前后也就五十天左右，但这一次，赵恒决定沿着西面巡视，彰显大宋功业，震慑海内，施威四方。相传，只要有寺庙，赵恒都会停下脚步或游览，或祭拜。所以，赵恒这次行动走得异常缓慢。

一行人至潼关时，赵恒又组织人到西岳华山祭祀。[2]

随着赵恒西行，各种祥瑞之事也出现了。一行人在行进的过程中，首先发现有一片黄云笼罩在随行的天书之上。[3]之后，又有人在灵宝县发现了瀵泉（从地层深处喷出地表的水），而且瀵泉在喷水时还发出光。

一行人到了汾阴后，赵恒举行了隆重的祭祀仪式。祭祀的内容与上一次封禅泰山相差无几，赵恒穿着衮服登上祭坛，向上苍祷

1.《续资治通鉴长编》卷七十五。

2.《续资治通鉴长编》卷七十五。

3.《续资治通鉴长编》卷七十五。

告。[1]祭祀完毕之后，那些周边的小国家，如甘州回鹘、蒲端、三麻兰、勿巡、蒲婆罗、大食国、吐蕃诸族都派出使臣到汾阴，来向宋朝祝贺。赵恒非常高兴，赏赐了这些外国使者。不久之后，赵恒在河中府接受群臣的祝贺，接着将大赦天下的通告发向全国各地。[2]至此，整个西祀汾阴活动达到了高潮。

此后，赵恒一行开始返程。当走到河中府时，当地有两个有名气的人：一个叫李渎，另一个叫刘巽。这两人博学多才，却天生不爱做官。赵恒到河中府之后，召见了他们。李渎以有病为由不去见赵恒，赵恒愈发对其好奇，授予大理评事，李渎辞职不干。王旦劝他们到朝堂为官，但他们还是不愿意。直史馆孙冕也说这两个人素来有恬退的操守，对入朝做官兴趣不大。但陈尧叟还是向赵恒再次举荐了他们，李渎仍以有病为由，不到朝中来觐见。赵恒对这样的人很是欣赏，派内侍去慰问，又让当地的官员照顾他们的生活。[3]

赵恒在河中府耽搁了好一段时间后才继续出发。三月，一行人到陕州，又在陕州游览了数日。之后，赵恒到了西京洛阳，拜谒了祖陵，还在祖陵前恸哭了一场。[4]

1.《续资治通鉴长编》卷七十五：至是从新路至坛次，服衮冕登坛，祀后土地祇，备三献，奉天书于神坐之左，以太祖、太宗并配，悉如封禅之礼。先是，脽上多风，及行礼，顿止。司天言黄气绕坛，月重轮，众星不见，惟大角光明。少顷，改服通天冠，绛纱袍，乘辇诣庙，登歌奠献，省封石匮，遣官分奠诸神。登郯邱亭，视汾河，望梁山，顾左右曰："此汉武帝泛楼船处也。一时之乐，垂于千古。"即日，还奉祇宫，鼓吹振作，紫气四塞，观者溢路。民有扶老携幼不远千里而至者，或感泣言曰："五代以来，此地为战场，今乃获睹天子巡祭，实千载一遇之幸也。"诏以奉祇宫为大宁宫，增葺殿室，设后土圣母像，又遣官祭告河渎。

2.《续资治通鉴长编》卷七十五。

3.《续资治通鉴长编》卷七十五。

4.《续资治通鉴长编》卷七十五。

之后一行人回到汴京。西祀汾阴之事告一段落。

这段时间内，朝廷安定，四海臣服。西祀后土的余波还在影响着宋朝周围的国家。

六月，洪州知州李玄病重，请求朝廷找接替之人。赵恒与王旦商议洪州知州人选。最终，将扬州知州凌策派往洪州任职。赵恒对王旦说："南昌有水患不好治理，可以给地方官以特权，让他们随时根据实际情况处置，不必凡事都上奏朝廷。"王旦却觉得不能将所有事情都委任给地方官，还是要设置转运使来实地考察，这样才能做到有的放矢。赵恒同意了王旦的提议。

几天后，赵恒又召集王旦商议册封五岳事宜，将封祀之事继续延伸。礼官们也忙碌起来，他们制定相关礼册，供赵恒预览。但当有司将册封的文件上报给赵恒之后，赵恒发现这个册文上面未写清楚奏乐礼仪。赵恒对王旦说："国家每次举行大朝会，公卿们进出时都要奏乐，如今这封祀五岳大事，应当让有司专门写一些乐章。"王旦根据祭祀的礼仪制度说出了自己的建议，也表示同意让人根据两人商议的结果制定奏乐的问题。[1]

就在国家决定册封五岳的关键时刻，国家出现了两次灾情：一次是地震。上报灾情的地方官声称宋境内未受灾，地震波及的地方主要在辽国；另一次是蝗虫。这次更离谱，上报灾情的河南府说蝗虫自己死了，也不残害庄稼。[2]这些是不是地方官有意隐瞒灾情不得

1.《续资治通鉴长编》卷七十六：详定所言皇帝临轩册五岳，参详册文，无作乐之仪。上曰："凡大朝会，公卿出入尚作乐，且礼缘人情，宜令有司别撰乐章。"王旦曰："册案当于门外设次，俟入，则乐作。"从之。

2.《续资治通鉴长编》卷七十六。

而知，但不久之后的蝗虫之灾会席卷全国，届时王旦将会治理这场蝗灾。朝廷看地方官们上报的灾情并不严重，也未把更多的人力、物力投放在抗灾事宜上。

此时，还有件事情困扰住了赵恒。这是国史馆修撰的《太祖本纪》里有数十条错误。赵恒一直以崇尚学习著称，他还有另外一个和他父亲一样的特点，重视本国历史的编纂。现在编史书的人竟然出现了数十条错误，赵恒有些愤怒。赵恒召集王旦和编纂史书的王钦若等人商议此事。赵恒说："史书中竟然将钟鼓楼写成了漏室，将麆务写成了甄官，这还不如直接写成名字。应尽快修正才是。"王钦若一看赵恒发现的这些错误着实低级，马上辩称："这是晁迥、杨亿两个人编纂的，不是我核定的书稿。"赵恒清楚王钦若的为人，问道："卿难道没有一起参详吗？"王钦若被问得噎住，满脸通红，不再为自己争辩。王旦说："朝廷编纂史料大典，各位应该同心协力做好这件事，不能分那么清楚。"为了防止类似的事情发生，朝廷下了一道诏命：修史之人在编纂完成后，要将每卷的草本上奏。每次上奏之前，还要详细校正，写清楚每卷由谁编纂，同时将引用史料中已删改字数等内容都要写上去。[1] 王钦若这次未得到皇帝的赏识。

此时，参知政事冯拯的身体再次出现不适，请求辞职。赵恒这次同意了冯拯的辞职要求，让他到西京洛阳休养。[2]

1.《续资治通鉴长编》卷七十六：因诏："每卷自今先奏草本，编修官及同修史官，其初修或再看详，皆具载其名。如有改正、增益事件字数，亦各于名下题出，以考其勤惰焉。"

2.《续资治通鉴长编》卷七十六：工部尚书、参知政事冯拯以疾求辞，优诏不许，且作诗谕意。拯复三表固请，甲午，罢为刑部尚书、知河南府、知西京留守司事，仍令委事官属，听养疾自便。

八月，赵恒与宰相继续处置各种政务。不久，赵恒与王旦两人就国家法制问题进行了深入探讨。赵恒对王旦说："朝廷治理国家时，应该遵守相关制度，随意更改政令，效仿的人多了，才会发现出台的政令应该详细谨慎。往往今天说某件事对国家有利，于是实行改革，刚开始时觉得一切都符合实际，但时间长了发现其实这样的制度是有害的，若妄自改正，又成了朝令夕改。所以，为官之人不能过分宽松，进而导致懈怠轻忽，甚至走上犯罪之路。"[1]王旦对赵恒说："古人常常说当法律实施时，一定会有败坏道德的行为；当政令下达时，往往也有奸淫之事。政策宽厚民众会懈怠，民众懈怠会用刚猛的政策来纠正。但政策太过刚猛民众往往容易受伤害，正是这个道理。"[2]

政令颁布的事情还未商议出一个合理的结果，紧接着，蝗灾便来了。蝗虫从兖州来，这里是之前皇帝封禅泰山的地方。当地人将这种虫子称之为"旁不肯虫"，意思是旁边容不得其他虫子存在的害虫。兖州地方官上给朝廷的报告中说这种虫子是青色，到处啃咬，之后化成水了。赵恒对王旦说："朕昨天派人到京城附近的田地里去观察，发现庄稼被害虫损毁的田不多，所伤不过三四分。"王旦对赵恒关心天下的做法给予高度赞扬："陛下对天下百姓的关切之情，上天应该庇佑。况且今年庄稼丰收，如今的这点损失，还

1.《续资治通鉴长编》卷七十六：上谓宰相曰："朝廷宜守经制，傥务更张，则攀缘者众，乃知命令之出，不可不谨。今言某事有利，轻为厘革，始则皆以为当，久乃翻成有害，洎加裁正，是朝令夕改也。又莅官之人，不可过为宽恕，以致弛慢，或探求罪恶，不顾烦扰，抑又甚矣。"

2.《续资治通鉴长编》卷七十六。

没到让百姓流离失所的程度。”[1]赵恒深以为然。蝗虫的事情被暂时搁置在一旁了。

几天后，怀州防御使、河内侯惟叙忽然去世了。惟叙是赵恒的堂侄。此时，要为惟叙举行丧礼。赵恒打算出席惟叙的丧礼。礼仪官对赵恒说：“惟叙不过是您的侄子，没必要您亲临葬礼现场。”但赵恒还是去了。恰巧此时距离荣王赵元俨的诞辰还有几天时间，荣王已决定在生日这一天举行寿宴。赵恒生了恻隐之心，对王旦说：“朕已命人给荣王送去口谕，荣王若要举办寿宴，可改他日进行。”王旦说：“只要不奏乐，其实也与礼仪没什么冲突。”[2]然后，荣王继续举行诞辰宴会。

没过两天，负责朝廷经济的三司使丁谓给赵恒上了一道札子，丁谓在札子里说：“封禅泰山和汾阴祭土之后，由于朝廷赏赐数额巨大，加上这一年多来，朝廷又减免掉了各地的赋税，虽皇恩浩荡恩泽面广，但臣担心有司有可能存在供给不足的问题。”这是丁谓首提财政问题，赵恒的心态倒好，觉得这只是一时的，用不了多久朝廷必将富裕。[3]

九月，大雨不止。赵恒派人到京城各地祭祀，祈求雨停下来，但这场雨好像没有停下来的意思，没办法，赵恒只能命人继续祈福。

之后，三司盐铁副使林特给赵恒上报了一本账，是前不久祭祀汾阴时赵恒庆祝和赏赐的账目。看了这本账之后，赵恒对王旦说：

1.《续资治通鉴长编》卷七十六。

2.《续资治通鉴长编》卷七十六。

3.《续资治通鉴长编》卷七十六：三司使丁谓言：“东封及汾阴，赏赐亿万，加以蠲复诸路租赋，除免口算，圣泽宽大，恐有司经费不给。”上曰：“国家所务，正为泽及下民，但敦本抑末，节用谨度，自当富足矣。”

“今年赏赐的这部分钱比去年多了十万两，主要原因还是招募兵上太多导致的，应该对那些年龄太大无法担任军士的人进行裁减。”对此，王旦表示：“我曾听人说，那些民间不务正业或者游手好闲的人都被当作军人去安置。可一旦进入军队，他们还怎么再恢复本业？不如让田农自行发展，或可避免这一情况。”赵恒认为王旦的建议符合实际，采纳了他的建议。[1]

十二月丙寅日，赵恒将几位宰相召至苑中山亭，观看宋太宗赵光义御制的四部书。这是赵光义引以为傲的东西，很多官员都未见识过。王旦一行人自然受宠若惊，详细观看着这些御制书籍。不久之后，赵恒又带着他们到东西洞中观看保存下来的古书，他的兴致很高，还赋了诗；王旦等臣子自然也作诗以附和。[2]

几天后，又一件麻烦事来了。当时已在河南府任职的冯拯上了一道札子，表示河南府供军队用的饲料和粮食不够了，请求朝廷拨付一些。陈尧叟建议减少马匹数量来降低饲料和粮食供应。赵恒召集几位宰执商议对策。宰执群体就此事展开了激烈讨论，各抒己见。最终，大家的意见得到了统一。于是，朝廷决定适当减少马匹数量，以达到缩减饲料和粮食的目的。[3]

1012年正月，棣州官员（今山东惠民）给朝廷上书，说黄河在聂家口决堤，民众生命财产安全遭受威胁，请求将这里的百姓迁到距

1.《续资治通鉴长编》卷七十六。

2.《续资治通鉴长编》卷七十六。

3.《续资治通鉴长编》卷七十六：上又曰：“马及十万，当且止也。”王旦曰：“听民间畜养，官中缓急以本直市之，犹外厩尔。且所费刍粟，皆出两税，少损马食，用资军储，亦当世之切务。”马知节曰：“马多不精，若十万匹，选可用者当得四五万耳。多畜驽弱，其费愈甚。”上然之。

离黄河较远的地方躲避水患。但赵恒却觉得州城距黄河决口处较远，这样大面积迁移民众兴师动众，不是明智之举，便派人去堵塞黄河决口的地方。这样一来，黄河决口的地方暂时堵住了。但没过多久，黄河又在一个叫李民湾的地方决口，许多百姓的房屋被洪水冲毁，赵恒又组织人员进行堵塞决口。这次黄河决堤较为严重，朝廷想了很多办法，依然无法有效解决水患，百姓们一直受水患干扰。[1]

此事困扰着赵恒，他也持续关注着水灾问题。

到了二月，赵恒让王旦、王钦若、陈尧叟三人为西祀汾阴写的颂文已全部完成。赵恒很高兴，准备加封王旦为集贤殿大学士，但王旦却拒绝了。[2]自始至终，王旦对封禅祭祀持有警惕心理，但出于无奈，他又不得不陪着皇帝去。现在王旦不接受这一头衔，王钦若、陈尧叟也不敢接受这个头衔了。

四月底，赵恒又想起之前在河中府见过的李渎等人，于是派人去慰问李渎，还是希望李渎等人能够为国效力，不要白白浪费了一身的学识，但李渎还是不想当官，赵恒多少有些失望。[3]此时，王旦说了一番话，意味深长。王旦对赵恒说："李渎等人都是儒雅之士，纵然因为身体原因不能入朝为官，若国家以礼相待聘请他们来，他们怎么会逃避呢？"[4]赵恒听了王旦的话之后，陷入沉思中，不清楚

1.《续资治通鉴长编》卷七十七：分遣使臣驰诣沿黄、汴、御河州军，申谕守臣谨护堤岸。棣州言河决聂家口，请徙州城。上曰："城去河决尚十数里，一方民庶，占籍甚众，未可遽徙也。"遣内殿崇班史崇贵、内供奉官王文庆与本路转运使规度完塞，仍具利害以闻。

2.《续资治通鉴长编》卷七十七。

3.《续资治通鉴长编》卷七十七：上谓王旦等曰："去岁令河中府、陕州遣官召李渎、魏野，皆以疾辞，颇有言其踰垣穴壁以避搜访者，近因中使过彼，各令存问，渎等复自陈静退之意。"

4.《续资治通鉴长编》卷七十七。

如何回答宰相的话。

五月初，灾情又来了，这次是旱灾。

整个江南遇到了大旱，这给长江、淮河以及两浙一带的水稻带来了灾难，因为时值水稻成熟的季节，但干旱造成水稻长势不好，收成严重受影响。当地方官将此事上报给朝廷之后，赵恒派人到福建等地调集占城稻。这是一种产生于占城的稻子，抗旱耐寒，适合在内地种植。于是，这一次宋朝调回来了占城稻三万斛。然后命人分三路进行分发，向田农教授种植方法，在江浙一带推广。[1]之后，随着种植技术不断改良，占城稻一度成了南方种植的主要作物，为朝廷积攒着粮食。

六月辛丑日，赵恒将诸王写的诗歌给各位辅臣看，赵恒还对宰执们说："这些王爷们都好学，朕每次教他们作文或主政时，都告诫他们一定要多询问身边的幕僚，以免出现各种错误。"听了赵恒的话后，王旦补充说："孔子也说不耻下问，善于请求别人，对自己成长有益。"[2]

之后，朝廷收到一份密奏，各地执掌刑罚的司法参军官员身份大都不算太合适，经常造成冤假错案，希望吏部尽量选一些懂法律的人担任这些官职。赵恒将密奏让宰执群体传阅。王旦说："这个札子里只说对了一部分，即便是懂得法律条文，也不见得不会出现冤假错案，关键还是在选派担任司法参军时一定要选有才能与识别

1.《续资治通鉴长编》卷七十七：上以江、淮、两浙路稍旱即水田不登，乃遣使福建取占城稻三万斛分给三路，令择民田之高仰者莳之，盖旱稻也。仍出种法付转运使，揭榜谕民。其后又取种于玉宸殿，上与近臣同观，作歌毕和，又遣内侍持稻示百官于都堂。

2.《续资治通鉴长编》卷七十八。

力的人，非如此不能授予司法参军。若以后这些职位空缺了，有司部门在选人时，可以让县簿、县尉这些熟识法律的人来代替。”宋真宗深以为然。[1]

八月，张齐贤以年老为由向朝廷辞职。赵恒挽留再三后，见张齐贤去意已决，便准了张齐贤的请求，并设宴为张齐贤践行。[2]其后，赵恒与王旦就枢密直学士人选问题进行商议。因为此时赵恒打算让一个叫薛映的人担任此职。王旦却觉得以前此职往往设两个岗位，如今朝廷已给九个人都授予枢密直学士（即张咏、李濬、刘综、任中正、周起、戚纶、张秉、李士衡、刘师道），现在又要授予薛映枢密直学士，与祖宗制度不合。但赵恒似乎已打定主意要授予薛映这个职位。所以，王旦的劝谏未起作用。不过赵恒也松口了：“这个薛映除外，以后都将以此为限额。”[3]王旦虽未阻拦赵恒的做法，却总是充当刹车，能在赵恒为所欲为时限制他做出更多越格之事。

九月中旬，赵恒又做了一个大决定，给王钦若和陈尧叟授予检校太傅、同平章事的头衔，充任枢密使。授予签署枢密院事马知节枢密副使：“戊子，以吏部尚书、知枢密院事王钦若，户部尚书、知枢密院事陈尧叟，并依前官加检校太傅、同平章事，充枢密院使，签署枢密院事马知节为副使。”也就是说，王钦若与陈尧叟也正式挂职宰相头衔。当然，地位与中书宰相王旦相比，还是有差

1.《续资治通鉴长编》卷七十八。

2.《续资治通鉴长编》卷七十八：左仆射张齐贤再表请老，戊戌，以司空致仕，还洛阳别业。入辞便坐，方拜而仆，上遂止之，许二子扶掖升殿，命并坐毗为三以优之。

3.《续资治通鉴长编》卷七十八。

距，但这已挂职同平章事头衔了，只要以后继续努力，一旦王旦退下来，他们能随时安插自己的人。

几天后，朝廷却罢免了赵安仁的参知政事、刑部侍郎。罢免赵安仁的原因有很多，后世将其归结为赵恒给王旦说的一句话："朕听闻赵安仁在中书任职时'绝不亲事'，朝廷每次与中书班子商议对策时，赵安仁也不说一句话，可以罢免之。"但事实真是这样吗？其实，赵恒对赵安仁有意见也不是一天两天了。郭皇后去世后，后宫之主的位置一直悬而未决，赵恒有意让他最宠幸的妃子刘娥担任后宫之主，但群臣反对。这些反对的人当中就有王旦，当然也有赵安仁。所以第一次商议立刘娥为皇后时，中书宰执群体群起反对。赵安仁更是认为刘娥出身低微，不能统领后宫。那么，这样一个反对皇帝册立自选的人为妃子的臣子，会是赵恒说的毫无主张之人吗？[1]

当赵恒说赵安仁在中书班子中毫无主张时，王旦却对赵恒说："赵安仁这个人识大体顾大局，朝廷准备向某处进军，总是与我们一起商议之后，才敢取旨。臣每次看见朝廷临时变更主张，都有很多人迎合陛下的意思，从不说变革是否会影响到国家、学校等地方。但赵安仁总是想着办法来完成这些政务。"赵恒对王旦说："赵安仁有这些品质吗？朕怎么不清楚。卿可以给赵安仁说，若他更努力，朝廷将会重用他。"得了赵恒这个说法之后，王旦退了出来，将自己与赵恒的话告诉赵安仁。赵安仁说："陛下错误地将我提拔到了这个级别，如今以才能有限被罢官，是最好的安排。要

1.《续资治通鉴长编》卷七十八。

想让我与众人一起纵横辩论取悦皇帝，我不愿意这么做。”听了赵安仁的话，王旦高兴地对他说：“我一定要在皇上面前力保你，不枉你我相知之情。”之后，朝廷虽罢了赵安仁的参知政事之职，却因有王旦从中斡旋，朝廷让赵安仁继续和王旦一起修史。[1]

这样，王旦身边的两位副手冯拯和赵安仁都被朝廷罢了参知政事。也由此可以看出，赵恒一心想让他喜欢的人担任参知政事，比如王钦若、陈尧叟等。现在还有一个重要的人物需要擢升，这个人是负责修玉清昭应宫的三司使丁谓，而且以丁谓的资历，也完全有资格担任参知政事职位。果然，刚刚罢了赵安仁，赵恒就任命丁谓为户部侍郎、参知政事。[2]当然，丁谓的主要政务还是修玉清昭应宫。这个工程自从开工以后，逐渐向外延伸，其规模远超当初的设计。

那么，对于朝廷的这个安排王旦愿意吗？答案当然是不愿意。参知政事是副宰相，也就是说，从此之后王旦将要和丁谓在一起政务了。按照王旦的意愿，即便罢免了赵安仁，也应该由有德才的人担任参知政事，与他一起配合把中书省政务做好。当时，王旦一直看好的人是翰林学士李宗谔，打算推荐李宗谔担任参知政事，将此事说给王钦若，希望王钦若能够引荐李宗谔，但王钦若瞻前顾后，为此王旦还批评过王钦若。事后，王钦若得知李宗谔家里贫穷，经常得到王旦的接济。王钦若悄悄地对赵恒说：“王旦之前给李宗谔借了很多钱，这一次王旦将李宗谔推荐为参知政事，是为了得到陛下您赏赐的钱财还欠王旦的债务，而并不是为国家选拔贤才啊！”

1.《续资治通鉴长编》卷七十八。

2.《续资治通鉴长编》卷七十八。

之前，赵恒对李宗谔的印象总体还好，经过王旦举荐之后，也打算用李宗谔。但当赵恒听了王钦若的话之后，果断让丁谓代替了李宗谔。[1]对于王钦若的这种恶意中伤，王旦只能沉默。最终，朝廷给了李宗谔一个修宫副使的职位。

其实王旦一直看不上丁谓这个人。当初王旦经常与至交杨亿评价朝中人物，有一次杨亿问王旦："你觉得丁谓以后的前程会怎么样？"王旦说："若论才能丁谓有大才，但才能是才能，若要让他治理国家未必能治理好。若将来他在高位，身边若有德行的人帮助他，他可能会平安无事；但若他独揽大权，必然会被自身所牵连。"[2]后来丁谓果然像王旦所说的那样。

丁谓成了王旦的帮手。对此王旦有些无奈。但事已至此，他只能接受这个结果了。

此时，整个官场流传着一个"五鬼"的说法，朝廷当中的官员将王钦若、刘承珪、陈彭年、林特、丁谓五人称之为"五鬼"。[3]王旦不管外界怎么说，继续做好中书的各种政务。

之后，赵恒又做梦了。王旦清楚，只要赵恒做梦，梦中那个神仙一定会给他说一些封禅祭祀之事。这一次也不例外。这次他还是梦见了那个神仙，告诉赵恒他的祖先是道教诸神里一个级别很高的尊神，名叫赵玄朗。

事后，赵恒又组织人祷告天地、宗庙，以祝贺神仙发现了自

1.《续资治通鉴长编》卷七十八。

2.《宋史·列传第四十一》卷二百八十二：亿曰："丁谓久远当何如？"旦曰："才则才矣，语道则未。他日在上位，使有德者助之，庶得终吉；若独当权，必为身累尔。"后谓果如言。

3.《续资治通鉴长编》卷七十八。

己的先祖赵玄朗，当然，由于赵玄朗的出现，王旦得以再次被挂职“使”的头衔，一同加挂头衔的还有王钦若、陈尧叟、马知节等人。[1] 这是惯例，王旦推脱不了。[2]

接着，就是给这位赵玄朗上尊号了，“己巳，上天尊号曰圣祖上灵高道九天司命保生天尊大帝”。也是此时，所有与“玄”字相关的人名、地名等都改了。比如宋朝名将杨延朗因为名犯“圣祖”名讳，为了避讳，杨延朗改名为杨延昭。[3]

此时的赵恒已逐渐迷失在自我欺骗的行为中，内心开始信任眼前的一切。然后，赵恒又给赵玄朗的夫人也上了尊号，“乙亥，诏上圣祖母懿号曰元天大圣后”。因为赵玄朗的尊号与赵匡胤的尊号有冲突，群臣商议对策。最终，赵恒又给他们赵氏这一族几位老先人都加上两个字，这样就与圣祖赵玄朗不一样了。于是，赵恒的几位先人也变了谥号：“乃诏太庙六室，各奉上尊谥二字。中书、门下请加僖祖谥曰文献睿和，顺祖曰惠元睿明，翼祖曰简恭睿德，宣祖曰昭武睿圣，太祖曰启运立极英武睿文神德圣功至明大孝，太宗曰至仁应道神功圣德文武睿烈大明广孝。”[4]

这次封祀赵玄朗夫妇完毕后，赵恒终于找到他是神人之子的依

1.《续资治通鉴长编》卷七十九。

2.《续资治通鉴长编》卷七十九：于是王旦言：“顷岁，臣叨备相位，钦若以下皆知枢密院，参知政事。今敏中、钦若、尧叟悉同平章事，询于事体，颇似非宜。”上曰：“第依近制可也。”旦又曰：“东封、汾阴告庙日，皆奉天书，所以表奉符行事。今兹告庙，天书重于举动，望不出内。”诏可。

3.《续资治通鉴长编》卷七十九：圣祖名，上曰玄、下曰朗，不得斥犯。以七月一日为先天节，十月二十四日为降圣节，并休假五日。两京、诸州，前七日建道场设醮，假内禁屠、辍刑，听士民宴乐，京城张灯一夕。

4.《续资治通鉴长编》卷七十九。

据。兴奋之余，赵恒又开始了一轮封赏。王旦被加上了门下侍郎的头衔，向敏中被授予中书侍郎头衔，其他几位王爷和文武百官都加官晋爵，赏赐钱财。[1]这些官员都乐开了花，希望赵恒继续封祀，只要能得到这些好处，对他们来说，封不封祀都无所谓。

又过了几天，赵恒又拿出太宗时的书法帖展示给几位宰执。王旦说："以文章教化育人是从太宗时开始的。"此时，赵恒对向敏中和丁谓两个人说："太宗所用过的笔你们没见过。"于是，赏赐给了丁谓和向敏中一人一支太宗用过的毛笔。丙辰，内出太宗御集并法帖三百六十卷示辅臣。[2]

是月，朝廷初置昭应宫使，王旦毫无意外地成了昭应宫使，对此王旦极不情愿，却又不得不为之，"命宰臣王旦为之。诏赴上于本宫，百官班贺如仪，既而以使署未备，权罢班贺"。[3]

十二月初，赵恒又将之前追尊给孔子玄圣文宣王谥号改成了至圣文宣王。

郭氏去世后，赵恒一直想册立刘娥为后宫之主，遭到群臣的反对。[4]这件事也被搁置了。此时，赵恒再次提出此事，王旦似乎已意识到这次一定可以成功册封刘娥为皇后，而自己无法改变赵恒的决定，便直接请假，躲避商议，但中书省还有丁谓和向敏中。即便王旦不处理这件事，向敏中也能代行中书职权。此时，中书省长官给

1.《续资治通鉴长编》卷七十九。

2.《续资治通鉴长编》卷七十九。

3.《续资治通鉴长编》卷七十九。

4.《续资治通鉴长编》卷七十九：丁亥，立德妃刘氏为皇后。后性警悟，晓书史，闻朝廷事，能记本末。帝每巡幸，必以从。衣不纤靡，与诸宫人无少异。庄穆既崩，中宫虚位，上即欲立之，后固辞。

赵恒上书，请求赵恒赶紧立皇后，掌管后宫。于是刘娥就成了赵恒的皇后。而在册立皇后这件事情上，参知政事丁谓可谓出了大力，后来他将会得到刘娥的协助，当上首相。此处暂且不表。事实上，刘娥这个人只是出身卑微一些，但为人还是非常识大体、顾大局的，又有行政管理才能。在赵恒后期，辅佐完成了很多政务，即便是赵恒去世后，她依然辅佐小皇帝十年，为宋朝立下了不小的功劳。[1]

不久之后，有司官员给朝廷上了一百四十八张这几年赵恒封禅祭祀的祥瑞图，并将这些祥瑞图挂在龙图阁。赵恒很高兴，召集皇室宗亲、宰辅之臣、御史台、三司负责人等一些朝中高层官员观看。王旦看着眼前的这些图，对赵恒说："臣作为大礼使，多次听见司天监官员上奏祥瑞之事，但从未见过。希望陛下能够让史官记述真实的情况。"[2]但很显然赵恒不会听从王旦，正如王旦所说，这些祥瑞谁也没见过，若真实记载，岂不成了虚无缥缈的无稽之谈？

1.《续资治通鉴长编》卷七十九。

2.《续资治通鉴长编》卷七十九。

4

宰相的建议很重要

1013年，王旦五十六岁，他已在宰相职位上已干了七年。正月初一，赵恒在朝元殿接受群臣的祝贺。[1]

此时，朝廷上下都处于休整中。

之后不久，赵恒颁布了一条约束内臣的诏命：国家一切制度都要遵从祖制，不可轻易创新。但凡朝廷派出内臣到地方出使期间，若干预州县公事，而当地官吏不予上报，内臣和地方官员都将获罪。朝廷派出的内臣到地方任职，应当尽本职政务，不能乱说与职务无关的言论。确有其他事情要汇报，得立军令状，一旦发现向外传播不当言论，得受到责罚。[2]这种举措，在一定程度上约束了赵恒身边的那些内臣在地方上敲诈勒索的行为。

这一年对于王旦而言，他的政务也的确发生了变化，朝廷重新让向敏中担任朝廷的次相。在此前的六年多时间里，中书只有王旦

1.《续资治通鉴长编》卷八十。

2.《续资治通鉴长编》卷八十：戊申，诏内臣将命于外，干预州县公事，及所在官吏不即以闻，并置于罪。凡内臣出使，皆责知委状，敢妄奏他事者当伏军令，祖宗旧制也。

一个宰相，现在有了向敏中做帮手，王旦肩上的担子轻松了很多。当然，中书的副长官们也换人了：冯拯、赵安仁相继罢职，朝廷派给王旦的助手是丁谓和张知白。

这样一来，中书长官们与赵恒商议事情时，其他人的意见也掺杂在王旦与赵恒之间的谈话中了。正月甲寅日，赵恒召集宰执群体议事，对大家说："朝廷每次为臣子下达任命书之后，南方的臣子不想到北方任职，北方的臣子也不想到南方去，他们也经常以此为由头，提出诉求，调整岗位。"向敏中却说："国家任命地方官，不能任由地方官的方便为由让他们随意挑选地方，这种情况须得到改变。"对此王旦并没有表态。赵恒则表示："若官员的任所不方便，官员到了任职地也不能安心，若心不安，怎么会长久办公事呢？"王旦此时才明白了赵恒要表达的意见。向敏中那种官僚主义的做法的确不妥。于是，王旦对赵恒说："听从人本来的愿望，是陛下圣明慈祥。这一点中外都清楚，之前的一些制度，也没必要改动。"[1]王旦这话的意思是说地方官任职时，可以利用弹性政策，不可搞将南方官员调任北方任职，也不能全部将北方官员调任南方，一切都要符合实际。很显然，王旦的意见很符合实际，若选派的地方官们心思不在岗位上，他们所管辖的地域谈何发展？

正月二十八日，赵恒在已有嫔妃序列上增设了淑仪、淑容、顺仪、顺容、婉仪、婉容六个名号，并从一品，位在昭仪之上。[2]这也是咨询王旦后得出的结论。

1.《续资治通鉴长编》卷八十。

2.《续资治通鉴长编》卷八十：庚申，置淑仪、淑容、顺仪、顺容、婉仪、婉容，并从一品，在昭仪上。又置司宫令，正四品，在尚宫上。着于令。以婕妤杨氏为婉仪。

正月二十九日，发生了一件事让赵恒很不高兴。事件的缘由起于荣王赵元俨。赵元俨是赵光义第八子，因为身体常年有病，也经常在家里休整，不参与国政，人称“八大王”。在赵恒时代，他基本没有作为。但在宋仁宗时代，他将挑起宋仁宗与刘娥之间的斗争。此时的赵元俨，还是一副不问世事的样子。不过赵元俨虽不过问朝政，但并不代表他不关注国家大事。赵元俨平日里生活极尽讲究，总是一副王爷的做派，做一些让赵恒不开心的事。比如，有时候赵恒设宴邀请赵元俨作陪。宴会开始后，赵元俨作为陪同，总是说很多话。赵元俨也喜欢将石保吉（宋朝大将）培养的伶人召集到各种宴会现场跳舞以助酒兴。据说有一次皇帝设宴，赵元俨让伶人到赵恒设宴的地方助兴。表演现场，赵元俨因伶人技业不精，舞姿不美妙，大声呵斥，还打算杖责他们。身边的臣僚见赵元俨喝了酒，也不敢上前劝阻。[1] 赵恒对这些事情都很容忍。

正月二十九日这天，赵恒又举办了宴会，邀请赵元俨参加。让所有人都想不到的是，赵元俨又让上次那个技业不精的伶人助兴。为此，赵恒很不高兴，但他并未发火。但这并不代表赵恒不记仇。几天后，赵恒对几位宰相说：“朕平日里让诸王来陪宴，谁敢做这等事？几个兄弟之间的交往，也不说闲谈，只讲读书写文章，或者相互交流一些学习心得。自从朕即位以来，每年设宴招待诸王，从来都没有言论失当的事情发生。”[2] 听了赵恒的抱怨之后，王旦说：

1.《续资治通鉴长编》卷八十：又尝请石保吉伶人新隶教坊者作戏。及赴北园御筵，有伶人少不中意，元俨遽叱之，将加捶挞，官僚皆莫敢谏。继而对上，复请此伶人作戏。

2.《续资治通鉴长编》卷八十：上不悦，他日，以语王旦等曰：“朕昔与诸王侍宴，何敢如此。弟兄相接，亦无游谈，唯是读书著文，交相质问。即位以来，每岁赐宴，不过再三，政虑燕喜之次，言辞或致差失耳。”

“应该将荣王府的崔昈招来，告诉他荣王赵元俨只有一些过当行为，让他劝谏荣王以后注意自己的言行。”崔昈，字文炳，为宋太宗雍熙二年（985）进士。崔昈以严谨谦和著称，1005年被宋真宗派到荣王府担任记室令史，负责撰写章表文檄。此时，王旦的意见总是点中要害。王旦的建议也得到了次相向敏中的认可。向敏中说：“陛下您宽宏友爱弟弟或许不恰当，应该用礼仪制度对他进行约束，让他清楚您对他教育感化的意思。”此时，王旦又补充了一句：“臣听闻荣王都不与府上的臣僚见面。”赵恒痛心疾首地说：“昔日朕在东宫时，经常与那些身边的臣僚们交往，杨砺、邢昺两人从早到晚给我讲授、诵读典籍。如今应该告诫荣王须改正自己的错误。”[1] 此后，赵元俨果然有所收敛。

二月初，赵恒给一个刚刚提拔的太常博士、中书堂后官刘明恕赏赐了钱财，还设宴邀请宰执群体参加，算是弥补之前未赏赐他。此前，刘明恕被朝廷擢升为大理寺法直时，请求赵恒设宴，但宰相王旦以为此举不妥，赵恒也听从了王旦的建议，没有设宴招待。但这次擢升时，刘明恕已算作中书的重要一员，于是，赵恒才决定设宴，招待群臣。[2] 王旦这次没有反对，因为他认为这次宴会符合制度。

三月底，环庆路马承受李希及给朝廷上了一道札子，说边境上的一些未归附宋朝的戎人骑兵抢掠了已归属宋朝的戎人。赵恒召集群臣商议对策，认为这是边境守将们无威望所致，因此，赵恒对王旦等人说：“边境守将们遇到事情时常常处置得不是很妥当。但凡能够擒获驱赶敌人，应该商议出奇兵。如若不然，还不如镇静驻

1.《续资治通鉴长编》卷八十。

2.《续资治通鉴长编》卷八十。

守。这些边境守将当中，只有曹玮素有谋略，常说处置戎狄时，应当抱着真诚和奸诈的态度，对于那些与宋朝真诚相处的戎狄应该以诚相待，对于那些奸诈的戎狄部落应该密切关注时刻防备。若真有奸诈之人，要以预料不到的手段将其击败。”[1]也就是说，若戎狄对宋朝拥护，建立合作关系，还可以赏赐；若有人打宋朝边境的主意，得果断出击，挫伤其锐气。宰执们都同意皇帝的意见。遗憾的是，曹玮只有一个，总不能哪里出事，将曹玮调往哪里，还得制定些健全制度来约束武将。

不久之后，丁谓给朝廷传来了一个消息：此前按照朝廷部署，在建安军所铸玉皇大帝、圣祖、太祖、太宗等人的塑像已完成，正在运往汴京的路上，请求赵恒派出接待使臣。[2]于是，赵恒派王旦在应天府准备迎接，而赵恒则带着宗室们在通津门迎接。[3]于是，王旦去往应天府迎接这些塑像，之后朝廷将塑像迎进了玉清昭应宫。

六月甲子日，监察御史张廓上了一道札子：“国家荒芜的土地很多，请国家按照唐代宇文融的建议，派出官员重新丈量土地。”

1.《续资治通鉴长编》卷八十：上言此亦边臣少威望所致也，因谓王旦等曰：“边臣临事，多不得宜。大凡若能擒驱敌人，则可决策出奇；不然，莫如镇静。惟曹玮颇有方略，尝言蕃戎之情诚伪相半，但当伺察其情实者，推心厚待之。奸伪者亦善待而密为之备，彼自以为莫我疑也。或有侵盗，必掩其不虞而败之。”

2.《续资治通鉴长编》卷八十：先是，丁谓等自建安军奉玉皇、圣祖、太祖、太宗四像，各御大舟，迎奉使副分侍玉皇、圣祖，都监于太祖、太宗舟检校。舟上设幄殿，皆有内侍主供具。夹岸黄麾仗二千五百人，鼓吹三百人。别列舟十艘，载门旗、青衣、弓矢、殳义、道众、幢节。所过州县，道门声赞，鼓吹振作，官吏出城十里，具道释威仪音乐迎拜。所过禁屠宰七日，止行刑二日。

3.《续资治通鉴长编》卷八十。

这是增加税收的做法。张廓的意见无疑是对朝廷有益的。但赵恒对此有所顾虑，对宰执们说："这件事现在做不合适。因为天下各处的赋税都不尽相同，富有的人土地面积多且赋税轻，而贫穷的人土地面积少赋税也重，若按照宇文融的做法，只能让富裕的人更加富裕，让贫困的人更加贫困，这是治理国家的大弊端。"赵恒说出了自己的担心后，王旦等宰执群体对赵恒说："国家田产和赋税不均衡，事实也真如陛下所说。但也应该逐步实施修改订正的办法，完善其中的赋税制度。眼下可以挑选几个有责任的大臣负责这件事，然后一个州一个县地重新进行丈量，这样能做到不打扰民众而完成这件事。"[1]赵恒同意了这种办法。

不久以后，王旦的好友翰林学士杨亿出问题了。在王旦这一生中，因为性格原因，没有几个知心朋友，即便是寇准，也经常在背后说王旦的坏话。王旦却独与杨亿私交甚密。尽管两个人年纪相差十多岁，可他们之间的关系却非同一般。杨亿也是谦谦君子，他虽未位及宰相，可对宋初的诗词革新起着巨大的推波助澜作用，可以说，杨亿、王禹偁、柳开等人成了宋代古文运动的先驱人物。

由于杨亿年轻，在政治上多不成熟，而此时，赵恒身边有王钦若、陈尧叟、丁谓、林特等人，听不见很多真实的声音。此时，王旦作为首相能够处置好自己与赵恒和这些臣子的关系，也让他们没办法撼动王旦在赵恒心中的地位。

杨亿的问题出在草拟宋朝与契丹交往的书信上。澶渊之盟以后，宋朝与契丹建立了兄弟之国，以后相互致书交流问候。这些书

1.《续资治通鉴长编》卷八十。

信或者诏命，均由杨亿负责草拟。有意思的是，杨亿在草拟这些诏书时，往往会加入自己的意图，以至于草拟的书信里面经常有些词使用不甚准确，赵恒看完草稿之后，会在不适当的词汇旁边加上标注，“翰林学士、户部郎中、知制诰杨亿尝草答契丹书，云‘邻壤交欢’，上自注其侧，作‘朽壤’‘鼠壤’‘粪壤’等字，亿遽改为‘邻境’”。有一天，杨亿在草拟诏书时出现了重大失误。然后，杨亿请求朝廷罢免他的翰林学士、知制诰，但赵恒清楚杨亿是人才，政务又未造成实际失误，安抚杨亿，希望他不要多想。[1]

但杨亿也有士大夫固执的一面，他看准了的事情，一定会坚持自己的意见。赵恒对此有着深刻的认识，比如在册封刘娥为皇后这件事上，赵恒坚持，让所有大臣都不再坚持反对刘娥出任皇后，王旦也没有异议，但杨亿却不同意。毕竟杨亿的声音太微弱，朝廷完全可以忽略他的反对。杨亿一看自己的反对无效，拒绝为刘娥撰写册封诏书，气得宋真宗不得不找其他人草拟册封诏书。[2]

虽杨亿拒绝了赵恒，可赵恒却选择了以德服人。据说有一次杨亿被召进宫，赵恒依然对杨亿很礼遇，给杨亿赐座，与杨亿说了一些政务。此时，赵恒让人拿出了很多札子展示给杨亿。杨亿看了这些札子之后，不清楚赵恒意欲何为。随即，赵恒说：“卿可认识这些笔迹吗？这些都是朕自己写的诏命，从未让人代写过。”听了赵恒这么说之后，杨亿惶恐了，因为杨亿联想到之前拒绝为刘皇后写

1.《续资治通鉴长编》卷八十。

2.《续资治通鉴长编》卷八十：他日，谓辅臣曰：“杨亿真有气性，不通商量。”及议册皇后，上欲得亿草制，使丁谓谕旨，亿难之。因请三代，谓曰：“大年勉为此，不忧不富贵。”亿曰：“如此富贵，亦非所愿也。”乃命他学士草制。

册封敕书的事情。这件事赵恒完全可以自己写，没必要向杨亿低声下气，于是，杨亿不清楚怎么回答，便灰溜溜地退下了。[1]

尽管如此，赵恒还是对杨亿礼遇有加。此时，赵恒身边的“五鬼”坐立不安了。王钦若这个人见不得别人比他更受宠，开始着手想办法挤兑杨亿。要清楚杨亿虽未像寇准那么锋芒毕露，可也无王旦那么能忍。然后，各种坏话进入赵恒耳朵中，赵恒开始对杨亿产生了不好的印象。[2]

不过赵恒还是对杨亿礼遇有加，毕竟如杨亿这样有才能的人，世间也没有几个。此后，杨亿在外地购置了一处宅院，杨亿母亲得知后前去查看。不幸的是，杨亿母亲到此地后意外得病。杨亿得知此消息后，便给身边的人留下一道请假条，火速赶往家里看望母亲。此事不久被赵恒知晓了，赵恒还派出使者带着汤药去看望，并给杨亿母亲赏赐了一些钱币。但当使者到了杨亿家里时，杨亿由于心虚，藏匿起来不见。当时朝中大臣们就此事议论纷纷，以为杨亿的这种行为不妥。于是，赵恒对王旦等人说：“杨亿作为侍从官，怎么能够如此随随便便擅离职守？”这次，王旦虽替杨亿惋惜，但也建议朝廷罢免杨亿。王旦说：“杨亿出身寒微，先帝非常赏识他在词学领域上的另辟蹊径，让他在馆阁任职。后来陛下赏赐他的才华将他提拔。现在若召集众人商议他的罪行，必然招致祸端。希望陛下您宽容杨亿，不让他陷入困顿。不过杨亿实在不适合担任陛下的近臣，臣建议将其罢黜。”王旦的意见可谓有褒有贬。赵恒亦爱惜杨亿的真才实学，一个月之后，才下了罢免

1.《续资治通鉴长编》卷八十。

2.《续资治通鉴长编》卷八十。

杨亿翰林学士的命令。[1]

也不知是因罢官而悲愤得疾病，还是恰巧此时杨亿生了病，他向赵恒提出辞职。赵恒不同意杨亿辞职，令杨亿以太常少卿的身份在宋朝退休官员安置地洛阳休养。杨亿离开东京之后，赵恒让他宠幸的“五鬼”之一的陈彭年接替了杨亿的翰林学士一职。此时的陈彭年因为已是龙图阁直学士，于是朝廷让陈彭年以龙图阁直学士的身份兼任翰林学士。[2]

六月底，朝廷下了一道诏令，是关于司法人员考试和任职的诏令。诏书的内容大致如下：从今以后，各州县到朝廷参加司法考试的人，主考官对试卷要亲自密封亲自开启，以防泄露。断案人员在诊断案件时，一定要列举清楚根据法律条款的出处，不可做欲加之罪。[3]为什么朝廷忽然出台这样一道诏令？因为宋朝司法考试是选拔司法官员的重要依据。却因懂律法的人才太少，考试时很难选上专业人才。因此，每次朝廷举办司法考试时，为了取一些相对有才能的人，不得不降低考试规格标准。很多人钻政策的空子，成为国家司法人员。当初王旦已意识到这个问题，曾给赵恒上书建议：在录用司法人员时，一定要注重考试成绩，不能随意降低录用标准，很多参加司法考试的人员专业不精，却能通过朝廷的考试，成为司法

1.《续资治通鉴长编》卷八十。

2.《续资治通鉴长编》卷八十。

3.《续资治通鉴长编》卷八十：是月，诏：“自今应京朝、幕职、州县官乞试断案者，委考试官等库密拣公案，亲自封记，候试时于中更选合要道数，依元敕精加考试，不得仍前令库胥检签，致有漏泄。其所试断案，须是引用格敕分明，方始定断合得何罪，勿使鲁莽。如违，其所试官并重置之法。其大理寺应系新旧草检宣敕等库，自后并差官封锁，无使人吏擅有开闭。”

人员，这样的人日后担任法官之后，往往会制造冤假错案。赵恒也觉得王旦说得有道理，于是下了这样一道诏命，严肃司法人员考试的过程。[1]王旦的每一个建议，赵恒之所以会采纳，是因为他总是将国家利益放在第一位。

七月初，景福殿使、新州观察使，也是“五鬼”之一的刘承珪久病不见好。赵恒为了让刘承珪好起来，还将他名字当中的“珪”字改成了“规”字。但改了名字之后，刘承珪还是不见好，他给朝廷上书请求罢官。最终，赵恒无奈，只能授予刘承珪安远留后、左骁卫上将军，允许他解除实职在家里休养。[2]之后，为了打消王旦的顾虑，赵恒还就刘承珪以上将军身份罢官之事向宰相做了解释说明。为什么赵恒对刘承珪如此看重？原来刘承珪很早之前悄悄面见赵恒，希望朝廷给他加挂一个节度使。当时，赵恒觉得加挂节度使头衔不是一般的事情，于是与王旦商量。王旦觉得刘承珪的请求不合祖制，赵恒不能答应刘承珪的请求，便将此事暂时搁置。知道朝廷的态度后，刘承珪似乎病又重了。赵恒于心不忍，对王旦说：“刘承珪命在旦夕，希望听到朝廷对他的嘉赏，才能死而瞑目。”王旦还是坚持自己的主张，对赵恒说：“若陛下您批准了刘承珪所请，

1.《续资治通鉴长编》卷八十：初，中书以试律人名进呈，宰臣王旦言：“从来已有差遣或已授远官，虽是法寺要人，恐涉规避，已不施行。其间预试而中选者，亦甚侥幸。缘选人未经六考，无两人同罪荐举，则无阶升陟。此辈虽云详练格法，或考试不精，则侥幸者多矣。或擢于审刑院，则例改章服，岁满又加等差使，以此尤须得人尽公程试。”帝曰：“如卿所言诚有之，所试断案往往先知，洎至定刑，则但曰合入徒罪、合入杖罪，即不指陈犯何条格，致得某罪。自今选官精加考试，仍申条约。”故有是诏。

2.《续资治通鉴长编》卷八十一：景福殿使、新州观察使刘承珪久病羸瘵，上为取道家易名度厄之义，改“珪”为“规”。疾甚，听还私第。皇城常务，止印日内藏库有创制，取商量。承规再表求罢，丙申，授安远留后、左骁卫上将军致仕。

那么日后有其他官员临死前请求朝廷为其册封宰相头衔，到时该怎么办呢？”王旦的话让赵恒陷入沉思中，的确如王旦所说，若朝中即将去世的官员都向朝廷索要官职。此风一开，将难以收场，于是，朝廷未准许刘承珪的请求。直到刘承珪去世后，朝廷才给其追赠了一个镇江节度使的头衔。[1]

八月中旬，枢密副使王嗣宗请求皇帝恢复全国各地幕府，以及州县官的俸户。此前这个制度由于不合实际被废除了。所谓的俸户是承担州县以上官员的俸禄的民户。赵恒觉得这项制度曾经的设置和后来的取消，都是根据实际情况制定的，现在想要恢复须做深入调查，不能贸然恢复，然后，赵恒征求王旦的意见。王旦说：“我觉得这件事很难实行。但还是等有司官员考察全国的情况之后再做打算吧。”[2]赵恒同意王旦的意见。[3]

不久之后，朝廷组织人编纂的《册府元龟》成书。主编王钦若给皇帝报告了这一消息，皇帝很高兴，赏赐了王钦若一行人等。只是当初真正为这本书出了大力的杨亿却未得到朝廷的赏赐，因为杨亿此时已罢官，在洛阳休养。所以，编纂这部书的功劳，都记在了只会说不干实事的王钦若头上。[4]几天后，参知政事丁谓依葫芦画瓢，也给赵恒递上了记载汾阴修建祠堂的资料五十卷，赵恒还是很高兴。丁谓总是能不折不扣地完成交办的任务，而不管这个任务是正确还是错误。

1.《续资治通鉴长编》卷八十一。

2.《续资治通鉴长编》卷八十一。

3.《续资治通鉴长编》卷八十一。

4.《续资治通鉴长编》卷八十一。

八月丙戌日，赵恒给王旦等宰执群体观看了《静居集》《法宝录序》。这个《法宝录序》是当时赵安仁按照朝廷要求编修藏经后，请求赵恒御赐一个制序，赵恒为其赐名为《大中祥符法宝录》。[1]

九月底，有人在赵恒面前告了翰林学士晁迥的恶状，说晁迥此前出使契丹时与辽国人相互劝酒调侃对方，喝醉酒之后乘坐车子而归，这些都与礼不合，请求赵恒治晁迥的罪，赵恒与王旦等人商议是否给晁迥降罪。赵恒说："晁迥这种做法虽未有什么妨害，但作为宋朝使臣出使那么遥远的地方，被当地人看见酒后无德，不合乎礼仪，有失体统。"王旦也认为晁迥的这种做法不妥，但王旦不同意处置晁迥，只是建议以后代表国家出使之人应该持重谨慎，到他国喝酒时，不应该过量。赵恒深以为然。[2]

十月，赵恒送元德皇后的神主入太庙，与赵光义共享祭祀。这位元德皇后是赵恒的生母李氏。几年前，赵恒已将李氏安葬在赵光义的雍熙陵，这一次让元德皇后神主正式入太庙，也算是完成了一直记在心中的大事。王旦前前后后为此事忙碌着。事后，赵恒作诗让臣子们唱和。[3]

1.《续资治通鉴长编》卷八十一。
2.《续资治通鉴长编》卷八十一。
3.《续资治通鉴长编》卷八十一。

5

还是祭祀那些事儿

此后，赵恒决定拜谒太清宫。于是，朝廷下了一道诏命：在赵恒拜谒太清宫时，各地不能举办大型娱乐活动，赵恒车辇所过之地也不得搞大型欢迎仪式，造成扰民的事情。其实，赵恒每次出行之前，都要下这样一道命令。但还是有很多官员上书请求同行，赵恒也会准许这些官员跟着自己去封祀。

去太清宫之前，赵恒先到玉清昭应宫去拜谒。[1]

那么，这个太清宫是什么地方？太清是道家三清之一太上老君的别称，三清宫就是太上老君庙宇的称号。所谓太上老君是民间神话中的人物，实际上指的是春秋战国时的老子。老子原名李耳，是道家的创始人。此时，赵恒为何选择要拜谒老子呢？此前泰山封禅时，赵恒曾在山东拜谒孔子，但他为何没有一同拜谒老子呢？毕竟老子的诞生地在河南鹿邑县，而且有太清宫常年香火不熄。其实原因也很简单，因为之前，赵恒还未将道家重要人物赵玄朗尊为赵氏圣祖。现在，赵恒已拜赵玄朗为祖先，自然也不

1.《续资治通鉴长编》卷八十一。

能不拜谒道家的创始人。

所以，朝廷才决定要到山东去拜谒太清宫。

但当朝廷将拜谒太清宫的诏书颁布以后，有个人站出来反对此事，说赵恒这些年东封西祀劳民伤财，不是明君所为。这个人是龙图阁待制孙奭。[1]但不管孙奭怎么表达自己的不满，朝廷拜谒太清宫早已成定局。此时王旦也未站出来说句公道话。

十一月，有人在玉清昭应宫里发现了舍利子（可能为人造舍利子）。赵恒很激动，召集宰相们分享这个成果，赵恒对王旦和向敏中等宰执说："设立儒释道三教的目的其实一样，无非是劝人向善，只有通达而有见识的人才能达到这一目标。若人内心对此有偏见，或者眼光不一样，要实现劝人向善则任重道远。"于是，朝廷做了一篇《感应论》来解释这件事。[2]

接下来，是准备拜谒太清宫事宜。需要说明的是，此时，寇准已从地方调到了中央任兵部尚书。赵恒去往太清宫时，寇准会作为汴京留守镇守汴京。有意思的是，寇准没有反对赵恒拜谒三清宫，还主动承接了镇守汴京的任务。赵恒还给寇准派了两个帮手：一个

1.《续资治通鉴长编》卷八十一：龙图阁待制孙奭上疏言："陛下封泰山，祀汾阴，躬谒陵寝，今又将祠太清宫。外议籍籍，以谓陛下事事慕效唐明皇，岂以明皇为令德之主耶？甚不然也！明皇祸败之迹，有足为深戒者，非独臣能知之，近臣不言者，此怀奸以事陛下也。明皇之无道，亦无敢言者，及奔至马嵬，军士已诛杨国忠，请矫诏之罪，乃始谕以识理不明，寄任失所。当时虽有罪己之言，觉悟已晚，何所及也。臣愿陛下早自觉悟，抑损虚华，斥远邪佞，罢兴土木，不袭危乱之迹，无为明皇不及之悔。此天下之幸，社稷之福也。"帝以为："封泰山，祀汾阴，上陵，祀老子，非始于明皇。开元礼今世所循用，不可以天宝之乱举谓为非也。秦为无道甚矣，今官名、诏令、郡县，犹袭秦旧，岂以人而废言乎？"作《解疑论》以示群臣。然知奭朴忠，虽其言切直，容之弗斥也。

2.《续资治通鉴长编》卷八十一。

是大内知都阎承翰，另一个是“五鬼”之一的三司使林特。[1]

之后，赵恒又对拜谒太清宫的仪仗队进行了检阅：“己巳，天书扶侍使赵安仁等上新制天书车辂、鼓吹、仪仗，上御崇政殿，召宗室、宰相观之。”

一切准备妥当之后，赵恒还命人在朝元殿供奉天书，并将即将远行的事宜向玉清昭应宫里的诸位神仙和祖先做了告知。[2]

1013 年在紧紧张张地准备拜谒太清宫的政务中结束，人们迎来了 1014 年。

在赵恒一行准备去太清宫拜谒时，从河北边境上传来一个惊人的消息：大宋朝名将杨延昭去世了。杨延昭是无敌将军杨业的大儿子，因为能征善战，多次击溃辽军进攻，被辽军比喻成天上六郎星下凡，故而又称之为杨六郎。他跟着父亲杨业与辽国打了多年仗，当年冰冻遂城之战，以三千宋军击溃辽十万大军，创造了战争史上的奇迹。澶渊之盟以后，他一直在河北之地驻防。此时，传来了他的死讯，赵恒派人迎接杨延昭的灵柩归葬故里。据说当拉着灵柩的车路过河北之地时，当地的百姓都纷纷前来送行，场面异常壮观。朝廷也对他的三个儿子都进行了提拔重用。

处理完杨延昭的葬礼后，拜谒老子的行程也正式提上日程。赵恒的车辇载着天书从汴京出发。赵恒还给全国各地下了一道诏令：十日内禁止捕杀动物。随即，赵恒开始往太清宫走。开封距离太清宫不太远，几日路程便可到达。

不久之后，赵恒到了奉元宫。然后，赵恒一行人则开始休整，

1.《续资治通鉴长编》卷八十一。

2.《续资治通鉴长编》卷八十一。

准备拜谒老子事宜："丙午，至奉元宫，斋于迎禧殿。"准备工作完成后，皇帝让太尉王旦从皇帝的车辇上请下天书，让丁谓宣读。[1]

次日一大早，天上下着大雪，赵恒在群臣的簇拥下，到了太清宫进行各种拜谒活动。[2]宋真宗加封老子为太上老君混元上德皇帝，立大宋重修太清宫之碑、"先天太后之赞"碑、会真桥记等碑。这次的颂文是次相向敏中做的。[3]

册封完老子，赵恒还打算继续到亳州去拜谒圣祖赵玄朗。毕竟圣祖赵玄朗才是他的祖先，祭拜老子不过是为了抬高赵玄朗的地位罢了。然后，一行人从周口往亳州赶。路过应天府（今河南商丘南）时，赵恒心血来潮，下令升应天府为南京。这里是宋朝诞生之地，太祖皇帝赵匡胤曾在这里担任节度使。[4]自此宋朝的东京、西京、南京地位正式确定。

几天后，赵恒一行人到了亳州。赵恒举行了盛大的祭拜仪式，向天下人都宣示了圣祖赵玄朗的身份。之后，一行人开始返回汴京，赵恒还专门到玉清昭应宫去查看工程。

1.《续资治通鉴长编》卷八十二。

2.《续资治通鉴长编》卷八十二：己酉，三鼓，具法驾赴宫，时密雪骤霁，自奉元至太清十余里，夹道设笼灯燎台，左右执炬间之，焜煌如昼。五鼓，上奉玉币酌献，读册文，命太尉封石匮。又遣官分献本宫之元中法师、三师、真武、张天师，本殿之文子通元真人、列子冲虚至德真人、庚桑子洞灵真人、庄子南华真人、唐明皇文宗，并如从祀例。又遣宰相等荐献真源观之三清灵宝天尊，先天观之元始天尊、元母经师，广灵宫之先天太皇，洞霄宫之先天太后、龙女。币色，三清灵宝、元始用碧，太皇用苍，元母用白，皆如大祀礼，余同从祀。上又诣先天观、洞霄广灵宫行香，复至太清宫、真源观周览，还奉元宫。

3.《续资治通鉴长编》卷八十二：诏三宫正殿，民庶不得辄升，官吏非朝修止拜庭中。上作朝谒颂，先天太皇、老君像、真武赞；命中书侍郎、兼刑部尚书、平章事向敏中撰亲祠颂，并刻于石。

4.《续资治通鉴长编》卷八十二。

回到汴京后，国内相对安稳。赵恒与宰相们都得以短暂休息。

四月底，枢密使王钦若向赵恒进言："我们家有个小吏跟着我前前后后为祭祀服务，如今祭祀已完成，希望朝廷授予其中书堂后官、直省官。"对于王钦若的请求，赵恒没有立即答应，而是征求王旦的意见。对此，王旦持有不同意见。王旦从堂官员任职标准、国家制度先例等方面进行阐述，觉得王钦若的这个提议与祖宗制度不符，不应该将其擢升为中书堂后官。[1]听完王旦的一番分析之后，赵恒也觉得祖宗之法不可破，未提拔重用王钦若推荐的小吏。王钦若对此很生气，但也无可奈何。

五月初，赵恒又给王旦加挂了一个兖州景灵宫朝修使的身份。[2]这与之前朝廷给他加挂的玉清昭应宫使、玉清奉圣像大礼使、躬谢太庙大礼使等头衔类似，属于一种荣誉称号。不过王旦一直不想要这些头衔，他挂上这些头衔之后，就得为赵恒各种封祀活动出力。

当然，王旦是来不及感慨这些的，因为朝廷时时刻刻都会有各种各样的政务向他涌来。几天后，中书一帮人与赵恒一起说起太祖时的君臣往事。赵恒对宰执们说："开宝年间举人们拜见陛下，往往都以勇武之人居多。"王旦补充说："太祖皇帝英雄神武，熟悉

1.《续资治通鉴长编》卷八十二：帝以问宰臣，王旦等曰："堂后官本选士流经科者，十年无遗阙，改官为通判，盖先朝旧制也。若由流外守职至堂后官，即无此例。直省官，南郊例得七人出职，昨才出行首二人为供奉官，亦定例也。大凡中书、枢密院，体制各异。至如密院副承旨，出为诸司副使，若转至副都承旨；即便为大将军；以至主事已下，有特加俸钱及十千者。中书人吏所加，不过两三千。以是不可比类。盖中书堂后官，开宝九年以后，多是优转，咸平以来，惟有抑损。"帝然之。

2.《续资治通鉴长编》卷八十二。

贤才和不贤人员的情况。每逢考试那些没有技艺的人，都以善齐射来表现特长，太祖皇帝也勉强同意。即便要为这些人拟定排名和官位，也不过是安排在州县。但若谁有高尚的品德和出众的文才，才授予其校书郎、直史馆的职位。太祖的这种鉴察，非一般人所能预测。”[1]赵恒对王旦说的这些，自然也很受用。当然，王旦不仅陈述太祖皇帝的神武，而是要告诉赵恒，凡事一定要按照祖宗办法来，不可置祖宗之法于不顾。或许这里面含沙射影着封禅之事，提醒赵恒引以为戒。

当时，赵恒似乎没有注意到王旦的说法。次日，赵恒又命人将天书刻在玉清昭应宫里面，还让王旦做天书刻玉使，丁谓为天书刻玉副使，兵部侍郎赵安仁和翰林学士陈彭年同为刻玉副使，负责这件政务的落实。赵恒还作了长诗与宰执群体一起助兴。[2]王旦只能应承下这件政务。之后，丁谓将玉清昭应宫的碑颂和御书都呈给赵恒，请求赵恒提出修改意见，赵恒预览了以后，认为没有可修改的地方。[3]

不久，王旦给赵恒建议修建景灵宫的一些事宜，请求朝廷先要设立道场，还要到山东文宣庙、会真宫、东岳庙、真君观等地方行礼，相关制度可让礼官们提前准备。同时，王旦还提出组织人到澶州去祭奠河渎庙。[4]对于王旦的这些意见，赵恒全部采纳。

几天后，一个叫邓余庆的人触犯律法。当时，邓余庆的职位

1.《续资治通鉴长编》卷八十二。

2.《续资治通鉴长编》卷八十二。

3.《续资治通鉴长编》卷八十二。

4.《续资治通鉴长编》卷八十二。

是太常博士，因为约束训诫不及而触犯律法。他的这种触犯律法行为，应追究到当初举荐他的人头上。这是宋朝举荐连坐制度，也是被举荐人若犯法，举荐人也要受到相应制裁。但这次宋真宗却未追究举荐者。当时王旦觉得这样做有违祖制，但赵恒力主为举荐者辩白："朝廷的连坐制度是祖宗之法，但有时候落实起来有难度。若严格执行连坐制度，会让很多人遭受处罚。事实上那些举荐之人或许只是受了别人的请托，并不清楚被举荐之人的事情。举荐者会造成这种政务失误，若被人发现被举荐之人有前科，举荐之人也难逃罪责了。"王旦这次没有立即反驳赵恒，而是说了另外一番话。王旦说："举荐人才这件事其实非常困难，那些士子的操行也都不是一成不变的，有时候被举荐之后，才会发生变化。"赵恒对王旦说："选拔十个人有五个品行较好已不错了，即便这些举荐当中或许存在着徇私，但总是会为朝廷举荐一些人才。"但赵恒说了这番话之后，王旦觉得朝廷不能持这个态度，毕竟选拔人才涉及国家根本，若一味包庇举荐之人，势必会给朝廷举荐一些不好的人才，轻则贪腐，重责犯法。

于是，王旦调转话锋对赵恒说："朝廷寻求的人才，往往根据举荐官员对被举荐人的评价来授予官职，若发现是举荐人失误造成的，应该遭受连坐之法。太祖朝时，有员外郎举荐州县人员结果被朝廷将其一起除名的先例。太平兴国初年，程能是转运使，但他举荐官员时，不论好坏，一时都举荐给朝廷，很多人对他的这种行为都感到不齿。"赵恒这才意识到王旦并不是同意不追究举荐之人的罪责，只是给他用更加充分的论据来证明，须对举荐之人政务失误造成举荐不合格官员之事进行追责问责，这样才能遏制住乱举荐的事情发生。但赵恒似乎也有自己的理由，对王旦说："朝廷急于求才，若对举荐之人制定太过严厉的制度，则那些处于底层的人才无法被举荐上来。这都是为了举荐人才没办法的办法。”[1]对此，王旦不想再反驳了，因为他的意见之前早已表达清楚了。在王旦这里祖宗之法不可变。[2]

这一次，赵恒与王旦二人谁也没能说服谁。那位举荐邓余庆的官员也就没有受到朝廷的追责。

但涉及人员提拔的问题，赵恒总是会征求王旦的建议。几天后，吏部侍郎冯起请求辞职，皇帝继续与王旦商议冯起辞职的事情。冯起官至右正言、直史馆，自西川转运使召入守本官知制诰，后出知濮州，1005年被朝廷派到澶州任知州。之后，被授予吏部侍郎。此时，赵恒询问王旦冯起的年纪。王旦说冯起已七十岁了，应该退休了。赵恒生了恻隐之心，觉得冯起既然到了退休年龄，应该给冯起一个新的职位，让他在新职位上退休，也是对他及家人的一种照顾。于是，朝廷给冯起授予户部侍郎，让他在户部侍郎的岗位上退休。[3]这次，王旦没有明确反对，由此看出，王旦也并非铁面无情。

然而，就在不断为朝廷效力时，王旦再次病倒了。此前，王旦已有过病症，以为是小毛病没有在意，还是兢兢业业地干着政务，病情也一拖再拖。孩子们倒是请了郎中给他诊治，但王旦却不配合，觉得应该是近期政务量太大，劳累所致。然而，即便王旦坚持要主持朝廷政务，但他的身体还是出现了危机。有一天，

1.《续资治通鉴长编》卷八十二。

2.《宋史·列传第四十一》卷二百八十二。

3.《续资治通鉴长编》卷八十二。

刚刚回到家里的王旦晕倒了。家里人赶紧请来郎中。郎中也说是多年积劳成疾，别无他法，只能好好休息，调养一段时间再说。可王旦面对的是整个宋朝，他没有时间去调整，只能硬着头皮处理政务。

赵恒也知道了这件事，派近臣到王旦家里探望，还给王旦赐了药物。但让赵恒没想到的是，不久以后，王旦递上了辞呈，请求朝廷罢免他的首相职务。赵恒大惊失色，多年来他已习惯有王旦在身边了，尽管有时候王旦会和他意见不统一，但更多时，王旦都是在维护着皇权。

赵恒自然不会同意王旦的请辞。

几年来，王旦与赵恒在各种碰撞中也已形成了一种相互扶持的状态，即便有“五鬼”包围着，但赵恒依然清楚，一心为公的唯有王旦，唯有王旦才会帮他处置好所有的政务。尤其王旦每次与他有不同意见时，都是以理服人，没有寇准那么强势，没有王钦若那般附和，这点让宋真宗很受用。所以，但凡遇到需要解决的事，赵恒也都是先与王旦商量对策，两个人意见统一了，才会召集大臣们商议。这样一来，赵恒反而更加信任王旦了。对于王旦提出的一些治国方略或者荐人用人，赵恒都会采纳。甚至后来许多直接汇报给赵恒的事情，赵恒会让汇报政务的人先给王旦说一说，听了王旦的建议后，他才能拿出主意。此时的王旦已成了赵恒最信赖的人，像当年的毕士安一样，让赵恒放心。

这种君臣关系一旦确立，王旦的政务也顺当多了。即便是王钦若这样的谄媚之臣深得赵恒的喜爱，但对于王旦与赵恒的关系，他还是没办法挑拨的。王旦不苟言笑，只顾埋头政务。许多政务堂的大事，他也有自己的想法。每次到了奏议朝政时，难免会有群臣意见不一致，大家会针锋相对，各说各的道理。往往此时，王旦站出来，说出自己的解决办法，唯有让群臣都听从王旦的建议。[1]有时候，也有在朝堂之上没有议定的事情，王旦一直记挂朝中的事情，回到家里也不与人交流，而是坐在书房里发呆。据说有一次，王旦从早朝中回到家里后，也没有摘帽子脱外套，而是径直走到了书房里。家里人不清楚发生了什么。此时弟弟王旭询问王旦的好友赵安仁才知道："今天早上议论国事大家意见不统一，王公也觉得议定的事项还要进一步商议，未得出议定结果，所以肯定是在想这件事了。"[2]

王旦就是这样的人，为国为民奋不顾身。这一切都无法让赵恒放他走。王旦病了后，为了安抚王旦，赵恒赐袭衣、金带、鞍勒马，希望王旦继续统领政务堂，继续为朝廷出力。赵恒还给王旦作诗，以表达对王旦的宠爱。[3]这件事过去没多久，皇帝又给王旦赏赐了三匹良驹。[4]

对此，王旦只能继续为国效力了。此时，还发生了一件小事，把王旦和王钦若两个人扯到一起。这件事因一首诗而起。赵恒有作诗的习惯，据说写得不错，但现今存留下来的却不多。这一次，赵恒作了一首《喜雨诗》，把诗作交给枢密院、中书二府观看，并让他们提出意见。此时，枢密院的长官是王钦若，而中书的长官是王旦。于是，王旦将《喜雨诗》纳入袖里拿回去，准备与王钦若研究。

1.《宋史·列传第四十一》卷二百八十二。

2.《宋史·列传第四十一》卷二百八十二。

3.《续资治通鉴长编》卷八十二。

4.《续资治通鉴长编》卷八十二。

回去之后，王旦便召集枢密院和中书省的人评议诗作，王旦其实早发现这一诗作里面有一处错字。王旦对众人说：“皇上诗里有一字误写，我们是不是上报给皇帝，或者提前修改了，再上报。”王钦若此时又玩起了花花肠子，他对众人说：“皇帝的诗里面有错字的事情，最好还是不要说，直接给皇帝说诗里面有错字，那不是冒犯了龙颜？谁愿意被别人直接指出错误呢？再说，皇帝写错了，也无伤大雅。”听闻王钦若这样说，王旦还真相信了王钦若的话，便也再没有改写这首诗。然而，王钦若却独自去面见了赵恒，并将王旦说诗中有误写的情况，上报给赵恒。王钦若还说王旦明明看到诗作里面有误写的地方，却不上报，也不清楚这个王旦心中怎么想的。听王钦若说了这件事，赵恒心有不快。

于是，赵恒在朝议时，招来枢密院、中书二府看过此诗作的所有人，过问这件事。赵恒责问王旦：“朕昨天写的诗作里面明明有误字，你作为宰相既然看出来了，为什么不来上奏？若这样的诗作流传出去，岂不成了天大的笑话？”王旦清楚，这件事一定是王钦若背后告诉赵恒的。面对赵恒的质问，王旦只能解释说：“这首诗我拿回去后，没有详细地看，以至于有误写的地方，我的确看见了，但我并未及时奏陈，这是我的失职，请皇上降罪。”话说完，王旦惶恐地跪下来，请求皇帝降罪。那些枢密院和中书的大臣也都跪拜，不敢再说什么。大家都等着皇上大发雷霆。此时，枢密院副长官马知节却将昨天大家分析诗作的情况悉数说给了赵恒听，还说王旦本身已看见了诗作中那处错误，想要上报给官家，是王钦若认为错误无伤大雅，没必要上报，大家也都相信了王钦若的话，才没有上报。马知节还对赵恒说：“宰相王旦没有说出这个缘由，真是宰相肚里能撑船，不愧是我们大宋的宰相，遇到问题，把责任全部都揽在自己身上，不给旁人推卸责任。”赵恒本来也没想着要治罪，只是想问问情况，听到马知节说了这件事，又看到王旦和大臣们跪倒了一大片，反而大笑，赦免了王旦和众人。[1]

由此也能看出马知节这个人的正直品质。马知节看不起王钦若这种钻空子讨皇帝喜欢的行径，也与王钦若经常产生龃龉。[2]正是鉴于几个两府成员关系相处不太融洽，没过多久，赵恒对王钦若、陈尧叟、马知节三人的岗位进行了调整：“乙亥，枢密使王钦若罢为吏部尚书，陈尧叟为户部尚书，副使马知节为颍州防御使。”

随着王钦若和陈尧叟被罢，枢密使的岗位空下来了。此时，赵恒与王旦商议枢密使的人选。王旦毫不犹豫地向赵恒推荐了寇准。于是，兵部尚书寇准再次担任枢密使职位，挂同平章事头衔：“兵部尚书寇准为枢密使、同平章事，王旦荐之也。准未告谢，命向敏中权发遣枢密院公事。自是枢密皆罢，即命宰臣权发遣如敏中例。”[3]

寇准担任枢密使之后，与王旦之间的接触机会也多了。尽管寇准清楚是王旦举荐他到枢密院任职的，但寇准气量小的本性无法改变。尤其是两府长官经常一起就职时，寇准看不惯王旦的所作所为。然后，寇准开始在赵恒面前说王旦的坏话。当然，这并不能破坏赵恒与王旦之间的关系。可王旦见了赵恒，每次提起寇准时，王旦都会说寇准的好。赵恒觉得这两个人非常奇怪：一个揭短，一个赞扬。宋真宗于是对王旦说：“你都不清楚，寇准经常给朕说你的坏话。可当朕问及寇准的事情，你总是夸赞寇准这样那样的优

1.《宋史·列传第四十一》卷二百八十二。

2.《续资治通鉴长编》卷八十二。

3.《续资治通鉴长编》卷八十二。

点。”[1]王旦解释道：“承蒙皇上您厚爱，让臣担任宰相一职。臣当了这么长时间的宰相，在许多政务的处理上，必然也会存在这样那样的问题，阙失定多。其他人见臣深得您的厚爱，自然也不敢说臣的失误之处，可寇准却不一样，他对臣做的许多政务都看得一清二楚，也不巴结讨好我，反而对皇上您无所隐瞒，这更加说明了寇准这个人的忠心正直，这才是我们宋朝之福啊。这也是我个人很看重寇准的重要一点。”听了王旦的话之后，赵恒更加信赖王旦了。[2]

王旦虽这样说，但赵恒也清楚寇准和王旦两个人的关系。可每次到了此时，王旦都是主动承担责任，而夸赞寇准的忠心耿耿。赵恒觉得，这个王旦的品德，与寇准完全是两样。若寇准当年能做到王旦这样，他怎么会罢免了寇准的宰相呢？寇准与王旦的关系就这样不冷不热。赵恒也清楚王旦的雅量，以后寇准再说王旦的坏话时，赵恒都巧妙地避开了。不过，寇准与王旦同朝为官，总有发生交集时。据说有一次，中书省有事需要报送至枢密院，但报送的内容不合诏书式样，寇准便将此事告诉了赵恒。赵恒便将王旦叫到跟前，严厉批评了王旦，还将中书省的那些官员全部给予了处罚。这件事，王旦在赵恒面前承认了错误，主动承担了责任。但中书省的那些官员对寇准的这种做法却非常气愤，他们等着有机会了要报这一箭之仇。[3]机会很快到来。有一次枢密院也弄了一道诏书，需要报送给中书省来审核处理。此时，中书的那些笔杆子发现枢密院报送的奏本也违反了诏书式样。中书省的官员们觉得报仇的机会来

1.《宋史·列传第四十一》卷二百八十二。
2.《宋史·列传第四十一》卷二百八十二。
3.《宋史·列传第四十一》卷二百八十二。

了，火速将这个格式错误的奏本呈给了王旦，希望王旦以其人之道还治其人之身。但王旦不想这样做，只是命人将枢密院呈报的奏本还给了枢密院，让他们好好修改，一切都得按照诏书的格式来，否则容易闹出笑话。寇准看到王旦差人送来的奏本，羞愧难当。[1]王旦的这种做法，让寇准自己感觉到了之前所作所为有些龌龊。这件事过去没几天，两个人见了面。当时寇准和王旦说起此事，王旦只是笑着，也不回答。[2]寇准说，我们同科进士，没想到你的肚量这么大。

1.《宋史·列传第四十一》卷二百八十二。

2.《宋史·列传第四十一》卷二百八十二。

第　七　章

鞠躬尽瘁

1014 — 1017

王旦当国最久，事至不胶，有谤不校，荐贤而不市恩，救罪辄宥而不费辞。澶渊之役，请于真宗曰："十日不捷，何以处之？"真宗答之曰："立太子。"契丹逾岁给而借币，西夏告民饥而假粮，皆一语定之，伟哉宰相才也。

——脱脱《宋史》

1

为国荐才

在王旦多年为相的政治生涯中，总是在委曲求全中矫正国策、权衡利弊中为国为民、大肚能容中抛却个人，“我将无我”是他人生的信条。不过这都是他日常工作。若论他对国家的贡献，最大的当属荐才。对于官员的举荐和任用，王旦自有他的一套方法。许多重要岗位，都是王旦亲自考察官员。比如，王旦会让被考察者提出解决实际问题的办法，以此测试拟提拔之人的能力。对于那些反响比较好的官员，王旦都会深入了解，以保障反响与实际相符；对于那些不择手段营造自己“清正廉洁”外衣形象之人，王旦一般不会大用……总之，对于官员的举荐与提拔，王旦都能做到深入调查，了解这些人的优点，秘密登记他们的政务痕迹。

每次到议定提拔官员时，朝廷都会专门召开会议研究。会上，朝中有发言权的大臣们也都有各自需要推荐的人，大家都会为各自所推荐之人相互争论。若人员提拔有争议，皇帝可能会将拟提拔的人员排除，但对于王旦推荐的人，赵恒都会选用。丁谓因为自身品行不好，向王旦示好，王旦也没有重视他，所以丁谓耿耿于怀，经常在赵恒面前诋毁王旦。但赵恒清楚王旦的品性，他连自己的孩子都不让入朝为官，对别人自然都是尽用其才。所以，针对丁谓的诋毁，赵恒不但没有追究王旦的责任，反而更加信任和厚爱王旦。[1]

当然，王旦荐人的方式方法也不是一成不变的。王旦荐人有其特点，重在所荐之人的德行操守。当时有个官员叫张师德，身居谏议大夫一职，他听说王旦使用人才不拘一格，自觉还有些能力，便想通过王旦的关系去跑一跑官，好让自己挪动一下职位。但他两次到王旦家，都没能见着王旦的面。其实，王旦已知晓张师德找他的原因，只是王旦很反感跑官的行为，才故意躲着张师德。张师德不知其中曲折，认为王旦不见他，肯定是有人在王旦面前说了他的坏话，王旦才故意躲避自己。张师德胸中憋着一股气，他一定要查出这个背后嚼舌头的人。于是，张师德将此事说给了自己的好友向敏中，希望向敏中替他明察。向敏中也答应了张师德一定会留意此事。但此类事，向敏中也不方便说，只能在暗地里留意王旦身边的人[2]，过了好一段时间，向敏中也没查出个所以然来。有一次，政务堂举行人才提拔重用会议，向敏中去参加了会议。宰执们在会上议定了一些继续提拔使用的人才。等到商议知制诰一职时，大家也都各抒己见，说了自己认为可用的人选。当时有人推荐张师德，说张师德有德行、有能力，很适合干知制诰。但王旦却说，目前不适合提拔张师德。首相的一句话，当然起着关键作用。大家不敢再推荐张师德。事后，向敏中满脸疑惑地问王旦为何不起用张师德。王旦对向敏中说："我也很欣赏张师德的办事能力，我甚至多次在皇上面前说过张师德是名家子弟，有士大夫的品行和操守。皇上也让我

1.《宋史·列传第四十一》卷二百八十二。

2.《宋史·列传第四十一》卷二百八十二。

酌情使用他，可在我准备对他进行岗位调整时，没想他两次到我家来跑官。你清楚的，我最恨跑官这一套，故而两次未见他。我觉得既然张师德已状元及第，荣进已定，就得心无旁骛好好履职，等待时机成熟了，朝廷自会把他调整到重要领导岗位上来。可他这种为了名利而奔走、破坏官场风气的做法我实在看不过去。他还尚且有门路可走，那些没有门路可以走的人，他们能怎么做呢？”[1]

听见王旦的叙述后，向敏中这才恍然大悟，不过向敏中还是询问是否有人在王旦面前诽谤了张师德。王旦微微一笑说：“别人我不敢说，但我也不是糊涂虫，无人能够在我这里诽谤他人，只是张师德是后学之辈，他的做法实在是有意轻薄我。”向敏中对王旦说：“张师德这个人我们都觉得有能力，也有操守，这次没有议定他的提拔重用，但等朝廷有了空缺职位时，希望您千万不要忘记这样一个人才。”王旦对向敏中说：“是否起用张师德，不在朝廷，而在张师德本人，希望张师德以后以政务为重，以做人为重，切不可做此种让人不待见的事情，这也是给张师德一个教训，劝诫他切勿贪图进用、激励薄俗。”看到王旦这样坚决，向敏中也不好举荐张师德了。事后，向敏中将王旦给他说的那些话，反馈给了张师德。听了向敏中的叙述之后，张师德良久不语，似乎已意识到自己的所作所为。以后，张师德改变了作风，干出了一番事业。[2]

在王旦一生中，荐才之事时刻都在进行。1014 年七月底，从兖州回到朝廷的王旦，发现了一大批地方治世能臣。于是，王旦给朝廷上书，请求对这些人才进行嘉奖：“河北转运使李士衡张

1.《宋史・列传第四十一》卷二百八十二。

2.《宋史・列传第四十一》卷二百八十二。

士逊、知兖州王臻、知长垣县范识、京东转运使俞献卿、知澶州张禹珪、同监修景灵宫卢守明、京东同都提举巡检使李怀信，駈事干集，望赐诏褒谕。”[1]在发现人才的同时，王旦自然也发现了庸才，请求朝廷派出转运使和提刑狱官员调查这些不作为官员的业绩：“莱州通判徐怀式，知齐州孙梦协、通判阎惟吉，采于舆论，颇无治声，望令转运、提点刑狱司察之。”[2]对于王旦的建议，赵恒全部采纳。事后，赵恒对王旦说：“卿作为宰相，奉命到兖州办理公务，对发现的人才只让朝廷进行嘉奖，而不对他们进行提拔，是不是有些太轻了？”[3]王旦这才说：“我既然向朝廷举荐了这些人，若朝廷对他们进行提拔，这样一来，陛下您提拔人才的恩德不都算在臣头上了，这是做臣子的大忌，所以，臣才让朝廷嘉奖他们。”[4]王旦完全站在为朝廷考虑的角度推荐人才，让赵恒不得不佩服他的高瞻远瞩。

王旦在兖州期间，还有个叫周怀政的内侍官，总是想着法儿面见王旦，想借王旦的势成全自己。王旦看出了周怀政的心思，却装作不清楚，每次周怀政提前请见王旦，王旦都让他在大厅等着，等到众人都到了，王旦才会穿戴整齐地从后厅到大厅来见这些人，大家把需要报告给王旦的事情说完，王旦就让他们离开，不给周怀政单独见面的机会。其实，王旦早看出了周怀政这个人有图谋不轨之心，不愿意与他结交。后来，周怀政发动政变失败，大家才意识到

1.《续资治通鉴长编》卷八十三。

2.《续资治通鉴长编》卷八十三。

3.《续资治通鉴长编》卷八十三。

4.《续资治通鉴长编》卷八十三。

王旦当时的深谋远虑。[1]

八月中旬，赵恒与王旦就杨亿岗位调整进行了深入探讨。此前，杨亿因得病请求致仕，最终朝廷以秘书监、分司西京身份让杨亿在洛阳养病。如今杨亿病好了，请求再次为国效力，赵恒自然不敢马虎。杨亿在辞职前已做到翰林学士的岗位，所以这次起用杨亿，也不能低于翰林学士的级别。但宋真宗对杨亿的一些性格缺陷还是有些担忧。于是，赵恒对王旦说："杨亿性格直率，也不喜欢依附别人。他的文学功底自然无人可及，但私底下却喜欢妄议朝政，这是因为什么呢？"听了赵恒的话之后，王旦却持有不同意见。王旦说："说这种话的人不过是借着杨亿的不足来诽谤他罢了。杨亿深受国家恩情，又不是草木，无情无义。他或许说过一些戏谑的话，但要说他讪毁诽谤国家，我敢保证绝无这样的事情。"[2]

赵恒清楚王旦的为人，绝不会因为他与杨亿关系好而故意偏袒杨亿，王旦能这样保证，说明杨亿为人没有问题。于是不久之后，朝廷让杨亿到汝州任职。然而，对于朝廷的这种安排并不是所有人都满意，当时有个监察御史叫姜遵，他就对杨亿的安排非常不满，觉得这样安排杨亿不合适，还牵扯出杨亿之前因母亲生病而擅离职守之事。朝廷命中书省向姜遵解释这次任职杨亿的来龙去脉，不要

1.《宋史·列传第四十一》卷二百八十二。

2.《续资治通鉴长编》卷八十三：秘书监、分司西京杨亿以疾愈求入朝。上谓王旦曰："亿性峭直，无所附会，文学固无及者，然或言其好窃议朝政，何也？"旦曰："此盖与亿不足，诬谤之耳。亿受国深恩，非土木类，谐谑过当，则恐有之，讪讟之事，保其必无也。"

让姜遵揪住此事不放。[1]姜遵这才不再弹劾杨亿了。

几天后，原先被调整到河南府任职的冯拯任职期限也满了，便给朝廷上书请求朝廷尽快安排接替他的人。中书省的统一意见是打算让相州知州张秉接替冯拯。但皇帝却不同意中书的这种意见。赵恒认为："之前张秉在河南任职时威望不高，这次继续将张秉调往河南不妥。"王旦说出了中书推荐张秉的理由：朝廷郎中以上的官员不多，三司副使也都被调往外地担任地方大员。临时调整人员恐怕来不及，只能推选张秉了。王旦完全按照国家相关制度来推荐张秉，赵恒却不满意张秉的行政才能。最后，王旦与赵恒两个人相互让了一步，让盐铁副使、兵部员外郎赵湘接替了冯拯的位置。[2]

九月中旬，朝廷在景福殿主考亳州、南京路的一些举人，得到张观等进士二十一人，全部都赐予进士及第，朝廷对他们按照封禅祭祀时的旧例安排官位。[3]对于这次取士，赵恒似乎很高兴，因为这批士子虽人数不多，可都有真才实学。于是，赵恒抑制不住自己的兴奋，对王旦说："最近录取的这批士子文艺俱精，且都出身贫寒。当然，负责考试的人也不容易，若在考试中徇私情必然损害国家利

1.《续资治通鉴长编》卷八十三：既而监察御史姜遵奏亿顷以母疾，擅去阙廷，所宜屏迹衡茅，尽心甘旨，忽求领郡，深属要君，请罢之。上曰："亿前告归，本无终焉侍养之请，今以疾愈求入朝，故特与郡，遵未谕此意耳。"乃诏中书召遵谕之。遵，长山人也。

2.《续资治通鉴长编》卷八十三：知河南府冯拯岁满求代，中书欲徙相州张秉代之。上曰："秉前在河南，物望颇轻，不可。"王旦曰："郎中以上少人，三司副使近例优转官出领大藩。今各官卑，恐进擢未至，然西京先有侍御史居守者。"乃以盐铁副使、兵部员外郎赵湘为刑部郎中、直昭文馆，往代拯。

3.《续资治通鉴长编》卷八十三：上御景福殿，试亳州、南京路服勤辞学经明行修举人，得进士张观等二十一人，诸科二十一人，赐及第，除官如东封西祀例。观，绛人也。

益，但若拒绝举荐士子又会遭到诽谤。”王旦的回答却很实际，他说：“如今各处郡县地域广阔，人口众多，陛下须亲自考试。南省将士子送到京城来参加考试，如若不是朝廷特意主持这次考试，仅凭指定有司官员的推荐，恐怕也难以得到这么多人才。”[1]王旦这话的意思是单单凭借南方不断给朝廷输送士子还不够，毕竟地方上送到京城的士子良莠不齐，一定要朝廷重新选拔这些举人，才能发现人才。赵恒对于王旦的建议深以为然。

然而，赵恒与王旦刚刚说完取士的事宜没几天，又发生了落榜士子状告取士不公平之事。此前，开封府开设服勤辞学科考试，并将成绩优异者二十五人拟录用。此时有个落榜士子刘溉向监察部门检举揭发这次考试内幕：这二十五个人当中，有些人不是开封户口，却冒充开封户籍参加考试，还被开封府录取了。这可是大罪，因为这种考试是由开封府组织的，对参加考试的士子户籍有严格限制。可是这样，还是被人钻了空子。消息不胫而走，原来这些被预录取的二十五人中有十三人不是开封户口，他们清楚朝廷会追究此事，到处藏匿，有司衙门派人去抓捕。[2]此时，王旦坐立不安，对赵恒说：“陛下降下诏书纳才，目的是搜罗天下才俊，但如今却变成了满城搜捕士子，负面影响太大。且设置科考的目的还是为了选拔贤德之人，这些部门竟然如此做，多有不妥之处，希望陛下您明断。”[3]赵恒觉得这样处置这些士子有些不妥，对王旦说：“这也是有

1.《续资治通鉴长编》卷八十三。

2.《续资治通鉴长编》卷八十三：初，开封府解服勤辞学进士二十五人，为下第者刘溉所讼，其十三人以寓贯，皆奔窜潜匿，有司追捕。

3.《续资治通鉴长编》卷八十三。

关人员未将政策宣传到位，以致考试时出现了这样的失误。请有司官员将那些抓住的士子都放了，只将举报人刘溉拘押起来。”但赵恒的决定也不一定所有人都支持，御史高弁觉得这样处置刘溉太严重，原因是刘溉举报属实，这样都被处置，以后谁还敢对考试不公平再举报？赵恒没了主意，只能问王旦怎么处置这件事，王旦说：“刘溉状告这些士子并非出于公心，他是因为自己落榜了又见不得别人被录取而已。朝廷罢黜他也合情合理，谏官虽有闻风而动的职责，但也要将事实调查清楚，高弁连事实都不清楚，就莽撞提建议。现在看来，这件事倘若不是陛下您果断处置，不能识别这次举子们所犯错误，甚至那些州县都有可能会被连坐。所以御史说的话，也没有道理。”听了王旦的话后，赵恒拿定了主意。[1]

王旦在原则问题上坚决不让步，并不是他几近迂腐，而是坚持对的事情不改变立场。很多时候，赵恒也听从王旦的建议。在对朝廷荐才这方面，王旦素来都颇有手段，但又喜欢“深藏身与名”。对于有真才实学的人，王旦不会让人才流失，都会将他们调整到重要政务岗位上来，为朝廷培养人才。比如对已故参知政事李穆儿子李行简的提拔，出乎所有人的预料。王旦早听说李行简有德行，名声也很好，只是李行简因父亲去世后，朝中无推荐的人，便以作监丞的身份在家居住。王旦亲自考察了一番，发现官场中对李行简的社会反响也都很好。王旦给朝廷建议提拔李行简，最终，李行简被授予太子中允。但当朝廷使者拿着调令去找李行简时，却不清楚李行简住在哪里。赵恒命人到中书去询问王旦，方才清楚李行简原来

1.《续资治通鉴长编》卷八十三。

是王旦所推荐。

王旦任职宰相以来所推荐之人，都非名声赫赫的朝中大臣及其子孙，而是一些新人，这些人在王旦的推荐下入朝为官，为朝廷效力。等后来王旦去世后，史官按照赵恒的要求修撰《真宗实录》时才惊奇地发现，朝廷中那些人员都是王旦推荐的。[1]

十月初，此前被契丹狠狠打了一顿的高丽开始再次与宋朝建立外交关系。当时契丹进攻高丽，高丽未向宋朝求救，而是联合女真击败了契丹的进攻。现在契丹与高丽之间也建立了某种和平关系，派出使臣继续出使宋朝。高丽的使者要到汴京进贡，须过海从登州登陆，然后沿着陆地向西而行。登州地方官听闻高丽使者求见，不敢开门迎接。登州地方官马上派人给朝廷报告这一消息，征求朝廷处置此事的意见。考虑宋朝与契丹的关系，赵恒和王旦商议对策，对王旦说："卿觉得我们如何处置这件事？"此时，王旦再次表现出了自己高超的外交手段，对赵恒说："高丽年年都来进贡，只是近几年被契丹阻断了而已。如今让高丽来汴京，契丹方面一定没有理由反对。况且使臣离开高丽时，契丹肯定已清楚这件事了。若契丹派出人来过问此事，我们只需要以诚相待就好。"

此时，赵恒还没说话，站在一旁已被再次调回中央的王钦若抢先说："契丹使者和高丽使者一同到汴京了。"王钦若这自然是提示赵恒一定要考虑契丹方面的问题。王旦说："各处小国家都来进贡，显示他们对中国的尊重也是常事，即便他们之间有嫌隙，咱们不能轻易表现出顾此失彼的意思。"听完王旦的话之后，赵恒觉得王旦

1.《宋史·列传第四十一》卷二百八十二。

说得有道理，夸赞王旦识大体顾大局。王钦若的挑拨离间并没有起到作用。之后，朝廷命人去迎接高丽的使者了。[1]

几天后，一个振奋人心的消息传来：玉清昭应宫建成了！赵恒听到这个消息时兴奋不已，要清楚，这个工程原计划十五年完工，没想到提前建成了，工期缩短了七年。于是，全国各地庆祝这一庞大建筑群的建成，朝廷专门发布了一个公告：允许汴京狂欢五日，两京狂欢两日，其他地方狂欢一日。建成后的玉清昭应宫比预想的要大很多，共有两千六百多间房屋，耗资白银亿两，其规模之宏大，奢华之程度，超过了传说中的阿房宫。[2]这是赵恒一生当中最为得意的工程。

然而，在全国各地陷入狂欢时，京城里发生了一桩命案。杀人者很快被抓住了。御史台知杂事王随请求将这个杀人者凌迟处死；赵恒却持有不同意见。赵恒对王旦说："自古以来五刑已成为定制，何必要对一个死刑犯这样做呢？"王旦也同意赵恒的意见："王随是谏官，弹劾也有他的职业标准，不过他的建议割碎此杀人者不是很妥当。况且这个杀人者犯罪实情清晰可见，将其处死也达到惩治目的了。"[3]毫无疑问，这次赵恒又听从了王旦的建议。况且此时玉清昭应宫刚刚竣工，不宜搞出太过血腥的处置罪犯的场面。

十一月，赵恒还沉浸在玉清昭应宫竣工的喜庆当中。不久，朝廷对修建玉清昭应宫的人员进行加封。昭应宫使王旦追加司徒，修

1.《续资治通鉴长编》卷八十二。

2.《续资治通鉴长编》卷八十三。

3.《续资治通鉴长编》卷八十三：御史台鞫杀人贼，狱具，知杂王随请脔割之。上曰："五刑自有常制，何必为此。"王旦曰："随司风宪，抨弹自有故事，此非其所宜言。况此贼本情可见，一死亦已极矣。"

宫使丁谓调整为工部尚书，修宫副使林特擢升为三司使，工程监督蓝继宗为洛苑使，授予高州团练使。[1]

几天后，朝廷将广南东路转运使李欣和西路转运使高惠连做了个对调。因为此前寇准曾经给赵恒推荐高惠连，说高惠连有才干，但近期发现到处都在传高惠连生活铺张浪费的流言。朝廷这才将他调任到广南担任转运使。

赵恒还与几位宰执由高惠连之事说起官员的使用情况："高惠连曾经上密奏，朝廷不能使用有道德的人，这种人往往会坏事，还用五行理论来解释。朕看了他的札子以后，觉得高惠连这个人有口舌之利，并没有真才实学。"[2] 听了赵恒的话之后，王旦用五行理论来反驳高惠连提出不能使用善人的理由。赵恒觉得王旦的理论更加符合实际一些。[3]

几天后，朝廷对玉清昭应宫新增判官、都监两个岗位。此时，需要有两个人来担任此职位。王旦清楚这两个岗位的重要性。因此，王旦给朝廷推荐了左正言、直集贤院夏竦，让夏竦担任昭应宫判官。都监为皇帝身边的内臣周怀政，"王旦之为景灵宫朝修使也，竦实掌其笺奏，竦尝卧病，旦亲为调药饮之，数称其才，因使教庆国公书，又同修起居注，及是为判官，皆旦所荐也"。[4]

1.《续资治通鉴长编》卷八十三：己丑，加昭应宫使王旦司空，修宫使丁谓工部尚书，副使林特工部侍郎为三司使，都监蓝继宗洛苑使，领高州团练使。

2.《续资治通鉴长编》卷八十三：因言："惠连昔上封事，且言朝廷不可用善人，善人多败事，因述天有五行为据。朕观之，知其涉道浅也。"

3.《续资治通鉴长编》卷八十三：王旦曰："夫天有五行，无不善之理。又所言善人，若选愞之类，诚无所用矣。如吉履善行，固人之常道，安可阙也！《传》曰'善人，国之纪也'，《语》曰'善人为邦百年，可以胜残去杀'，《易》曰'积善之家，必有余庆'，是也。"

4.《续资治通鉴长编》卷八十三。

十一月底，知秦州（今甘肃省天水市）张佶给朝廷上了一道札子，表明宋朝西北边境的少数民族骚扰边境，他已派人去镇压了，还请求朝廷犒赏士卒。对于张佶的这份札子，赵恒和王旦都忧心忡忡。其实早在半个多月前，张佶给朝廷上书说，边境上的那些少数民族骚扰宋朝边境，朝廷只是让张佶负责侦察，若真有敌人入境，将敌人赶出去即可，切不可带着士兵深入敌境内。[1]想不到半个月之后，张佶还是没忍住带着人冲入敌境。王旦说："如今四方安定，契丹也恪守盟约，西域各个小国家年年向我们进贡。所以对待那些边境少数民族，边境守臣不应该贸然打压，首先应该以稳定为大局。"赵恒也认可王旦的话，说："边境臣子喜欢用兵，但他们不清楚对国家而言，没有战争是最好的。当初河北请求增兵，王钦若对这种说法保留意见，只有朕果断没有增兵，这才让边境安宁。"说完这话以后，赵恒又意味深长地对王旦说了一番话，当值得深思。赵恒说："想起曾经邢昺的经历，朕经常半夜深思，如今国家地域辽阔，到处都需要设置官员，对他们委以重任。但谁又能完全掌握这些官员的善恶本性呢？若这些官员们在地方上干出败坏的事情，一定不是小事情。自古以来，帝王勤于政务是为了让各处安定，不出现败坏之事。如今，国家政务繁多，人力不够，这需要卿等上心处置啊！"[2]这是赵恒在敲边鼓，王旦自然表示为国家不敢不鞠躬尽瘁，死而后已。

1.《续资治通鉴长编》卷八十三：知秦州张佶言，侦知宗哥族立遵、和尚、唃厮啰召诸部首领，谋犯寨城，请益戍兵。诏佶审验，如蕃中自相仇劫，则潜设备御抚谕遣之，或侵轶疆界，则从便掩袭，无得深入。

2.《续资治通鉴长编》卷八十三。

十二月，赵恒又设置四“使”，授予王旦为奏告大礼使，向敏中为仪仗使，寇准为卤簿使，丁谓为礼仪使。这四“使”中，以丁谓的礼仪使为首。当初赵恒打算将这个礼仪使授予向敏中，但向敏中身体不好，便授予了丁谓。[1]

这说明赵恒又要搞封祀之事了。

1.《续资治通鉴长编》卷八十三。

2

老骥伏枥

1015 年正月初一，皇帝一早上起来打算到玉清昭应宫祭拜。赵恒先让相关人员进行准备，又派出人拿着朝廷的奏表向玉清昭应宫里的玉皇大帝奏事。然后，赵恒到了宝符阁，祭祀各位天神。祭祀活动结束之后，赵恒从玉清昭应宫返回到崇德殿接受群臣新年祝贺。然后，皇帝大赦天下。除了十恶不赦之人，其他犯罪人员一律减刑释放。

随即，中书省给赵恒上了一道推荐官员的札子，札子里面涉及御史中丞冯拯、太常博士知桂州王专、大理寺丞河南府军巡判官赵喻三人重新任用问题，看了中书上的札子后，赵恒召集宰相商议官员任职事宜。赵恒的意见是，这次举荐的官员有所异常，王专可任转运副使，赵喻调整为通判。对赵恒的这种安排，王旦持有不同意见："前后举荐王专的官员有十六个，他已升迁新官职有三年，可以按照陛下的意见来安置。但赵喻刚刚得到京官身份，不宜再对其进行擢升。以后举荐的官员，须看官员的任职履历，才能确定官员岗位调整。"赵恒同意王旦的意见："王专前后十六人保举，转官亦已三年，诚如圣旨处分。赵喻近得京官，欲止升差遣。今后举官欲并以考第历任进呈。”[1]

几天之后，赵恒打算到上清宫、开宝景德寺等地祭祀。王旦等人觉得赵恒祭祀时要举行百拜大礼，对赵恒来说这是个吃力活儿，请求赵恒只在正殿参拜，其他各个偏殿则由宰辅之臣代为祭拜。但赵恒不同意这么做，觉得这么做没有诚意。王旦等人鉴于赵恒的身体状况，再三恳求，皇帝才让礼仪院查阅资料，详细核定是否可以由宰辅之臣代替皇帝去祭拜寺院的偏殿。[2]

次日，赵恒擢升天书刻玉都监、内殿承制、入内押班周怀政为如京副使。周怀政其实早想被提拔。之前在玉石上雕刻天书的工程完成后，赵恒打算赏赐负责这项工程的王旦等一行官员，但王旦拒不受各种赏赐和擢升，所以那些实际负责工程进度的人也没有得到朝廷的封赏。这时候赵恒擢升周怀政，可能是为了弥补之前周怀政未得到的赏赐。[3]

二月中旬，澶州知州靳怀德给朝廷上书，希望可以给他多拨付一些公用钱。赵恒与宰相商议此事。公用钱其实是外任官员除了本俸外，依照官位等级，朝廷每个月单另给官员发放的一笔福利，京师官员亦依等级按月或按年付给。这就是宋朝的公用钱制度。公用钱一般由官员自行支配，朝廷不问具体花销明细。但朝廷给官员的这部分公用钱一般都够官员个人花销，此时靳怀德上书要钱，不清楚做什么用？赵恒对王旦说：“靳怀德一生清廉，勤于政务，为人

1.《续资治通鉴长编》卷八十四。

2.《续资治通鉴长编》卷八十四：则在寺外乙未，谒昭应宫前一日，命从臣悉屏荤茹，因幸上清宫、开宝景德寺。王旦等以车驾诣宫寺焚香必百拜，因请自今正殿再拜外，诸殿令宰辅分拜，上不许，再表以请，乃诏礼仪院详定，差减其数焉。”

3.《续资治通鉴长编》卷八十四。

也很低调，他所在的澶州有守黄河的重任，每次他都亲自视察驻守兵卒，若发现有人对乞丐进行打压，靳怀德会在人群中予以惩治，因此士兵们再也不敢触犯法律。这样的人，可以委以重任。现在他要钱，可以拨付。”[1]然后，朝廷给靳怀德赏赐了五十万贯公使钱。[2]对于赵恒的这种慧眼识才，王旦全力支持。

然而，恰巧此时，又有灾情上报。这次是旱灾。赵恒心中很着急，但他想通过祭拜加封的那些神仙来解决，请神灵们庇佑大宋朝。于是，赵恒到玉清昭应宫转了一圈，然后又到了开宝寺、上清宫祈雨，众人期待的雨并没来。旱灾持续着。

几天后，赵恒让礼部贡院上报之前参加科举考试人员信息，“丙子，诏礼部贡院，进士六举、诸科九举以上，虽不合格，并许奏名”。[3]

次日，一个官员因不听话受到了朝廷的处分。这个人叫陈尧咨，他还有两个哥哥陈尧叟、陈尧佐。相传陈尧咨很有才华，在咸平三年（1000）时高中状元，成了朝廷的人才。据说陈尧咨除了才名出众，武艺也很高强，箭法也是百发百中。有传言说，欧阳修《卖油翁》里那个卖弄箭法的人就是陈尧咨。这样文武双全的人，自然会受到朝廷重视。几年时间下来，陈尧咨从小官员干到了省部级大官。眼下他已是龙图阁直学士，处所在永兴军。但正是因

1.《续资治通鉴长编》卷八十四：上尝谓王旦曰：“怀德莅官廉勤，不张事势，河上夫役，躬亲巡察，有敛乞者立众中区断，由是下无敢犯。近城小圃，内侍过之，询灌园者，且云：旧纳蔬州廨，自怀德至即罢。如此谨畏，可委烦重。”且曰：“怀德经学出身，通方干济，年始七十，弥精吏事，诚可奖也。”

2.《续资治通鉴长编》卷八十四。

3.《续资治通鉴长编》卷八十四。

为少年得志，使得陈尧咨盛气凌人，从不把其他人放在眼里。恰逢此时，有个叫乐黄目的转运使从永兴军回来以后，将陈尧咨在知永兴军期间的种种行为告诉了赵恒。陈尧咨也知道了这件事，请求朝廷罢了他的官，但朝廷并未罢免。之后，朝廷将陈尧咨从永兴军调往河南府任职。此时，又有传言说陈尧咨恣意放纵，胡作非为，不顾法律法规。于是，赵恒让乐黄目去调查，发现传言非虚。赵恒听了这件事后非常生气，将陈尧咨贬黜到邓州任职。[1]事后，赵恒对王旦说："有传言说乐黄目在陕西期间用条文约束边境事宜，处置很严。"王旦表示："太祖时边境守将们骄横跋扈，这才派出儒臣到边境去整肃吏治。近来有传闻说那些边境官员经常干一些违法乱纪的事情，若如此，乐黄目能这样约束手下，的确应该受到嘉奖。不过对于边境守将不能过于打压，否则会滋生事端。让汴京转运使们秘密训诫即可。"[2]最终赵恒采纳了王旦的建议，令转运使们训诫边境官员，让他们不要飞扬跋扈。

处理完陈尧咨的事没过几天，天气变了，忽然下起了大雨。赵恒很高兴，这说明之前的祈雨起作用了。高兴之余，赵恒写了天降大雨的诗歌，要求王旦等宰相们作诗唱和。

三月初，中书省群臣按照制度举荐官员。于是，中书产生了一份举荐人员名单。赵恒看了名单之后说："外界都传言皇甫选这个人喜欢谈论政治。陈绛这个人也是个干吏。"王旦却有不同意见，

1.《续资治通鉴长编》卷八十四：知永兴军、龙图阁直学士陈尧咨，好以气凌人，转运使乐黄目表陈，因求解职，诏不许。己卯，徙尧咨知河南府兼留守司事。上闻尧咨多纵恣不法，诏黄目察之，尽得其实。上不欲穷治，止落职，徙知邓州。

2.《续资治通鉴长编》卷八十四。

对赵恒说："皇甫选这个人喜欢学古人，但遇到事情时往往显得很迂腐，不堪大用。陈绛这个人胸中有策略，外界的声誉也很好，但品性高傲，难堪大任。"赵恒被王旦泼了一盆冷水，也不好轻易下结论。

此时，还有一个叫李永锡的官员也在被举荐之列。赵恒向宰相们征求对李永锡的看法。王旦表示，李永锡之前因为妄议封祀之事被贬黜。这是王旦给赵恒打了一剂预防针。听到王旦这么说之后，赵恒便不打算重用李永锡了，因为封祀之事自始至终都是他的主意，此时用一个反对封祀之事的人，岂不是搬起石头砸自己的脚？另外，赵恒还发现了李永锡的不良之举，他对王旦说："像李永锡这样的人喜欢诽谤朝廷，近日有人发现他还做过一些拉帮结派事情。若任由这种情况发展，很容易形成朋党。现在我们要做的，也只有从根子上杜绝他们形成朋党。"要知道朋党在古代可是死穴，王旦也表示："唐朝文宗时有二李朋党，相互之间斗争，或擢升或贬黜，以至于晚节不保。"[1]

又过了几天，经过前期考试，已从全国各地的举人当中选拔出了一批士子。赵安仁等负责科考的官员将考试合格人员花名册递给了赵恒，看到花名册，赵恒对王旦说："今年考试，没有听到非议考试的消息。"王旦说："这都是按照制度来推行的，只要考试时坚守制度，做到大公无私，就不会有士子举报考试不公平。"[2]赵恒笑着点头，表示王旦说得对。

不久后，在崇政殿复试。但复试时，那些预选的士子有很多

1.《续资治通鉴长编》卷八十四。

2.《续资治通鉴长编》卷八十四。

都落选了。赵恒怀疑考试时还是因为封弥誊录制度未落实到位，导致考官故意照顾一些士子，因此，赵恒让宰相们重新翻阅之前的考卷。王旦担心因此牵扯出更多纠纷，对赵恒说："做考官是一件很艰难的事情，公道自在人心。"听王旦这么说，赵恒也觉得不应该再追究考官的责任，于是朝廷按照考卷成绩开始取士。这一次，共取赐进士出身一百九十七人，其中六人赐同进士出身。还有一些另外的御赐，比如，赐七十八人同三礼出身，赐诸科三百六十三人及第、同出身。总之，这一年宋朝共取士二百零三人。[1]等到名次排好以后，这份名单交给了皇帝。宋真宗问王旦："这些人当中有卿熟悉的人吗？"王旦等人看了这份预选士子名单，齐声对赵恒说："这批士子臣等都不认识，他们都是朝廷真正搜罗的寒士人才。"[2]赵恒很高兴。

只是最后在状元人选上，赵恒与臣子们产生了分歧。当时有两个士子的考试文章非常好：一个叫蔡齐，一个叫萧贯。这给最终评定状元带来了麻烦，毕竟迟迟难以决策，也就意味着这两个人都有资格当状元。一时间评定状元难住了考官们。最终，赵恒听了寇准的话，状元给了蔡齐。需要说明的是，这批士子当中有个排在最末位的士子叫范仲淹，他的光环没有蔡齐和萧贯大，毕竟取了二百多人，状元是最受关注的。只是谁也不会想到，这个排名第九十七的范仲淹会在以后宋仁宗时大放光彩，还向所有士子喊出了"先天下

1.《续资治通鉴长编》卷八十四：于是得进士蔡齐以下百九十七人，并赐及第，六人同出身。又赐六举以上特奏名进士七十八人同三礼出身，赐诸科三百六十三人及第、同出身，试将作监主簿，除官如元年之制。

2.《续资治通鉴长编》卷八十四。

之忧而忧，后天下之乐而乐”的士大夫阶层治理国家的共同理想。当然，这一批人才当中，还有个士子叫滕宗谅，他也将在宋仁宗庆历年因挪用公款又烧毁账本而被贬黜，范仲淹曾极力为他担保，依然难以保住他。他感念范仲淹的恩义，在贬所任职时重修岳阳楼，给范仲淹寄来了一张《洞庭晚秋图》，范仲淹看着这张图，庆历新政失败的往事历历在目。于是，范仲淹挥笔泼墨，一口气写下了那篇千古奇文《岳阳楼记》。

四月初，在江南辰州发生了五溪蛮暴乱。当时辰州的知州张纶马上将情况上报朝廷。王旦认为这部分小蛮族的兵乱不足为惧。赵恒也认为张纶会镇压下去民变。但朝廷还是不放心，下了一道命令，让知荆南马亮从潭州调五百人到鼎州驻扎，要求这部分人镇压辰州的民变。于是，马亮和张纶联手镇压了部分兵变。[1]

几天后，朝廷对枢密使的职位进行了调整，罢了寇准枢密使的职位，将寇准以武胜节度使挂职同平章事的头衔调出朝廷。[2]

为什么朝廷忽然做出这样一个毫无征兆的人员调整？其实也不是毫无征兆，内在的原因是寇准与三司使林特两个人有矛盾。寇准是疾恶如仇的人，骨子里是看不起王钦若、林特等人的。因此，寇准在担任枢密使时，经常与三司使林特产生不愉快，甚至出现相互争执的局面。此后，林特作为三司使，因河北每年输绢减少，督促十分急迫。此时，讨厌林特的寇准帮助河北转运使李士衡故意阻挠

1.《续资治通鉴长编》卷八十四：丙辰，诏知荆南马亮发潭州虎翼军五百人屯鼎州，俟辰州有警则往赴之，以辰州言溪蛮扰动故也。于是知辰州张纶请入陈利害，加兵剪除，亮亦请济师。王旦曰：“此蛮贼之小者，不足以烦天诛，但当备御剽窃，勿使得至境上，杜其无厌之求，即安静矣。”上曰：“观纶此奏，必能抚绥，深入之议，特须裁制，不可行也。”

2.《续资治通鉴长编》卷八十四。

林特。寇准还给赵恒上了札子，说他在魏州时曾运进河北绢五万，而三司未接纳。现在，林特却说棉帛不够用，完全没有计划国家的财政收入，是失职渎职行为。经过这一番争斗，寇准与林特两个人的关系也极度恶化了。寇准这人一旦与某位大臣杠上，很难善罢甘休，之前寇准与王钦若的斗争即是如此。这很显然不是皇帝想要看到的结果，宰相们相互和气，才能形成合力。林特仗着受宠，将整件事情告诉赵恒，赵恒非常不高兴。赵恒对王旦说："寇准尽管年纪大了，却还是不能改正之前的毛病，看他如今的所作所为，比以往变本加厉。"

王旦对寇准这次的所作所为也有些失望，让寇准重回中央可是他推荐的，如今寇准做出这种事，实在令人失望。当初王旦生病以后，赵恒又离不开他。于是，赵恒命人用轿子抬着王旦到宫中商议大事，还特意让王旦的儿子王雍扶着王旦一同入宫。王旦一行进了宫之后，在延和殿见到了赵恒。赵恒给王旦赐座，然后与王旦说一些政务。赵恒说："卿如今病重，万一你不能正常工作，你让朕将治理天下的大任交给谁呢？"王旦说："知臣莫若君，贤明的君主自有他的选择。"王旦这种打哑谜的回答让赵恒不满意，于是，赵恒只能再次问王旦继任者人选。但王旦都未正面回答。事实上，这时候，张咏、马亮两人都是宰相的合适人选，赵恒征求王旦的意见，但王旦并未表态，赵恒清楚王旦不中意马亮、张咏接替王旦的班。于是，赵恒对王旦说："那你认为谁担任宰相更合适？"王旦这才颤颤巍巍地站起来对赵恒说："以臣的愚见，没有比寇准更合适的人选了。"赵恒对王旦的这种回答显然不满意，于是对王旦说："寇准这个人刚直狭隘，不适合担任宰相，不知道你心中还有没有其他人选？"王旦说："我熟悉寇准，并不清楚其他人贤德不贤德。

眼下臣被疾病困扰，可能不会侍奉陛下很长时间了。”说完这话，王旦颤巍巍地上了轿子，让人把他送回去了。[1]之后，赵恒果然让寇准担任枢密使，挂职同平章事。

直至此时，寇准与林特之间产生龃龉，赵恒自然要召集王旦商议寇准的去留问题。这里面或许还有看王旦如何处置的意思，毕竟寇准是王旦举荐的。王旦这次没有袒护寇准，而是对赵恒说：“寇准既想让人记住他的恩惠，又想让人敬畏。这些都是作为臣子应极力避免的东西，而寇准对此毫无清晰认识，总是自以为是，这是他的缺点。若不是非常仁德的君主，是不能容忍他的。”[2]

赵恒与王旦交换意见之后，朝廷暂时还未拟定寇准的调任文件，但寇准清楚自己这次惹了事，赵恒不会保他，罢黜是必然的，但寇准还希望在他罢黜时，能够挂职宰相头衔。于是，寇准找到王旦，希望王旦继续帮自己在赵恒面前美言，让他能够以挂职使相头衔到地方任职。王旦对寇准说：“宰辅之职岂可求人帮忙？我不接受私人请托。”王旦果断拒绝了寇准，寇准也讪讪而退。[3]这样，寇准被罢了枢密使。不过在王旦的斡旋下，赵恒依然对寇准保留同平章事头衔，让他以武胜节度使的身份在地方任职。或许，此时的寇准还在怨恨王旦未向赵恒推荐他。当朝廷的任命下达以后，寇准到

1.《宋史·列传第四十一》卷二百八十二：寻又命肩舆入禁，使子雍与直省吏挟扶，见于延和殿。帝曰：“卿今疾亟，万一有不讳，使朕以天下事付之谁乎？”旦曰：“知臣莫若君，惟明主择之。”再三问，不对。时张咏、马亮皆为尚书，帝历问二人，亦不对。因曰：“试以卿意言之。”旦强起举笏曰：“以臣之愚，莫如寇准。”帝曰：“准性刚褊，卿更思其次。”旦曰：“他人，臣所不知也。臣病困，不能久侍。”遂辞退。后旦没岁余，竟用准为相。

2.《续资治通鉴长编》卷八十四。

3.《宋史·列传第四十一》卷二百八十二。

朝中拜谢赵恒。寇准对赵恒说："不是陛下了解我，怎么会继续给我挂职同平章事呢？"此时，赵恒才道出了详情，原来是王旦的极力举荐，赵恒才未去掉寇准同平章事的头衔。听完赵恒的叙述后，寇准惭愧万分，承认自己不如王旦心胸宽广。[1]

这样，寇准前往地方任职。但寇准在地方任职时，还是不安定，王旦在朝廷帮寇准兜着。据说有一次寇准在他生日时派手下人建造木棚大宴宾客，完全不顾朝廷相关廉洁自律。也有传言说，寇准在生活上极度奢侈，这些事被好事者告到了朝廷。赵恒听后非常不高兴，对王旦说："寇准似乎每件事都在仿效朕，他能这样做吗？"看到赵恒气愤的样子，王旦却笑着说："寇准虽贤德，可有时也呆头呆脑的，对于他这种不经大脑的举动我们能有什么办法？"赵恒听了王旦的解释后，也觉得这的确是寇准呆头呆脑的表现，便一笑了之。见赵恒气消了，王旦这才深深吐出一口气。[2]

这是寇准的幸运之处。此前申宗古状告他时，毕士安为他排除了一切困难。之后，是王旦护着他。但后来王旦去世后，他与丁谓之间的斗争，直接将他发配到了不毛之地，实在令人惋惜。

如此，寇准的事情告一段落。寇准被罢了枢密使之后，赵恒又让王钦若接替了寇准的班，当了枢密使。[3]

然而，赵恒刚刚调整了寇准和王钦若的岗位，几天后，有人给赵恒说了中书省的坏话，矛头直指王旦。赵恒看到诬告中书的札子后，心情不太好，只能将王旦招来询问。

1.《宋史·列传第四十一》卷二百八十二。

2.《宋史·列传第四十一》卷二百八十二。

3.《续资治通鉴长编》卷八十四。

赵恒对王旦说："有人给朕上了密奏说中书不给朝廷奏事，也不接待宾客，还拖延政令。"王旦就此做了解释："中书需要奏报的事情有推荐人才斥退庸才、四方战事、各州县的灾情、官吏履职、司法公正与否等事项，这些事情几乎天天都要上奏，若说外人没有听说中书奏报的这些事，那是因为中书省的人没有泄密而已。至于说不接见宾客之事，或许有。因为转运副使、提点刑狱、边境各处的守将以及其他一些臣子辞别陛下之后，一直在地方任职，很难见一回。而密奏里提到的那些拖延政令之事，或许真有，请求皇帝给中书降罪。"看王旦主动承担责任，赵恒也不好再追究什么。或许赵恒这么做只是想提醒王旦，想不到王旦却主动请罪。赵恒也只能安抚王旦。[1]

赵恒对王旦说："朕但凡听见外界的各种传言，一向对中书不会隐瞒，必会将外界议论中书的事情给卿看。而群臣上书奏事，很多也都不经过中书，害怕遭受责罚，但这样的奏事总是被泄露，到底是为什么？"[2]王旦说："臣每次收到下面递交上来的善言，总是秘密观看，不让外人清楚。即便是需要誊录，也不让中书舍人一类官员上手，而是让专门的誊录官员负责誊录，并给他们讲清楚保密纪律，决不能泄密。至于拟定转运副使、三司判官等官员，以及常

1.《续资治通鉴长编》卷八十四：旦等曰："中书当言者，惟进贤退不肖、四方边奏、郡县水旱、官吏能否、刑法枉直。此数事，日奉德音，动遵睿旨，外人不知者，是臣等无漏言也。罕接宾客，诚亦有之。如转运使副、提点刑狱、边要藩郡守臣及非次将命群臣，陛辞之后，未尝不见。或赍到札子者，观其所述，可以详悉，洎复询问，即涉徼求。大约中书庶事，动守程序，不敢随意增损，行遣疾徐，日有奏籍，然思虑不至，事或有未便，未免重烦圣断，是臣等过也。"皆再拜，上慰谕之。

2.《续资治通鉴长编》卷八十四：上又谓旦等曰："朕每有所闻，于中书无隐，必宣示之。而臣僚言事，多请不付中书，恐贻怨责，然或漏露，何也？"

年在朝中当官的人员任命的消息，外人可能获悉，这让朝廷的任命与外界传言有所相似之处，但并不是逃脱诽谤之罪。”听完王旦的叙述后，赵恒马上又改口了，对王旦表示：“卿说的事情难以避免，但朕相信卿一心为公，一定不会做出损害国家的事情。以后，朕还得仰仗你们为朝廷创造盛世太平。说这些话也没有别的意思，希望卿不要多想。”[1]

那么，是谁状告中书不作为的呢？不难猜，肯定是王钦若。赵恒此时的头脑还算清醒，并未中了王钦若的奸计。

此后，王钦若看清了赵恒与王旦之间这种相互信任、相互扶持的关系，轻易不敢再挑拨、妄图破坏这种关系了。

四月底，皇宫里发生了一场大火。火首先从荣王赵元俨家里开始蔓延，一直延续到内藏左藏库、朝元门、崇文院、秘阁等地方。朝廷组织大量的人员进行灭火。虽火被扑灭了，但损失也不小。[2]火被扑灭后，发现引起火灾的因素是天灾，朝廷也不再追究相关人员责任，而是责令有司抓紧时间抢救国家财富。

当天，赵恒还为信都郡王赵德彝主持丧礼。赵德彝是赵廷美的第三子，是皇帝的堂兄弟。之后，文武大臣都劝慰赵恒不要太操劳悲伤了，要保重身体！赵恒在内东门的偏殿召见了群臣。事实上，此时赵恒并不是为堂兄弟赵德彝伤心，而是对大火中烧成一片瓦砾的各种财富惋惜。赵恒对满朝臣子说：“祖宗积攒下来的财富，朕从来都不敢乱花，可这次却因为一场大火而丧失殆尽，实在是可

1.《续资治通鉴长编》卷八十四。

2.《续资治通鉴长编》卷八十四。

惜。”[1]王旦等臣子继续劝赵恒。王旦说：“陛下拥有天下的财富，这点损失没有什么可忧虑的。当下让我最为忧虑的事情其实是政令赏罚的不适当。臣掌管着天下所有的行政部门，而天灾竟然降临在皇宫，这与臣这个宰相有着莫大的关系，臣请求皇上罢免臣的职务，以敬畏上天。另外，臣听闻在这次大火中所有人都积极救火，英勇可嘉。”赵恒却表示：“朕最忧虑的是军需储备被烧了，其他钱财损失倒不大，至于说赏赐的钱财也可以循序渐进赏赐，但军需物资时刻都要备齐。事实上，这次大火燃烧最严重的地方是军需设备，若重新打造这些设备，势必会给百姓带来负担，这才是朕最忧虑的事情。”于是，王旦继续上书，请求皇帝治罪，但皇帝将罪责揽在了自己身上，并下了罪己诏，向天下人检讨自己执政不当。由于这次大火，也让朝廷意识到国家目前可能存在政令不通的问题，于是，朝廷还下了一道诏命：文武百官可以谈论利弊得失。[2]

之后，丁谓组织人修葺烧毁的房屋。此事也渐渐被人们忘却。此时，却有人传言说这次荣王宫失火，不是天灾造成的，而是人祸所致。随即，台谏官出动弹劾相关人员，朝廷遣调查组介入调查。等调查清楚后，才发现这次火灾受牵连的有一百多人。王旦得知调查结果后，火速面见赵恒，请求赵恒网开一面。王旦对赵恒说：“火灾之事，当时我们都上书请求官家降罪，陛下您大人大量，诏令天下，将整件事揽在自己身上。这件事本来已有了定论，现在调查结果出来了，确实存在人为因素，可若把责任推卸给他人，那不是失信于天下吗？”赵恒觉得王旦说得很有道理。赵恒下令将这次

1.《续资治通鉴长编》卷八十四。

2.《续资治通鉴长编》卷八十四。

调查出来的一百多人，都免去刑罚。此事赢得了大家的赞誉，赵恒也落了好处。[1]当然，受到牵连的一百多人虽免于牢狱之灾，但主要涉案人员还是要处置。

五月初，刑部员外郎兼侍御史知杂事王随将调查结果向赵恒汇报。原来这次失火，是荣王赵元俨府中一个婢女韩氏盗卖了荣王府的金器，担心这件事被人发现，干脆放了一把火销毁证据，这才导致大火蔓延。赵恒清楚事情的真相后震怒，打算重责该婢女。随即，朝廷下了一道诏命：将韩氏处死，知情人也都处斩。[2]

之后，荣王赵元俨也被降级处理，毕竟这次火灾是从他的府上开始蔓延，不管赵元俨知不知情都难逃罪责。[3]

六月初，被新任命杭州的四百六十个观察推官们到朝廷感谢朝廷重用。赵恒对王旦说："这批人当中到底有没有人才，现在还无法知悉。"王旦说："每次朝廷选拔人才，十个人里面能有两三个可用之才已算多的了。但这个情况也不一定，有时候一批士子里面全部都是人才，他们官运亨通。"之后，王旦向赵恒推荐了一个叫朱昌符的士子，因为朱昌符有个大哥叫朱台符，素有才名，所以皇帝对朱昌符也多了几分期待。[4]

闰六月己卯日，朝廷又下了一道诏命，大赦天下。那些杀人犯

1.《宋史·列传第四十一》卷二百八十二。

2.《续资治通鉴长编》卷八十四。

3.《续资治通鉴长编》卷八十四：壬午，安静、武信军节度使荣王元俨夺武信节度使，降封端王，出居故驸马都尉石保吉第；记室参军崔暟坐辅导无状，亦责官。

4.《续资治通鉴长编》卷八十四。

和十恶不赦的罪犯也都释放，让他们回家。[1]朝廷此时为什么毫无征兆地下了这样一道诏命？自六月以来，天气异常炎热，赵恒想到了牢里的囚犯。于是，赵恒与王旦商议对策，说："如今盛夏，朕念及囚犯们在牢狱中受罪，打算宽宥他们，不清楚找一个什么样的由头好？"王旦建议："如今边境安宁，黎民百姓富裕安康，天下风调雨顺，没有瘟疫，这种情况应该举行盛大的庆祝活动。"赵恒觉得王旦说得有道理。第二天，王旦给赵恒呈上了拟定大赦天下的敕令："前后赦文，未尝不以谨罚为首。今当别白条告，使四方晓解。"由此，朝廷颁布了大赦天下的诏命。[2]

1.《续资治通鉴长编》卷八十五：闰六月己卯，大赦天下，非已杀人及枉法赃致杀人、十恶至死者，悉原之。赐修内兵匠物有差。自今诸州有大辟情可悯者，具狱以闻。敕法律内重刑未称矜恤者，委法官与编敕官条奏。

2.《续资治通鉴长编》卷八十五。

3

老臣心

几天后，又有一件头疼的事情摆在了眼前，就是茶盐专卖出现了问题。在宋朝，茶盐不像如今这样可以随时购买，这两样东西是由国家主宰购买渠道，私人不能贩卖，否则会构成大罪；而茶盐也成了宋朝商业税的一大来源。所以，从赵匡胤建立宋朝开始，朝廷不断改革着茶盐买卖的制度。到了赵恒时，茶盐专卖制度又遇到了新的问题。于是，赵恒召集宰执们一起商议茶盐改革问题。赵恒说："多次有人上书说茶法改革以后形成各种不便，导致税收或增加或减少。这对于小商贩非常不利。"[1] 对于赵恒抛出的问题，王旦不敢苟同，一直以来，王旦都认为宋代祖宗之法非常高明，需要继承和发扬光大。王旦对赵恒说："自从茶法改革以来，并未发现有什么不便的事情发生，朝廷也未下达改革的法令。诚如陛下所说，希望将此事交给中书来负责具体实施。若要杜绝有人说茶盐改革的问题，还得派出人去详细调研，勘察利害以后才能得出结论。""改法已来，亦未见不便事，所降元敕无厘革小商之文。如上言者实

1.《续资治通鉴长编》卷八十五。

有所长，则望付中书施行。或欲杜绝群言，则须别命朝臣较量利害。”[1]王旦的态度很明确：没有调查就没有发言权，一切在朝堂之上的欲加之辞，都不一定符合实际。赵恒一看王旦支持之前茶盐制度改革，自己再也没有理由反对。于是，赵恒又逐一询问了王钦若、丁谓、陈尧叟等人，听取他们的意见。[2]宰执们也都各抒己见，说出了之前茶盐制度改革的优劣。最终，在充分听取了众人的意见之后，朝廷下了一道诏命，让刑部尚书冯拯、翰林学士王曾联合三司拿出具体茶盐改革的办法。[3]

茶盐制度改革事宜结束之后，下一个问题随即而来——官员贪腐惩治问题。其实，自从宋朝建立以后，贪腐问题屡禁不绝，只是赵匡胤、赵光义、赵恒三位皇帝处置贪腐问题的态度和手段有所不同。赵恒更多地采取了宽容政策。当然，这种宽容也不是一成不变的，赵恒其实也非常痛恨贪腐之事。由是，赵恒与王旦有了一次深入对话。赵恒对王旦说：“有很多人说官员贪腐的情况时常发生，而朝廷的惩治往往也都延缓惩戒。”王旦则从朝廷处置贪腐问题上，联想到如今国家处置贪腐官员的问题，最后总结出赵恒即位以来，

1.《续资治通鉴长编》卷八十五。

2.《续资治通鉴长编》卷八十五：上复以问王钦若，钦若言：“素不详其本末。”陈尧叟言：“但得物物入库，即是课利。”丁谓曰：“河北、陕西人得刍粮，即是官物入库，缘江榷场无剩茶，即是法行也。其余琐细风传之词，不足凭信。或有章奏，望一一宣示，可以商榷。大抵未改法日，官中岁亏茶本钱九千余贯，改法之后，岁所收利常不下二百余万贯，边防储蓄不阙，榷场无陈积，此其大较也。”

3.《续资治通鉴长编》卷八十五。

国家贪腐问题较少的结论。[1]赵恒对王旦的话也很困惑。

之后，朝廷商议刑部员外郎、兼侍御史知杂事王随岗位调整问题，赵恒对王旦说："王随这个人虽性格温柔和顺，但他有操守。"王旦说："朝廷有德行的人才，都出于台阁。对于那些有操守有品德的人才不能打压。"听了王旦的话之后，赵恒觉得王随这个人还是可用的。于是，让王随以外制的身份执掌皇帝诰命。但王随却觉得自己做不好这项政务，不愿意接受执掌皇帝诰命的职责。于是，朝廷改命王随担任应天府兼南京留守。[2]

又过了一天，从前线传来了昭宣使、平州团练使、入内都知秦翰去世的消息。赵恒非常痛心，之后，对秦翰进行了追封，并赏赐了他的家人，安抚秦翰家人的情绪，[3]赵恒在与王旦说起秦翰时，满是惋惜的口吻："秦翰为国尽忠，不害人，也不诋毁别人声誉，每次议论国家的大事都就事论事，是可以委以重任的人才。"王旦也说："秦翰廉洁慎重，能约束手下，很多人都愿意追随他。"赵恒接着说："秦翰在先朝时，与李继迁的关系非常要好，能经常出入李继迁的营帐，因此秦翰给太宗皇帝建议刺杀李继迁。太宗皇帝奖赏了秦翰的忠勇，没有准许秦翰这么做。"王旦又说："后来雷有终在西川任职，与上官正、石普等将领不和，都是秦翰从中调解，才避

1.《续资治通鉴长编》卷八十五：王旦曰："今品官犯赃，情理乖当，但千钱已上皆配隶衙前，遇赦，得逐便，再遇赦，得参军、文学，终身不齿善良。其有犯法轻赃，遇大庆不过得一判司，每赴选调，必首载其赃滥，为辱极矣。然万一有当极典者，朝廷但委之攸司，死者无由得免。盖太宗谨重刑罚，行三宥之恩，此等多蒙减死。陛下即位以来，赃吏若比前代，则犯者亦似差少。"

2.《续资治通鉴长编》卷八十五。

3.《续资治通鉴长编》卷八十五。

免了他们之间产生矛盾。”赵恒也清楚这件事，对王旦说：“那时候，边境上只要有骄横任性不听朝廷政令的官员，秦翰都会帮朝廷平复不稳定因素。前不久，刘承珪去世后，秦翰说刘承珪不回避众人的怨恨。料到那些与刘承珪相处不融洽的人必然会诽谤刘承珪，希望朕不要听信谗言。朕对秦翰的为人非常欣赏。”赵恒对秦翰的评价，王旦没有异议。秦翰不仅得到了皇帝的信任，也让王旦很看重。于是，在秦翰葬礼问题上，朝廷予以了极大照顾，追赠秦翰为彰国节度使。之后，朝廷命杨亿为秦翰撰写碑文。按照当时的制度，秦翰的家人应该给杨亿付稿酬。杨亿因为秦翰乐善好施，家里也没有余钱，给朝廷上表拒绝收取秦翰家里人给他的稿酬，此事朝廷虽没有同意，但在官场中成为美谈。[1]

八月，赵恒与王旦对奏报之事进行了商议。赵恒对王旦说：“近些日子以来，下诏让群臣们直言上书，但所奏之事都是些稀松平常事宜。”王旦说：“所奏的事情，也都是些兴建宫殿的事情。”王旦此话一出，站在一旁的向敏中似乎觉得王旦的话有所指，马上辩驳说：“外人可能不清楚修建崇真馆虽征用了一些兵卒，但并不妨碍民间事务。”赵恒也表示：“虽上奏事宜中有些虚情假意，或者虚与委蛇不说实话的人，其实很容易从他们的札子中辨别出他们的目的。”王旦说：“比如刘骥这个人，喜欢引经据典。但看他以前任职的经历，才发现经常违法获取钱财。有司人员拿着相关法令去告诫他，让他引以为戒。岂料他不汲取教训，继续贪污腐败，最终导致开除公职流放外地。如今得到朝廷的宽宥，成为从事文艺的人，却又喜欢做各

1.《续资治通鉴长编》卷八十五。

种高论，自称天底下的士子都不如他。”赵恒说：“古人说，不仅仅要听人怎么说，还要看他的行为举止，正是这个道理。”[1]

几天后，之前被朝廷派到汝州担任知州的杨亿给朝廷上了一道札子。杨亿在札子里头说：汝州今年的秋粮长势很好，粟米一株最多的能结四十穗，麻一株最多能长九百角。赵恒看完杨亿的札子以后，没有思考杨亿奏报的内容，反而说杨亿文才当世无双，后学的士大夫们都追捧杨亿的文风。王旦却说：刘筠、宋绶、晏殊这些后辈也都作文，但宋朝有唐代贞元、元和年间文风的人，只有杨亿。[2]

此时，朝廷处置了秦州地方官张佶。他经常给朝廷上书，请求到秦州附近边境地区去驱赶边民，抢夺地盘。朝廷三令五申地不让他到边民聚居区抢夺地盘，但张佶不听，经常带着人或者纵容手底下到边民聚居区去抢夺地盘、掠夺物资，激起了这些人的反抗心理；引得秦州常遭受边民的骚扰。赵恒见张佶屡教不改，与王旦等人商议张佶的去留问题。王旦说：“张佶热衷于发动战争，若让他继续待在秦州，势必会引起边境上的不安。臣听闻王怀信这个人性格温和，处置军务宽严相济，可以让他接替张佶，佶轻信而易争，恐生边隙。如闻王怀信所至，宽猛适中，请改任之”。向敏中却说：“往年温仲舒也曾将敌人驱赶过河，我认为让他接替张佶恰当。”听了两位宰相意见不一致，赵恒表示：“朕也曾派人去遍访一些事，发现秦州已屯兵七千余人。这才让边境安宁了下来。如今边防安静，人民安居乐业，何必要再生事端呢？”于是，朝廷将张佶派到

1.《续资治通鉴长编》卷八十五。

2.《续资治通鉴长编》卷八十五。

环庆路任职了。[1]

几天后，端王赵元俨被火烧后重新修建的官邸完工，赵恒打算到端王新府观看。但此时，忽然传来了南阳康孝王赵惟吉儿子赵裁去世的消息。赵惟吉是赵德昭的孙子。赵恒对王旦说："元俨新府邸已修好，不去看看也不行。我们一旦去元俨府上，他势必会举行欢迎仪式，但南阳康孝王子去世，应该不作乐，也不设宴招待随行官员。但咱们出行时仪仗队是否可以奏乐呢？"王旦说："奏乐不能禁止，那是代表皇帝的仪仗。陛下垂怜康孝王，已下令不与官员会饮，这已是精诚所至。"之后，王旦陪着宋真宗一行去了端王赵元俨的新府邸，皇帝给赵元俨赏赐了很多财物。[2]

九月，宋朝西北边境不安定因素日益凸显。吐蕃内部出现了两股力量：一股是以宰相李立遵为首的力量；另一股是来自首领唃厮啰及其背后的力量。李立遵早年间是一僧人。那时候，党项李德明为了给父亲李继迁报仇，杀死了吐蕃首领潘罗之。随即，河陇吐蕃陷入群龙无首的境地当中，李德明不断攻占河陇吐蕃地盘，李立遵就是在此时崛起的。后来，人们发现了河陇吐蕃家族的遗孤唃厮啰。唃厮啰虽是个小孩子，但极有号召力，因为他是河陇吐蕃首领的儿子。最终，李立遵抢走了唃厮啰，并以唃厮啰的名义号召吐蕃诸部联合起来对抗西夏李德明。李立遵以唃厮啰为赞普（吐蕃之王），自任吐蕃部宰相。此时，李立遵虽是宰相，但权倾朝野，而唃厮啰虽是首领，却年纪太小。这样的情况下，李立遵为所欲为，不顾唃厮啰的感受。到了后来，随着唃厮啰逐渐长大，已有了自己

1.《续资治通鉴长编》卷八十五。

2.《续资治通鉴长编》卷八十五。

的主见。因此，李立遵与唃厮啰之间的斗争也逐渐显现，唃厮啰不愿做一个傀儡首领，他要摆脱李立遵的束缚，真正成为吐蕃部落的首领。也正是李立遵与唃厮啰之间的这种斗争，影响了宋朝边境的不稳定。

为了震慑边境，朝廷决定派一员大将去镇守西北边境。赵恒与王旦商议人选。赵恒认为曹玮戍边多年，有作战经验，多年镇守边陲，是最合适的人选。王旦也同意派曹玮去西北边境。于是，朝廷对曹玮进行了再度擢升，让他全权负责西北地区。不久之后，曹玮传来消息称，吐蕃首领唃厮啰已聚集部众十数万人，请求出兵征讨西夏李德明。赵恒召集大臣商议对策，因为吐蕃自宋真宗登基以来，一直以宋朝藩属自称。此时，他们请求征讨西夏，自然是希望得到宋朝的支持。[1]

赵恒与王旦等人一起分析了眼前的局势，认为李立遵骄横，已失去民心，而唃厮啰是吐蕃皇室之后，很多部众都愿意归附唃厮啰，可以同意唃厮啰攻打党项。王旦对此有一丝担心，无数次前朝历史教训告诉我们，弄权的人没有好下场，李立遵会有他最后的惨败，可让唃厮啰进攻李德明，也无法预测这件事到底能不能成功。赵恒明白王旦的担忧，于是，赵恒让曹玮在秦州布下重兵，以防唃厮啰与李立遵两个人争斗时，祸及宋朝边境。[2]宋朝的态度是中立的，既不支持，也不反对。

十月初，赵恒调整冯拯岗位，让冯拯担任陈州知州："辛巳，以刑部尚书、兼御史中丞冯拯为户部尚书、知陈州，增给公用钱岁

1.《续资治通鉴长编》卷八十五。

2.《续资治通鉴长编》卷八十五。

百万。”按说以冯拯的能力完全可以当一个大州知州，身挑地方大藩重任。可此时朝廷为什么偏偏给了冯拯陈州知州这样一个小官呢？原来，当初商议冯拯调任地时，很多人都建议将冯拯调往天雄军任职。天雄军是河北大名府，澶渊之盟前，王钦若也曾在此处镇守，后来寇准也曾在这里为官。赵恒也认为，让冯拯到天雄军任职是最恰当不过的，但王旦却建议将冯拯调往陈州，因为此前冯拯生病请辞，此事为马知节落下口实，所以，马知节经常说冯拯这个人好富贵。为了不再让冯拯被马知节揪住不放，只能暂时将冯拯安排在陈州，减少马知节对冯拯的弹劾。赵恒表示无可奈何，因为马知节与寇准一样，也是一根筋，即便是王钦若那么八面玲珑的人，都被马知节从枢密使的职位上拉了下来。[1]

宋朝官场变得愈加有意思起来，皇帝有时候也无法做到一言九鼎。

不久，王旦给赵恒递上了一份皇帝侍从官员名单，打算抽出两个人到益州、并州任职，因为这两个地方官任职期限已满。看着王旦递给自己的人员名单，赵恒却觉得这些侍从官虽都是大才，可出类拔萃者不多。由此，赵恒联想到唐代大才齐涌的现象，感慨宋代人才凋零。王旦对此做了解释：“唐代是唐代，今天我们也有很多人才，只是朝廷没有将这些人才提拔起来罢了。前朝取才看重德才，即便性格有些瑕疵，也都委以重任。如今这些士大夫有过失，陛下也都极力保全，不愿意流失人才。然而，每次遇到有外界流言

1.《续资治通鉴长编》卷八十五：时议选官知天雄军，上曰：“冯拯政堪此任，顾求闲郡，何也？”王旦曰：“拯顷岁辞疾，马知节尝讥拯好富贵，所欲节度使尔。拯恐为知节所量，不敢请大藩，殆为此也。”上又曰：“朕每选择官吏，但患才不充用，岂朝廷未知耶？”

时，朝廷就对有争议的官员停职考核。这一现象应当重视，否则朝廷将为流言裹挟。故而，对官员的考核，陛下要仔细慎重，将能用之才都委之重任。”赵恒听完王旦的叙述，觉得他说得有道理。朝廷也现学现卖，给右谏议大夫、权知开封府王曙加一级枢密直学士头衔，让他到益州担任知州。给枢密直学士、刑部郎中周起加一级右谏议大夫头衔，担任并州知州。[1]

之后，宗正寺长官赵世长给朝廷上了一道札子，指出宫闱令官员希望以后与宗正寺长官联合签署文件，方能生效。宗正寺是古代官名，主要职责是掌管皇族事务，管理皇族、宗族、外戚的谱牒、守护皇族陵庙等事，宗正寺知事一般由宗室人员担任，而宫闱令是执掌后宫的官员。此前，朝廷已让兵部侍郎赵安仁兼任宗正寺卿，宗亲赵世长担任知寺事。赵世长这种请求显然与祖制不符。宰相王旦极力反对这么做，在王旦看来，赵安仁担任宗正寺正卿，处置所有宗正寺的事宜，若这样与宫闱令联合签署发文，以后多有不便，希望朝廷继续沿着旧制来管理宗正寺。但赵恒却认为赵世长都这么说了，也原则上同意赵世长所请。但赵恒担心王旦不同意，便打了圆场。此时，赵安仁也给赵恒说了目前他所面对的困难，希望朝廷予以支持。赵恒只能支持：“每岁遣宗正寺官一员朝拜十二陵，往复悉依昭穆之次，仅百余里。窃惟祠祀之礼，本在精悫，傥至怠乏，即礼容不成。望自今三陵专差权宗正卿一员朝拜，别遣官二员分拜诸陵，所冀人无跛倚，礼尽肃恭。”[2]

这种机构之间的纠葛，朝廷最终也没有给出解决方案。

1.《续资治通鉴长编》卷八十五。

2.《续资治通鉴长编》卷八十五。

十二月初，三司给朝廷上了一道札子。表示眼下三司调度的银子不够用，请求各路茶盐等税务全部改用银子支付。这样一来，银子能源源不断地进入宋朝国库。但这样一来，民间的银子行价必然上涨。对于近年来金银不断涨价的原因，赵恒非常难以理解。对于这件事，王旦早做过功课，他从几个方面阐述了金银涨价的原因："国家承平岁久，兼并之民，徭役不及，坐取厚利。京城资产，百万者至多，十万而上，比比皆是。然则器皿之用，畜藏之货，何可胜算！此外，则两蕃、南海，岁来贸易，有去无还。加之坑冶兴废有时。增价之由，或恐以此。"听了王旦的叙述，赵恒似乎有所理解。但赵恒的问题又来了，他听说最近一段时间有很多人在长安淘金，淘出了很多金银玉器，难道是唐代非常富贵吗？王旦耐着性子继续给赵恒解释："咸秦自三代已来建都，至西汉徙天下富民实之，讫有唐，千余载相继，其富盛固可知矣。方今京城繁庶，与汉、唐无异。长安、洛阳，虽云故都，然地险而隘，去东夏辽远，故汉之吴、楚七国，唐之山东、河北，往往强悖，良亦远而难制也。加其转漕非便，仰给四方，常苦牵费。今国家始封于宋，开国于梁，实四方之要会，万世之福壤也。"[1] 赵恒这才恍然大悟。

月底时，宋朝举行了一场大庆祝活动。因为当时正好是王旦的生日，赵恒听闻王旦不搞寿诞活动，于是便赏赐了羊、酒、米、面等东西给王旦，让人搭起帐篷，搞庆祝活动。开封府简单弄了一场庆祝活动，很多官员也都参加了。赵恒也在中书省设宴，招待宰辅之臣一起畅饮。[2] 赵恒对王旦的这种顾念，让王旦感动不已，也多少

1.《续资治通鉴长编》卷八十五。

2.《续资治通鉴长编》卷八十五。

有些不安，毕竟生日是他个人私事，这样由赵恒出面庆祝，有可能会招人话柄；可赵恒却执意如此，王旦也只能奉陪。

十二月己亥日，赵恒与宰执们就《陈书》及其注解问题进行了意见交流。赵恒认为隋文帝刚刚平定陈朝时，斩杀了陈朝的五个佞臣，当时被天下人称赞，而陈朝的灭亡应该归结于陈后主无道所致，实在可悲可叹！王旦趁势进言："陛下博观载籍，非惟多闻广记，实皆取其规鉴。谈经典必稽其道，语史籍必穷其事，论为君必究其治乱，言为臣必志其邪正，加以秉笔立言，皆化人垂世之作。今之文章典雅，搢绅稽古，皆圣训所及也。"[1]赵恒点着头，陈后主那种荒淫无道，他自然不敢做。

1.《续资治通鉴长编》卷八十五。

4

和而不同的宰相

1016年开年没有什么具体事情，若非要找出一件事，那是成立了会灵观使，这与之前的玉清昭应宫使等各种“使”一样，也是朝廷为了某一封祀设置的使者，所不同的是，这个会灵观使赵恒授予了参知政事丁谓，而不是首相王旦。这倒不是说赵恒不相信王旦了，而是这段时间以来，丁谓负责封祀、修宫这些事，将这个荣誉头衔授予丁谓，是为了以后更好地进行封祀。另外，王旦身体也出现了问题，不能给他压太多担子。

王旦的主要任务还是解决朝廷源源不断的各种政务。几天后，朝廷打算调整一些武将的岗位。这些武将当中，其他人的任职皇帝与宰相没有异议，只有马步军副都指挥使张旻的岗位调整出现了异议。原因是张旻在军队任职时非常严苛，底下人都非常惧怕他，上下关级系极为紧张，军队中有人正在策划兵变事宜。赵恒很快知道了这件事，召集两府宰执群体商议处置张旻问题的办法。摆在眼前的事实是不能治张旻罪，若治张旻的罪，那么将来将帅还怎么约束和管理手下？当然，也不能惩治那些意图谋反的士兵，若真那样做，势必会激化矛盾，直接引发兵变。赵恒问宰执们怎么办，此时，王旦才说可以将张旻调任枢密副使。这样一来，看似将张旻提拔，实际上是罢了他的兵权。赵恒果真按照王旦的建议处置了这件事，将张旻调任为宣徽南院使兼枢密副使。随着张旻的调离，其他将领也都纷纷升迁，军队里反而安定团结起来了。事后，大家都说王旦善于处置大事，不愧是宋朝的首相。[1]

几天后，之前给朝廷上书进攻西夏的吐蕃首领唃厮啰与宰相李立遵两人和好如初了，又给宋朝进贡了战马五百八十二匹。朝廷也礼尚往来，赐予了吐蕃一万两千余件器币、缗钱。[2]

为什么给了吐蕃这么多钱财？其实关于这次给吐蕃钱财数额的问题，朝廷上下展开了一场讨论。一些人认为不应该给吐蕃这么多钱财，原因是吐蕃宰相李立遵这个人太狡诈了。然后，曹利用、向敏中等人分别从自己的角度出发，商议了给吐蕃钱财的好处，王旦站在全局的角度，说明了要妥善处置党项部落，树立信用。赵恒认同了王旦的建议："顷睹奏章，称立文法，统觽三十万。朝廷亦疑其所为，故遣使深入察之。及杨承吉还，知其趣向，惟贪财杀人。人既不附，上下胥怨，又无远虑，何由成功？或假以恩宠，则小小种落，必遭凌胁。若知朝廷不加信用，则当自相残戮矣。"[3]

不久之后，已渐渐长大的赵受益（后来的宋仁宗）已到了上学的年纪，赵恒正在思谋着为赵受益挑选一些有威望的老师。最后，赵恒将刚刚从外地调回中央，并在馆阁任职的张士逊御用为赵受益的老师，然后，张士逊进宫为赵受益讲课。随着与赵受益交流不断

1.《续资治通鉴长编》卷八十六。

2.《续资治通鉴长编》卷八十六。

3.《续资治通鉴长编》卷八十六。

加深，张士逊对赵受益的成长也非常重视，尤其是赵受益的书法颇有灵气，得到张士逊的肯定。于是，张士逊又一次在王旦面前夸赞赵受益书法如何飘逸灵动，如何挥洒自如。王旦却对张士逊说了两句意味深长的话，羞得张士逊无地自容。王旦对张士逊说："太子不参加应试科举，而朝廷选拔人才也不看他书法到底如何。"言外之意是提醒张士逊要务正业，多给太子教授治国理政方略，而不是一味地培养赵受益的书法。其实，从这些事中，又能看出王旦性格的另一面。[1]

不久，朝廷打算调整宗正寺领导赵世长的岗位。此前，赵世长因为请求宫闱令与宗正寺联合签署文件的事情被朝廷拒绝后，心中不快。与赵安仁在一起政务，也经常产生摩擦。而随着赵安仁和赵世长到宗正寺任职，宗正寺设置正卿一员，少卿、丞各二员，主簿一员的人员设置被打破，由赵安仁和赵世长两个人全权负责。此时，朝廷意识到这种机构设置不合理，打算重新设置正卿、少卿、少丞、主簿等岗位。王旦建议今后可以让京官兼任少卿，丞郎以上的官员兼任卿。王旦还说了赵世长纵容父亲反腐被斩于乱市的事情，只能调整他担任其他岗位，宗正寺这样庄严的岗位不适合给赵世长。赵恒觉得王旦的意见非常及时。于是，朝廷将赵世长调出京城，让他到孟州去担任知州，而让太子右赞善大夫赵廓权接替赵世长的岗位。[2]

次日，赵恒与宰执们算了一笔账。因为此时有司衙门给朝廷上了一道札子，里面说到了茶引钱同比亏损十万缗。参知政事丁谓对

1.《宋史·列传第四十一》卷二百八十二。
2.《续资治通鉴长编》卷八十六。

此解释道："虽茶引有所减少，但比之前茶专卖改革前增加赋税不少。"丁谓还列出了一系列的数据来证实自己所言非虚："比递年及新额虽少，比未改法则利且倍矣。自大中祥符以后，岁及二百万缗，六年至三百万缗，七年又增九十万缗，故八年止有此数。然以今年正月比去年，已赢三十万缗。由是校之，改法非不便也。"丁谓的这一系列论据，表明朝廷茶引从大中祥符年间开始，的确涨幅不小，并将这些涨幅都归结于朝廷茶税改革的功劳。但赵恒很显然对丁谓的这些回答不满意，很多数据丁谓都没说清楚。第二天，赵恒让三司重新核查相关数据，并由此引发了一连串疑问："初岁利几何？至于前代，与今孰多？"此时，一直没有表态的王旦终于开口说话了。王旦从历史的渊源说明了茶税改革的背景，又指出若不改茶业专卖制度，或许朝廷就不会有损失了，意见与丁谓完全相反，"元和国计，茶税岁不过四十万缗。朝廷自克复江、浙，总山场榷务，共获钱四百余万缗。太平兴国初，并实钱也。自后，西北急于军粮，入中之际，添估加耗，入粟之地，与出茶之区，不相应会，以是实直尽为虚钱。旧法弊极，难于行用，故须改法。今若守而不变，则三百万缗岁利可以不失。"[1]赵恒又觉得王旦说得有道理。此时的丁谓一脸尴尬。

几天后，赵恒与王旦交流唐代开元、天宝年间政治优劣。话题说到了唐明皇任人时用名臣姚崇、宋璟等人开创盛世，但后来信任李林甫、杨国忠造成国家衰弱，王旦趁势告诉赵恒用人时一定要谨慎、明察，不能用杨国忠、李林甫这样的奸佞之人。赵恒表示不服

1.《续资治通鉴长编》卷八十六。

气，说皇帝一个人治理不了天下。[1]王旦不再说话，赵恒也没话说了。

数天后，王旦完成了两朝国史编纂政务，这是其一生中最重要的事情。此项政务在太宗时已开始做，如今在王旦手中竟然完成了。王旦将完成的两朝国史一百二十卷交给了赵恒，赵恒很高兴，赏赐了王旦，一同被赏赐的还有那些编纂史书的赵安仁、晁迥、陈彭年、夏竦、崔度等人，即便是王钦若、陈尧叟、杨亿几个人，也有赏赐。[2]

三月辛酉日，赵恒召集宰执群体商议尚书省相关制度，大有修改制度的意思。赵恒对宰执群体表示："如今选官员时，既要尊重典制和成例，也要看到州县里面的那些俊才，不能单一选拔官员。"王旦此时说："吏部与其他部门不一样，是管理官员的部门，所以吏部不能举荐官员。"赵恒对王旦说："经常有人给朕建议恢复三省二十四司旧制，杨砺也认为恢复二十四司没有什么难度。但朕考虑到若让郎中和诸司官员兼任同一职位的旧制不适宜，可以适当改革。"听完赵恒这一番论述之后，王旦觉得赵恒要恢复六部二十四司了。于是，王旦对赵恒讲述了六部二十四司的由来和宋朝为什么要改制三省六部，强烈建议不便改制当下朝廷三省制度。[3]王旦的这一系列历史渊源并未说服赵恒，因为赵恒又搬出了何承矩的事来：

1.《续资治通鉴长编》卷八十六。

2.《续资治通鉴长编》卷八十六。

3.《续资治通鉴长编》卷八十六：旦曰："唐设内诸司使，悉拟尚书省，如京，仓部也；皇城，司门也；礼宾，主客也。虽名品可效，而事任不同。当时诸司所行，惟京邑内外尔。诸道兵赋，各归藩镇，非南宫一郎中、员外郎所能制也。朝廷所得，才三分之一，名曰上供，其他留州、送使之名，皆藩镇所有。其后诸帅跋扈，由藩镇强大也。今之三司即尚书省，故事尽在，但一毫所赋皆归于县官而仰给焉，故蠲放则泽及下，赐与则恩归上，此国家不易之制也。"

何承矩请求朝廷对他加封五等爵位，还请求朝廷给他户赋。所谓户赋是享受王爵的人在封君食邑区域对民户征收的一种税。此时，王旦开始从五代藩镇时武将骄纵说到周世宗宠幸一个叫安审琦的人，最后说到了太祖皇帝改制的渊源，不建议同意何承矩所请。赵恒终于被王旦说服。

此时，朝廷再次将政务重心放在了吐蕃问题上。此前，驻守在西北的曹玮已给朝廷上书，请求朝廷对李立遵授予官职，缓解吐蕃权臣李立遵与国主唃厮啰的关系。事实上，宋朝上下也都清楚，李立遵就是想当赞普，可他身份不合适。而唃厮啰自己也在想着办法摆脱李立遵的束缚。这种情况下，只有宋朝授予李立遵官职，唃厮啰才能暂时与李立遵和平相处，因为唃厮啰一直以来将他率领的吐蕃视为宋朝的附属国。王旦也认为李立遵一直想当吐蕃的赞普，只是时机不成熟，他自己的号召力也没有唃厮啰大，一直屈尊在唃厮啰之下。但李立遵与唃厮啰的关系也不能继续恶化，否则，党项李德明会钻空子。既然王旦也这么说，赵恒就没有什么顾虑了，授予李立遵保顺军节度使，还赏赐了他财物："在以西蕃宗哥族李遵为保顺军节度使，赐袭衣、金带、器币、鞍马、铠甲等。"有了宋朝的约束，李立遵果然安分了很多。[1]

四月初，天有异象。首先是司天监（专门观天象的部门）给朝廷上札子说，天上出现了周伯星。周伯星是大吉大利的预兆。但几天后，司天监又上了一道札子，说月亮被阴云挡住若隐若现，这预示着朝中大臣将有大灾难。赵恒听了之后，让王旦在玉清昭应宫设

1.《续资治通鉴长编》卷八十六。

立道场，之后，围住月亮的阴云果然都散开了。赵恒很高兴。几天后，陈尧叟以生病辞职，请求朝廷罢去他的官职，赵恒不许，还赏赐了很多钱物给他，以示安抚。[1]

五月初，广西路转运使俞献可给朝廷上了一道札子，表明抚水附近的蛮族不听从指令，不断侵扰地方，请求朝廷从宜州调兵镇压。之后，朝廷命东染院使、平州刺史、知辰州曹克明统领广西地区的军士前去镇压。当时，宋军将士与这些蛮族交战中偶有伤亡。王旦得到前线军报后，分析了眼前的局势。王旦认为，这些蛮族不敢与宋军直面对峙，只不过是躲在山林要塞处，用毒箭上来对付宋军罢了。朝廷给前方的将士配备了武器弹药，以备不时之需。当曹克明到了前线时，蛮族首领请求罢兵，曹克明觉得这里面有诈，没有同意蛮族首领的请求。此时，蛮族首领给曹克明献上了蛮族所用毒物。然后，曹克明现场试验。蛮族首领建议用鸡或者狗来试验，但曹克明觉得鸡和狗试验不出结果，强烈建议到人身上试验。于是，曹克明命人将毒箭刺在蛮族首领大腿上，又给蛮族首领喝了药，结果蛮族首领死了。众喽啰一看首领已死，迅速溃散了。[2]内乱就此平定。

没过几天，赵恒又对两府大臣都加冠各种“使”的头衔。王旦被授予恭上宝册南郊恭谢大礼使，向敏中、王钦若、张旻、曹利用也都授予各种“使”。又过了一天后，赵恒继续对几位宰执授予“使”的头衔，王旦为天书仪卫使，王钦若、丁谓、林特、陈彭年也都授予了不同身份的“使”。由此也能看出赵恒的别有用心，因

1.《续资治通鉴长编》卷八十七。

2.《续资治通鉴长编》卷八十七。

为第二天加冠“使”时，未给向敏中授予荣耀头衔，而对其他几位赵恒宠幸的大臣都授予了头衔。[1]

头衔加冠完后，群臣要相互庆贺，赵恒设宴招待群臣。之后，赵恒派人去各种供奉神仙、祖先之地祭祀：“丙寅，谒景灵宫，宴从臣于明福殿，赐宫使而下器币、缗钱有差，分遣官以宫成告天地、玉清昭应宫、太庙、后庙、社稷、会灵观、太一宫。”[2]

次日，朝廷又对李溥、李湘、王臻三人的岗位进行了调整，“丁卯，以淮南江浙荆湖发运使、北作坊使、奖州团练使李溥为宫苑使，京东转运使、司封员外郎李湘为祠部郎中，监察御史、知兖州王臻为殿中侍御史，奖修宫观之劳也”。李溥原是三司的一个小吏，因善于迎合皇帝，又有文采，得到赵光义的青睐，被朝廷提拔。以后，他借着自己的这些本领，逐渐做到了转运使的高位。现在朝廷又对他授予宫苑使，可见这个人的确有过人之处。李湘这个人，之前在赵恒有封禅祭祀想法时，第一个站出来鼓动赵恒进行封禅祭祀，也受到赵恒格外照顾，至于王臻却是因为才名被朝廷重视，被授予殿中侍御史。

之后，赵恒与宰执们就秘密奏事政务再次商议。这项政务此前已商议过，那时候赵恒觉得密奏事宜往往无法切中要害，多是诬陷其他官员。朝廷打算改制。可改制后，赵恒还是觉得密奏的作用未发挥出来。王旦认为频频奏事阻碍政令施行，原因是司法官员们也看到了朝廷朝令夕改的问题。然后参知政事丁谓也发表了自己的意见，他列举出了前面提到过的李溥的一些主张：“近李

1.《续资治通鉴长编》卷八十七。

2.《续资治通鉴长编》卷八十七。

溥请私鬻盐茶，随赃仗全给与人充赏者，多称假借，却给元主，颇容情弊，望并纳官。法寺详定，已从溥奏。”最终，赵恒同意了丁谓的意见：“特从溥奏者，正是惮其不伏尔。下位有所见，当详究利害而行之。”[1]

六月，到了庄稼成熟的季节。不幸的事情在这时发生了：蝗虫从河北之地席卷而来。河北转运使李士衡给朝廷上札子，故意将灾情报轻：“甲申，李士衡言：‘河北螟虫多不入田亩，村野间有蚁食之。又蝗飞空中，有身首断而殒者，有自溃其腹，有小虫食之者，斯乃妖不胜德，而示兹异也。’”看到李士衡的札子后，朝中高层也以为灾情一般，未将蝗虫之事当回事。[2]

之后，三司使马元方给朝廷札子，称明年春天要举行祭祀大礼，已在着手准备了。但马元方认为南郊大礼的钱应该由内藏库出，可内藏库的官员却认为这部分钱应由三司出，理由是自从咸平、景德年间以来，朝廷郊祀的钱已不从内藏库出。赵恒召集中书宰相商议这件事。王旦认为马元方的观点有道理，也站在马元方一边：“初降御札，令内藏给诸军赏赐，时元方言职司岂无经度，其赏赐且依旧借内藏金万两银三十万两，钱七十万贯，绸绢一百万匹，余则三司规画。”因为赵恒对各种祭祀非常看重，此时管钱的三司使不出钱，赵恒自然不乐意了。赵恒将马元方在三司为官期间遭受群臣诽谤之事说了出来。[3]王旦觉得马元方这个人虽有些性格上

1.《续资治通鉴长编》卷八十七。

2.《续资治通鉴长编》卷八十七。

3.《北宋天禧元年三司使马元方离任始末考论——兼论内藏库与计司之间的矛盾冲突》，选自《宋史研究丛论》第二十一辑。

的缺陷，群臣诽谤马元方也不过是揪住这些性格上的缺陷罢了。但不可否认的是，马元方一心为公的品德盖过了他的缺陷。但此时的赵恒似乎听不进去王旦的建议了。后来，马元方果真被罢官了。[1]

马元方的事情处理完，赵恒忽然心血来潮，打算对辽国动手了。因为河北边境的守将们给皇帝上了一道札子，札子里说辽国最近征讨高丽，结果被高丽给击败了。于是，边境将士们建议朝廷实施北伐。此举遭到王旦的强烈反对，在王旦看来，自从宋朝与辽国建立澶渊之盟以来，相互之间互保和平，而此时进攻辽国有悖盟约。王旦还列举出了汉宣帝时的往事来警醒赵恒。[2]听罢王旦的论述，宋真宗才停了北伐的心思。

此时，京城附近也开始有蝗虫蔓延。有司衙门上报了这一情况后，皇帝让人在玉清昭应宫、景灵宫、会灵观建道场祭祀，向上天祈福。[3]但蝗虫似乎未被遏制住。

在处置蝗虫时，朝廷又对三司勾院的几个岗位人员进行了调整。命虞部员外郎张怀宝、秘书丞韩庶、户部判官著作郎直史馆梁固分别担任三司盐铁、度支、户部勾院，还对他们赏赐了绯鱼。[4]其实，早先时，朝廷让起居郎乐黄目担任三司勾院，当时马元方是三司使，马元方说乐黄目这个人不称职，朝廷罢了乐黄目的三司勾院之职。然后，马元方被罢了三司使，此时，朝廷才考虑给三司勾院重新设置人员："人言三司官不欲数易，盖吏人幸其更移，不能

1.《续资治通鉴长编》卷八十七。

2.《续资治通鉴长编》卷八十七。

3.《续资治通鉴长编》卷八十七。

4.《续资治通鉴长编》卷八十七：虞部员外郎张怀宝、秘书丞韩庶、户部判官著作郎直史馆梁固分判三司盐铁、度支、户部勾院，赐庶绯鱼。

尽究曹事之弊尔。又勾院乃关防之局，官卑权轻，难举其职。”王旦建议赵恒，应该将三司勾院的职责区分开，设置三个岗位，选择良臣分别担任，才能发挥三司勾院的作用。赵恒觉得王旦说得有道理，采纳了王旦的建议，让张怀宝、韩庶、梁固三个人分别担任三司勾院的盐铁、度支、户部领导。[1]

此时，因为朝廷不重视，蝗虫开始向全国各地蔓延。许多百姓地里颗粒无收，只能沿街乞讨，到处逃亡。赵恒派人察看蝗虫之灾。地方官陪着朝廷派下来的人在蝗虫侵袭过的地方转了一圈，并未见到真正的蝗虫之灾。于是，他们捡了几条死蝗虫，打算回去交差。赵恒将调查人员拿回来的蝗虫给朝堂上的大臣们看，有位执政大臣把蝗虫揣到了自己的衣袖里，并对赵恒说："现在蝗虫之灾已得到控制，各处的蝗虫都已死了，刚刚皇上您派人捡回来的死蝗虫是证明。"这位官员适时给赵恒戴了一顶高帽子，意图将此事蒙哄过去。这位大臣说："蝗虫之死说明皇上您神武，您是受上天派遣，到这世间来解救世人的。这保住了老百姓地里的庄稼。这么大的事情，我想现在我们应该是朝贺时了。"[2]

但是，王旦站了出来，表示不同意这人的说法。根据以往的经验，蝗虫既然来了，肯定不会无缘无故自动消亡。要想蝗虫死去，须在天气变冷了以后，蝗虫才会自己死去。王旦在地方任职时，也曾遇到过蝗虫之灾，只是那是小范围的蝗虫，没有这次波及面广，

1.《续资治通鉴长编》卷八十七。

2.《宋史·列传第四十一》卷二百八十二：天下大蝗，使人于野得死蝗，帝以示大臣。明日，执政遂袖死蝗进曰："蝗实死矣，请示于朝，率百官贺。"

但对蝗虫的习性还是很了解的。[1]

赵恒觉得王旦说得有道理，便重新派人去调查蝗虫灾情。然而，在朝廷准备救灾之际，收到了全国各地的急件：蝗虫再一次来侵袭，地里已草木不剩了。王旦赶紧将此事上报给了赵恒，赵恒大惊失色地对王旦说："幸亏卿制止庆贺的事情，若是寡人相信了他们，举办大型的庆贺，而此时蝗虫铺天盖地地飞来，岂不成了天下的笑话吗？"[2]王旦不说话，看不出到底是高兴还是担忧。此时，宰执群体脸有愧色，表示自己没有王旦的远见。[3]

随即，朝廷商议解决蝗虫的办法。有官员说这次的蝗虫不吃青苗，专门吃豆叶子。赵恒觉得这样的话不实，天底下哪有蝗虫不吃庄稼的道理！这位官员看见赵恒不相信，便请赵恒核验。于是，赵恒派亲信去查看，发现京城西面的蝗虫看到周围的庄稼之后，相互都哭泣，并不啃食，最后都飞离了京城。[4]然后，王旦说出了自己的忧虑："这次蝗虫不吃庄稼，只吃豆苗，是不是有什么力量在控制着蝗虫？若这样，天下的豆子都将被蝗虫啃食一空。"

几天后，河西节度使、知许州石普给皇帝上了一道札子。但石普最后落款处的印章使用不规范，石普没有用河西节度使的印章，而用了许州观察使的印章。赵恒对此表示不理解：一个节度使

1.《宋史·列传第四十一》卷二百八十二。

2.《宋史·列传第四十一》卷二百八十二。

3.《续资治通鉴长编》卷八十七。

4.《续资治通鉴长编》卷八十七：癸丑，上谓宰臣曰："中使自兖州来，言飞蝗所至，不食禾苗，唯食豆叶殆尽。仍折禾持至，穗甚长大。朕疑其不实，诘之，具言大率若是，可以覆验。京中蝗蝻颇多，闻城西隅有田家，粟止数亩，睹蝗至，相顾而泣，俄悉飞去无伤。亦有豪族设长堑埋瘗而益多者。"王旦曰："今岁蝗螣，非有神物主张，则蔬果林叶殆无遗矣。"

为何不用自己节度使的印章，反而用了观察使的印章，到底是何道理？于是，赵恒询问王旦石普这么做的原因。石普这种做法明显是政务失误，应该追究责任，然而王旦却认为石普误用印章，可以不追究，“节度州有三印，节度印随本使，使阙，则纳有司。观察印则州长吏用之。州印昼则付录事掌用，暮则纳于长吏。凡节度使在本镇，兵仗则节度掌书记、推官署状，用节度使印。田赋则观察判官、支使、推官署状，用观察使印。符刺属县，则本使判署，用州印。故命帅必曰某军节度，某州管内观察等使，某州刺史，言军则专制其军兵，言管内则总察其风俗，言刺史则莅其州事。石普独署奏章，当用河西节度使印也”。[1] 赵恒听完王旦的叙述后，也觉得没必要小题大做，就不再追究此事了。

不久之后，有个臣子给皇帝上了一道密札，说这次蝗虫之灾是因朝中大臣子弟骄横恣肆所致。于是，赵恒让中书下了一道政令，要求全国各地的官员都要约束好自己的子弟，不能出现各种骄纵恣肆之事。[2]

事后没过几天，有个叫任守忠的官员从河东回来，向赵恒报告了河东地区的蝗虫之灾，表明河东地区蝗虫已过去，当地正在恢复生产：“己巳，中使任守忠言自河东至，见谷、黍、豆荚穗皆坚密而长，行次潞州，惟襄垣县有蝗飞度，不为灾。又相州言安阳县有蝗抱草而死者，约十余里。磁、华、瀛、博等州并言蝗不为灾。”

1.《续资治通鉴长编》卷八十七。

2.《续资治通鉴长编》卷八十七：诏曰：朕勤遵治化，用致洽和。而近以螟蝝伤于稼穑，考前书之所记，由部吏之侵渔。属者郡县之官，昌法不检，子弟之辈，怙势肆求。民实怨嗟，气用堙郁，俯从轻典，恐长弊风。自今士大夫各务敦修，更思教勗，姑从保家之美，勿贻败类之羞，苟掇显尤，难从末减。仍令所在官司，谨察视之。

王旦也给赵恒宽心，说蝗虫已在消亡，希望赵恒不要再挂念蝗虫之灾："臣本贯大名，有家人言食苗殊鲜。近者分遣中使按视周悉，可见陛下轸忧至深，祈祷尽礼。或闻多御蔬食，今奏报至，可以上宽圣念矣。"[1]

赵恒这才舒展了眉头。八月初，朝廷对王随等人的岗位进行调整。此时，王随已在应天府多年，对应天府治理也有了自己的一套办法，但赵恒却认为王随治理应天府的政策太过于松散。据说王随笃信佛教，所以即便对待管辖地的奸猾之人也都宽容对待，这才让赵恒对王随产生了处置政务太过随意宽松的印象。对此，王旦也有同感，他搬出了冯拯当时与王随共事的往事，表明冯拯当年说王随处置政务太过随意，有时候都不着边际。赵恒还说王随在地方上的每一次举动，都被人提前预知。据说当时扬州知州薛映请求代替王随之职，到应天府任职，但朝廷未同意薛映的请求，而是将左司郎中、知制诰朱巽调到了应天府，而让王随到扬州去任职。[2]

蝗虫的事情还未过去，几天后，皇帝接到奏报说，各路都上报说蝗虫不吃庄稼。王旦也收到了河北之地蝗虫不吃庄稼、专挑豆叶啃食的报告。王旦请赵恒不要再挂念这件事了。[3]

之后，朝廷派去调查蝗虫之灾的官员张文昱等人给朝廷上报了这次蝗虫造成的损失："分路检视蝗伤民田，河南府密县所伤千二百户，偃师四百户，永安三百户，隶州、顺安军不食禾，博

1.《续资治通鉴长编》卷八十七。
2.《续资治通鉴长编》卷八十七。
3.《续资治通鉴长编》卷八十七。

州、通利军以霜寒悉毙于田野间。概而言之，十伤一二。”此时，朝廷才清楚蝗虫并非不伤庄稼，之前各地上报的消息也都有不实成分，这都是因为朝廷疏于调查：“朕始见飞集，谓田亩一空。自来诸州以不伤为言，尚冀所收得半。今此按视，所伤殊寔。”赵恒开始自责，王旦安抚赵恒：“陛下精衷念民，即弭灾为福。”赵恒在自责之余，让有司拟定免除赋税的一些惠民政策。[1]

等到宰辅之臣都退下后，王旦独自留下，给赵恒分析了这次蝗灾来袭的原因，希望赵恒不要介怀，虽眼下出现了不同程度的损失，但总体来说国家损失不大。在王旦看来，这次蝗虫损失不大的主要原因是赵恒挂念天下百姓，上天感应到赵恒的怜悯之心，没有让国家遭受更大损失，也没有让百姓遭受更多灾难。总之，这一切都是赵恒日日夜夜操劳天下的结果，才让上天未降下更大的灾难。[2]听了王旦的这一番安慰之后，赵恒稍稍有了些许宽慰。

1.《续资治通鉴长编》卷八十七。

2.《续资治通鉴长编》卷八十七：辅臣退而相谓曰：“自季夏以来，虫螟为孽，宣示诸路奏章，上忧轸之意，无时暂舍。至于使者奉命出入，皆能上体忧恤，所至询访民隐，阅视禾稼，或采掇苗稼，千里而至，或能记录农事，以达上听。古者人君举一善言，灾星退舍，况日夜孜孜焉以祈天救民为意乎！前代中贵出使，惟负气恣横，官吏无得接对，肯问民间疾苦耶！非至德化下，何由及此。”

5

再次请辞

1016年八月，王旦再次病倒了。此时的王旦已六十岁。王旦再次递交辞呈，但赵恒仍不同意，王旦只能继续任职。[1]

几天后，外出兖州祭祀的次相向敏中回到朝中，赵恒设宴招待宰执们。由于刚刚遭受了蝗虫之灾，赵恒怜悯天下百姓，在宴会上没有奏乐，只是群臣一起喝酒畅谈政务。此时，作为首相的王旦拖着病体也参加了宴会，群臣们说了皇帝忧心天下的情怀：近来由于蝗虫之灾，陛下多有赏赐，体恤百姓，减免了很多赋税，让老百姓感受到了君王的恩泽雨露："昨偶虫螟，已优免民赋，今稍沾时雨，亦未妨农事，物价甚贱。陛下忧轸过深，四方封奏，一一亲览。近者特降诏旨蠲京畿榷酤之民折输刍藁，中等以下残欠夏税又与倚阁，生民受赐多矣。天灾流行，从古所有，陛下精祈恳至，减膳蔬食，臣等备位宰辅，岂胜惭惧！伏望稍宽宸念。"[2]赵恒很受用。

不久，审刑院的官员给赵恒上报了一个案卷，涉案人员是从

1.《续资治通鉴长编》卷八十七。
2.《续资治通鉴长编》卷八十七。

四川返回京师的官员，这个官员钻政策孔子，为自己牟利。看了审刑院的奏疏之后，赵恒询问王旦的意见：“甲午，审刑院上奏案，有命官自蜀代还，部纲京师，私抉元封，内缯帛其中，遣邮置卒赍担，规免商算，知院孙仅等请以违制失论。上曰：‘此得谓之失耶？’仅不能对。”王旦觉得这是明摆着欺诈，远不是失礼的问题，请求朝廷修改有关制度漏洞。于是，朝廷修改了有关制度，“律之诈欺，百端皆是。大率言失者，须思虑所不到。此公为诈欺，非失也”。[1]

几天后，是参知政事丁谓的生日，赵恒赏赐给丁谓一些过生日用的东西，还让丁谓举行私人宴会。丁谓不敢私自设宴，请求赵恒不要这样过分宠幸自己。赵恒看到丁谓诚恳的请求，准了丁谓所请。之后，赵恒与王旦说起这件事，王旦觉得朝廷重臣每次到了生日时，皇帝都会设宴赏赐，这样一来，因私废公，对治理国家没有好处，希望赵恒以后不要这样做。赵恒听从了王旦的建议，以后但凡有大臣生日，照旧会赏赐东西，但不再设置宴会。[2]

九月初，由于丁谓力主改革，此举招致群臣的强烈反对，大家觉得目前国家一切运营正常，为什么要打破这种平衡？最终，朝廷罢了丁谓的参知政事，让他出任平江节度使。

随着丁谓罢官，参知政事的岗位空缺了下来。丙午日，朝廷调整了两府副职，让翰林学士陈彭年担任刑部侍郎，王曾为左谏议大夫，御史中丞张直白为给事中、参知政事，枢密直学士任中正为工

1.《续资治通鉴长编》卷八十七。

2.《续资治通鉴长编》卷八十七。

部侍郎、枢密副使。[1]

这样一来，王曾、张知白、陈彭年经常与王旦有了政务往来。对于陈彭年这个人，王旦一直没有多少好感。此前，陈彭年因为担任翰林学士经常主持科考，也负责对科举制度进行改革。有一次，陈彭年拟定了一份科场条目，让王旦过目，这份科举条目的有些条款是限制进士录用的。当陈彭年将这份条目递交给中书宰相审核时，王旦看都没看，将这份条目丢在地上，呵斥陈彭年说："你才当了几天的官员，就想要截留天下士子？"陈彭年非常惶恐地退出了中书。[2]后来，陈彭年担任翰林学士时，也曾经向王旦示好，多次请求面见王旦，王旦都避而不见。陈彭年还写了文章，让向敏中代交王旦。王旦看不都看。向敏中不解，请求仔细看一看，王旦这才说："陈彭年写的这些不看都清楚是兴建符瑞图之类的东西。"向敏中仔细看了一下，发现还真如王旦所说。[3]

现在赵恒却将陈彭年等人都擢升到宰执的高位，与王旦一起政务，这让陈彭年与王旦见面的时间更多了。也就是说，这时候朝廷尽管有王旦等人主政，但赵恒本人的意愿不断得到强化，肖小之辈自然会攀附。比如，对陈彭年的重用就是一个例子。王旦的力量在逐渐减弱。此时，参知政事陈彭年不断向赵恒献媚，得到赵恒的宠幸。当时的官场给陈彭年取了个外号，叫"九尾野狐"。王旦尽量躲着陈彭年这个人，不与他产生交集，即便有需要商议的政务，王

1.《续资治通鉴长编》卷八十七。

2.《宋史·列传第四十一》卷二百八十二：翰林学士陈彭年呈政府科场条目，旦投之地曰："内翰得官几日，乃欲隔截天下进士耶？"彭年皇恐而退。

3.《宋史·列传第四十一》卷二百八十二：时向敏中同在中书，出彭年所留文字，旦瞑目取纸封之。敏中请一览，旦曰："不过兴建符瑞图进尔。"

旦也会等到其他宰执到齐了再主持，不单独与陈彭年共事。

此后，王曾对王旦说："我们得以被重用都是宰相您的功劳，我等愿弥补您的缺点和不足。"王旦很好奇地说："我想听听你等怎么弥补？"此时，王曾才说："每次奏事时，我发现很多不经过皇帝阅览的奏疏，您直接批旨奉行，这样恐怕会遭人非议。"王旦感谢王曾的提醒，却不做过多解释。有一次，几位宰执奏完事情，王旦离开了，其他人则没有跟着王旦离开。赵恒对此非常惊愕，问众人："有什么事情不能与宰相一起上奏？"然后，王曾等人将王旦不经皇帝预览批拟奏疏的事情告诉了赵恒。赵恒问众人："你们觉得这样背后说宰相的坏话是否公正？"赵恒笑着对各位宰执说："王旦侍奉朕很多年，朕也曾仔细考察他，发现王旦做事丝毫没有私心。自从东封泰山之后，朕下达的每一道政令王旦都独自奉行，你等要好好向王旦学习。"听了赵恒的话之后，王曾等人羞愧万分，不再说什么。等他们回到中书后，有人将此事说给了王旦，王旦却说："我有很多缺点，以后还得希望你们多多提醒。"[1]

此时，朝廷右谏议大夫凌策从成都回到朝中，赵恒打算重用凌策。此时，恰巧凌策病了。朝廷一时半刻也未给凌策安排新岗位，让他继续在家休养。但对凌策的岗位安排需要提前考量，争取给他一个最合适的岗位。赵恒与王旦商议，宋真宗认为凌策素有大才，处置政务果断，可堪大任。王旦也觉得凌策是能委以重任之人。于是，朝廷决定对凌策授予给事中、权御史中丞职位。[2]

几天后，朝廷商议开封府长官人选。中书推荐的人选是工部

1.《续资治通鉴长编》卷八十八。

2.《续资治通鉴长编》卷八十八。

侍郎、知制诰盛度。但赵恒对中书推荐的人不太满意，因为此时王旦生病在家休养，所以推荐盛度不是出自王旦。于是，赵恒让中书几位宰执先问问王旦的意见，看看王旦是否同意举荐。然后，中书的宰执们征求王旦的建议，王旦说："盛度这个人肯定不愿意担任你们给他拟定的岗位。"几天后，中书宰执们找盛度谈话，并将朝廷打算调盛度到开封府任职的事情透露给他。盛度果然表示自己不愿意担任政务繁忙的开封府长官。然后中书将盛度的意见如实禀告赵恒。赵恒有些得意地对中书宰执们说："王旦素来识人，你们拟用官员怎可不征求他的意见？"之后，朝廷让兵部员外郎、知制诰兼回灵观判官乐黄目为右谏议大夫、权知开封，让盛度为回灵观判官。但赵恒认为乐黄目一直在地方为官，知制诰的政务不一定能干好，于是让乐黄目先写了两篇文章来试验，果然发现乐黄目文字功底不扎实，于是不久之后便罢黜了乐黄目的知制诰。[1]

十月中旬，有人给赵恒建议重新起用丁谓。赵恒对宰执们说："茶盐的赋税首先要保证国家充足，百姓们愿意。你等细细思考这些事。""先是，丁谓力庇李溥，主行新法，言不便者虽众，谓持之益坚。及谓罢政，群议复起，上谓王旦等曰：'茶盐之利，要使国用赡足，民心和悦。卿等宜熟思之。'"王旦等人说："这是邦国大计，若要选用专业官员来管理，此事还得需要与三司进行商议才能定夺，等臣等与三司商议之后，再决定上报具体事项。"之后，朝廷下了诏书，表明国家不改制茶盐制度，继续推行之前的制度，并让翰林学士李迪、御史中丞凌策、知杂御史吕夷简与三司商议具体

1.《续资治通鉴长编》卷八十八。

处置办法。[1]但对于丁谓的任命，朝廷没有通过。毕竟丁谓之前力主改制茶盐制度，丁谓的主张与眼下的国家大策不相符，自然也不能将他重新提拔上来。

十一月，河西节度使、许州知州石普给朝廷上了一道札子，表明在九月下旬时，许州地区发生日食。石普还在札子中说从秦州到许州的商人反映吐蕃首领唃厮啰打算偷袭曹玮部，希望他可以给曹玮献作战图，到时，一定会保证让曹玮取得胜利："河西节度使、知许州石普上言：'九月下旬，日食者三。'又言：'商贾自秦州来，言唃厮啰欲阴报曹玮，请以臣尝所献阵图付玮，可使玮必胜。'"[2]

看到石普的札子后，赵恒心中不快。因为日食不是只有许州能有，石普明显是在欺君。此时，赵恒又联想到之前石普的种种行为，对石普的成见更深了。原来早先时，赵恒到处在搞祭祀封禅，石普曾给赵恒上书，请求赵恒取消天下的各种祭祀，这样一年能省下七十万缗钱财，可以供国家使用。赵恒也是从那时候起就不喜欢石普了，好在有王旦从中调节，赵恒这才未罢黜石普的官职，但对石普有成见。此时，看到石普的札子，赵恒对石普更有意见了，曹玮的事情还轮不到石普去操心。恰巧此时枢密使王钦若在赵恒面前状告了石普。赵恒打算让人弹劾石普，进而罢免石普。此时，王旦

1.《续资治通鉴长编》卷八十八：丁酉，下诏曰："朕思与蒸黔，共登富寿。山泽之禁，虽有旧章，措置之宜，虑伤厚敛。将期惠物，无惮从宽，专命朝臣，佥谋邦计，使共详于通制，庶俯洽于群心。宜差翰林学士李迪、权御史中丞凌策、知杂御史吕夷简与三司同共定夺。务要茶园、盐亭户不至辛苦，客旅便于兴贩，百姓得好茶盐食用。仍送中书参详，并令榷货务告示客旅，应入中算射茶盐等，一依常例，并不别生名目，致有疑误亏损。盖欲济人，固非言利，商旅等各安乃业，以歌于乐成，有司等无弃予言，免彰于掊克。"

2.《续资治通鉴长编》卷八十八。

觉得处置石普不应该操之过急，可以先将石普召进宫，核实相关情况之后，再对石普定罪量刑。后来，调查的人经过调查发现，九月根本没有出现日食，而石普还私藏天文资料。要清楚，宋朝只有朝廷才有掌管天文资料的权力，任何个人都不得私学天文知识，研究天文之事。石普明显犯罪了，按照宋朝律法，应该将石普的罪状陈列出来，由百官商议处置办法。尚书右丞赵安仁建议将石普处死，但皇帝生了恻隐之心，下诏开除石普公职，刺配到边远地方流放。赵恒还对如此处置石普做了解释说明：石普这个人出身卑微，性格暴躁，不懂文学，却喜欢让手下的人记载很多事情，用来揣摩国家意图。之前，朕对他屡次触犯纪律都采取了容忍态度。但石普不长记性，继续违反纪律，触犯法律，所以才这样处置。不过朕听闻石普被刺配流放后，经常思念幼子而哭泣，不清楚流放之人可不可以带家眷？王旦等宰执说："我朝没有禁止流放之人带家眷的律令。"然后，赵恒让人带着石普的家眷去找石普。后来，赵恒又在石普流放的途中赦免了石普的罪，让他在房州安置。[1]

石普受到处罚的原因还有一方面，一说秦州曹玮的事情与之也有关系。1016 年以来，曹玮在秦州担任地方官，军政一把抓。但自从朝廷出了石普的事情后，还让他军政一手抓，可能会让他居功自傲。恰巧此时，曹玮也给朝廷上札子，希望可以解除他身上的政务，让他一心一意在秦州防守。于是，赵恒询问王旦接替秦州知州职务的人选，王旦给赵恒推荐了一个叫李及的官员。随即，朝廷将曹玮的岗位提升了一个级别，又派出李及掌管秦州政务。这样一

1.《续资治通鉴长编》卷八十八。

来，曹玮掌管军务，李及掌管政务，相互之间也能够制衡。[1]但群臣对李及的能力有所怀疑，觉得李及虽有德行，但不是守边之才。杨亿将大家的意见说给王旦，希望王旦劝谏赵恒收回成命，王旦却笑而不答。[2]

当李及到了秦州以后，守将们也轻视他。李及对于这些傲慢的将领并未采取打压制度，而是习以为常。不久之后，正好有士兵于白昼在市场抢夺民妇的银钗。此事被街上巡逻的州府官吏们看见，有司官员们将士兵缉拿归案。消息火速传至李及耳中。据说李及正在读书，他放下书，提审犯罪士兵，士兵对自己的违法行为供认不讳。于是李及下令，命人处死该触犯律法的士兵。下了命令之后，李及回到内室继续看书，好似什么事情也没有发生一般。当时秦州的这些官员有些惧怕，毕竟士兵可是曹玮的人，处死一个士兵是不是先要和曹玮通个气？但看李及的样子，完全不想与曹玮通气。士兵随即被处死，曹玮也没有向李及发难。这件事后，李及的果断震惊了秦州衙门里的官员，他们再也不敢小看这位文质彬彬的长官了。

不久，这件事传到了汴京，很多人听了之后都非常震惊。杨亿见了王旦之后，将李及在秦州果断处置抢劫案件之事告诉王旦，并对王旦说："朝廷每次用人时，总有声音说您推荐的人不能胜任，今看李及的所作所为，才清楚您慧眼识人。"[3]

听了杨亿的话之后，王旦笑着对杨亿说出了推荐李及去秦州任

1.《续资治通鉴长编》卷八十八。
2.《续资治通鉴长编》卷八十八。
3.《续资治通鉴长编》卷八十八。

职的原因："对于外界的那些议论不要太在意。要清楚禁军驻守边境，应该遵守纪律，但有士兵竟然在光天化日之下抢劫民妇手中首饰，理应当斩。李及只是做了他该做的，没必要将此事当成多么大的政绩来看待。我之所以推荐李及去秦州，主要是因为李及能够配合曹玮治理好地方。曹玮在秦州七年，对地方治理成效明显，是那些地方百姓对曹玮都畏惧心服。曹玮对地方治理的很多措施也都符合秦州实际。此时，若派别人去接替曹玮，一定会朝令夕改，将曹玮之前治理秦州的一些措施全部废除。而李及这个人的优点在于他为人敦厚，一心为公，派他去秦州之后，一定能够秉承曹玮之前治理秦州的一些做法。"听了王旦的话之后，杨亿愈加佩服王旦识人的才能。[1]

之后一个月，由于已到了年底，也没有多少政务要处置。赵恒又去了一趟玉清昭应宫，还在那里住了一晚上，王旦也跟着去了。[2]

1.《续资治通鉴长编》卷八十八：旦笑曰："外廷之议，何其易得也。夫以禁军戍边，白昼为盗市中，固当斩也，乌足以为异政乎？旦之用及者，其意非在此也。夫以曹玮知秦州，羌戎詟服，边境之事，玮处之已尽其宜矣，使他人往，必矜其聪明，多所变置，败坏玮之成绩。旦所以用及者，但以及重厚，必能谨守玮之规模而已。"亿由是益服旦之识度。

2.《续资治通鉴长编》卷八十八。

6

备极哀荣

1017 年赵恒改元天禧。其实改元的决定在 1016 年时已决定。[1] 这也预示着以大中祥符为年号的时代已过去，那是否预示着一个新时代的到来呢？

当然，赵恒念念不忘的还是天书，以及供奉在玉清昭应宫里的那些神灵。以至于正月初时，赵恒还专门祭拜了各位祖先和天神。

几天后的壬子日，赵恒又携宰相，以及其他官员一起吃斋。随即，又册封王钦若为天书礼仪使。按照计划，赵恒要在天安殿里设置玉皇大帝的塑像，并在东西两个方位分别建立道场，以供奉天书、圣祖灵位。这件事完成后，赵恒开始和群臣一起参拜玉皇大帝。中书令任中正向臣子们宣布了由宰相宣读天书，聆听上天旨意，接受上天垂训的意思。然后，首相王旦则跪着取下了天书挡在桌案上，其他宰执们跪在天书面前，次相向敏中颤巍巍地开始宣读天书。等到宣读完毕后，又将之前降临在泰山和皇宫里的天书也进

1.《续资治通鉴长编》卷八十八。

行了宣读。一切祭拜活动结束后，群臣参拜皇帝。[1]

不久以后，朝廷还遣人到处拜谒那些寺庙、道观，祭祀天地。这是每年开年的规定动作，群臣和赵恒已习惯了这么做。

数日后，赵恒任命王旦为兖州太极观奉上宝册使，尚书右丞赵安仁为兖州太极观奉上宝册副使。[2]

二月丁丑日，朝廷下了一道政令，要给谏官们涨月俸。然后规定他们每月至少要奏报一件事，否则要追究责任。赵恒为什么要这样做呢？其实自从1016年以来，朝廷先后遭受蝗虫和干旱之灾，赵恒似乎意识到了问题，广开言路，但无人给朝廷提意见。于是，朝廷才出了这样一条诏令。为此，王旦还对赵恒做了解释，请求皇帝选一些可用之人来补充到官场中，为官场增加新鲜血液。[3]

随即，皇帝调整了大批官员的职务。其中，王旦以司徒兼门下侍郎、平章事的身份充任太保一职，次相向敏中加封吏部尚书。王钦若加右仆射。即便是党项首领、宋朝定南军节度使都加太傅一职。[4]

1.《续资治通鉴长编》卷八十九。

2.《续资治通鉴长编》卷八十九。

3.《续资治通鉴长编》卷八十九：先是，上谓宰相曰："朕以去秋螟蝗，因内自省，天下至广，岂民政有阙耶？比闻外廷浮议，谓朝廷鲜纳谏诤，殊不知群臣言事，朕每虚怀听受，苟有可采，随即施行，盖中外之人犹未深悉尔。且今朝士中固多才识，近览赋颂之作，尤觉文风丕变，直言谠论，岂无其人？当下诏别置台省官专主谏奏，然所选尤须谨厚端雅识大体者，至于比周浮薄，朕不取焉。"王旦等曰："陛下圣政日懋，多士如林，尚复孜孜询求，如恐不及，必有奇才上副推择。"吏部铨言，合入令录选人，愿折资入司理参军者，自今望与录事俸料，止于五千，从之。

4.《续资治通鉴长编》卷八十九：戊寅，内外官并加恩。司徒、兼门下侍郎、平章事王旦加太保。中书侍郎、兼兵部尚书、平章事向敏中加吏部尚书。楚王元佐领雍州牧。相王元偓加尚书令、兼中书令，为成德、镇宁等军节度使，进封徐王。彭王元俨加太保，为镇海、天平节度使。寿春郡王受益兼中书令。枢密使、同平章事王钦若加右仆射。定难节度使赵德明加太傅。三公并除双员，自旦及元俨始。州牧自元佐始。

几天后，赵恒又在文德殿设置元天大圣后的神位，由赵恒亲自祭祀，王旦和赵安仁两个人负责册封文书和显衣。这位元天大圣后是赵玄朗的夫人，此前赵恒已追封赵玄朗为赵氏圣祖，此时册封赵玄朗的夫人也在情理之中。册封完毕，王旦等人都跪下来，一起参拜元天大圣后。等政务完成后，朝廷命人将元天大圣后神位送往兖州，所过之处禁止屠宰两日。[1]

不久，有个婺州小民敲响了登闻鼓，状告婺州一个叫袁象的人家中藏有禁书，并说袁象还利用占卜之书，妖言惑众。朝廷派人调查，结果拔出萝卜带出泥，一下子发现了很多占卜之人，到处妖言惑众。宋朝严禁民间私学天文、占卜等术。于是，这些人或被朝廷直接处死，或被朝廷刺配到边远地方。

但这件事过去不久，又在京城发现了占卜之人，此人被处死了。占卜之人被杀，他家里的财产自然也会被抄，全部都要充公。在那些兵将们抄家之时，意外发现了一个大箱子，里面装的竟然都是朝廷大臣与这个占卜之人往来问吉凶、询问仕途的书信。赵恒了解这件事后，极为震怒。[2]

此时，王旦意识到问题的严重性，马上进宫面见赵恒。王旦对赵恒说："占卜官运和财运，这也是人之常情。试问朝中官员有哪一个愿意一直在一个岗位上干到老的呢？他们去占卜，当然不对，可也是希望进步，能到更高一级的岗位上去为国效力。况且他们与占卜方士说的话，也未涉及朝廷机密，只是占卜个人吉凶的。臣以

1.《续资治通鉴长编》卷八十九。

2.《续资治通鉴长编》卷八十九。

为不应该处罚他们。”[1]赵恒心中窝着气，他认为这些人这样做，明显是对朝廷不忠，王旦作为百官之首，怎么还替这些人辩护？看着赵恒不理解的眼神，王旦从怀里拿出一封信递给赵恒说：“皇上，这是臣年轻时找方士占卜的信件，这样的事情臣年轻时也做过。若皇上您一定认为这种事情有罪，那么应该首先将臣绳之以法，交由御史台和大理寺主审，这样才能给官场一个交代。”[2]赵恒看到王旦手中的书信，震惊万分，想不到王旦竟然也……

赵恒没有往下想。明白王旦这样做的目的，其实是要保护这一干人等。其实一下子处理这么多人，赵恒也很担心。于是，赵恒对王旦说：“这件事情上上下下都已清楚了，若现在这样不处置，怎么给那些未参与这件事的官员和天下百姓一个交代呢？”王旦却说：“占卜这样的事，臣也干过，不过臣比较幸运，没有被人揭露而已。现在臣身为宰相，自然要执行国家的法令，臣怎么能因为自己未被揭露，去处罚别人呢？”赵恒听出王旦的意思了，若这次赵恒要处置这些官员，那么应该首先处置他王旦。赵恒怎么会处置王旦呢？况且，那么多人要都查处了，官场就塌方了……[3]

宋真宗打消了彻查此事的想法，让王旦全权处置这件事。于是，王旦便命人将那箱子里装的书信全部拿到了中书省。那些找人占卜过吉凶的官员也都听说了赵恒与王旦的对话。尤其是那些与王旦有过节的官员，顿时感觉天昏地暗，若王旦借此事来排斥异己，

1.《宋史·列传第四十一》卷二百八十二：旦曰：“此人之常情，且语不及朝廷，不足罪。”

2.《宋史·列传第四十一》卷二百八十二：真宗怒不解，旦因自取尝所占问之书进曰：“臣少贱时，不免为此。必以为罪，愿群臣付狱。”

3.《宋史·列传第四十一》卷二百八十二：真宗曰：“此事已发，何可免？”旦曰：“臣为宰相执国法，岂可自为之，幸于不发而以罪人。”帝意解。

可能有一部分人或被贬黜，或被流放。当然，王旦并没有这么做，王旦要的是官场的稳定。他让人将这些书信拿到空旷处全部点燃，让此事也都随着书信被焚烧而彻底平息。[1]

据说不久之后，宋真宗就有了悔意，觉得不应该将这些书信全部毁了，至少有这些书信在手里，能拿捏住那些不遵守纪律的官员，便派人赶紧去向王旦讨要这些书信。想看看到底是哪些官员还在私底下干这种事情，也好让他这个皇帝心中有个底儿。当赵恒的侍从到了中书以后，发现王旦已将书信全部焚烧了。赵恒只能就此作罢。王旦此举救下了官场很多人，那些官员都在念王旦的好。[2]

几天后，王旦给赵恒汇报政务，指出路州县之前组织人修凿水渠，但由于临近开春，农事开始了，所以将修凿水渠暂时叫停了。[3]对于这些政务，赵恒全部都交给王旦处理。

不过此时的王旦处理公务时，已多少有些力不从心。身体不断发出信号，提示王旦要注重休息。尽管如此，王旦还是不敢有丝毫怠慢。

三月，王旦作为大使，到兖州去祭祀。在兖州期间王旦给赵恒上了一道札子，指出兖州春季久旱，但祭祀完之后，当天晚上就下起了大雨。[4]赵恒得到消息之后，非常高兴，他深信不疑的天神们总是在怜悯着宋朝。

1.《宋史·列传第四十一》卷二百八十二：旦至中书，悉焚所得书。

2.《续资治通鉴长编》卷八十九：既而大臣有欲因是以挤己所不快者，力请究治，上令旦取书，旦曰："臣已焚之。"由是获免者众。

3.《续资治通鉴长编》卷八十九。

4.《续资治通鉴长编》卷八十九。

四月，在兖州完成祭祀等事宜后，王旦从兖州返回。[1]这次去兖州，王旦看到了民间疾苦：去年蝗虫之灾加上干旱，让很多地方都出现了粮食危机。于是，王旦请求给郓州、广济淮阳军免去夏税，让当地政府带领百姓度过艰难时刻。赵恒准了王旦的请求。[2]

王旦在身体极度不适的情况下，还是为朝廷做着他应该做的事情。

五月，王旦又病了，这次病症要比之前的几次发作还要严重。王旦再次给赵恒上书，请求辞去宰相职务，赵恒仍不答应。[3]王旦休养了几天，身体依然不见好转，只能再次向赵恒递交辞呈，但赵恒还是不答应。[4]但随着王旦频频递交辞呈，赵恒也起了恻隐之心，毕竟王旦在中书已经干了十八年，虽为国家做出了巨大贡献，可王旦也是人啊，他也有老的时候。于是，赵恒继续授予王旦太尉兼侍中，允许王旦五日上一次朝。但如若遇到紧急军国大事，王旦可以随时进宫汇报情况。这样一来，王旦更加不安，他不是那种尸位素餐之人，占着宰相之位不挪窝。于是，王旦请求同年们也给赵恒进言，请求罢去他宰相的职务。赵恒却不许，只是不断封赏王旦。[5]

王旦继续在宰相位置上挣扎着。六月甲申日，朝廷将武昌节度副使边肃调到了光州任职。此时，刑部官员却发现边肃在地方任职

1.《续资治通鉴长编》卷八十九。

2.《续资治通鉴长编》卷八十九。

3.《续资治通鉴长编》卷八十九。

4.《续资治通鉴长编》卷八十九。

5.《宋史·列传第四十一》卷二百八十二：素羸多疾，自东鲁复命，连岁求解，优诏褒答，继以面谕，委任无贰。天禧初，进位太保，为兖州太极观奉上宝册使，复加太尉兼侍中，五日一赴起居，入中书，遇军国重事，不限时日入预参决。旦愈畏避，上疏恳辞，又托同列奏白。帝重违其意，止加封邑。

时，有贪腐行为，请求罢免边肃。但赵恒没有听从刑部建议。赵恒还对刑部人员做了解释：边肃在邢州任职时，契丹不断进攻汴京，朝廷命边肃弃城内迁，边肃一直据守邢州，没有让契丹攻下邢州。这样的官员即便有些贪腐问题，但遇到了赦宥，还是给他一个州郡管理吧。事后，向敏中对王旦说："边肃是你的同年，屡遭贬黜，宰相不想着提拔一下他吗？"王旦却说："边肃作为大臣，因为贪腐获罪，岂能此时推荐他？"向敏中还是劝王旦照顾一下边肃，王旦却说："并不是我对同年无情无义，但若要起用边肃，还是等着我死了之后再说。"向敏中不再劝王旦用边肃。[1]

这段时间以来，王旦因为上朝次数有限，赵恒都有些不习惯了。不久，赵恒特意召王旦来商议政务。[2]两人讨谈论了很多政务。

几天后，赵恒召集王旦再次进宫商议政务。赵恒对王旦说："朕正要以大事委托你，可现在你的病这样重。"王旦觉得赵恒这样说肯定是有目的，果然，此时赵恒便命皇太子赵受益出来拜见王旦。王旦看到赵受益，已清楚赵恒的意思了。不过这时候的王旦已没有多少精力教育太子，打算逃避。有意思的是，太子及其随从已跪拜王旦。王旦激动地说："太子有盛德，一定能承担陛下的事业。"随即，王旦还给赵恒和太子赵祯推荐了十数名重臣。这些大臣，后来除了李及、凌策两人未官拜宰相，其他人都做到宰

1.《续资治通鉴长编》卷九十。

2.《续资治通鉴长编》卷九十。

执高位。[1]

然后，王旦退出去了。回家之后的王旦继续向赵恒请辞，表示自己已无法担任宰相之职，空占着这么重要的岗位不做事，实在有负皇恩。王旦的奏疏情真意切，赵恒不得不认真对待王旦辞职这件事。最终，赵恒经过一番考量后，同意了王旦的辞职。[2]

王旦虽辞去了宰相职位，但其他身兼之职还未全部辞去。皇帝也不允许王旦一下子放下全部政务。此时的王旦继续兼任玉清昭应宫使，赵恒给王旦的俸禄也是按照宰相一半的俸禄给的。[3]

同时，赵恒还让王旦的大儿子回家侍奉王旦，并赏赐了很多财物，规格和赏赐宰相没有区别。之后，王旦拖着年迈的身子又进宫感谢赵恒，赵恒再次赏赐了王旦汤药。[4]或许此时，两人都觉得彼此携手治理国家的日子即将过去，都有些依依不舍。

王旦罢相后，向敏中也向赵恒请辞。向敏中此举无疑是一种态度：王旦辞职了，我也不干了。但赵恒不准许向敏中辞职，若都这样撂挑子，国家将来怎么办？[5]

七月底，王旦再次上札子，给朝廷举荐官员，朝廷依旧按照宰

1.《宋史·列传第四十一》卷二百八十二：一日，独对滋福殿，帝曰："朕方以大事托卿，而卿疾如此。"因命皇太子出拜，旦皇恐走避，太子随而拜之。旦言："太子盛德，必任陛下事。"因荐可为大臣者十余人，其后不至宰相惟李及、凌策二人，亦为名臣。旦复求避位，帝睹其形瘁，悯然许之。以太尉领玉清昭应宫使，给宰相半奉。

2.《宋史·列传第四十一》卷二百八十二：旦复求避位，帝睹其形瘁，悯然许之。以太尉领玉清昭应宫使，给宰相半奉。

3.《续资治通鉴长编》卷九十。

4.《续资治通鉴长编》卷九十。

5.《续资治通鉴长编》卷九十。

相的举荐来对待这件事。[1]

王旦虽罢相了，但朝廷并未立即调整宰相人选。似乎赵恒也在等待着一个时机，也在思考着新宰相的人选。眼下的局势是，“五鬼”中的林特和陈彭年担任资格不够，而陈尧叟已去世。目前最合适的人选，就是枢密使王钦若了。但起用王钦若会不会招来非议？此前，赵恒一直想让王钦若担任次相，于是与王旦商议王钦若的岗位调整情况。王旦认为这些年来，朝廷对王钦若的恩赐已非常隆厚，甚至已让他当了枢密院的长官。但宋朝有个祖制，那是不用南方士子担任宰相，而王钦若是金陵人，自然不能当宰相。王旦还表示自己虽是首相，却毫无打压人才的意思，只是祖制在那里摆着，他的话也代表着公议。听了王旦的话之后，赵恒再也不提让王钦若担任宰相的事情了。[2]

赵恒还是决定让王钦若当宰相。王钦若当了宰相后，进了政务堂，不由得感慨说：“王旦的一番话，让我迟了十年才当上宰相。”[3]

几天后，礼官还是给王旦拟订了一个新岗位，此举也是朝廷照顾大臣的方式。不过王旦还是因为身体原因，拒绝到新岗位赴任。[4]对此，皇帝也只能作罢。

不久之后，皇帝又给向敏中加挂了仆射和门下侍郎头衔。[5]这

1.《续资治通鉴长编》卷九十。

2.《宋史·列传第四十一》卷二百八十二：帝欲相王钦若，旦曰：“钦若遭逢陛下，恩礼已隆，且乞留之枢密，两府亦均。臣见祖宗朝未尝有南人当国者，虽古称立贤无方，然须贤士乃可。臣为宰相，不敢沮抑人，此亦公议也。”真宗遂止。

3.《续资治通鉴长编》卷九十。

4.《续资治通鉴长编》卷九十。

5.《续资治通鉴长编》卷九十。

样一来，中书的班子是王钦若和向敏中两个人了。

此时，作为宰相的王钦若，开始了他排斥异己的活动。第一个人就是给事中、参知政事王曾。这个人与王旦的关系非同一般，王钦若似乎有意要打压王曾。于是，朝廷罢了王曾的参知政事，调任王曾为礼部侍郎。这件事让王曾很郁闷，但他又没地方诉说，打算去找王旦诉诉苦，可当王曾到了王旦家门口时，王旦已重病在身，拒绝见王曾。不过王旦还是让家里人给王曾说明了不见他的原因："明日，上以语钦若，遂罢政务。曾既罢，往谒王旦，旦疾甚，辞弗见。既而语其家人曰：'王君介然，他日德望勋业甚大，顾余不得见尔。'且曰：'王君昨让会灵观使，颇拂上旨，而进对详雅，词直气和，了无所慑。且王君始被进用，已能若是。我自循任政务几二十年，每进对，上意稍忤，即蹙蹜不能自容，以是知其伟度矣。'"[1]

在王旦病重的这段时间，赵恒非常挂念王旦的病情，他派侍从一天三四次地往王旦家里跑，探望王旦的病情。王旦也是感激涕零，尽力为国为家思考着。赵恒还为王旦备药，并将山药粥派人给王旦送去。王旦病重期间，是这对君臣最为美好的时光。当然，此时，那些平时溜须拍马的官员，却很少来王旦家里看望，对此王旦并没有多少情感波澜，官场就是这样，人走茶凉。王旦也清楚这样的事情，不会长久存在下去。于是，便叫来了自己的故交杨亿，说些体己话。[2]

没过多久，王旦身体每况愈下。王旦清楚自己大限将至，便让

1.《续资治通鉴长编》卷九十。

2.《宋史·列传第四十一》卷二百八十二。

家里人将杨亿请到自己的卧室，想请杨亿撰写遗表。[1]当然，这种临终之言其实是给皇上看的，所以，每一个字王旦都是深思熟虑的。关于这个遗表的中心思想，王旦也对杨亿做了交代。王旦要求杨亿在写遗表时，不要在遗表里面表达他为子孙求官的意思，只把自己的生平遭遇、政务写清楚，并在遗表中希望赵恒多用贤才。[2]

给杨亿交代完毕后，王旦又将自己的家人全部叫到跟前，给他们交代后事。王旦对家人说："我们家一直注重清德之风，我死之后，你们要继承这种家风，一切丧礼从简，保守门风，不能搞奢靡的活动，更不要把黄金珠宝放到我的棺材中。"家里人都一一答应。杨亿将王旦交代给家里人的叮嘱，也记载在遗表里面。[3]

次日，早朝时杨亿便将遗表呈上。赵恒看了王旦的遗表后，大为感慨，王旦一辈子兢兢业业，为了宋朝鞠躬尽瘁，即便是死前，还想着国家的事情。感动之余，赵恒觉得应该去看看王旦。于是，赵恒到王旦的家里和他说了一阵话，王旦感激涕零。赵恒又赐给王旦五千两银子，补以家用。[4]

看了王旦之后，赵恒怏怏地回到宫里。此时，王旦却写了一个奏折，感谢赵恒还挂念着他，并给他赐了五千两银子。王旦还在奏折的末尾添加了一段话，表示他害怕家里多藏财物，朝廷赏赐的这些钱财对于家里也没有什么用处，想将这些银子散发施予。

王旦还让家里人把他抬到宫内小门，要亲自面见赵恒，说明此

1.《宋史・列传第四十一》卷二百八十二。
2.《宋史・列传第四十一》卷二百八十二。
3.《宋史・列传第四十一》卷二百八十二。
4.《宋史・列传第四十一》卷二百八十二。

事。但赵恒不许他将赏赐的银子散发施予。王旦也没办法，只能让人将他抬回家。然而，经过出来这么一折腾，王旦本就微弱的身体更加承受不起，当家里人将他抬进家门时，王旦已溘然长逝，享年六十一岁。[1]

在王旦奄奄一息之时，他还给儿子做了一个交代："我这一生在政务上从未有过什么过失，唯一一件让我终生都无法释怀的事情是没有劝谏皇帝不要做天书封禅，这个过失已无法挽回。我死之后，你要替我削发，给我穿上缁衣，按照僧道的方式安葬。"[2]

听到王旦去世的消息后，赵恒悲痛不已，亲自到王旦家里吊唁。据说赵恒的悲痛之情让现场的人无不动容。祭奠了王旦，慰问了王旦的家人。回朝后，赵恒下旨废上朝三日，举国上下哀悼王旦。随即，朝廷追赠王旦太师、尚书令、魏国公，谥号"文正"。[3]赵恒还让开封城十天不准搞庆乐活动，以此来追思王旦的在天之灵。比如，在王旦去世的这几天，朝廷命张旻到河阳任职，按照朝廷往常的惯例，此时应该给张旻饯行。却因此时王旦刚刚去世，朝廷也未为张旻举行宴乐践行。[4]

王旦的丧事处理完毕后，赵恒便让人拟了一道圣旨，录用王旦儿子、弟弟、侄儿、外孙等人出仕为官，即便是王旦曾经的门客、常从也都得到了相应的官职。等这些人守丧期满，朝廷又下旨，让

1.《宋史·列传第四十一》卷二百八十二。

2.《续资治通鉴·宋纪三十三》卷三十三：临终，语其子曰："我别无过，惟不谏天书一节，为过莫赎。我死之后，当削发披缁以敛。"

3.《宋史·列传第四十一》卷二百八十二。

4.《宋史·列传第四十一》卷二百八十二。

他们各自晋升一官。[1]

至此，王旦辉煌的一生，在1017年九月初十这一日终结。

王旦虽去世了，但他留给后世的治国手段、治家之风，至今一直影响着后人。三槐堂成了一个历史的符号，一直在影响着王姓之人，代代不息。

历史上名相灿若群星，但能像王旦这般让后人不断唏嘘者，也屈指可数。后世文人士大夫都对其顶礼膜拜，后世那些治世能臣也都将王旦奉若神明。在本书的最后，引用欧阳修对王旦的评价作为终结：

> 景德、祥符之际盛矣。观公之所以相，而先帝之所以用公者，可谓至哉！是以君明臣贤，德显名尊，生而俱享其荣，殁而长配于庙，可谓有始有卒，如明诏所褒……烈烈魏公，相我真宗。真庙翼翼，魏公配食。公相真宗，不言以躬。时有大事，事有大疑。匪卜匪筮，公为蓍龟。公在相位，终日如默。问其夷狄，包裹兵革。问其卿士，百工以职。问其庶民，耕织衣食。相有赏罚，功当罪明，相所黜升，惟否惟能。执其权衡，万物之平。孰不事君，胡能必信？孰不为相，其谁有终？公薨于位，太尉之崇。天子孝思，来荐清庙。侑我圣考，惟时元老。天子念功，报公之隆。春秋从享，万祀无穷。作为诗歌，以谂庙工。[2]

1.《宋史·列传第四十一》卷二百八十二。

2.《文忠集·太尉文正王公神道碑铭》卷二十二。

尾声

王旦去世后，宋朝政坛出现了强烈的不稳定局面。首先是赵恒经过多年的封禅祭祀，性情大变，变得神神道道的。有人说赵恒疯了，也有人说赵恒得了严重的风湿病。不管怎样，赵恒后期的身体状况欠佳。当然，正是由于赵恒身体出现了问题，这才给王钦若、林特等人机会。他们粉饰太平，让赵恒达到言听计从的程度，致使宋朝再次陷入某种难以预知的险境当中。

此时，那位被赵恒看重的皇后刘娥正式登上历史舞台，帮着赵恒处置政务，刘娥逐渐成长起来了。[1]刘娥的势力越来越大。

此时，宰相王钦若虽把持朝政，但他那种斤斤计较的本性无法改变。宰相之位需要虚怀若谷，需要大度包容。这些品质王钦若都不具备，这也注定他当不了多长时间的宰相。果然，两年后，王钦若被罢相。[2]

王钦若被罢相后，丁谓再次被起用，成了参知政事。[3]但此时丁谓深知自己想要当宰相，还得需要借助外力，无论如何，目前他还不够资历。

丁谓为了登上政坛，打算先将寇准再次迎进朝廷，再将寇准推

1.《续资治通鉴长编》卷九十。

2.《宋史·列传第四十二》卷二百八十三。

3.《宋史·列传第四十二》卷二百八十三。

上宰相之位，然后利用寇准，为自己登上首相做踏板，以达到自己登上宋朝宰相之位的目的。寇准不顾门生劝阻，再次进入朝廷。但寇准与丁谓之间的斗争也自此埋下了伏笔。

丁谓与寇准的正式决裂来自一场宴会。据说在宴会上，宰执们一起吃酒，当时寇准的胡须上沾了一些汤汁，丁谓发现了这一情况之后，马上上前给寇准擦拭胡须。岂料寇准不但不领情，反而批评丁谓溜须拍马。丁谓本来好心为寇准擦拭汤汁，寇准却将丁谓的好心当成了驴肝肺。丁谓自此与寇准结下梁子，立誓报复寇准。[1]

此后，两个人嫌隙不断，而丁谓依附刘娥，对寇准实施了打击报复。刘娥也因当时册立她为皇后时寇准从中阻止，便一直怀恨在心，一心想着打压寇准。对于丁谓依附皇后刘娥打压自己的事情，寇准也不是不清楚。于是，他打算反击。寇准给浑浑噩噩的赵恒建议，让太子监国，以此来达到打压刘娥和丁谓的目的。但此消息被走漏，最终寇准被罢相。丁谓利用手中的权力，将寇准贬到了雷州，最后寇准病死在雷州。[2] 丁谓自此登上宋朝首相位置，并在首相位置上无所顾忌。之后，赵恒去世了。[3] 寇准与刘娥、丁谓等人掀起的党争，让宋真宗末年的政坛一度不稳定，还牵扯到太子。人们开始怀念王旦政务的时代，即便赵恒封禅祭祀

1.《宋史·列传第四十二》卷二百八十三。

2.《宋史·列传第四十》卷二百八十一：及准贬未几，谓亦南窜，道雷州，准遣人以一蒸羊逆境上。谓欲见准，准拒绝之。闻家僮谋欲报仇者，乃杜门使纵博，毋得出，伺谓行远，乃罢。天圣元年，徙衡州司马。初，太宗尝得通天犀，命工为二带，一以赐准。及是，准遣人取自洛中，既至数日，沐浴，具朝服束带，北面再拜，呼左右趣设卧具，就榻而卒。

3.《宋史·本纪第八·真宗纪三》卷八：二月……戊午，帝大渐，遗诏皇太子于柩前即皇帝位。尊皇后为皇太后，权处分军国事，淑妃为皇太妃。帝是日崩于延庆殿，年五十五，在位二十六年。十月己酉，葬永定陵。己未，祔太庙。

那些年，国家也因王旦的存在而稳定发展着。只是王旦已去世，国家多年来积重难返的斗争便初见端倪，直至宋仁宗继位后，斗争才逐步减弱。

附录

1

年　表

周世宗显德四年（957）	王旦出生，因其生于凌晨，故取名旦，字子明。
太平兴国五年（980）	王旦进士及第，被朝廷授予大理评事，后出任平江（今属湖南）知县。此时，转运使赵昌言发现王旦有政绩，将女儿嫁给了王旦。
雍熙元年（984）	赵昌言回朝复命，向朝廷举荐了王旦，之后，王旦被调往潭州（今湖南长沙）银场。何承矩再次看见王旦大才，推荐王旦入朝担任著作佐郎。朝廷再次起用王旦，将其调往京城，参与编修《文苑英华》诗类。
雍熙二年（985）	朝廷将王旦调往郑州，担任通判。王旦在郑州期间给朝廷上奏，请求朝廷建立天下常平仓。
雍熙四年（987）	朝廷将王旦调往濠州（今安徽凤阳）担任通判。

淳化元年（990）	王禹偁向朝廷举荐王旦，朝廷打算让他担任转运使，但王旦不喜欢这个官职，请求朝廷给他重新安排职位，最终，王旦通过召试，被安置在弘文馆当值。
淳化二年（991）	被授予右正言、知制诰。当时王旦的岳父赵昌言在朝中任职宰相，为避嫌，主动提出不担任知制诰。赵光义让王旦担任礼部郎中、集贤殿修撰。
淳化三年（992）	王旦与苏易简同知贡举。科考之后，朝廷对王旦授予虞部员外郎、同判吏部流内铨、知考课院。
淳化四年（993）	王旦岳父被调出朝廷，担任凤翔知府，王旦被调任为知制诰，仍兼任修撰、判院事。
至道元年（995）	王旦知理检院。至道二年（996），王旦升任兵部郎中。
咸平二年（999）	王旦被擢升为中书舍人。数月后，王旦再次被调任翰林院学士兼知审官院、通进银台驳司。
咸平三年（1000）	王旦被授予给事中、同知枢密院事，已进入宰执群体序列。
咸平四年（1001）	王旦任工部侍郎、参知政事。
景德二年（1005）	王旦任尚书左丞。
景德三年（1006）	王旦任工部尚书、同中书平章事，正式拜相。

大中祥符三年（1010）	王旦任兵部尚书，知枢密院，之后又被任命为中书侍郎兼刑部尚书。
大中祥符四年（1011）	任祀汾阴大礼使、右仆射、昭文馆大学士，撰《祀汾阴颂》。王旦被授予门下侍郎、玉清昭应宫使。
大中祥符五年（1012）	王旦任玉清奉圣像大礼使、躬谢太庙大礼使、景灵宫朝修使。
大中祥符七年（1014）	朝廷雕刻天书，王旦兼刻玉使。
大中祥符九年（1016）	王旦修完《两朝国史》一百二十卷，宋真宗再次加封王旦为司徒、南郊恭谢大礼使。
天禧元年（1017）	正月，王旦任兖州太极观奉上宝册使，加太保。
天禧元年（1017）	九月十日王旦去世。
乾兴元年（1022）	宋仁宗即位，王旦与李沆、李继隆等人一同配享真宗庙庭。
至和二年（1055）	宋仁宗受王旦儿子王素请求，命史馆修撰欧阳修撰写碑文，御书“全德元老”碑。
元丰二年（1079）	苏轼受王巩之请，撰写《三槐堂铭》。
宝庆二年（1226）	宋理宗命人画了宋代二十四功臣神像供奉在昭勋阁，其中有王旦。

2

王旦的诗文

诗一首

迥与群芳异，含芳向暮春。
不如松柏木，常保岁寒新。

禁林宴会之什

喜缀真仙宴禁林，玉堂新事好供吟。
天章刻石兴风雅，宸翰书牌耀古今。
势逸夺回龙凤迹，调高流入管弦音。
光凝玉斝琼浆润，冷布花砖药树阴。
地贵每朝金殿近，景清如到玉壶深。
得陪嘉会荣观大，虔效赓歌乐圣心。

十洲阁

山川如幻阁长秋，一岛飞来伴九洲。
不碍渔樵双桨过，何妨罗绮四时游。

云疑泰华分张去，永忆蓬瀛散漫浮。
禁苑未知湖海乐，生绡写取献九州。

赠淳于公归养

年少复家贫，悬车去养亲。
铜扉沾美命，彩服称闲身。
纯孝敦时俗，高风似古人。
禁林荣华者，羞见二毛新。

封祀坛颂

天书仪卫使、封禅大礼使、推忠协谋佐理功臣、金紫光禄大夫、中书侍郎、兼刑部尚书、同中书平章事、集贤殿大学士、监修国史、上柱国、太原郡开国公、食邑四千七百户、食实封二千一百户、臣王旦奉敕撰。

臣闻天地之文，著明含章，焜焕于庶物；礼乐之用，象功崇德，昭格于至神。王者宣淳耀之烈，建中和之极。于是锡天瑞，出坤珍，觉悟于蒸民。鲜不登泰山蹑梁父，聿崇于明德。盖天地之文阏，下民何以法象乎？礼乐之兴废，后世所以祖述焉。是知勒皇绩，腾茂实，交三神之欢，着一王之法；述符命，继昭夏，申乎大报，示于无穷，极典章之备物，真帝王之盛节者也。粤自遂初，始造书契，增高益厚，载九皇之德，朴略而难名。时迈省方，□六经之文，绎而可举。沿袭之规寖广，巡狩之仪□□，五载际于《虞典》，一纪因乎周制，所以彰善瘅恶，观民设教者也。自后道非下济，德异升闻，或缄秘祝之辞，或黜诸儒之议，先治兵而释旅，乃肆□□□□□顺□□□□行殊为民祈福之义。光武纪号，□石石感于故封；开元陈信，□玉牒之不秘。典章斯在，风烈可观，□□难行，礼从兹绝。洎四方之僩扰，属五代之陵夷，但恣寻戈，不遑置器，俎豆之事，扫地将尽，涂炭之俗，吁天无辜，阴骘下民。诞（下缺16字）圣光启丕运。皇宋三叶，在□天下五十载矣。太祖启运，立极英武圣文神德元功大孝皇帝之创鸿业也，名膺帝箓，运契天飞，微织道之降，鄙牧野之誓，以帝轩之神武，□汉（下缺9字）号，陟元后，集大勋，望风而海外骏奔，端扆而天下宁晏。太宗至仁应道神功圣德文武大明广孝皇帝之恢宝图也，天纵多能，体膺上圣。徇齐浚哲，居质以成德；文明中正，开物以成务。凝神□□□□□□及策贤良，率土致覆盂之安，丕基成磐石之固。崇文广武仪天尊道宝应章感圣明仁孝皇帝，圣道日跻，大明继照。尹京邑也，神明之政，四方是则；践承华也，元良之德，万国以贞。图□□理，讼□咸格。遵顾命而主神器，极孺慕而纂宗祊。守□□，□□□，□冠于百王；熙庶政，叙彝伦，智周于万物。□爵出禄，褒德念功，若临照之代明，法云雷之作解。继志述事，树经久之规；弛禁省官，布宽大之令。□张文理，荐视学于上庠；振举武经，□□□□□甸。厚时风而敦世教，训诫诏而数军实。尔者边吏致告，时巡（缺7字）檄扬大声秉武节惇□□□□民继好。一介交聘，靡宣金革之威；六师不阵，还于衽席之上。缓带噎哺而式和民则，韬弓□刃而止严武备。于是修坠典，缉遗文。命秩宗，讲三王之礼；训奉常，考六代之乐。渴说议，则下周爰□诏，□□□，则□□□□□□。□□狱讼，申饬理官，简孚而用平刑，□□而行轻典。敦叙公族，并建戚藩，犬牙之制是崇，麟止之咏斯洽。设狝狩之礼，止于从时；修宴射之仪，予以观德。劳身焦思，有文饰之忧勤；革履弋绨，迈汉文之恭俭。卜郊定位，案历上陵，□□极之□，□久废之礼。易脂泽而哀恸，入石室而涕洟，至性感于人神，元德感于上下。紫宸议政，励精于日昃；金华侍读，不寐于宵分。校正兰台之书，增建石渠之阁，规模广于丽正，典籍备于宣明。深味道殷，以资治本。帝尧稽古，虞舜好问，以声身而为律度，执规矩以定□□。□□□□，推恩而逮下；万方有罪，引咎而在予。德教被于无垠，皇明烛于有截。兵偃刑措，道茂化醇，百嘉阜昌，庶萌乐育。独运陶甄之上，丕阐鸿钧之祚。访崆峒之道，采康衢之谣。夷夏大和，天人交感，必彰嘉应，以□先通，门号承天，节临献岁。真官奉其丕□，□以先期；秘检焕于灵文，降□清旭。受厘宣室，躬□丹书，锡无疆之休，谕大中之理。繇是覃如春之泽，易纪年之号。且斯文未作，伏羲氏观象以画八卦，有神马负图之瑞；洪水方割，夏侯氏底绩以导百川，受玄夷使者之命。比□相庆，异代同符，□□□□□氓讴谣于外，鸿笔丽藻之彦颂美于内。于是东土耆艾，阙里诸生，联袂而来，抗章以请。洎思皇之士，即序之戎，藩岳大臣，缁黄众品，伏阁叩首，请封禅者，无虚日矣。佥以为祥瑞杂沓，天意也；中外倾瞩，人事也。牂牁、越嶲、朱崖、象郡之地，俱入于提封；□□、东县、江茅、部黍之类，悉从于班贡矣。群情悃愊，式伫于庆成；上帝顾怀，不可以谦拒。书上者至于五，上不得已而俞之。诞告庶邦，载形明昭，将以奉扬先烈，非谓告其成功。申命辅弼之臣，谕以简易之道，经始勿亟，无扰于民。且山为岳镇之宗，地□□礼之国。周孔垂教，乃始封载诞之邦；阴阳交代，是育粹炳灵之府。当孱工之际，蒇事之初，明诚以孚，元鉴先答。应龙有翼，蜿蜒而下垂；醴泉无源，瀵沸而自涌。芝含三秀，帀地而罗生；日丽九华，得天而绚采。鳞甲之细，草木之微，□异效奇，纷纶叠委，而□□心粹清，凝思元牝。乃因华胥之梦，再觌姑射之神。告以玉书，降于神房之麓；着之黄素，得于季夏之初。揆日奉迎，备礼祇吻。爰畴咨于封祀，固吻合于穹旻。亟命□司，革定大典，采摭清议，讨论旧章。即事用希，其礼多阙，酌义训以革正，参制度以折衷。古文逸礼之靡记，议郎博士之未达。上资元览，洞析于精微；无望清光，悉臻于体要。穆卜涓日，掌鼓奏仪，伸必告之诚。躬祠青庙，以盈之月。有事介邱，先斋紫宸，载止禁籞。屏箫韶之备乐，以极静专；却大官之常缮，以御菲薄。清畿式道，云会星□，□□跸之启行，奉天书以先路。备设仪卫，增置官属，极恭肃而遵天贶也。采章之盛，藻缛原隰；武备之雄，震叠区宇。八方述职，万旅腾装，让途而行，外庐不闭。奔走会同之际，端肃而无哗；觱发栗烈之时，融和而可爱。民绝札瘥之患，物有蕃庑之咏，供帐不移而□，储供不戒而备。历东郡之属邑，抵澶渊之□□。军国异名，修文事而有武备；土诵夹侍，掌方志而道地图。风伯清尘，招摇参乘，周览临濮，少留汶阳。戒誓庶官，申严执事，靖恭尔位，恪守攸司，羽卫具陈，乘舆乃出。垂翠緌而鸣寒玉，载琼□而拥云罕。天□景从，禁旅前驱，八神齐奔，万物咸睹。卿云待族，仙禽成侣，俯法从而交荫，览德辉而翔泽。□光下烛，抱□腾芒，观云式瞻，奏牍狎至。溢简编而不可载，考图牒而未始闻。下诏肃祇，柴望而告至；储精蠖濩，渊默而斋居。祀前一日，未质明，备法驾，至于山趾，更衣于帷殿。上乃乘轻舆，陟绝巘，跻日观，出天门。筑圜台于山上，度地宜而循古制也。升山之前夕，层云蔚兴，严飚暴起，达曙振野而未已，有司失职而是忧。洎宝篆先登，华盖徐至，焚轮止息，寥泬清霁，若胚浑之初判，状群灵之先置。辛亥，祀昊天上帝，设天书位于左次，登歌乐作，奉迎位，显奉符而错事也。二圣严配，定位侧向，以申恭事，表继志而奉天也。亚献终献，作之乐章，以为礼节，一其仪而申昭事也。祝史正辞，秘刻勿用，黎元蒙福，孚佑是祈，克其己而厚勤恤也。裘冕俯偻，金石铿越，捧珪币，奠牺象，络金绳而斯毕，飞紫烟而上达。舒迟暨礼，陟降尽恭。明德之馨，至诚之感，苾芬以荐，肸响如答。通帝乡之岑寂，接云汉之昭回。协气上浮，纤罗不动，神策锡灵长之祚，日卿奏殊尤之瑞。垂绅委珮，蹈舞斋室之前；鳌抃山呼，声振层霄之外。山下设坛四成，如圜丘之制，乃命茂亲，以承大祭。崇□□□以斯□，洁粢丰盛而在列，万灵咸秩，四隩来同。九宫贵神，实司水旱，吾民是依，动系惨舒，厥职尤重。命筑坛于山下封祀坛东，率礼吉蠲，诏大僚以尸其事。壬子，祀皇地祇于社首，百司承戒，慎之至也。三献尽诚，礼无违者。翌日，朝觐坛觐群后，辑五瑞，干品成列，万国胥洎。英茎韶夏以遍作，僸佅兜离而次设。风行赦令，雷动欢声，祝网之仁普沾，蓼萧之泽遐被。大明之照遍烛于蔀家，崇朝之润周济于天下。昭示圣作，以志元封，日星炳其天章，鸾龙奋其仙翰。感祚德之元贶，遂元表之鸿猷。金玉其相，与典坟而并骛；神灵是保，揭日月以长新。复有道，济生民，名在祀典，功德兼茂。迹用尤著者，焕乎睿文，特形赞□，刊于翠琰，贻厥方来。而乃祀乔岳之灵，幸列真之宇，俾加贲饰，用极褒崇。养老申合饮之私，劳□推给复之惠。命市纳贾，采诗观风，聘有道而省高年，平权衡而考制度。官克用义，黜幽之典靡行；化洽可封，归厚之民咸若。茕嫠攸恤，幽隐咸达。乃翠华之旋轸，临曲阜之故墟，升讲肆之堂，屈顺风之拜，徘徊设奠，眷想遗风。褒圣之礼有加，恤后之恩弥渥。以经□□□载□□□□邦，周公旦启真王之封，太公望进昭烈之号，咸建庙貌，领于祠官。按节回銮，式闾表墓，遍走群望，罔不遗灵。河济之区，海岱之壤，南暨淮汉，北际常赵，梯航万国，冠带诸酋，四远云来，千里星属。听清跸□□□□□得跻仁寿之□□觐睹作□□事扶老□□□□□□□，六龙回御，七萃解严，太史揆辰，近臣奉祀，藏侑神之金匮，上加谥之实封。举归格艺祖之礼，亲飨太宫；考饮至策勋之典，惠绥列辟。尽圣人之能事，成天下之壮观。前□所记才十二□□仪斯废仅三百载□□□□天命□□□□实惟其时。烈祖造新，邦臻大定，经制而未遑；太宗求至，理致升平，业成而中罢。遗兹景铄属在，钦明丕显，诒谋奉成，先□□□，大号永□，□名□□□。昭姓考瑞，□大统也；勒石垂□，昭茂功也；人神以和，礼□□备，盛德也；□□定位，祖考严配，大孝也；报本穹昊，归功宗祏，谦尊而从众欲，礼毕而受徽称，克让之风，高视于前古矣。下尺一之诏，严禁止之□，□□行苇，靡□□□，好生之德，□于群心矣。服纯衣而在□，御□□□数□□别谢□□致美黻冕，减乘舆服饰之物，罢周庐次舍之制，则惟新礼器，增饰坛壝，故翼翼之心，精意以享，有典有则，必躬必亲，寅恭天至也。既如彼苍苍之意，惟德□□□□□事□□□□瑞报况神速也，□□此宜乎。拥鸿休，介繁祉，后天而老，象日之升，垂万世之耿光，为百王之称首者也。臣位冠台衡，亲奉旦暮，承上公之乏，相盛德之事，与夫茂陵草遗忠之奏，周南兴留滞之叹，非可同年而语矣。矧又恭膺□□□□□获当□述兹，所以绍帝皇之坟素，表金石之篆刻，嗣丕天之大律，□□之鸿范者也。寡韦平之经术，无燕许之才笔，大惧祷昧，不能发挥，徒踯躅于燥吻，实黾俛而塞诏。赓歌舜德，曷继于皋陶；记颂汉巡，有愧于亭伯。贻之来裔，以阐丕□。其辞曰：

增高益厚，王者上仪，制礼作乐，莫大于斯。应运接统，垂鸿逆厘，兹事体大，惟圣难之。岱宗炳灵，岩岩峻峙，和銮响绝，牲碹礼弛。缺其神欢，邈逾星纪，乃圣挺生，乘时斯起。惟宋肇兴，受天顾諟，尽除苛政，式叙彝伦。以洗污俗，乃吊匪民，革其不譓，被以至仁。威灵有赫，轨迹易遵，与民更始，其命惟新。宝历日隆，神武不测，厥角献琛，水慑陆□。惠泽滂流，皇猷允塞，阴骘下民，懋建皇极。照彼六幽，化行蛮貊，累盛重光，干干翼翼。展义省方，观风耀德，偃伯灵台，跻民寿域。宝鼎增重，永协大同，正符荐锡，告其成功。谕乎至理，迪彼元风，保邦清净，锡祚□□。化洽无外，道惟大中，百度以贞，六符斯正。倾输群心，称述瑞命，佥议勒封，以斯升侑。休烈日彰，神策天授，徇民从欲，展采告成。属车时迈，法从天行，济济鹓序，哕哕鸾声。星言汶上，云会岱亭，穹崇绝巘，密迩圆灵。躬陟卜封，聿申昭事，祖考来格，礼乐明备。感以至诚，享其精意，款谒归功，谦谦益至。严配克诚，蒸蒸不匮，柔祇昭报，毖祀聿修。二仪欣合，百神怀柔，帝容载穆，灵贶殊尤。肆觐缉瑞，端冕凝旒，万国以朝，四夷接武。行苇之仁兮敦洽，蓼萧之泽兮周溥，茂遂群生，浸渍万宇。庆集丕图，风还邃古，腾茂飞英，超三迈五。赫赫显号，穰穰鸿禧，百禄是荷，万寿无期。遂及黎庶，永洽淳熙，法昊穹兮，刚健不息。踵黄轩兮，清净无为，自天之锡，百世承之。

大中祥符二年七月十五日立。

翰林待诏、朝散大夫、国子博士、同正骑都尉臣裴瑀奉敕书并篆额。

3

宋真宗时宰相一览表

名　字	担任宰相时间	备　注
吕　端	997—998	担任宰相 1 年余。最终因为得病罢免。
张齐贤	998—1000	担任宰相 2 年余。以朝会失仪免。
李　沆	998—1004	担任宰相近 6 年。薨于位。
吕蒙正	1001—1003	担任宰相 2 年余。最终因为得病罢免。
向敏中	1001—1002	担任宰相 1 年余。以违诏免。
毕士安	1004—1005	担任宰相 1 年余。病故于宰相位置上。
寇　准	1004—1006	担任宰相近 2 年。以被王钦若陷害罢免。
王　旦	1006—1017	担任宰相近 12 年。得病罢免宰相。
向敏中	1012—1020	再入相近 8 年。死在宰相位置上。
王钦若	1017—1019	担任宰相近 2 年。因出现政务失误被罢免。
寇　准	1019—1020	再入相 1 年余，因与丁谓斗争被罢免。
李　迪	1020—1020	担任宰相近半年。卷入丁寇之争旋涡中被罢免。
丁　谓	1020—1022	担任宰相近 2 年，扳倒寇准，打压李迪，最终也被罢免。
冯　拯	1020—1023	担任宰相近 3 年。因病被罢免。

后记

我一直想给王旦写一本传记，因为在宋朝三百多年的历史中，王旦是我最喜欢的几个名臣之一。他的事迹深深影响着我，成为我学习的楷模。正是基于这种特殊情感，我才开始收集资料，为写作做准备。

随着不断查阅资料后，我才真正深入王旦这个人的内心，理解他担任宰相期间的一些事，为他一直隐忍不发所感动，为他为国为民的伟大精神所震撼。

然后，开始按照时间顺序写作。其实，直到为全书画上最后一个句号，我都一直沉浸在王旦的生平中，灵魂似乎一直与王旦同在。全书写完后，我一直觉得王旦这个人看似政绩平平，实际上他稳定了宋真宗时代的政局，为宋仁宗赵祯能够顺利接班奠定了基础。

赵恒是宋朝第三位皇帝，他在位期间，有很多宰相都名垂千古，比如寇准、李沆。一些武将也都在历史上大放光彩，比如杨延昭、李继隆等人。赵恒自从与辽国签订澶渊之盟后，基本上处于到处封禅祭祀的活动中。

其间，正好是王旦为相的十多年。一些历史读物对赵恒后期这段时间内宋朝的政治、经济、军事等都用简短的语言概括成：皇帝封禅祭祀，满朝臣子跟着皇帝一起封禅祭祀，国家都处于一种病态中。

但这是一孔之见，并不是历史的真实。

正是怀着这样的怀疑态度，我重新翻开了历史。我觉得以王旦的为人，他不可能像王钦若、丁谓、林特、陈彭年等人一样粉饰太平，怂恿皇帝祭祀。

事实也真是这样。

王旦在为宰相的十多年间，虽不能阻拦赵恒封禅祭祀，但他的存在为宋朝的经济、政治、军事、文化等方面建设开辟出一条艰难的前进道路，若不是王旦为相十多年，可能宋朝在王钦若、丁谓等人手中，早将先帝积攒的财富挥霍一空，将国家搞得鸡飞狗跳。

王旦为首相的十二年时间里，完全可以用鞠躬尽瘁、死而后已来评价。他也是宋朝少有的把一生都奉献给了国家而没有一点儿瑕疵的宰相。

王旦之后，三槐王氏一族后人以王旦为榜样，以王旦正直、坚强、忠厚、智慧、忠诚、仁义、宽容、善良的品行为参考，勤劳勇敢，艰苦奋斗，继续将三槐王氏的精神发扬光大。

这样的宰相该被历史记住，该走入大众的视野。于是，这本书就诞生了。

恰巧今年是王旦1065年诞辰，三槐王氏的家族已发展成中国王姓家族里很大的一个分支。当然，一个姓氏发展壮大的因素很多，但能像三槐王氏一族这样代代相传的姓氏不多。

王旦的精神需要延续下去，三槐堂的精神也需要延续下去。

参考文献

1.[宋] 欧阳修著,《文忠集》，吉林出版集团，2005 年。
2.[明] 张岱著,《夜航船》，中华书局，2012 年。
3.[明] 王夫之著，舒士彦点校,《宋论》，中华书局，2003 年。
4. 陈振鹏、章培恒主编,《古文鉴赏辞典》下第 1 版，上海辞书出版社，2014 年。
5.[清] 吴楚材、吴调侯编选，谢烨编,《古文观止彩图馆》，中国华侨出版社，2016 年。
6.[清] 张培仁等修，同治年间《平江县志》，同治十三年至光绪元年（1874—1875）刻本。
7.[宋] 徐自明撰，王瑞来校补,《宋宰相编年录校补》，中华书局，2012 年。
8.[清] 徐松辑，刘琳等校点,《宋会要辑稿》，上海古籍出版社，2014 年。
9.[宋] 施德操撰,《北窗炙輠录》，商务印书馆，2012 年。
10.[宋] 王称撰，赵铁寒主编,《东都事略》，文海出版社，1967 年。
11.[明] 叶盛撰，魏中平校,《水东日记》，中华书局，1980 年。
12.[宋] 王素著,《王文正公遗事》，中华书局，2017 年。
13.[清] 朱轼,《史传三编》，四库全书复印版。
14.[先秦] 孔子整理,《逸周书》，商务印书馆，1937 年。
15.[元] 脱脱等撰,《宋史》，中华书局，1985 年。
16. 祁新龙著,《宣和四年》，团结出版社，2019 年。
17.[宋] 欧阳修、宋祁撰 ,《新唐书》，中华书局，2003 年。
18.[南北朝] 范晔著,《后汉书》，四川美术出版社，2018 年。
19.[宋] 薛居正著,《旧五代史》，中华书局，2015 年。
20.[宋] 欧阳修撰,《新五代史》，中华书局，2011 年。
21.[宋] 司马光撰，邓广铭、张希清点校,《涑水记闻》，中华书局，1989 年。
22.[近代] 丁传靖撰，周勋初编 ,《宋人轶事汇编》，上海古籍出版社，2015 年。
23.[宋] 李焘撰,《续资治通鉴长编》，中华书局，2016 年。

24.[宋] 王禹偁撰,《小畜集》，北京图书馆出版社，2004 年。
25.[宋] 司马光撰，萧放、孙玉文点注,《资治通鉴》，中国友谊出版公司，1996 年。
26.[唐] 房玄龄著,《晋书》，中华书局，2015 年。
27.[西汉] 戴圣著，马吉照、李立威注,《礼记》，中州古籍出版社，2016 年。
28.[元] 脱脱等撰,《辽史》，中华书局，2011 年。

图书在版编目（CIP）数据

大宋名相 / 祁新龙著 . -- 北京 ： 华龄出版社，2023.12

ISBN 978-7-5169-2633-8

Ⅰ . ①大… Ⅱ . ①祁… Ⅲ . ①王旦—传记 Ⅳ . ① K827=441

中国国家版本馆 CIP 数据核字 (2023) 第 207478 号

大宋名相
作　　者　祁新龙
责任编辑　梁玉刚
责任印制　李未圻
总 策 划　冀　晖
策划监制　小马 BOOK
内文制作　任尚洁

出版发行　华龄出版社 HUALING PRESS
社址　北京市东城区安定门外大街甲 57 号
邮编　100011
发行　010-58122255
传真　010-84049572
承印　定州启航印刷有限公司
版次　2024 年 2 月第 1 版
印次　2024 年 2 月第 1 次印刷
规格　880mm × 1230mm
开本　1/32
印张　15.5
字数　360 千字
书号　ISBN 978-7-5169-2633-8
定价　68.00 元